"十三五"国家重点图书出版规划项目

中国社会科学院创新工程学术出版资助项目

列国志

GUIDE TO
THE WORLD
NATIONS

新版

高德平 高空
编著

POLAND

波 兰

社会科学文献出版社
SOCIAL SCIENCES ACADEMIC PRESS (CHINA)

波罗的海
BALTIC SEA

SWEDEN
DENMARK
GERMANY
CZECH REPUBLIC
POLAND
LITHUANIA
RUSSIA
BELARUS
UKRAINE
LATVIA

波兰行政区划图

KØBENHAVN 哥本哈根

BERLIN 柏林
PRAHA 布拉格
WARSZAWA 华沙

POMORSKIE 滨海省
ZACHODNIOPOMORSKIE 西滨海省
WARMIŃSKO-MAZURSKIE 瓦尔米亚－马祖里省
PODLASKIE 波德拉谢省
KUJAWSKO-POMORSKIE 库亚维滨海省
MAZOWIECKIE 马佐夫舍省
WIELKOPOLSKIE 大波兰省
LUBUSKIE 卢布斯卡省
ŁÓDZKIE 罗兹省
DOLNOŚLĄSKIE 下希隆斯克省
OPOLSKIE 奥波莱省
ŚLĄSKIE 希隆斯克省
ŚWIĘTOKRZYSKIE 圣十字省
LUBELSKIE 卢布林省
MAŁOPOLSKIE 波兰省
PODKARPACKIE 喀尔巴阡山省

Kaliningrad 加里宁格勒
Gdańsk 格但斯克
Gdynia 格丁尼亚
Szczecin 什切青
Bydgoszcz 比得哥什
Poznań 波兹南
Wrocław 弗罗茨瓦夫
Łódź 罗兹
Kraków 克拉科夫
Lublin 卢布林
Białystok 比亚韦斯托克
Olsztyn 奥尔什丁
Zielona Góra 绿山城
Opole 奥波莱
Katowice 卡托维兹
Kielce 凯尔采
Rzeszów 热舒夫

Klaipėda 克莱佩达
Panevėžys 帕涅韦日斯
Šiauliai 希奥利艾
Vilnius 维尔纽斯
Alytus 阿利图斯
Hrodna 赫罗德纳
Brest 布列斯特
L'viv 利沃夫

Rostock 罗斯托克
Berlin 柏林
Dresden 德累斯顿
Leipzig 莱比锡
Cottbus 科特布斯

PRAHA 布拉格
Ostrava 俄斯特拉发
Olomouc 奥洛莫乌茨
Brno 布尔诺

波兰国旗

波兰国徽

总统府及民族英雄波尼亚托夫斯基亲王的雕像

弗罗茨瓦夫百年厅

华沙皇家城堡

瓦维尔城堡

波兹南圣伯多禄和圣保禄圣殿总主教座堂

华沙圣十字教堂

克拉科夫的圣玛利亚教堂

比亚沃维耶扎国家公园，1979 年入选世界自然遗产

穆斯考公园，2004 年入选世界文化遗产

维利奇卡盐矿，1978年入选世界文化遗产

希维得尼加的和平教堂，2001年入选世界文化遗产

喀尔巴阡山区木质教堂，2013年入选世界文化遗产

托伦中世纪城区

北部最大的港口城市格但斯克

华沙瓦津基公园里的肖邦雕像

波兰科学院前的哥白尼雕像

克拉科夫旧城纺织会馆前的密茨凯维奇雕像

出版说明

《列国志》编撰出版工作自 1999 年正式启动，截至目前，已出版 144 卷，涵盖世界五大洲 163 个国家和国际组织，成为中国出版史上第一套百科全书式的大型国际知识参考书。该套丛书自出版以来，受到社会各界的广泛好评，被誉为"21 世纪的《海国图志》"，中国人了解外部世界的全景式"窗口"。

这项凝聚着近千学人、出版人心血与期盼的工程，前后历时十多年，作为此项工作的组织实施者，我们为这皇皇 144 卷《列国志》的出版深感欣慰。与此同时，我们也深刻认识到当今国际形势风云变幻，国家发展日新月异，人们了解世界各国最新动态的需要也更为迫切。鉴于此，为使《列国志》丛书能够不断补充最新资料，更好地服务于社会各界，我们决定启动新版《列国志》编撰出版工作。

与已出版的 144 卷《列国志》相比，新版《列国志》无论是形式还是内容都有新的调整。国际组织卷次将单独作为一个系列编撰出版，原来合并出版的国家将独立成书，而之前尚未出版的国家都将增补齐全。新版《列国志》的封面设计、版面设计更加新颖，力求带给读者更好的阅读享受。内容上的调整主要体现在数据的更新、最新情况的增补以及章节设置的变化等方面，目的在于进一步加强该套丛书将基础研究和应用对策研究相结合，将基础研究成果应用于实践的特色。例如，增加了各国有关资源开发、环境治理的内容；特设"社会"一章，介绍各国的国民生活情况、社会管理经验以及存在的社会问题，等等；增设"大事纪年"，方便读者在短时间内熟悉各国的发展线索；增设"索引"，便于读者根据人名、地名、关键词查找所需相关信息。

顺应时代发展的要求，新版《列国志》将以纸质书为基础，全面整合国别国际问题研究资源，构建列国志数据库。这是《列国志》在新时期发展的一个重大突破，由此形成的国别国际问题研究资讯平台，必将更好地服务于中央和地方政府部门应对日益繁杂的国际事务的决策需要，促进国别国际问题研究领域的学术交流，拓宽中国民众的国际视野。

新版《列国志》的编撰出版工作得到了各方的支持：国家主管部门高度重视，将其列入"'十二五'国家重点图书出版规划项目"；中国社会科学院将其列为创新工程学术出版资助项目，王伟光院长亲自担任编辑委员会主任，指导相关工作的开展；国内各高校和研究机构鼎力相助，国别国际问题研究领域的知名学者相继加入编辑委员会，提供优质的学术咨询与指导。相信在各方的通力合作之下，新版《列国志》必将更上一层楼，以崭新的面貌呈现给读者，在中国改革开放的新征程中更好地发挥其作为"知识向导"、"资政参考"和"文化桥梁"的作用！

新版《列国志》编辑委员会
2013 年 9 月

前　言

　　自1840年前后中国被迫开关、步入世界以来，对外国舆地政情的了解即应时而起。还在第一次鸦片战争期间，受林则徐之托，1842年魏源编辑刊刻了近代中国首部介绍当时世界主要国家舆地政情的大型志书《海国图志》。林、魏之目的是为长期生活在闭关锁国之中、对外部世界知之甚少的国人"睁眼看世界"提供一部基本的参考资料，尤其是让当时中国的各级统治者知道"天朝上国"之外的天地，学习西方的科学技术，"师夷之长技以制夷"。这部著作，在当时乃至其后相当长一段时间内，产生过巨大影响，对国人了解外部世界起到了积极的作用。

　　自那时起中国认识世界、融入世界的步伐就再也没有停止过。中华人民共和国成立以后，尤其是1978年改革开放以来，中国更以主动的自信自强的积极姿态，加速融入世界的步伐。与之相适应，不同时期先后出版过相当数量的不同层次的有关国际问题、列国政情、异域风俗等方面的著作，数量之多，可谓汗牛充栋。它们对时人了解外部世界起到了积极的作用。

　　当今世界，资本与现代科技正以前所未有的速度与广度在国际间流动和传播，"全球化"浪潮席卷世界各地，极大地影响着世界历史进程，对中国的发展也产生极其深刻的影响。面临不同以往的"大变局"，中国已经并将继续以更开放的姿态、更快的步伐全面步入世界，迎接时代的挑战。不同的是，我们所面临的已不是林则徐、魏源时代要不要"睁眼看世界"、要不要"开放"的问题,而是在新的历史条件下,在新的世界发展大势下,如何更好地步入世界,如何在融入世界的进程中更好地维护民族国家的主权与独立,积极参与国际事务,为维护世界和平,促进世界与人类共同发展做出贡献。这就要求我们对外部世界有比以往更深切、全面的了解,我们只有更全面、更深入地了解世界,才能在更高的层次上融入世界,也才能在融入世界的进程中不迷失方向,保持自我。

与此时代要求相比,已有的种种有关介绍、论述各国史地政情的著述,无论就规模还是内容来看,已远远不能适应我们了解外部世界的要求。人们期盼有更新、更系统、更权威的著作问世。

中国社会科学院作为国家哲学社会科学的最高研究机构和国际问题综合研究中心,有 11 个专门研究国际问题和外国问题的研究所,学科门类齐全,研究力量雄厚,有能力也有责任担当这一重任。早在 20 世纪 90 年代初,中国社会科学院的领导和中国社会科学出版社就提出编撰"简明国际百科全书"的设想。1993 年 3 月 11 日,时任中国社会科学院院长胡绳先生在科研局的一份报告上批示:"我想,国际片各所可考虑出一套列国志,体例类似几年前出的《简明中国百科全书》,以一国(美、日、英、法等)或几个国家(北欧各国、印支各国)为一册,请考虑可行否。"

中国社会科学院科研局根据胡绳院长的批示,在调查研究的基础上,于 1994 年 2 月 28 日发出《关于编纂〈简明国际百科全书〉和〈列国志〉立项的通报》。《列国志》和《简明国际百科全书》一起被列为中国社会科学院重点项目。按照当时的计划,首先编写《简明国际百科全书》,待这一项目完成后,再着手编写

《列国志》。

1998年，率先完成《简明国际百科全书》有关卷编写任务的研究所开始了《列国志》的编写工作。随后，其他研究所也陆续启动这一项目。为了保证《列国志》这套大型丛书的高质量，科研局和社会科学文献出版社于1999年1月27日召开国际学科片各研究所及世界历史研究所负责人会议，讨论了这套大型丛书的编写大纲及基本要求。根据会议精神，科研局随后印发了《关于〈列国志〉编写工作有关事项的通知》，陆续为启动项目拨付研究经费。

为了加强对《列国志》项目编撰出版工作的组织协调，根据时任中国社会科学院院长李铁映同志的提议，2002年8月，成立了由分管国际学科片的陈佳贵副院长为主任的《列国志》编辑委员会。编委会成员包括国际片各研究所、科研局、研究生院及社会科学文献出版社等部门的主要领导及有关同志。科研局和社会科学文献出版社组成《列国志》项目工作组，社会科学文献出版社成立了《列国志》工作室。同年，《列国志》项目被批准为中国社会科学院重大课题，新闻出版总署将《列国志》项目列入国家重点图书出版计划。

在《列国志》编辑委员会的领导下，《列国志》各承担单位尤其是各位学者加快了编撰进度。作为一项大型研究项目和大型丛书，编委会对《列国志》提出的基本要求是：资料翔实、准确、最新，文笔流畅，学术性和可读性兼备。《列国志》之所以强调学术性，是因为这套丛书不是一般的"手册""概览"，而是在尽可能吸收前人成果的基础上，体现专家学者们的研究所得和个人见解。正因为如此，《列国志》在强调基本要求的同时，本着文责自负的原则，没有对各卷的具体内容及学术观点强行统一。应当指出，参加这一浩繁工程的，除了中国社会科学院的专业科研人员以外，还有院外的一些在该领域颇有研究的专家学者。

现在凝聚着数百位专家学者心血，共计141卷，涵盖了当今世界151个国家和地区以及数十个主要国际组织的《列国志》丛书，将陆续出版与广大读者见面。我们希望这样一套大型丛书，能为各级干部了解、认识当代世界各国及主要国际组织的情况，了解世界发展趋势，把握时代发展脉络，提供有益的帮助；希望它能成为我国外交外事工作者、国际经贸企业及日渐增多的广大出国公民和旅游者走向世界的忠实"向导"，引领其步入更广阔的世界；希望它在帮助中国人民认识世界的同时，也能够架起世界各国人民认识中国的一座"桥梁"，一座中国走向世界、世界走向中国的"桥梁"。

《列国志》编辑委员会

2003 年 6 月

前波兰共和国驻华大使序

　　这是一部卓越的并且没有先例的著作。历史上从来没有这样能全面地、系统地并客观地介绍波兰过去与现代的中文书籍。我在与中国社会不同阶层代表的交流过程中发现：我的国家对许多中国公民来说并不陌生。波兰文学于20世纪初开始在当时某些思想进步的中国知识分子中传播。波兰许多杰出的文学作品不断出现在中国读者的面前，则归功于后来几代中国翻译家的努力。跟许多同胞一样，我感到很惊喜，即在与中国人交谈期间听到他们原来在上学的时候就已经了解波兰，而且在自己的记忆中一直保持着对波兰，尤其是对我们首都华沙的美好印象。他们知道波兰不仅是一个美丽的国家，而且是欧洲的一个给予世界许多艺术家、科学家和其他杰出人物的地灵人杰的地方。

　　中国依据比较零碎的信息获得对波兰的认识，理所当然是比较肤浅的。它没有完全反映出我国的现状：一个非常活跃地和完全参与欧洲政治、经济和文化生活的国家与社会。高德平教授编写的著作很好地弥补了上述的中国对波兰理解上的一个缺口。它系统地向读者介绍了波兰的自然条件、政治、经济及社会制度，并提供了众多的有趣和实用的信息。

　　该著作的出版具有更特殊的意义。2004年，波中隆重庆祝两国建交55周年。6月，中国国家主席有史以来首次访问波兰，将我们两国关系提升到友好合作伙伴关系之高度，并且使双边合作进入新的发展阶段。在两国交往中，经贸合作发挥着越来越大的作用。高教授的书所包含的很多具体信息和总的概括无疑有助于那些对与波兰合作感兴趣的中国经济界人士更好地了解波兰。不能否认，成功立足于某一国市场的一个非常重要的前提条件是加深对该地方的了解，包括经济以外的其他领域。

　　我很钦佩高德平先生为编写该书所做的大量工作。我感谢他、他的同事和所有相关机构给中国读者准备了这样无先例的成功之作。我深信这本书会成为有利于加强波中关系的最重要的基础：两国社会及其精英之间更好地相互了解的"桥梁"之一。我真诚地将此书推荐给所有对波兰有兴趣的中国朋友。

波兰共和国驻华大使

克·布尔斯基

K. Burski

2004 年 10 月 5 日于北京

CONTENTS
目 录

第一版导言／1
第二版导言／1

第一章 概　　览／1

　第一节　国土与人口／1
　　一　地理位置及领土面积／1
　　二　行政区划／2
　　三　地形与气候／3
　　四　人口、民族、语言／6
　　五　国旗、国徽、国歌／10

　第二节　宗教与民俗／12
　　一　宗教／12
　　二　民俗／17
　　三　节日／21

　第三节　特色资源／23
　　一　著名城市／23
　　二　世界遗产／31

第二章 历　　史／41

　第一节　上古简史／41
　第二节　中古简史／43
　　一　波兰国家建立／43
　　二　封建割据／44

CONTENTS

目 录

三 国家重新统一／47

第三节 近代简史／51

一 贵族共和国的建立与衰落／51

二 国家被瓜分与波兰人民的反抗斗争／55

第四节 现代简史／62

一 第二共和国的成立／62

二 第二次世界大战中的波兰／65

第五节 当代简史／68

一 人民共和国的诞生和社会主义时期的波兰／68

二 剧变后的波兰／73

第六节 重要历史人物／76

第三章 政 治／97

第一节 政治体制沿革／97

第二节 宪法／105

第三节 行政／108

一 总统／108

二 政府／110

第四节 立法与司法／113

一 议会／113

二 司法机构／117

第五节 政党与工会组织／119

一 概述／119

二 主要政党／122

三 主要工会组织／137

CONTENTS

目 录

第四章 经 济 / 143

第一节 概述 / 143

　　一 发展简史与概况 / 143

　　二 经济体制改革 / 147

第二节 经济部门 / 153

　　一 农业 / 154

　　二 工业 / 165

　　三 交通与通信 / 176

　　四 商业与旅游业 / 186

第三节 对外贸易与国际经济合作 / 192

　　一 对外经贸 / 192

　　二 外国援助 / 202

　　三 外国资本 / 203

第四节 财政金融 / 207

　　一 货币 / 207

　　二 国家财政预算 / 211

　　三 税收 / 213

　　四 银行 / 217

　　五 证券市场 / 222

第五章 社 会 / 225

第一节 国民生活 / 225

CONTENTS

目 录

第二节 社会保障 / 228

一 概述 / 228

二 主要保险 / 231

第三节 医疗卫生 / 236

一 概况 / 236

二 医疗保健品市场 / 238

第四节 环境保护 / 242

第六章 军 事 / 247

第一节 军事简史 / 247

第二节 国防体制与国防预算 / 255

一 国防体制 / 255

二 国防预算 / 256

第三节 军种与武器装备 / 257

一 陆军 / 257

二 海军 / 259

三 空军 / 261

四 特种部队 / 263

五 国际维和部队（驻外军事人员） / 264

第四节 军事训练与军衔制度 / 265

一 军事训练 / 265

二 军衔制度 / 266

第五节 国防工业与武装力量现代化 / 266

第六节 对外军事关系 / 271

CONTENTS

目 录

第七章 文 化 / 275

第一节 教育 / 275

第二节 科技 / 281

第三节 新闻出版 / 290

  一 概述 / 290

  二 报纸杂志 / 291

  三 广播、电视、通讯社 / 291

  四 图书出版 / 292

第四节 文学艺术 / 297

  一 文学 / 297

  二 戏剧 / 308

  三 音乐 / 314

  四 舞蹈 / 315

  五 美术 / 317

  六 电影 / 320

第五节 体育 / 324

第八章 外 交 / 329

第一节 概述 / 329

第二节 同德、英、法等西欧国家和欧盟的关系 / 332

  一 同德、英、法等西欧国家的关系 / 332

  二 同欧盟的关系 / 337

CONTENTS
目 录

第三节　同美国的关系／339

第四节　同俄罗斯和其他独联体国家的关系／341

　一　同俄罗斯的关系／341

　二　同其他独联体国家的关系／347

第五节　同其他中东欧国家的关系／349

第六节　同中国的关系／352

　一　政治关系／352

　二　经济关系／359

　三　科技文化交流／363

大事纪年／367

参考文献／377

索　引／383

第一版导言

波兰是个不大不小的国家。论面积，有 32.2575 万平方公里；论人口，也有 3823 万。从世界地图上看，波兰位于欧洲的中部，战略地位十分重要。

波兰是一个多平原的国度。在这块美丽的土地上，镶嵌着众多珍珠般的湖泊，隐藏着大量斑斓多彩的琥珀。这里物产丰饶，民俗多姿。然而，历史上的波兰却屡遭入侵，列强争食。

千余年的苦难，千余年的抗争，群雄逐鹿，风云激荡。几度瓜分，几度统一；几度衰落，几度崛起。

每当我想起波兰，眼前总闪现那红白相间的波兰国旗高高飘扬，那头戴金冠的白鹰展翅翱翔。红色和白色是波兰的代表色，因为波兰的统一与崛起都是热血铸成的，而白色则代表纯洁，代表波兰人追求和平、民主、自由生活的愿望。

每当我想起波兰，耳边总回响起《波兰决不灭亡》的旋律。这是波兰的国歌，带着淋漓的鲜血，带着奔涌的激情，带着坚定的信念，团结无间，使大地重光。

波兰民族是欧洲最古老的民族之一。古老与坎坷常常相伴，而古老、坎坷则孕育了代代人杰，其中有许多中国人耳熟能详的伟人：天文学家哥白尼，音乐家肖邦，文学家密茨凯维奇、显克微支、莱蒙特、米沃什、席姆博尔斯卡……这些伟大的波兰人创造的科技与文化，早已成为全世界的宝贵财富。

第二次世界大战前，波兰还是一个落后的农业国。经过半个多世纪的奋斗，如今的波兰正在向现代化的工业国迈进。经历了战乱与危机，经历了革新与转轨，一个新生的强大的波兰正在欧洲大地、在世界舞台上崛起。

就其古老与多难，中国与波兰有许多共通之处。20世纪初以来，两国友谊世代相传。新中国建立以后成立的第一家合资企业就是与波兰合资的"中波航运公司"。几十年来，双边贸易不断扩大，经贸关系发展良好。

就在我们简笔匆匆勾勒了波兰千余年的历史图画，本书完稿之时，传来了波兰即将正式加入欧盟的消息。2004年5月1日，波兰正式加入欧盟，"实现了波兰数代人的梦想"。波兰回到了欧洲大家庭。

迄今为止，我国尚无一部比较全面地介绍波兰的著作。这显然远不适应中波关系乃至中欧关系迅猛发展的形势。我们有幸承担了列国志《波兰》卷的写作。为了力求客观、系统、全面地介绍波兰，我们搜集积累了大量资料。然而，也许正因为资料的宏富与复杂，加上波兰变化的剧烈与深刻，"梳理"显得格外困难。又因为文章篇幅限制、写作时间仓促和本人水平有限，本书中定有疏漏甚至错误之处，恳请读者不吝赐教、指正。

周伟参与了本书"历史"部分（第一、二、三、四节）及"文学"和"戏剧"部分的写作，张森、朱晓中、孔田平研究员对本书做了审定。

在本书的写作过程中，笔者得到了中国社会科学院及科研局有关领导、中国社会科学院俄罗斯东欧中亚研究所有关领导和同仁的指导和帮助，在此一并表示衷心的感谢。我要特别感谢本书主要参考文献中所提及的诸位专家学者和有关机构网站，他们的作品使我受益匪浅。

十分感谢波兰驻华使馆克·布尔斯基大使在百忙之中为本书作序，并感谢波兰驻华使馆二等秘书康拉德·马嘉士先生的热情帮助。

最后还要感谢社科文献出版社的领导和编辑为本书出版所付出的辛勤劳动。

高德平

2004年5月1日于北京

第二版导言

《波兰》一书出版已有 10 余年。其间，波兰发展变化之大，当可刮目。《波兰》得以修订再版，实为幸事。

第二版的修正主要如下：

第一，全书增加了自 2004 年以来波兰的新发展、新变化；

第二，对第一版出现的人名和地名的误译、同名不同译等问题做了校正，主要以商务印书馆《译音表》中《波（兰）汉译音表（修订草案）》为准，并附上了波兰原文，以方便读者检索；

第三，在第一章节，增添了对波兰世界遗产的介绍；

第四，在历史部分，补充了一些历史事件的细节和相关人物，使波兰史脉络更为清晰、完整；

第五，在经济部分，丰富了波兰产业发展的内容；

第六，在军事部分，增加近期变动较大的军事制度改革和装备更新情况；

第七，在历史、政治、经济等章节，对容易发生重复叙述的地方适当做了精简；

第八，根据外文资料对部分原有数据做了修正；

第九，增加了索引、大事纪年等内容。

需要说明的是，在历史部分，除了大量地点、人物在不同语言中的名称、拼法不同外，还有许多词汇为某国特有，比如波兰的大公、亲王实际上与他国是有所区别的。由于这些爵位，甚至整个等级制度在中国文化中并不存在完全对应的词汇，如果不了解斯拉夫语，要辨识其含义是有点困难的，所以本书对此做了一些技术处理，便于读者理解。

中国的波兰研究尚处于初级阶段，相关的中文资料也很有限。本书用来对照修正的许多文献因时代局限，观点纷纭，梳理繁杂。我们非常感谢前辈波兰研究学者，如果没有前人的研究，本书的修订是不可能完成的。在参阅他们的研究的基础上，我们也采译了一部分外文资料以作补充，尽管耗时耗力，相信对于后人是有价值的。

我们深知，本书虽长于全面，却逊于浅陋，也难免粗糙。然而，本书的意义是显而易见的。本书不仅全面地记录了波兰的过去，而且试着将成功实现改革的新波兰展现给国人。这在中国是第一次。对于一个对波兰感兴趣的希望了解波兰的中国读者来说，他的选择并不多。本书也许是一个好起点。

本书修订得到多方帮助。王屏女士通校全书，对文字做了润色，在此一并致谢。

高德平

高　空

2016 年 9 月于北京

第一章

概　览

第一节　国土与人口

一　地理位置及领土面积

波兰共和国（Rzeczpospolita Polska，The Republic of Poland，简称波兰）位于欧洲大陆中部。最南端为北纬 49° 00′，最北端为北纬 54° 50′，最东端为东经 24° 09′，最西端为东经 14° 07′。东部与白俄罗斯、乌克兰相邻，东北部与立陶宛、俄罗斯的"飞地"加里宁格勒地区接壤，南部与捷克和斯洛伐克毗邻，西部与德国相连，北临波罗的海，与瑞典和丹麦遥遥相对。南北长 649 公里，东西距 689 公里。国境线总长 3511 公里，其中海岸线长 770 公里。

波兰领土总面积为 32.2575 万平方公里，行政区划面积为 31.2679 万平方公里，居欧洲第 9 位、世界第 71 位。其中陆地（含内水）面积为 31.1888 万平方公里，内海面积为 2005 平方公里，领海面积为 8682 平方公里。波兰领土总面积约占欧洲总面积的 3%。

历史上，波兰的疆界几经变更。公元约 963 年，皮雅斯特王朝大公梅什科一世（Mieszko I）建立了波兰国家。到 10 世纪末，波兰领土面积达 25 万平方公里，是斯拉夫国家中仅次于罗斯的第二大国。

1505 年，波兰进入贵族统治时期。整个 16 世纪被称为波兰的"黄金时代"，这一时期，波兰统治者推行领土扩张政策。1569 年，波兰与立陶宛签订了"卢布林联盟"条约，合并成一个以波兰为主体的联邦国家，史称"波兰贵族共和国"或"波兰第一共和国"。领土包括今日波兰、立陶宛、乌克兰、白俄罗斯和俄罗斯的部分地区，面积达 55 万平方公里。

16 世纪末，波兰的领土继续向东扩展。17 世纪初，其领土面积扩至近 100 万平方公里。

1772 年、1793 年和 1795 年，波兰先后遭受了俄罗斯帝国、普鲁士王国和哈布斯堡君主国（奥地利的前身）的三次瓜分，一度在欧洲地图上消失。

100 多年后，1918 年 11 月，波兰恢复独立，成立波兰共和国（即"波兰第二共和国"）。1919 年 2 月，波兰与苏维埃俄国（苏俄）爆发战争。战后双方于 1921 年 3 月签订《里加和约》（Traktat Ryski），确定以季斯纳河—多克希齐—斯卢奇河—科列茨—奥斯特罗赫—兹布鲁奇河一线为波苏边界。同年，根据上西里西亚地区公民投票的结果，波兰获得上西里西亚东部地区，上西里西亚西部地区则划归德国。此时，波兰的领土总面积为 38.7 万平方公里。

1939 年 9 月 1 日，德国突然入侵波兰，第二次世界大战爆发。德军很快占领了波兰西部地区。9 月 17 日，苏联出兵占领了波兰东部地区。波兰又一次遭受了灭亡之灾。

1944 年夏，波兰光复。根据雅尔塔会议和波茨坦会议的约定，苏、美、英三大国确定波兰的东部疆界应以"寇松线"为准，之前被并入波兰版图的西白俄罗斯和西乌克兰等大约 18 万平方公里的土地被划归苏联，波兰西部边界则以奥得河—尼斯河一线为准，使波兰得到了德国约 10 万平方公里土地作为补偿。最终，与二战前相比，波兰领土总面积减少了近 8 万平方公里。

波兰使用欧洲中部时间（CET），为世界时间（格林尼治时间）+1。波兰每年 4 月至 10 月实行夏时制，与中国时间（北京时间）相差 6 小时；每年 11 月至次年 3 月与中国时间相差 7 小时。

二 行政区划

波兰自 1919 年开始实行省、县、乡（镇）三级行政建制。

1945 年，社会主义政权建立后，波兰仍实行省（包括城市省，相当于中国的直辖市）、县、乡（镇）三级建制，其间经历多次改革。至 1975 年，波兰人民共和国共设 17 个省，其中 5 个为城市省。1975 年波兰取消县制，改为省、乡（镇）二级建制，全国共设 49 个省（其中 4 个为城市省）和 2468 个乡（镇）。1998 年 7 月，波兰议会通过政府制定的关于地方自治机构改革方案，将原有的 49 个省调整为 16 个，同时重新设立县。同年 10 月，波兰举行了三级地方自治机构选举。该方案于 1999 年 1 月 1 日起正式生效，波兰行政区划由省、乡（镇）两级建制重新恢复为原来的省、县、乡（镇）三级建制，全国共设 16 个省、308 个县和 2489 个乡（镇）。

新划定的 16 个省是：下西里西亚省（Dolnośląskie）、库亚维－滨海省（Kujawsko-Pomorskie，亦译库亚维－波莫瑞省）、卢布林省（Lubelskie）、卢布斯卡省（Lubuskie）、罗兹省（Łodzkie）、小波兰省（Małopolskie）、马佐夫舍省（Mazowieckie）、奥波莱省（Opolskie）、喀尔巴阡山省（Podkarpackie）、波德拉谢省（Podlaskie）、滨海省（Pomorskie，亦译波莫瑞省）、西里西亚省（Śląskie）、圣十字省（Świętokrzyskie）、瓦尔米亚－马祖里省（Warmińsko-mazurskie）、大波兰省（Wielkopolskie）和西滨海省（Zachodniopomorskie，亦译西波莫瑞省）。

截至 2013 年 12 月 31 日，波兰共有 16 个省、380 个县（其中 66 个为县级城市）和 2479 个乡（镇）。

波兰首都为华沙（Warszawa）。华沙是波兰最大的城市，其他大城市（按人口数量）依次是：克拉科夫（Kraków）、罗兹（Łódź）、弗罗茨瓦夫（Wrocław）、波兹南（Poznań）、格但斯克（Gdańsk）、什切青（Szczecin）、比得哥什（Bydgoszcz）、卢布林（Lublin）、卡托维兹（Katowice）等。

三　地形与气候

1. 地形特征

"波兰"在斯拉夫语中意为"平原"或"平原之国"。从总体上看，波兰地势平坦，平原广阔。但具体地讲，其地势南高北低，北部和中部为平原和坡地，占全国总面积的 92%；南部有少部分丘陵和山区，占全国总面积的 8%。全国平均海拔为 173 米, 低于欧洲平均海拔 300 米的高度, 75.1%的国土在海拔 200 米以下, 仅有 3.1% 的地区超过海拔 500 米。北部的拉兹基 - 埃尔布隆格 (Raczki Elbląskie) 为全国最低点, 海拔 -1.8 米; 西南部喀尔巴阡山脉的雷塞峰 (Rysy) 为全国最高点, 海拔 2499 米。全境大致可分为 6 个地形地貌带: 北部沿海平原区, 平均海拔约 50 米, 从西向东有什切青平原、维斯瓦河平原、普鲁士平原等; 以冰碛地形为主要特征的波罗的海滨湖区, 平均海拔 150~300 米, 因维斯瓦河贯穿而被分割为西部滨海湖泊区和东部马祖里湖泊区; 中部平原区, 平均海拔 50~200 米, 主要平原有马佐夫舍 - 波德拉谢平原和大波兰 - 库亚维平原; 中南部高地丘陵区, 平均海拔 200~500 米, 主要为苏台德山麓丘陵、西里西亚丘陵、小波兰丘陵、卢布林丘陵和罗兹托切丘陵; 东南部北喀尔巴阡盆地区, 平均海拔 200 米左右, 最大的盆地是桑多梅日盆地; 西南部苏台德山区和南部喀尔巴阡山区, 平均海拔 500~2000 米。

苏台德山脉和喀尔巴阡山脉为波兰的主要山脉。位于小波兰省内的布温多夫斯卡沙漠 (Pustynia Błędowska) 是波兰唯一的沙漠, 面积为 32 平方公里。

2. 河流与湖泊

波兰境内的河流大多为南北流向, 最终注入波罗的海。主要的河流有维斯瓦河 (Wisła)、奥得河 (Odra)、瓦尔塔河 (Warta)、布格河 (Bug) 等。其中最长的河流为纵贯波兰中部的维斯瓦河。维斯瓦河为波兰第一大河, 发源于西南部喀尔巴阡山脉, 全长 1022 公里, 流域面积约为国土总面积的 56%。第二大河是奥得河, 发源于南部的苏台德山脉, 全长 840 公里 (波兰境内长 726 公里), 流域面积约为国土总面积的 34%。第三大河是瓦尔塔河, 全长 795 公里。第四大河是布格河, 全长 774 公里 (波兰境内长 590 公里)。

波兰主要的人工运河有维普日 - 克日纳运河 (Kanał Wieprz-Krzna)、奥古斯图夫运河 (Kanał Augustowski)、埃尔布隆格运河 (Kanał Elbląski)、格利维采运河 (Kanał Gliwicki) 等。

波兰是一个多湖国家, 享有"千湖之国"的美称。湖泊多分布在北部地区，水域面积达到 1 公顷以上的湖泊有 9300 余个，总面积 32 万公顷，约占全国总面积的 1%。波兰最大的湖泊是希尼亚尔德韦湖（Śniardwy），面积达 11340 公顷；最深的湖泊是汉查湖（Hańcza），水深达 108.5 米。

在波兰，容量超过 100 万立方米的水库约有 140 座，可储存 6% 的地表径流。

由于北濒波罗的海，在长达 770 公里的海岸线上，波兰拥有众多的港口。其中，最大的港口城市是格但斯克，其他较大的有什切青、格丁尼亚（Gdynia）和索波特（Sopot）等。

3. 气候

由地理位置和地形特征所决定，波兰气候介于东欧大陆性气候和西欧海洋性气候之间，全境基本上属于海洋性向大陆性气候过渡的温带阔叶林气候。在通常情况下，波兰全年气候温和，冬无严寒，夏无酷暑。根据 1951 年以来的气象记录，夏季全国平均气温约为 15℃，夏季最高气温记录为 1994 年 7 月，斯武比采（Słubice）的气温达 39.5℃；冬季全国平均气温为 -1℃~4.5℃，历史最低气温记录为 1956 年 2 月，耶莱尼亚－古拉（Jelenia Góra）的气温低至 -36.9℃。冰冻期因地区不同而各异，东北部约为 65 天，西南部则超过 130 天。平原地区寒冷期约为 90~130 天，山区则超过 200 天。按区域划分，波兰的西部和北部主要属海洋性气候，冬季温和潮湿，夏季凉爽多雨；波兰的东部和南部大多属大陆性气候，四季分明，冬季寒冷，夏季炎热干燥。在波兰，春天通常开始于 3 月底、4 月初。每年的 6~8 月为夏季。9 月进入秋季，气温下降。11 月逐步进入冬季，常有暴风雪。如果按气温变化进一步细分，波兰共有 6 个季节，即除了春、夏、秋、冬 4 个典型的季节之外，还有"早春"和"早冬"2 个过渡性季节。

降水量因地区不同而有所差异。全国平均年降水量为 600 毫米：南部丘陵地区和山区降水量最多，约为 1200~1500 毫米；中部平原地区降水量最少，约为 450~550 毫米。夏季是降水量最多的季节，其降水量约占全年降水量的 40%。1997 年 7 月，波兰南部地区发生了几百年未遇的特大洪水，包括工业重镇弗罗茨瓦夫在内的波兰 1/5 的国土受灾，损失达数十亿美元。这一年，波兰也出现了多年未遇的严冬寒春。除雨雪天气外，波兰也常有多雾和多云天气，一般一年中晴天数不足 60 天。

近 30 年来，波兰的年平均气温呈上升趋势，大多数地区的年平均气温上升了 3℃~5℃，多地出现极端高温天气。例如，2000 年 6 月，科沃（Koło）的气温曾达到 36.9℃；2013 年 8 月，西尔尼奇卡（Silniczka）的最高气温更是达到 38.9℃。伴随冬季平均气温的升高，降雪也有所减少。

四　人口、民族、语言

1. 人口

公元 10 世纪至 11 世纪，波兰全国总人口约为 100 万~120 万。1370 年左右，波兰全国总人口增至约 200 万。18 世纪末，波兰总人口达到 1100 万~1400 万。第一次世界大战结束时，波兰第二共和国总人口为 2700 万。1938 年末，波兰全国总人口增至 3500 万。由于第二次世界大战和战后的疆界变更等原因，1946 年波兰全国总人口急剧减少至约 2390 万。

20 世纪 50 年代至 90 年代初，波兰人口一直呈增长态势，虽然增长率逐渐下降，但波兰依然是欧洲人口增长最快的国家之一。1950~1960 年，波兰人口年均自然增长率为 18%；1961~1985 年，人口年均自然增长率为 14%；1986~1992 年，人口年均自然增长率为 3.5%。1993 年，波兰全国总人口已增至 3851 万，人口密度约为每平方公里 123 人；城市人口近 2388 万，农村人口约为 1463 万，分别占全国总人口的 62% 和 38%；男女比例为 100∶105。

20 世纪 80 年代中期之后，波兰人口自然增长率开始下降，特别是 1993~2002 年，人口年均自然增长率仅为 0.94%，且于 2002 年首次出现负增长。2002 年，波兰全国总人口为 3823 万，人口密度约为每平方公里 122 人；城市人口近 2362 万，农村人口约为 1461 万，分别占全国总人口的 61.8% 和 38.2%；男性人口约占波兰全国总人口的 48.4%，女性人口约占 51.6%，男女比例为 100∶107。

波兰人口自然增长率近年来保持在很低的水平，人口老龄化现象日趋严重。尽管 2011 年的新生婴儿数较 2002 年变化不大，但比 1993 年减少了约 30%。生育年龄延后是影响新生婴儿数量的重要因素，波兰妇女的头胎生育年龄已从 20~24 岁延至 25~29 岁，甚至更大。同时，波兰人的婚姻家庭观念也发生了变化。最近 30 多年，婚姻登记的数量急剧下降：1980 年婚姻登记有 30.7 万件，1995 年锐减到 20.7 万件，2013 年婚姻登记仅有 18 万件。在结婚者数量日渐减少的同时，离婚者却越来越多：1990 年离婚案有 4 万件，1998 年达 4.5 万件，2013 年为 6.6 万件。

2014 年，波兰全国总人口为 3847.7944 万。其中，男性人口为 1855.6978 万（48.2%），女性人口为 1992.0966 万（51.8%），男女比例约为 100∶107。人口增长率为 -0.09%，人均寿命为 76.1 岁。

波兰境外的侨民和外籍波兰人很多。波兰人口大量外移始于 19 世纪下半叶。到 1913 年，在国外的波兰移民已达 350 万。从第一次世界大战爆发到 1938 年，又有 120 万波兰人移居国外。第二次世界大战期间，约有 50 万波兰人流落他乡。根据有关资料，到 20 世纪 90 年代初，世界各地的波兰侨民和外籍波兰人及其后裔共有约 1200 万~1400 万。至 2010 年，在美国的波兰侨民和外籍波兰人及其后裔就有约 900 万，在德国、巴西、以色列和加拿大的波兰人分别约为 200 万、180 万、125 万和 101 万。

2013 年底，在波兰总人口中，63.4% 的居民处于劳动年龄。按一般规定，除特种职业外，波兰公民的退休年龄为 67 岁。

2. 民族

波兰族是波兰的主体民族，是欧洲最古老的民族之一，属西斯拉夫人。

与西欧和南欧文明一样，今天的波兰地区也受到不同民族文化的影响。上古时代，斯基泰人（亦译"西徐亚人"）、凯尔特人、日耳曼人和波罗的人都曾在此定居。公元 8 世纪，西斯拉夫人中的数支波兰族部落占据了该地，并建立了以波兰族为主体的早期国家组织。公元约 963 年，波兰人正式建立波兰国家，成为斯拉夫国家中的大国之一。此时，波兰依然是一个多民族国家。在随后的诸多世纪中，伴随波兰统治者的对外扩张和外国入侵，尤其是第二次世界大战后，波兰疆界发生了巨大的变更，波兰的民族构成也随之改变。

根据 1931 年的一次调查，波兰族人当时仅占波兰全国总人口的 68.9%，乌克兰人、犹太人和白俄罗斯人则分别占到 13.9%、8.6% 和 5.4%。而根据 2011 年的统计，波兰人口以波兰族为主，占全国总人口的 94.8%。少数民族有：西里西亚人占 2.1%，卡舒比人占 0.6%，德意志人占 0.3%，乌克兰人占 0.13%，白俄罗斯人占 0.12%，其余为罗姆人 [①]、俄罗斯人、立陶宛人、亚美尼亚人、犹太人等；来自美国、英国和法国的移民也占有一定比例。

历史上，波兰与相邻的德国、捷克斯洛伐克等国之间一直存在着领土争端，如波兰与捷克斯洛伐克交界处的切欣 – 西里西亚（Śląsk Cieszyński）。波兰人、捷克人和斯洛伐克人在该地区混居，民族冲突不断。第一次世界大战后，波兰与捷克斯洛伐克就曾为切欣 – 西里西亚的归属问题发生过军事冲突。

波兰人民共和国建立后，波兰政府的少数民族政策收到良好的成效，使波兰在东欧国家中始终属于少数民族问题较少的国家。但波兰和东欧多国间未决的历史和民族问题依然存在，1989 年的东欧剧变，特别是冷战的结束，一定程度上加剧了这些矛盾。

20 世纪 90 年代以来，波兰政府更加重视少数民族的利益，开明的政策使民族矛盾有所缓和。例如，为了淡化民族问题，波兰将由内务部负责的少数民族问题划归文化部管辖；为保障少数民族的利益，波兰在议会中设立了少数民族委员会，允许各少数民族建立自己的政治组织并参与各级议会和总统竞选，规定少数民族的政治组织进入波兰议会不受波兰"选举法"最低得票率的限制；鼓励发展少数民族的文化教育，尊重并保护少数民族的风俗习惯等。

3. 语言

波兰的主要语言为波兰语，属印欧语系、斯拉夫语族、西斯拉夫语支。

公元 10 世纪至 14 世纪，波兰的史书和文学作品大多是用拉丁语书写的。随着波兰国家的发展，古波兰语发展出书面用法，并逐渐推广。到 16 世纪初，用波兰语写作日益普及，波兰语成为固定语言。今天，波兰语已

---

① 即吉普赛人。

成为仅次于俄语的使用最广泛的斯拉夫语言。除作为波兰官方语言外，波兰语在捷克、斯洛伐克、匈牙利、立陶宛、白俄罗斯和乌克兰等国亦作为少数民族或地区语言使用。

波兰语的语法结构比较复杂，特殊规则多。波兰语词性分为阴性、阳性、中性；词类有 7 个格的变化；动词随时态和句中主语的单复数变化而变化。波兰语字母以标准拉丁字母为基础，共有 32 个：A、Ą、B、C、Ć、D、E、Ę、F、G、H、I、J、K、L、Ł、M、N、Ń、O、Ó、P、R、S、Ś、T、U、W、Y、Z、Ź、Ż。而字母 Q、V、X 只用在外来词汇中，不属于波兰语字母。

1945 年，波兰颁布《国语法》，规定波兰语为波兰的官方语言。1989 年东欧剧变后，特别是 21 世纪以来，波兰人逐渐崇尚外语，特别是英文，使用外文的广告和招牌随处可见，人们言谈中常夹杂着不规范的外来语，尤其是不文明的外来语词汇日益增多并开始充斥在波兰语中。为规范波兰语，防止波兰语被异化，波兰议会于 1999 年 8 月通过《波兰语言法》，以替代《国语法》。

现行《波兰语言法》于 2000 年 5 月 9 日正式生效。该法规定，波兰语是波兰的官方语言；所有让本国公众知晓的信息都必须用波兰语发布；波兰所有参与公共生活的行政机构、组织和团体都必须注意使用正确的波兰语，不得随意简化；波兰各种商品的名称和说明书、服务业的名称等都必须使用波兰语；各种张贴的布告以及各类广告中的外文名称都必须改用波兰语；进口商品的外文说明书、保险单、收据和发票等应附有波兰文翻译；在波兰实施的合同必须有波兰语文本；波兰新闻出版单位以及广播和电视的播音员应该正确使用波兰语言。

除全国通行的标准波兰语外，不同地区居民使用的波兰语亦有细微的差别。波兰主要的方言有大波兰、小波兰、马佐夫舍和西里西亚等 4 种。

2005 年 1 月 6 日颁布的《少数民族及地区语言法案》规定，以下 16 种语言为官方承认的少数民族及地区语言：卡舒比语、亚美尼亚语、白俄罗斯语、捷克语、德语、意第绪语、希伯来语、立陶宛语、俄语、斯洛伐克语、乌克兰语、卡拉伊姆语、鲁森语、波兰罗姆语、喀尔巴阡山罗姆语和鞑靼语。

波兰采用阿拉伯数字，但数字中一些标点符号的用法比较特别，如小数点"."和逗号","的用法与汉语和英语等正好相反。波兰文中用逗号","表示小数点"."，如"5.3"写作"5,3"；波兰文中用小数点"."表示数字位数符号","，如"100,456"写作"100.456"。

五　国旗、国徽、国歌

1. 国旗

波兰国旗呈横长方形，长与宽之比约为 8：5。旗面由上白下红两个全等的平行长方形构成。其中白色不仅象征古老传说中的白鹰，而且还象征着纯洁，以及波兰人民对自由、和平、民主、幸福的美好向往；红色象征波兰人民为争取独立而献出的热血，也象征着革命斗争取得胜利。

据传说，波兰国旗起源于 10 世纪的军旗。尽管缺乏确切的证据，但可以说白色与红色在波兰历史上一直被视为代表国家的色彩。在波兰－立陶宛联邦时期，波兰就开始使用白、红两色的国旗。1919 年 8 月 1 日，波兰第二共和国政府确定，以白、红两色旗作为波兰国旗。

另有在白色长方形中央镶嵌国徽的国旗变体，仅在驻外使领馆、民用机场、国际航班、港口等有限的地方使用。

自 2004 年起，每年 5 月 2 日定为波兰的国旗日。

2. 国徽

波兰国徽为一个红色的盾牌，盾牌上绘有一只头戴金色王冠、张着金喙金爪并舒展双翼的白鹰。

波兰国徽的历史久远。传说中波兰的创立者莱赫曾在今日波兰西部的格涅兹诺山岩中发现了一座鹰巢，巢中的白鹰迎着金色的夕阳振翅飞起。白鹰的雄姿使莱赫深受震动，于是决定以迎着太阳（以红色代表太阳）展翅高飞的白鹰作为族徽。

从 12 世纪开始，白鹰徽记开始出现在波兰的军旗、盾牌、硬币和王公的印玺上。后来，波兰统治者将王权与白鹰联系起来，在白鹰头上增加了金色王冠。波兰人民共和国成立后，政府决定沿用白鹰徽记作为国徽，保留了红色盾牌和白鹰，但去掉了白鹰头上的金色王冠。1989年12月，波兰宣布将国徽恢复为头戴金色王冠的白鹰图案。

3. 国歌

波兰最早的国歌源自第一部用波兰文创作的赞美诗《圣母颂》（Bogurodzica），该诗在10~13世纪被谱上曲子，并在以后的许多个世纪中一直被当作波兰的国歌。

1772年、1793年和1795年，波兰被三次瓜分，国家沦亡。但是，波兰人民争取民族独立的斗争从未停止。1794年，在爱国将领塔德乌什·柯希丘什科（Tadeusz Kościuszko）的领导下，克拉科夫爆发了抗击沙俄和普鲁士的"柯希丘什科起义"。但终因力量悬殊，起义失败。此后，大批爱国志士和起义官兵流亡欧洲各地，继续抗击外国占领者。曾参加过柯希丘什科起义的波兰将军扬·亨里克·东布罗夫斯基（Jan Henryk Dąbrowski）向拿破仑求助，希望借法国的力量重建波兰。1797年1月，东布罗夫斯基来到意大利组建波兰军团。同年7月，东布罗夫斯基的好友，波兰诗人约瑟夫·维比茨基（Józef Wybicki）用波兰著名民间舞曲"玛祖卡"的曲调创作了《意大利波兰军团之歌》（Pieśń Legionów Polskich we Włoszech），又名《东布罗夫斯基玛祖卡》（Mazurek Dąbrowskiego）。由于其振奋人心的歌词和传统的曲调，这首歌曲受到了军团战士们的欢迎，成为军团的战歌。尽管意大利波兰军团未能如歌中所唱，最终解放波兰，但歌曲得以流传，继续鼓舞波兰人民为独立而战斗。

1926年，《意大利波兰军团之歌》被波兰第二共和国政府正式定为国歌，并沿用至今。每逢隆重的庆典，人们都可以听到这首慷慨激昂的歌曲，它让人想起无数波兰先辈为追求国家与民族独立做出的牺牲，鼓励着现代波兰人继续为保卫国家、追寻自由而奋斗。

《意大利波兰军团之歌》现多译为《波兰决不灭亡》，歌词大意如下：

> 只要我们一息尚存，波兰决不灭亡。
> 拿起武器杀退敌人，使我大地重光。
> 前进，前进，东布罗夫斯基！

从意大利打回波兰，在你的领导下，我们团结无间。

越过维斯瓦河和瓦尔塔河，投入祖国怀抱。

拿破仑使我们懂得胜利怎样获得。

前进，前进，东布罗夫斯基！

从意大利打回波兰，在你的领导下，我们团结无间。

正像恰尔涅茨基奔赴被瑞典侵占的波兹南，

为了拯救祖国，我们渡海回国作战。

前进，前进，东布罗夫斯基！

从意大利打回波兰，在你的领导下，我们团结无间。

父亲含泪对他的巴霞说：

听啊，自己人的战鼓响了。

前进，前进，东布罗夫斯基！

从意大利打回波兰，在你的领导下，我们团结无间。

第二节　宗教与民俗

一　宗教

波兰的教会组织和宗教团体众多，其中罗马天主教会为最大的教会组织。2011 年的统计显示，约有 91% 的波兰人信奉罗马天主教，其他则信奉东正教、新教、犹太教、伊斯兰教、佛教等，亦有约 2% 的无神论者。

古代波兰人崇拜斯拉夫神话中的许多神明，如火神、雷神、风神、太阳神等。

公元 966 年，梅什科一世接受了基督教洗礼，皈依基督教，并在全国推行基督教。968 年，梅什科一世在波兹南建立了直接隶属于罗马教廷的总主教区，教皇约翰十三世（Pope John XIII）任命乔丹（Jordan）为第一任波兰主教。从此，罗马教廷对波兰的影响便越来越大。梅什科一世的儿子波列斯瓦夫一世（Bolesław I Chrobry）执政时，在格涅兹诺（Gniezno）建立了总主教区，另在克拉科夫、弗罗茨瓦夫、科沃布热格（Kołobrzeg）设立了3个主教区。1054年，基督教分裂为天主教和东正教。受此影响，波兰基督教也发生分裂。绝大多数波兰基督教徒站在罗马教会一边，信奉罗马天主教，成立了波兰罗马天主教会，简称"波兰天主教会"或"天主教会"；少数波兰基督教徒则信奉东正教。此后，由于国家鼓励教会自由活动，天主教会势力得以发展，修道院和神职人员迅速增加。15~16世纪，天主教已在波兰取得了完全的统治地位，在政治上拥有极大的权力。当时，不信奉罗马天主教者不能继承王位；在国王死后并新国王登基之前，红衣主教可代行王权；主教们拥有议会席位，且地位在世俗贵族之上。但与此同时，天主教会内部玩忽职守、贪污舞弊和骄奢淫逸等现象多见，引起了波兰教众和社会的普遍不满。

16世纪初，宗教改革运动开始影响波兰。从贵族到市民，波兰人纷纷参与反对天主教会的宗教改革运动。这期间，路德教派受到了波兰北部居民的欢迎，而部分小波兰地区和立陶宛大公国的贵族则选择加入加尔文教派。不过，由于国内反对改革的势力更加强大，宗教改革最终以天主教会的胜利告终，新教对波兰的影响十分有限。

17~18世纪，波兰是东欧少数几个依然以天主教信仰为主的国家之一。西边是信奉新教的普鲁士，东边是信奉东正教的俄罗斯，波兰不仅与邻国存在宗教文化的冲突，而且面临生存危机。

在国家危亡的时刻，教堂成为波兰人的精神支柱。在波兰被瓜分并失去独立的100多年里，天主教会以民族团结、国家独立、自由、平等、博爱等为旗帜，同波兰人民一起进行了英勇的反侵略斗争，为维护波兰民族生存及波兰文化和历史传统做出了重要的贡献，被称为"波兰文明的守护者"。此外，天主教会还给许多来自波兰社会底层的民众提供饮食和受教育的机会。在第二次世界大战期间，天主教会依然同波兰人民站在一起，坚决反抗法西斯的侵略。因此，天主教会在波兰人心中地位很高，成为波兰爱国主义的象征。

波兰社会主义政权建立初期，政府基本实行宗教信仰自由政策，但逐步取消了中、小学校教学计划中的神学课程。

从 1949 年到 1955 年，波兰政府不顾历史和社会现状，对教会采取种种限制措施，如通过法令没收教会财产，其中包括 2 万家医院、保育院和幼儿园等教会慈善机构，对"不合作"的神职人员实行专政直至处以极刑。这激起教民不满乃至反抗，政府与教会冲突不断。

1956 年，瓦迪斯瓦夫·哥穆尔卡（Władysław Gomułka）上台后采取新措施，缓和政教关系。同年年底，波兰政府与教会代表举行会议，发表了联合公报，政府称愿意消除在宗教活动自由方面设置的障碍，教会也表示支持人民共和国。当局释放了被囚禁的红衣主教斯特凡·维辛斯基（Stefan Wyszyński），恢复了学校的宗教课程，恢复了宗教出版社，也恢复了工厂和医院等机构内的宗教活动。波兰各教会，尤其是天主教会得以重新在社会和政治生活中发挥作用。波兰政府与教会，特别是与天主教会定期会晤，就波兰国内问题进行磋商，帮助缓解了许多国内矛盾。然而这种局面未能长期维持，哥穆尔卡执政后期，波兰政府恢复了对宗教的高压态度，波兰的政教关系又趋于紧张。由于害怕宗教在青少年中的影响不断扩大，波兰政府再次禁止在中、小学校开设宗教课程，并加强了学校中的马克思主义和无神论教育。1966 年，波兰政府拒绝以教皇保罗六世（Paul Ⅵ）为首的各国红衣主教和朝圣者来波兰参加"千年祭"①活动，加剧了当局与教会的紧张关系，引发全国教众的不满。

20 世纪 70 年代，爱德华·盖莱克（Edward Gierek）努力缓和政教关系，实行政教分离政策，放宽教会活动范围，大量增加修建教堂的经费。1971~1974 年间，波兰政府批准修建的教堂和祈祷场所约为 150 座；而1979 年仅在华沙就兴建了 14 座教堂。

1978 年 10 月 16 日，波兰克拉科夫红衣主教卡罗尔·约瑟夫·沃伊蒂瓦（Karol Józef Wojtyła）当选为罗马教皇即约翰·保罗二世（John Paul Ⅱ），成为继哈德良六世（Pope Adrian Ⅵ）之后又一位非意大利人教皇。波兰人

---

① 公元 966 年，梅什科一世接受了基督教洗礼，标志着波兰开始信奉基督教，至 1966 年正好是 1000 年。

当选教皇，在波兰天主教徒中激起强烈的宗教热情。1979 年、1983 年和
1987 年，教皇多次回国访问，波兰教众总是不辞辛苦，从全国各地赶到现
场，怀着万分敬仰之情期待教皇接见。当教皇出现时，教众欢呼雀跃，热
泪盈眶，口中还不停地高呼："圣父，我们热爱您！"而每当波兰电视台星
期日正午转播教皇在梵蒂冈主持宗教仪式的实况时，很多波兰人都会准时
地等候在家中聆听教皇的布道。

　　20 世纪 80 年代，波兰执政党即波兰统一工人党和波兰政府考虑到波
兰的宗教传统，继续坚持政教分离的政策，坚持国家的世俗性质；在处
理国家同教会的关系时，坚持"凡是皇帝的，归皇帝；凡是上帝的，归上
帝"的原则。在这种宗教政策下，波兰天主教会势力进一步扩大，并发展
成国内一股强大的政治力量。教会的作用和影响力已不可忽视。1980~1981
年间，天主教会始终作为"第三种合法力量"充当政府和团结工会
（Solidarność）[①] 的中间人，一方面坚决支持团结工会的"合法斗争"，一
方面告诫政府"注意每一项不慎步骤可能产生的严重后果"。

　　在人民共和国时期，波兰全国有教会 30 多个，其中天主教会规模最
大。天主教会有 27 个主教区，下设 8877 个教区；有 10675 座教堂、3378
座修道院和 4439 座祈祷场所；共有 95 名主教，其中有 4 名红衣主教，还
有 22040 名神父、38964 名修道士和修女；有卢布林天主教大学、华沙天主
教神学院和克拉科夫神学院 3 座高等学校以及 46 所中初级天主教学校；有
35 种宗教刊物；波兰人民军中有天主教随军神父和军人教堂；波兰统一工
人党允许教徒入党，党员中的天主教徒比例曾达到 2/3；波兰天主教会向
世界各地派出 700 多名传教士，以传播其教义；从 1980 年 9 月 24 日起，
波兰电视台每逢星期日都会转播华沙圣十字教堂（Kościół św. Krzyża）的
弥撒。

　　1989 年，波兰政局发生剧变。同年 2 月，天主教会亦派出代表参加
"圆桌会议"，共商国是。5 月 17 日，波兰议会通过有关波兰政府与波兰教
会关系的法案，规定：教会有权建立教堂和传教；教会有权建立和管理教

　　[①] 全名为独立自治工会"团结"（Niezależny Samorządny Związek Zawodowy "Solidarność"），一般
　　　简称为"团结工会"或"波兰团结工会"。

会学校、医院、商店、电台、电视台、新闻机构、出版社、戏院、电影院、音像设备公司和电影制片公司；免除笃信宗教的学生服兵役的义务；允许士兵、犯人做弥撒；归还过去没收的教会财产；将8月15日圣母玛利亚升天日定为全国性节日等。

1990年8月，波兰政府决定，自1990~1991学年起，在中、小学校教学计划中恢复神学课程。

波兰的宗教活动越来越自由，笃信宗教的人越来越多，天主教徒对教皇的热情也有增无减。由于天主教会在波兰社会生活中占据举足轻重的地位，因此波兰历届政府都努力同天主教会搞好关系，以便在做出重大决策时获得教会的支持，如历届右翼政府总理就任后，必定要到梵蒂冈觐见教皇。事实上，波兰天主教会在许多问题上发挥着重要作用，如介入议会和总统选举，积极支持并推动波兰加入欧盟和北大西洋公约组织（简称北约）等。

2015年，波兰天主教会有教堂1.5万座（原来的修道院和祈祷场所数量变化不大），仅华沙就有近180座，每个村镇有1~2座；共有2.1万多名神父，4万多名教士、修道士和修女。天主教会在全国设有46所神学院，在校生约6万人。

21世纪以来，教会势力在波兰得到进一步巩固与发展。截至2013年，波兰罗马天主教会仍为全国30多个教会中最大的教会组织，其影响力也最大。天主教会共有41个主教区，下设10204个教区；共有7名红衣主教，1名总主教，133名主教，30820名教区牧师。主教组成主教团全体会议，该会议设立最高常务委员会和秘书处作为该会议的执行机关。总主教、主教均由罗马教皇任命。

创办于1918年的卢布林天主教大学为波兰天主教会最高学府，该校于2005年更名为约翰·保罗二世卢布林天主教大学（Katolicki Uniwersytet Lubelski Jana Pawła II）。现有教授和讲师300多人，在校生1.5万人。大学设有多种学科，包括文学、哲学、神学、宗教法学、社会学、经济学、数学、建筑学等，近年来还开设了生物学等自然科学学科。本科学制一般为3年，硕士2年，博士4年。部分神学专业学生毕业后有机会赴梵蒂冈深造。

此外，天主教会还经营着 2 家电视台、7 家网站、30 家广播电台和 140 家出版社，出版发行刊物近百种，所有刊物总发行量占 2% 的市场份额。

二 民俗

1. 社交

波兰人举止优雅，语言文明，彬彬有礼。同外人打交道时，波兰人对称呼极为重视。对于男士，波兰人一定称"先生"（Pan）；对于妇女，则称"女士"（Panna）或"夫人"（Pani）。在社交场合问候他人时，波兰人肯定会以"您"（państwo）相称。波兰人假如与对方以"你"（ty）相称，则多半意味着双方关系密切或相交甚厚。按照波兰人的习惯，在交际场合被介绍给他人之后，自己必须主动与对方握手，同时报上姓名，不然即被视为失礼。在波兰，最常用的见面礼节有握手礼和拥抱礼。在波兰民间亦有"吻手礼"。在通常情况下，"吻手礼"的行礼对象应为已婚女性，行礼的地点应为室内。在行礼时，男士应用双手捧起女士的手，在其指尖或手背上象征性地轻吻一下。

波兰人把用手指人、用手拍背或谈话时背朝他人站立等都视为不礼貌的行为，他们厌恶在公共场所大声喧哗、吵闹。

与波兰人交往时，要特别注意：第一，波兰人的民族自尊心很强，与波兰人交往时需尊重其民族习惯；第二，波兰人很介意待人的礼数，去拜访时应事先相约，见面时要打招呼问好；第三，波兰人喜欢动物，尤其是被看作国家象征的白尾海雕；第四，波兰的虔诚信徒很多，需注意对方的宗教习俗。

波兰人尊重女性，男士与女士谈话时，一定要脱帽；男士与女士一同进出门或走路时往往让女士先行；如道路崎岖难行，男士应主动搀扶女士；在用餐时，女士优先，男士应主动为女士斟酒。

波兰人普遍爱花。在波兰，受欢迎的花卉有兰花、月季、杜鹃、康乃馨、非洲菊、非洲紫罗兰、秋海棠、垂叶榕、肾蕨等。如果到波兰人家里做客，一束鲜花是最好的见面礼。但要特别注意的是，给波兰人送花必须

送单数，即便送上一枝也可，不可送双数，也不可送菊花，更不能给已婚女性送红玫瑰。

波兰人个人的纪念日有生日、命名日、结婚纪念日等。其中的命名日深受波兰人重视。去庆贺波兰人的命名日或生日，应带些小礼物，如鲜花、香水、精致的画册等。

2. 服饰

波兰人的传统服装带有明显的斯拉夫民族风格，女性穿围裙，男性着背心，色彩鲜艳，刺绣繁密。波兰各个地区的服装又有各自的特色，花纹、帽子、头饰等均有不同。除少数乡村地区外，波兰传统服饰如今只在大型节日、婚礼等特殊场合才能见到。

现代波兰人的着装与欧美其他国家基本相同。前往音乐厅、歌舞剧院等公共场所，必须穿着正装或礼服，一般女士穿套裙，男士着西服，不应穿牛仔服、运动衣等休闲服饰。在室内，男士必须脱帽。

3. 餐饮

波兰人的饮食与其他斯拉夫国家相似，同时受德国、法国、意大利等周边国家的影响，加上僧侣、商人和犹太人等群体特殊饮食习惯的影响，波兰的餐饮文化十分独特。

波兰料理多以肉类和秋冬季蔬菜为主料，并大量使用鸡蛋和奶油。波兰人喜好烤、炖、烩的菜肴，口味比较清淡。波兰的国菜是"比高斯"（Bigos），又称"猎人炖肉"，是一种用番茄、蘑菇、卷心菜、酸菜及各种肉类、香肠制成的炖菜。波兰人喜欢根据需要在炖制过程中任意组合材料，使这道菜口味变化多端。

波兰传统一日食四餐，清晨6~8时食早餐，中午11时至下午1时食第二顿早餐，下午4~6时食正餐，晚8~9时食夜宵。波兰人进餐时先喝汤，如红菜汤、冷蛋花汤、卷心菜汤、大麦汤等。常见的主菜有：卷心菜花卷、肉包、炸猪排、烤薄饼和各式波兰水饺。辅菜常配有沙拉、甜点和面包。

在请客人吃饭时，波兰人有不少规矩：如视双数为吉利，忌讳就餐人数是单数；在吃整只烹调的鸡、鸭、鹅时，通常要由在座的女主人亲自将其分割开来，并逐一分到每位客人的盘中；不论饭菜是否合乎自己的口味，客人都要争取多吃一点，并对主人的款待表示谢意；口中有食物时不宜讲话；不能用自己的餐具给别人夹菜等。

波兰人喜爱饮酒，通常习惯在饭前饮伏特加等烈性酒，饭后饮蜂蜜酒。波兰人忌讳强行劝酒。

红茶、咖啡和格瓦斯等饮料在波兰也很受欢迎。

除肝脏外，波兰人一般不食猪、牛、羊等动物的内脏。

4. 婚嫁

现代波兰实行婚姻登记制度，单身男女只有到结婚登记处登记，婚姻才有法律效力。

波兰人十分重视传统婚礼。多数信奉天主教的波兰人在结婚登记后仍要到教堂举行天主教婚礼。婚礼的主婚人为神职人员，新郎、新娘则要从自己的亲属或最亲密的朋友中选定一男一女作为自己的证婚人。受邀参加婚礼的宾客要穿礼服。

举行婚礼一般要避开雨天，因为民间传说，婚礼当天下雨预示着"婚姻不美满"，婚后生活将"乌云密布"。

婚礼一般在下午 3 时举行。通常，新娘身披婚纱，由身穿黑色西服的新郎陪伴，在风琴师、吉他手和打击乐师组成的三人乐队演奏的波兰民歌声中，依依不舍地离开娘家，前往教堂。婚礼多以演奏婚礼进行曲开始，新郎、新娘步入教堂，证婚人及双方父母与众亲友相继就座。主婚人会依次询问新郎、新娘的"意愿"，并听取双方的"誓言"，然后宣布二人结为夫妻，并献上祝福。一般婚礼持续时间不长，仅十几分钟，但很隆重。婚礼完毕，新郎、新娘走出教堂，人们将事先准备好的硬币抛撒在地，让新郎、新娘一个一个地捡起来。捡得多则意寓婚后会更富有。

按波兰习俗，新郎、新娘回家后，新娘的母亲会送上沾盐面包让新人品尝。面包象征婚后衣食无忧，盐则提醒双方婚姻生活充满酸甜苦辣，夫妻之间只有互谅互让，才能白头偕老。

波兰西北部卡舒比人的婚嫁习俗独具特色。在教堂举行婚礼后，卡舒比人还要择吉日在家中举行传统的婚礼。婚礼一般从亲友们给新郎、新娘送礼物开始，新人则用水果和香槟感谢亲友们的礼物和祝福。卡舒比人婚宴上的传统菜肴有鸡汤、生鱼片和意大利风味的多层蛋糕等。在卡舒比人的婚宴上，酒也是不可缺少的。除了香槟，卡舒比人钟爱波兰伏特加和法国葡萄酒。

婚宴上，乡村乐队演奏起欢快的民族乐曲，来宾不分男女老幼开始做游戏。受欢迎的传统游戏有"系衣服扣"、"找蛋糕"和"农夫和农妇"等。"系衣服扣"就是比赛穿一件衣服，不但要快，还要穿整齐。有的人为了获胜，居然用睡衣比赛，因为睡衣穿起来快，即使扣子没系好也不明显。"找蛋糕"则是在来宾中选出一人，要他蒙上双眼，用舌头去寻找桌上的蛋糕，而不能用手去摸，周围的人也不能提示。"找蛋糕"象征着新郎、新娘品尝到了爱情的甜蜜。最精彩的游戏还要数"农夫和农妇"。两位来宾装扮成农夫和农妇的模样，在夸张的自我介绍后，表演一段新郎、新娘的爱情趣事。表演过后，新郎、新娘要"罚"这两位来宾轮流请其他来宾跳舞。

婚宴一般持续到凌晨时分，厨师端出最后一道热菜——有名的波兰红菜汤。大家一边品尝热汤，一边等待新的一天到来。当东方逐渐被朝霞染红，新郎、新娘和来宾一齐高唱民歌"朝阳升起的时候……"。这是新郎、新娘作为夫妻共同迎来的第一个早晨，象征着一个新家庭的诞生。

5. 丧葬

波兰实行土葬，一般丧葬礼仪遵循天主教习惯。个人墓地上建有墓碑，上刻逝者的姓名和生卒年月，墓碑多饰有精美的十字架或天使的雕塑。

波兰人很注重墓地的修整。每年11月1日万圣节时，扫墓者带着菊花和蜡烛来到墓园进行祭扫。他们把墓地清扫干净，把墓碑擦拭一新，插上各色菊花，点燃蜡烛，并在墓前静默，以表示对逝者的悼念和哀思。

6. 其他习俗

像欧洲许多信奉基督教的国家一样，波兰还有不少与宗教有关的习俗和禁忌。

大多数波兰人忌讳星期五，因为根据《圣经》，耶稣被钉死在十字架上的日子是复活节的前一个星期五，后世称其为"耶稣受难日"。波兰天主教徒在星期五忌食猪肉。

大多数波兰人也忌讳数字"13"。波兰人就餐尤其忌讳 13 人同桌，因为这容易使人联想到耶稣最后的晚餐。在波兰，住宅地址多没有 13 号，旅馆也没有 13 号房间。波兰人忌讳在每月的 13 号或星期五举行礼仪性活动。如果 13 号这天恰好是星期五，则诸事不宜。

还有一些被波兰人看作不吉利的事情：如果清晨出门后马上折返回家，则预兆一天办事不顺；如果在清晨碰见服丧的女人、穿黑袍的修士或修女，则为不吉；如果半夜遇见黑猫，正午遇见泼出来的食油也属不吉。波兰人忌讳外出时遇见出殡，男人遇见出殡应脱帽。

波兰人家里的床，尤其是未婚女子的床，一般不许外人坐。亦不可把帽子放在床上。

三 节 日

波兰实行每周五天工作制，周六、周日休息。根据 1951 年《节假日法案》及其 2010 年修正案，波兰共有以下法定公共假日。

元旦（Nowy Rok）：1 月 1 日为法定的新年。

主显节（Objawienie Pańskie）：1 月 6 日为主显节，是纪念耶稣基督在降生为人后首次显露给外邦人（指东方三博士）的节日。由于主显节在天主教教义中有非常重要的意义，对波兰人，特别是天主教徒来说，主显节是一个重大的节日，常举行盛装游行等庆祝活动。

复活节（Wielkanoc）：4 月的第一个星期日及翌日为复活节，是纪念耶稣基督复活的节日。复活节的前一天，为纪念耶稣的复活，人们便开始忏悔、赎罪，并带着一篮子小羊形状的饼或蛋糕，还有火腿、新鲜的面包以及复活节彩蛋（Pisanka）去请神父降福。复活节彩蛋象征生命，表示耶稣的复活如同婴儿诞生一样。复活节第一天的清晨，教徒们纷纷来到教堂参加复活节弥撒。在弥撒过程中，神父会为人们敬献的棕榈枝降福。由于在波兰棕榈树比较稀有，所以人们常用柳枝代替。弥撒结束后，人们将由神父降福的棕榈枝或柳枝带回家中并放置一年，以期天主的爱为全家带来平安与喜乐。每个家庭都要准备一顿丰盛的早餐，并在一起吃由神父降福的复活节彩蛋。复活节第二天，也是波兰传统的"泼水节"，男孩会把大量的水泼向女孩，以示喜欢与好运。此外，一些波兰人还会以表演的形式重现耶稣去往各各他山（Golgota），以及被钉十字架受难的情景，以此让后人永远不忘耶稣所受的苦难。

五月节（Majówka）：5月1日、2日和3日为法定节假日。其中5月1日在社会主义时期为国际劳动节。5月3日为波兰共和国国庆节。1944年7月22日波兰社会主义政权建立，故在1989年剧变前，7月22日为波兰国庆节；1991年4月5日波兰议会通过一项法案，将波兰共和国国庆节改为5月3日，以纪念1791年5月3日，波兰通过第一部成文宪法，首次确立参、众两院议会制和三权分立制政体。

圣母升天节（Wniebowzięcie Najświętszej Maryi Panny）：8月15日为圣母升天节，是纪念圣母玛利亚死后升入天堂的节日。

建军节（Święto Wojska Polskiego）：8月15日同时为波兰建军节。1989年剧变前，10月12日为波兰人民军建军节。1943年9月1日，在苏联成立的波兰第一步兵师开赴前线，并于10月12日在苏联境内首次同德军交战。社会主义政权建立后即将这一天定为波兰人民军建军节。1990年，波兰人民军更名为波兰共和国军，建军节改为8月15日。1919年波苏战争爆发，1920年6月5日，苏俄红军一度逼近华沙。同年8月15日，波兰军队展开反攻，击退了境内的苏俄红军。因此，波兰将这一天定为波兰军队建军节。

万圣节（Wszystkich Świętych）：11月1日为万圣节，是纪念升入天堂的基督徒的节日。在这一天，波兰人来到墓园，为逝去的亲友献上菊花，点燃蜡烛，祭奠亡灵。

国家独立节（Narodowe Święto Niepodległości）：11月11日为国家独立节，以纪念波兰在被瓜分123年后，于1918年11月11日重新获得独立。该节日在社会主义时期被官方取消，于1989年恢复。

圣诞节（Boże Narodzenie）：12月25日、26日为圣诞节，是纪念耶稣基督诞生的节日。圣诞节来临之际，家家户户都要烤制姜饼，制作圣诞装饰品，准备圣诞树等。亲朋好友之间相互祝贺，互赠礼品，表示友好。

圣诞晚餐往往极为丰富，通常有 12 道菜，分别代表不同的月份。人们一般不吃猪肉、牛肉等肉类，而只吃鱼，通常是鲱鱼和鲤鱼。除了鱼以外，圣诞晚餐还常有泡菜、罗宋汤和波兰饺子等。吃饭时，桌布下边要摆放一些干草，以示耶稣是在马厩里降生的。晚餐结束后，全家人会去教堂参加午夜弥撒。唱圣诞颂歌和"圣诞马厩大赛"是波兰圣诞节最有特色的两大传统活动。波兰的圣诞颂歌历史悠久，最早可追溯到 15 世纪以前，除了来自意大利的拉丁语颂歌外，还有更多本土创作的波兰语颂歌，许多颂歌都口口相传了数百年。"圣诞马厩大赛"就是制作耶稣降生于马厩的模型的比赛。其中有艺术家的作品，也有普通教徒的作品，而所有参赛的作品都是纯手工完成的。波兰各地会在圣诞节前评选出最佳作品，将其放置在教堂或其他圣所展出，以示对耶稣的感念。

波兰还有一些不放假的纪念日，以下列举三个。

二战胜利日：5 月 8 日为第二次世界大战胜利日。1945 年 5 月 8 日，纳粹德国对苏联正式签订投降书，宣布无条件投降。

华沙起义纪念日：8 月 1 日为华沙起义纪念日，以纪念 1944 年 8 月 1 日华沙军民发起的反抗法西斯德国的武装起义。

国家教育节：10 月 14 日为国家教育节，社会主义时期被称为教师节，以纪念 1773 年 10 月 14 日波兰－立陶宛联邦国家教育委员会（Komisja Edukacji Narodowej）的成立。波兰－立陶宛联邦国家教育委员会是欧洲历史上第一个国家教育主管机构，也是波兰启蒙运动的重要成就。

第三节 特色资源

一 著名城市

波兰有许多著名城市，其中最美丽的有三个，分别是华沙、克拉科夫和格但斯克。

1. 华沙（Warszawa）

华沙位于北纬 52°14′、东经 21°1′，是波兰共和国的首都，全国的政

治、经济、文化中心。华沙面积为 517.24 平方公里，约占全国陆地总面积
的 0.17%，人口 171.5 万，约占全国总人口的 4.5%。华沙是波兰最大的城
市，也是欧盟第 9 大城市。

华沙位于波兰的"心脏"——马佐夫舍平原中部，维斯瓦河由南向北
纵贯市区，平均海拔 100 米，气候温和，冬季平均气温 -3.0℃，夏季平均
气温 19.3℃，雨量适中，年平均降水量约为 500 毫米，是波兰的鱼米之乡。
华沙被称为"绿色之都"，市内绿草成片，绿树成行，有公园 82 座，绿地
面积近 130 平方公里。华沙居民人均绿地面积达到 75.8 平方米。

华沙历史悠久。大约 1400 年前，就有人在华沙定居。但在公元 13 世
纪之前，华沙只是维斯瓦河边散落的一些小渔村。1280 年，马佐夫舍公国
统治者开始在此修建城堡以控制维斯瓦河渡口，这是现代华沙城开始发展
的标志。1413 年，华沙成为马佐夫舍公国首都。15 世纪，波兰的农业、手
工业和商品贸易繁荣，王公贵族开始在华沙修建自己的住宅。随着城市功
能的迅速完善，华沙的政治地位也显得越发重要。1596 年，波兰国王齐格
蒙特三世（Zygmunt III Waza）将王宫和中央政府由克拉科夫迁至华沙，华
沙始为波兰首都，成为波兰的政治中心。1655~1658 年，华沙三次被瑞典、
勃兰登堡和特兰西瓦尼亚军队围攻和劫掠，且三度重建；在后来的"大北
方战争"（1700~1721 年）期间又屡遭欧洲强国入侵，依然得以重建。至 19
世纪末，华沙已成为欧洲最大的城市之一，约有居民 62 万人。第二次世
界大战期间，华沙整个城市遭受了毁灭性破坏。1944 年华沙起义失败后，
全市居民被驱逐，85% 的建筑被炸毁。战后，华沙开始恢复城市功能。到
1966 年，所有旧城的历史建筑、街道和教堂等都依照原样重建，华沙不仅
恢复了传统风貌，而且城市规模得以扩大。历经磨难而不灭，华沙也因此
获得了"凤凰城"的称号。

维斯瓦河将华沙分为东西两大区域，西岸集中了历史古迹，其中的旧
城（Stare Miasto）为旅游胜地，东岸为新城区。在西岸，环绕旧城的红砖
城墙分为两层，包括 13 世纪修建的内墙和 14 世纪修建的外墙、塔楼、碉
堡高耸。旧城集中了各种历史纪念物，如宏伟壮观的古城堡——皇家城
堡（Zamek Królewski），这座红色尖顶建筑有"波兰民族文化纪念碑"之

称，既是波兰国家历史的象征，又是波兰民族兴衰史的见证。城堡最古老的部分是 15 世纪上半叶建造的哥特式城堡"大庭院"，曾用作马佐夫舍王公的府邸。城堡画廊里最著名的艺术品是波兰著名画家扬·马泰伊科（Jan Matejko）描绘的波兰历史油画。城堡西侧是城堡广场，广场南端立有一根 22 米高的科林斯式圆柱。花岗石雕成的圆柱顶端是波兰国王齐格蒙特三世的青铜铸像，故称"齐格蒙特圆柱"（Kolumna Zygmunta）。这根圆柱是华沙最古老的纪念碑式建筑，也是华沙的象征之一。旧城其他的著名建筑有克拉辛斯基宫（Pałac Krasińskich）、瓦津基宫（Pałac Łazienkowski）、圣十字教堂、圣约翰教堂（Archikatedra św. Jana）、加尔默罗教堂（Kościół Karmelitów）、圣卡齐米日教堂（Kościół św. Kazimierza）等，其中圣约翰教堂的建造时间最早，为 14 世纪，较晚的圣十字教堂则在 18 世纪中叶才完成。这些建筑风格各异：圣约翰教堂是华沙最古老的哥特式建筑，克拉辛斯基宫被称作华沙最美丽的巴洛克式建筑，瓦津基宫则是波兰新古典主义建筑的杰出代表。市场广场（Rynek Starego Miasta）中央的青铜美人鱼雕像，既是华沙城徽，也是波兰人民英勇不屈的象征。

华沙的著名景点还有很多。宪法广场（Plac Konstytucji）是六条大街的交汇点，也是华沙最繁华的地方。文化科学宫（Pałac Kultury i Nauki）是波兰最高建筑物，高达 237 米。宪法广场和文化科学宫均是 20 世纪 50 年代由苏联投资修建的，设计风格带有浓郁的苏联特色，是华沙较有代表性的社会主义时期遗物。在绿树成荫的耶路撒冷大道旁有华沙最大的两座博物馆——波兰国家博物馆（Muzeum Narodowe）和波兰军事博物馆（Muzeum Wojska Polskiego）。著名钢琴家弗里德里克·肖邦（Fryderyk Chopin）的故居和著名科学家玛丽·居里（Marie Curie）的出生地——佛里塔大街（ulica Freta）寓所，也均已成为博物馆。

维斯瓦河东岸是新城，包括著名的布拉加区等。较旧城而言，新城建有更多现代化的居民住宅和摩天大厦，商店、餐厅、旅馆比比皆是。这里还曾经屹立着为庆祝社会主义政权建立十周年而修建的十周年体育场（Stadion Dziesięciolecia）。20 世纪 50~70 年代，十周年体育场成功举办了众多国际体育赛事。进入 20 世纪 80 年代，体育场因无钱修缮而逐渐荒废。1989 年，体育场被改造成当时欧洲最大的露天市场之一，名为"欧洲集市"（Jarmark Europa）。2001年，该集市的年交易量达到120亿兹罗提。但集市内也存在大量的黑市交易，包括走私的烟酒、武器和盗版音像制品等。如今，它已被可容纳超过5.8万名观众的新国家体育场（Stadion Narodowy）取代。

华沙市内的历史人物雕像众多。瓦津基公园中伫立着由波兰雕塑家瓦茨瓦夫·希马诺夫斯基（Wacław Szymanowski）创作的巨大的肖邦铜像。波德瓦莱（Podwale）街上的1794年华沙起义领袖扬·基林斯基（Jan Kiliński）铸像和总统府前的民族英雄约瑟夫·安东尼·波尼亚托夫斯基（Józef Antoni Poniatowski）亲王铸像，或战刀高举，或策马扬鞭，英姿勃勃。

市内还有华沙大剧院（Teatr Wielki w Warszawie）、华沙国家爱乐乐团音乐厅（Sali koncertowej Filharmonii Narodowej w Warszawie）等众多音乐厅和影剧院。

华沙有66所高等学府，在校生总人数达28万。其中，华沙大学（Uniwersytet Warszawski）、华沙理工大学（Politechnika Warszawska）、华沙医科大学（Warszawski Uniwersytet Medyczny）、弗里德里克·肖邦音乐大学（Uniwersytet Muzyczny Fryderyka Chopina）、华沙生命科学大学（Szkoła Główna Gospodarstwa Wiejskiego）和华沙经济学院（Szkoła Główna Handlowa w Warszawie）等闻名于世。华沙大学为波兰最大的高等学府，拥有藏书超过200万卷的图书馆和一座天文台。

华沙的主要工业有钢铁、冶金、汽车、电子、制药、化学、纺织、印刷和食品等。2010年，华沙全市GDP约为1900亿兹罗提，人均GDP达110555兹罗提（约合36660美元），为波兰平均水平的3倍。2012年，华沙GDP约2110亿，人均123284兹罗提，增长5.5%；2013年，GDP约2182亿兹罗提，增长3.5%，人均127006兹罗提；2014年，GDP约2264亿兹罗提，增长3.7%，人均130908兹罗提，总额占全波兰GDP的13.2%，人均依然是全国平均水平的3倍。

华沙是全国的交通中心，是波兰和欧洲公路交通网的枢纽之一。由于公路运输繁忙，华沙也是交通拥堵多发的城市，华沙市正在建设多条环城快速路，以缓解市中心的交通压力。华沙地铁（Metro Warszawskie）

于 1995 年开通，南北线长 22.7 公里，东西线长 6.1 公里。

华沙也是波兰重要的航空港，国际机场有华沙肖邦机场（Lotnisko Chopina w Warszawie）[①] 和 2012 年建成的华沙-莫德林马佐夫舍机场（Port lotniczy Warszawa-Modlin）。

2. 克拉科夫（Kraków）

克拉科夫位于北纬 50° 3′、东经 19° 56′，面积 327 平方公里，人口 75 万。克拉科夫是波兰第二大城市，亦是波兰旧都。克拉科夫以其丰富的历史和文化遗迹闻名，每年吸引外国游客达 200 多万人，受欢迎程度甚至超过首都华沙，为波兰第一大旅游城市。

克拉科夫位于波兰南部，小波兰省境内，维斯瓦河上游，塔特拉山脉北麓，平均海拔 219 米，距华沙约 300 公里。克拉科夫四季气温变化与华沙相差不大，但年降水量稍多，可达 630 毫米。

克拉科夫的历史比华沙更加悠久，最早的人类活动可追溯到公元 7 世纪。公元 10 世纪末，克拉科夫已成为东欧的贸易中心之一。1038 年，克拉科夫成为波兰首都。1320 年，克拉科夫成为国王的加冕地。1335 年，卡齐米日三世（Kazimierz Ⅲ Wielki）扩大城市范围，建立卡齐米日区。15~16 世纪，文艺复兴运动席卷克拉科夫，为后世留下大批建筑和艺术珍品。1596 年，齐格蒙特三世将首都迁往华沙后，克拉科夫的政治地位开始下降。18 世纪末，波兰被瓜分，在之后的一个世纪里，以克拉科夫为中心爆发了多次起义，如著名的 1794 年"柯希丘什科起义"等。1918 年以前，克拉科夫一直隶属奥地利管辖。第二次世界大战期间，克拉科夫被并入德国版图的"总督辖区"，大批居民被驱逐，街道被改名，并有大量德国居民迁入，一时间，克拉科夫几乎被改造成了一个"德国城市"。

尽管克拉科夫也遭受了德国的入侵，但与华沙相比，战火的破坏要小得多，市内的文物古迹得以幸存。如今，古旧的教堂、狭窄的小巷、鹅卵石甬路、有数百年历史的店铺，呈现几同 14、15 世纪鼎盛时期的景观，洋溢着克拉科夫特有的、浓厚的中世纪风韵。在古老的城墙边，在沧桑的树

---

① 2011 年前称华沙-奥肯切机场（Port lotniczy Warszawa-Okęcie）。

林里，漫步徜徉，时空恍如静止。

位于旧城中心的中央集市广场（Rynek Główny）最为热闹。广场建于 13 世纪，是欧洲现存最大的中世纪城市广场。广场两侧是市政厅钟楼（Wieża ratuszowa）和圣霍耶华教堂（Kościół św. Wojciecha）。广场上最引人瞩目的，便是正中央的纺织会馆（Sukiennice）。纺织会馆为典型中世纪长廊型市集，始建于 1300 年，原是哥特式建筑，1555 年遭受大火后改建成文艺复兴风格。走进纺织会馆，可以看到中世纪的拱顶、徽章、壁画、吊灯，雕梁画栋，古色古香。会馆下层为集市，内有数十个摊位，以出售地道手工艺品闻名，如皮革、木刻、水晶饰物和独具特色的民族纺织品等。会馆上层为艺术博物馆，展出大量波兰绘画和雕塑精品。

广场一角的圣玛利亚教堂（Kościół Mariacki）也是著名的景点之一。这座哥特式双塔教堂始建于 1222 年，后被蒙古军队拆毁，于 1300 年重建。随后数世纪，教堂接受了多位不同流派设计师的修缮和改造。教堂各部分的建筑风格迥异，尤其是两座塔楼的高度和造型完全不同。据传说，当年两兄弟各建一座塔，看谁能将塔建得更高，而兄长为了赢得比赛，竟将弟弟杀死。依照克拉科夫的传统，每当整点，教堂塔楼上都会有号手吹奏乐曲《圣玛利亚的黎明》，以纪念一位英勇的士兵。传说蒙古军队进攻克拉科夫时，有一名哨兵在教堂上吹号向全城示警，吹至一半，不幸中箭身亡。所以后世在演奏时也会在曲中戛然而止。教堂内有波兰国宝、世界最大的哥特式祭坛——圣玛利亚祭坛。祭坛高 13 米，宽 11 米，上有彩色木雕 12 幅，描绘了耶稣与圣母的生平故事，精美绝伦。

向广场南面的瓦维尔山上望去，可以看到波兰现存最古老的宫殿建筑群——瓦维尔城堡（Zamek Królewski na Wawelu）。早在公元 8~9 世纪，维斯瓦部落就已在此建立了要塞。波兰历代国王都在城堡的瓦维尔总主教座堂（Katedra Wawelska）内加冕，就连迁都至华沙之后，国王加冕仪式仍在这里举行。教堂下藏有地窖，埋葬着波兰历代君主、王室成员、圣徒和国家英雄等。除了教堂之外，城堡内还有藏宝库、兵器库、博物馆等多座古建筑。

这里还流传着一个英雄屠龙的传说。一千多年前，瓦维尔山脚下的洞穴里居住着一条喷火恶龙。恶龙经常袭击附近的村庄，吞吃牲畜，杀死村民，国王的军队也拿它没有办法。于是国王昭告天下，谁能杀死恶龙，就把公主嫁给他。有一个勇敢机智的皮匠挺身而出，他将硫黄填入羊的肚子，并引诱恶龙吞食。恶龙吃下硫黄，口渴难忍，便饮维斯瓦河河水解渴，谁知河水与硫黄混合发生爆炸，恶龙被炸死了。克拉科夫的百姓得到了解救，皮匠也迎娶了公主。为纪念这个传说，克拉科夫人在龙洞口立起了一座瓦维尔龙雕像。恶龙口喷烈火，面目狰狞。

城堡下，维斯瓦河静静流淌，景致迷人。

克拉科夫有 24 所高等学校，其中最著名的是雅盖隆大学（Uniwersytet Jagielloński）。雅盖隆大学建于 1364 年，是波兰最古老的大学，著名的天文学家尼古拉·哥白尼（Nicolaus Copernicus）曾在此就读。雅盖隆大学图书馆拥有 660 多万卷藏书。

3. 格但斯克（Gdańsk）

格但斯克位于北纬 54°22′、东经 18°38′，面积 262 平方公里，人口约 46 万。格但斯克是滨海省的首府，现为波兰第六大城市和最大的港口城市。2007 年 3 月，格但斯克与格丁尼亚和索波特两市签约，正式建成庞大的港口城市联合体三联市（Trójmiasto）。三联市总面积超过 400 平方公里，人口逾 75 万。

格但斯克位于波罗的海沿岸、维斯瓦河三角洲，水道纵横，地势低洼。格但斯克气候温和湿润，少有极端天气。

格但斯克是斯拉夫人最早的定居地之一，最早称"格但奈兹"（Gyddanyzc），另有德语名"但泽"（Danzig）。公元 8~9 世纪，这里是手工业者和渔民的聚集区。10 世纪末，梅什科一世在此建立城镇。997 年，布拉格主教圣霍耶华（Święty Wojciech，又称"圣亚德伯"）曾到此传播基督教。11 世纪末，波兰丧失了对格但斯克的控制，格但斯克成为波莫瑞公国首都。从 13 世纪起，格但斯克同荷兰、英国和斯堪的纳维亚半岛国家有了广泛的贸易联系，并吸引了许多日耳曼商人来此经商。1308 年，条顿骑士团驱逐了勃兰登堡军队，占领格但斯克，随后镇压市民起义，进行了大屠杀，基本摧毁了城市，格但斯克衰落。1454 年，格但斯克重归波兰管辖。16~18 世纪是格但斯克发展的黄金时期，海运兴旺，商业繁荣，一度成为欧洲最大的海港城市之一。通过格但斯克，来自华沙和波兰内陆地区的农产品、手工制品和艺术品源源不断地输往世界各地。18世纪末，格但斯克被并入普鲁士王国，波兰人口的比例大幅下降，最终沦为少数族裔，经济发展也大大落后于邻近的埃尔布隆格（Elbląg）。第一次世界大战后，格但斯克及周边地区脱离德国，成为格但斯克自由区。第二次世界大战期间，格但斯克自由区被德国吞并，大批波兰人、卡舒比人和犹太人遭到逮捕和屠杀。1945年3月，苏联红军攻入格但斯克，炮火摧毁了55%的基础设施和80%的古建筑。二战结束后，德裔居民遭到驱逐，逃亡在外的波兰人返回格但斯克。出于对日耳曼人侵略行为的痛恨，波兰人以普鲁士统治之前的格但斯克，即18世纪以前的格但斯克为蓝本重建城市。至20世纪60年代，格但斯克的主要历史古迹得以恢复原貌。

格但斯克是波兰中世纪最发达的城市之一，古建筑众多。虽然今天的古建筑多为二战后重建，但依然具有很高的历史和艺术价值。格但斯克城内最著名的景点是长街（Ulica Długa）。长街西起金门（Złota Brama），经过长广场（Długi Targ），东至维斯瓦河畔的绿门（Zielona Brama）。其中金门和绿门为典型的荷兰风格主义建筑。长广场建于13世纪，两旁的豪宅象征着当年波兰贵族家庭的富有和权势；建于16世纪的市政厅高耸挺拔；17世纪雕塑家亚伯拉罕·冯·丹·布洛克（Abraham van den Blocke）的杰作——海神喷泉（Fontanna Neptuna）美幻绝伦。长广场中央曾是中世纪的刑场，罪犯、女巫和异教徒均在此伏法，两侧的酷刑房（Katownia）和监狱塔（Wieża więzienna）见证了格但斯克那些血腥的历史。

距长街不远，圣玛利亚教堂（Bazylika Mariacka）巍然屹立。教堂始建于1379年，高105.5米，宽66米，内能容纳2.5万人，是目前世界最大的砖砌教堂。规模仅次于圣玛利亚教堂的是圣凯瑟琳教堂（Kościół św. Katarzyny），该教堂建于1227年，是格但斯克最古老的教堂。波兰天文学家扬·赫维留（Jan Heweliusz）埋葬于此。

格但斯克的高等学府有格但斯克大学（Uniwersytet Gdański）、格但斯克工业大学（Politechnika Gdańska）和格但斯克医科大学（Gdański Uniwersytet Medyczny）等。

　　格但斯克是波兰北方的琥珀加工中心，同时也是波兰重要的造船、石油化工、机械和食品加工工业区。

　　格但斯克是波兰第二大政治中心，曾多次爆发工人运动。1980年，波兰团结工会在格但斯克列宁造船厂（Stocznia Gdańska im. Lenina）成立，该厂遂闻名世界，成为工人运动的圣地。

　　格但斯克的海洋旅游业也十分发达。夏季，索波特的白色海滩和格丁尼亚的豪华游轮吸引着大批外国游客。

二　世界遗产

　　截至2013年，波兰已有14个地方被联合国教科文组织列为世界遗产，其中文化遗产13处，自然遗产1处。

1. 克拉科夫旧城（Stare Miasto w Krakowie）

　　克拉科夫在1038~1596年为波兰首都。500余年里，克拉科夫见证了波兰王国的鼎盛时期，旧城内保存着大量珍贵的历史建筑和文物古迹。

　　克拉科夫旧城分为中心广场、瓦维尔城堡、卡齐米日区和斯特拉多姆区四部分。遵照波兰公爵波列斯瓦夫五世（Bolesław V Wstydliwy，1243~1279年在位）的命令，旧城区街道的布局呈直角整齐排列，所有建筑均面向瓦维尔城堡，使君主可以从瓦维尔山上俯视全城。

　　卡齐米日区是昔日的犹太人聚集区，该区活跃的商业活动曾大大促进了克拉科夫的经济。第二次世界大战期间，卡齐米日区的6.4万名犹太居民被全部驱赶至奥斯维辛集中营，仅有约6000人在战后返回。

　　1978年，克拉科夫旧城被联合国教科文组织列为世界文化遗产。

2. 维利奇卡与博赫尼亚皇家盐矿（Królewskie Kopalnie Soli w Wieliczce i Bochni）

　　维利奇卡盐矿位于克拉科夫东南的维利奇卡市。该盐矿建于13世纪，生产精盐近800年，是世界最古老的盐矿之一。矿井总长达287公里，最深处为327米，内有地下湖。如今盐矿已开辟出一条长约3.5公里的观光线路供游人参观。除了掘盐、运盐的设备外，矿内还有大量宗教主题的盐雕和壁雕，甚至还有一座在岩层中雕琢出来的教堂——圣金加教堂（Kaplica św. Kingi)。传说匈牙利公主金加（Święta Kinga）与波列斯瓦夫五世订婚后，得知波兰缺盐，便要求其父贝拉四世带她去到一个盐矿。金加将她的订婚戒指丢入矿井，其父不解其意。嫁到克拉科夫后，金加指点当地矿工在维利奇卡挖掘，结果挖出一块岩盐，其中竟藏着那枚订婚戒指，堪为奇迹。为了纪念金加的功绩，盐矿工人为她建造了教堂，并将她视作盐矿的主保圣人。

从维利奇卡盐矿向东约 30 公里便是博赫尼亚盐矿。博赫尼亚盐矿建于 1248 年，规模稍小，矿井总长 4.5 公里，最深处为 468 米。博赫尼亚盐矿也已向游人开放，并有部分矿洞被改造成地下疗养院。

两座盐矿一直由维利奇卡皇家盐业城堡经营，城堡内有克拉科夫盐业博物馆（Muzeum Żup Krakowskich Wieliczka）。

1978 年，两矿一并入选世界文化遗产。

3. 奥斯维辛集中营（Auschwitz–Birkenau）

奥斯维辛集中营，全称为"奥斯维辛 – 比克瑙德国纳粹集中和灭绝营"，位于克拉科夫西南约 60 公里的小镇奥斯维辛，是第二次世界大战时期纳粹德国建立的集中营和灭绝营。

奥斯维辛集中营从 1940 年 4 月 27 日开始建造，起初为关押波兰政治犯和苏联战俘的战俘营。奥斯维辛集中营主要由奥斯维辛（一号营区）、比克瑙（二号营区）、莫诺维茨（三号营区）和 45 个小型营地构成。

1942 年 1 月 20 日，纳粹德国通过"犹太人问题最终解决方案"，开始利用集中营实行有系统的种族大屠杀。1942~1944 年，约有 120 万人死于奥斯维辛集中营，其中九成是犹太人，亦有大批波兰人、罗姆人和辛提人等遇难。集中营内的生存条件极其恶劣，除了被枪杀和死于臭名昭著的毒气室外，囚犯多死于饥饿、强制劳动、传染病、自杀和人体实验等。

1945 年 1 月 27 日，苏联红军攻克奥斯维辛，纳粹德国的暴行被揭露。1947 年，波兰议会通过法律，决定在集中营原址建立奥斯维辛 – 比克瑙国家博物馆（Państwowe Muzeum Auschwitz-Birkenau w Oświęcimiu），作为纳粹大屠杀、种族主义和野蛮罪行的见证，作为这段人类手足相残的不幸历史的永久记录。

1979 年，联合国教科文组织将奥斯维辛集中营列入世界文化遗产。

4. 比亚沃维耶扎国家公园（Białowieski Park Narodowy）

比亚沃维耶扎国家公园位于波兰东北部，比亚韦斯托克（Białystok）东南，与白俄罗斯相邻，占地 105 平方公里。国家公园内保存着欧洲最后一片温带原始森林——比亚沃维耶扎森林。

中世纪时，比亚沃维耶扎森林是波兰皇家猎场，19 世纪被沙俄占领。第二次世界大战中，德国和苏联军队先后占领森林，摧毁了大片林木，野生动物数量锐减。二战后，森林被分割划入波兰和苏联（现为白俄罗斯）版图，苏联部分的森林面积约为 1771 平方公里。

1947 年，波兰在此建立国家公园，森林的生物多样性得到保护。如今，公园内野生动植物种类繁多，其中包括哺乳动物 59 种，鸟类 250 余种，两栖动物 13 种，爬行动物 7 种，以及无脊椎动物 1.2 万余种。公园的标志性珍稀动物是欧洲野牛，数量近千头。其他常见动物还有灰狼、猞猁、水獭、河狸、野猪、狍、马鹿、驼鹿、柯尼克马等。

1979 年，比亚沃维耶扎国家公园成为世界自然遗产。

5. 华沙旧城（Stare Miasto w Warszawie）

第二次世界大战中，华沙城遭到德国军队的全面破坏，旧城的损失尤其严重，众多历史遗迹荡然无存。1945~1966 年，华沙市开展了长达 20 年的城市重建计划，最终完全修复了在二战中被毁坏的建筑和古迹，堪称 20 世纪建筑史的奇迹。

华沙旧城始建于 13 世纪，其中心是市场广场。直到 18 世纪末，市场广场都是华沙最热闹和繁华的商业中心，从传统集市到重大节日庆典都在此举行。市场广场及周边区域在二战中被夷为平地，恢复难度很大。在华沙市民的努力下，该区域进行了全面而彻底的重新规划和设计，终于恢复了原本的风貌。广场周边的教堂、城墙、碉楼和宫殿，都是不可不看的景点。

从哥特到文艺复兴，到巴洛克，再到新古典主义，华沙旧城几乎集合了古代至近代欧洲的全部建筑风格，一砖一瓦都是古老而独特的。

1980 年，华沙旧城被联合国教科文组织列为世界文化遗产。

6. 扎莫希奇古城（Osiedle Stare Miasto w Zamościu）

扎莫希奇古城位于波兰东南部的扎莫希奇市，在卢布林省境内，曾是连接波兰黑海地区领土与西欧地区领土的商贸中心和战略要地。

16 世纪末，波兰贵族扬·扎莫厄斯基（Jan Zamoyski）建立了扎莫希奇古城。古城以意大利的"理想城市"理论为基础修建，由来自意大利帕多瓦的杰出建筑师波南多·莫兰多（Bernardo Morando）主持设计。扎莫希奇古城分为东西两部分，西为贵族居住区，东为平民区，内设有三座广场。为了吸引移民，扎莫厄斯基采取了民族和宗教包容政策，接纳了包括罗塞尼亚人、土耳其人、亚美尼亚人、犹太人等少数民族来此经商和定居。17 世纪，为了抵御外来军事威胁，古城加固了外墙，并仿照法国沃邦要塞，修建了防御工事。最终扎莫希奇成为了一座集商贸、居住和军事堡垒功能于一身的文艺复兴风格城市。

由于扎莫希奇市的现代化建设并未影响古城，古城至今仍保留着最初的风貌，城中有大量意大利与中欧风格结合的建筑物，是 16 世纪晚期中欧城镇的完美范例。

1992 年，扎莫希奇古城成为世界文化遗产。

7. 马尔堡城堡（Zamek w Malborku）

马尔堡城堡位于波兰北部马尔堡市，维斯瓦河支流诺加特河（Nogat）畔，占地 21 公顷，是世界最大的城堡之一，也是欧洲最坚固的城堡之一。

马尔堡城堡由条顿骑士团始建于 13 世纪末，主要作用是加强对普鲁士的军事控制。伴随着骑士团规模的壮大，城堡曾多次扩建。在 14~15 世纪，马尔堡城堡一直是条顿骑士团的总部所在地，曾容纳多达 3000 名骑士在此驻扎。条顿骑士团衰落后，城堡几次易主，第二次世界大战后被划归波兰。

马尔堡城堡是中世纪哥特式城防建筑的杰出代表，其建筑风格接近军事修道院，与西欧和近东地区的王室城堡有显著区别。城堡内建有多层复合城墙、金属城门、密集的塔楼和壕沟。主城堡分为三座小城堡，皆可独立作战，防御体系可谓固若金汤。除城防建筑外，城堡中还收藏有大量中世纪文物和艺术品。

马尔堡城堡在二战中被严重损毁，经过数十年的修缮，已基本恢复了旧貌。如今，马尔堡市是波兰西北部的铁路和公路枢纽，地方产业以乳制品加工业为主。

1997 年，马尔堡城堡被列为世界文化遗产。

8. 托伦中世纪城区（Zespół staromiejski Torunia）

托伦位于波兰中北部，库亚维－滨海省境内，是波兰最古老的城市之一，也是著名天文学家哥白尼的故乡。

13 世纪初，条顿骑士团进驻托伦，于城镇的东南面修筑了托伦城堡，作为军事基地。得益于其地理优势，在随后的百余年里，托伦迅速发展成为联系波罗的海和东欧众多城市，如普斯科夫（Pskov）、诺夫哥罗德（Novgorod）、弗拉基米尔（Vladimir）等的贸易枢纽，在汉萨同盟中的地位也愈发重要。1264 年，托伦开始向东建设新城区，城市规模扩大了一倍。

17 世纪，在瑞典入侵和国内经济衰落的双重打击下，托伦的繁荣时期宣告结束。18 世纪末至第一次世界大战结束，托伦一直在普鲁士和德国的控制之下。在第二次世界大战中，托伦再次被德国占领。1945 年，托伦回归波兰。

今天的托伦依然保留了 14~15 世纪的街道格局和大量古建筑，是该时期波兰城市生活的真实写照。城内重要的古建筑和遗迹有位于西部老城区的中心市场、市政厅、城墙，东部新城区的多座哥特式教堂和东南部的托伦城堡。

1997 年，托伦中世纪城区成为世界文化遗产。

9. 卡尔瓦里亚－泽布日多夫斯卡（Kalwaria Zebrzydowska）

卡尔瓦里亚－泽布日多夫斯卡是波兰南部小城，总人口不足 5000 人，受小波兰省管辖。

1602 年，克拉科夫总督米科瓦伊·泽布日多夫斯基（Mikołaj Zebrzydowski）下令在扎尔山（Żar）上修建一座耶稣受难教堂（Kalwaria）和一座小型修道院。后在波兰方济各会僧侣的劝说下，泽布日多夫斯基扩大了宗教建筑群的规模，增建了多座教堂和圣所，并凭借本地与耶路撒冷相似的地形地貌，还原了耶稣受难之路，形成一座完整的朝圣公园，并很快成为闻名欧洲的朝圣地。除拥有众多宗教建筑外，朝圣公园还经常举行独特的宗教仪式和宗教表演，吸引了无数波兰贵族名流以及周边国家的信徒来此巡礼。

1617 年，为更好地接待日渐增加的朝圣者，波兰政府决定在此设立一座新的市镇，名为泽布日多夫（Zebrzydów）。1640 年又更名为新泽布日多夫（Nowy Zebrzydów）。

18 世纪后期，新泽布日多夫被奥地利占领，被更名为卡尔瓦里亚（Kalwaria）。1890 年，城市名称改为卡尔瓦里亚 – 泽布日多夫斯卡。在奥地利统治期间，朝圣公园的教堂建设和宗教仪式均受到限制，宗教地位逐渐下降。1896 年，卡尔瓦里亚 – 泽布日多夫斯卡被奥地利当局剥夺了自治权。第一次世界大战后，卡尔瓦里亚 – 泽布日多夫斯卡回归波兰。1934 年，波兰政府恢复其城镇地位。

第二次世界大战后，卡尔瓦里亚 – 泽布日多夫斯卡的经济复苏，当地的家具制造、木雕、制鞋业兴旺。随着朝圣者和外国游客数量的回升，朝圣公园昔日的盛景也得以再现。

1999 年，卡尔瓦里亚 – 泽布日多夫斯卡被列为世界文化遗产。

10. 亚沃尔和希维得尼加的和平教堂（Kościoły Pokoju w Świdnicy i Jaworze）

1648 年，残酷的"三十年战争"以哈布斯堡皇室的失败告终。根据随后签订的《威斯特伐利亚和约》，哈布斯堡皇室被迫承认新教在神圣罗马帝国境内的合法地位，从此打破了"统治者的信仰即国家的信仰"这一原则。

1651 年，神圣罗马帝国皇帝批准新教徒在西里西亚的格沃古夫（Głogów）、亚沃尔（Jawor）和希维得尼加（Świdnica）三地建造三座新教教堂，但附加条件是，不准使用砖石，不准建造尖顶和钟楼，且必须在一年内建造完成。尽管条件严苛，三座木质教堂依然拔地而起，新教徒们为纪念《威斯特伐利亚和约》，将其命名为和平教堂。除格沃古夫的和平教堂不幸于 1758 年毁于火灾，亚沃尔和希维得尼加的和平教堂一直保存至今，是 17~18 世纪欧洲政治和宗教变革的见证者。

和平教堂的建筑风格及装潢不像以往天主教教堂那般富丽和华贵，以彰显宗教优越感和对异教徒的胜利，而是更多地表达了少数派信徒争取信仰自由和寻求宗教庇护的强烈愿望。

和平教堂放弃了浮华的装饰，转而追求最大程度的坚固和耐用，其使用的木料数量和结构的复杂程度均达到了木骨架结构建筑的巅峰，可谓前无古人，后无来者，至今仍是欧洲最大的木结构宗教建筑。

2001年，亚沃尔和希维得尼加的两座和平教堂一同入选世界文化遗产。

11. 南部小波兰的木制教堂（Drewniane kościoły południowej Małopolski）

南部小波兰的木制教堂是对分布在中世纪小波兰地区南部（今天的小波兰省和喀尔巴阡山省部分地区）的众多木质天主教教堂的统称。这些教堂多为地主权贵投资兴建，用以彰显其地位和身份。其中最古老的木质教堂是位于哈丘夫（Haczów）的圣母升天和圣米迦勒大天使教堂（Kościół Wniebowzięcia Najświętszej Maryi Panny i św. Michała Archanioła）。该教堂建于14世纪末，是一座采用水平建造工艺的哥特式教堂。随着时代变迁，木质教堂的制造工艺也随之变化，出现了更复杂的塔楼和拱廊。至18世纪，设计师开始突破传统的建筑风格，尝试将砖石结构建筑中的巴洛克、洛可可元素注入木质教堂。19世纪，许多木质教堂开始采用新古典主义和新哥特风格。

与波兰北部的砖石结构教堂不同，木制教堂更多地散落在小波兰广袤的乡村地区，与当地的自然景色和风土民情融为一体。木制教堂不仅记录了波兰南部传统木质宗教建筑的发展史，也记录了该地区居民自中世纪以来的宗教生活。

2003年，6座历史与艺术价值最为突出的木制教堂被选为世界文化遗产。它们是比纳罗瓦（Binarowa）的圣米迦勒大天使教堂（Kościół św. Michała Archanioła）、布利兹内（Blizne）的众圣徒教堂（Kościół Wszystkich Świętych）、登布诺（Dębno）的圣米迦勒大天使教堂（Kościół św. Michała Archanioła）、哈丘夫的圣母升天和圣米迦勒大天使教堂、利普尼查－穆罗瓦纳（Lipnica Murowana）的圣雷欧纳德教堂（Kościół św. Leonarda）和森科瓦（Sękowa）的圣斐理伯和圣雅各布教堂（Kościół św. Filipa i św. Jakuba）。

12. 穆斯考公园（Park Mużakowski）

穆斯考公园是一座位于波兰与德国边境线上的英式花园，界河尼斯河（Nysa Łużycka）贯穿其中。

公园由日耳曼贵族赫尔曼·路德维希·海因里希·冯·普克勒－穆斯考（Hermann Ludwig Heinrich von Pückler-Muskau）斥资建造，自 1815 年开始建设，至 1844 年完工，工期近三十年。

公园主体为河流、湖泊、丘陵和森林等自然景观，配以道路、桥梁、别墅和城堡等人造景观，构成一幅和谐的田园画卷。与当时传统的英式园艺设计理念不同，普克勒－穆斯考并未在园内引种异国植物，而是大量种植本地植物，这样既避免了外来植物对公园整体风格的破坏，也避免了可能带来的生态问题。随着绿化规模的不断扩展，公园一直延伸到了附近的巴特穆斯考市（Bad Muskau），进而将周边地区都纳入了公园的景观。最终，公园的核心区面积达到 348 公顷，加上 1205 公顷的缓冲区，总面积为 1553 公顷。

在第二次世界大战中，公园内的城堡和桥梁均被摧毁。战后，公园被一分为二，分别归入波兰和德国版图。1989 年后，波德两国政府开始在公园的开发和保护上展开合作。2007 年，波兰加入申根协定后，波德两国公民可不受限制地游览整个公园。

2004 年，穆斯考公园成为世界文化遗产。

13. 弗罗茨瓦夫百年厅（Hala Stulecia）

弗罗茨瓦夫百年厅，又名百年纪念会堂，是弗罗茨瓦夫市（时称"布雷斯劳"，Breslau）为纪念普鲁士国王腓特烈·威廉三世（Frederick William Ⅲ）带领德意志民族反抗拿破仑·波拿巴（Napoléon Bonaparte）统治 100 周年而建的，由德国建筑师马克斯·伯格（Max Berg）于 1911~1913 年主持设计。

百年厅高 42 米，直径 65 米，主体结构为中心对称的四叶草形，中心是开阔的圆形空间，可容纳 6000 多人，是当时最大的钢筋混凝土圆顶建筑。百年厅内部展厅高 23 米，穹顶完全由钢和玻璃材质构建。

1912 年，建筑师汉斯·波埃尔齐格（Hans Poelzig）设计建造了百年厅的一系列附属建筑：百年厅西侧的仿中世纪风格的市集广场、四个穹顶的历史展览馆、办公楼和餐厅、北面的人造池塘和半圆形园艺回廊。

百年厅的主体建筑并未受到两次世界大战的严重破坏，保存较为完好。

百年厅集会议、展览、娱乐等功能为一体，是 20 世纪多用途建筑的开创性作品，对后世钢筋混凝土建筑的发展具有重要的参考价值，是欧洲近代建筑史上的一座里程碑。

2006 年，弗罗茨瓦夫百年厅入选世界文化遗产。

14. 喀尔巴阡山区木质教堂（Drewniane cerkwie regionu karpackiego w Polsce i na Ukrainie）

16~19 世纪，在波兰与乌克兰境内的喀尔巴阡山区，出现了许多采用水平建造工艺建造的木质教堂。由于喀尔巴阡山区地形崎岖，交通不便，与平原地区相比，当地各民族的生活习惯和宗教礼仪均发生变化。这些教堂在保留了传统木质教堂特征的同时，还带有强烈的地域性色彩。除东正教和天主教两大派系外，教堂的风格又可细分为波兰喀尔巴阡山西部的西兰克式（Lemko）、喀尔巴阡山北端波乌边境地区的加利奇式（Halych）、波乌与斯洛伐克接壤地区的博埃科式（Boyko）和乌克兰东南部的胡特苏尔式（Hutsuls）等。

木质教堂的主体部分多为三组四边形或八角形塔楼，内有圣幛、彩饰，外有庭院、墓园等。虽然众多教堂的建筑原则基本一致，但风格各异，细节并无雷同。

2013 年，在列入世界文化遗产的 16 座保存最为完好的喀尔巴阡山区木质教堂中，波兰拥有 8 座，其中 7 座仍是当地居民的日常礼拜之所。

第二章

历　　史

第一节　上古简史

波兰历史悠久，可以追溯到公元前许多个世纪。

相传在很久很久以前，曾有三个兄弟，分别叫莱赫、捷赫和罗斯。他们想建立属于自己的家园。于是，三兄弟各自出发了：捷赫向西，罗斯向东，莱赫则向北。一天，莱赫来到一片绿草如茵、树木葱茏的土地，只见一棵高大的老橡树屹立中间。在夕阳的映照下，他看到一只硕大的白鹰自远处朝着橡树飞来。原来树上有个鹰巢，大鹰飞来给雏鹰喂食。此时，巢里响起欢乐的啁啾。莱赫认为这是块祥瑞之地，便在这里垦殖定居，娶妻生子，繁衍后代，并给这个地方取名格涅兹诺。格涅兹诺的意思就是"巢"。天长日久，便以格涅兹诺为中心建立起一个公国，它的名字叫作波兰（"美好田园"之意）。格涅兹诺作为波兰最早的首都，被称为"波兰文明的摇篮"。

据早些时候考证，在旧石器时代晚期，今日波兰境内的维斯瓦河谷东北部便有原始人类居住。而 2000 年 5 月，波兰考古学家在西南部城市弗罗茨瓦夫附近发现了距今 50 万年的石制工具，以及被古人类猎获的驼鹿、驯鹿、野猪和犀牛等动物的骨头。这是迄今为止在波兰境内发现的最早的古人类存在的证据。2002 年 7 月，波兰科学院考古和民族学研究所的学者在波德哈莱（Podhale）地区一处山洞进行考古挖掘时，又发现了 3 万年前古人类的断指。经研究，科研人员认为，这是当时一种礼教的产物，是一种罕见的古文化现象。据推测，古人曾在这个山洞居住 5 万多年。2010 年 2 月，波兰什切青大学考古人员又在喀尔巴阡山脉北部洞穴发现了距今 8 万年到 10 万年的古代洞穴人的 3 颗牙齿及其制作的器具。

另据一些历史学家和考古学家论证，在青铜时代，古斯拉夫人已开始在西起奥得河、东至第聂伯河的辽阔地区定居。大约在公元前 1300 年到公元前 400 年形成的乌日茨（Łużyce）文明便是古斯拉夫文明的代表。

在公元前的最后几个世纪里，古斯拉夫人分为东西两支：居住在第聂伯河中游的属东方斯拉夫人，居住在奥得河、维斯瓦河和易北河流域的属西方斯拉夫人。后来，在欧洲民族大迁徙期间，大批斯拉夫人涌入南部多瑙河流域和巴尔干半岛，并在公元 6~7 世纪形成了南方斯拉夫人。其中的西方斯拉夫人便是波兰人的祖先。公元 1~2 世纪的罗马作家普里尼、历史学家塔西佗和地理学家托勒密则都把斯拉夫人，主要是西方斯拉夫人，称为凡涅特人（Venedi）。而其他斯拉夫人，如罗斯人，又把古代波兰人称为莱赫人。直到 17 世纪，许多俄国人仍把波兰人称为莱赫人。

在公元前后的几个世纪里，西方斯拉夫人除了从事农业和畜牧业之外，已开始从事手工业生产和商业活动。在许多地方甚至出现了手工业中心和商业中心。其社会组织也由氏族公社向农村公社过渡。由于战争的需要，个别地区出现了更大的社会组织，即部落。

公元 4 世纪，奥得河、维斯瓦河和易北河流域的农业已经比较发达，铁制农具被普遍使用。在手工业方面，出现了制陶、凿石、冶铁、纺织、首饰加工、木材加工、皮革加工和武器生产等。农业和手工业的发展也促进了部落间的贸易。随着村社长老和部落联盟首领在战争中获利，其与部落普通成员之间的贫富差距逐渐拉大。生产力的发展也加速了农村公社内部的两极分化，土地私有化开始产生。公元 4~7 世纪，为躲避东方匈奴人的入侵，许多西方斯拉夫人部落向西迁移，小部落大多统合为大部落（部落联盟）。

公元 6~9 世纪，地方领主纷纷开始修建木制堡垒和要塞。同其他斯拉夫社会一样，西斯拉夫社会在原始社会瓦解后并未进入奴隶社会，而是直接进入了封建社会。

第二节 中古简史

一 波兰国家建立

据有关资料记载，公元9世纪中叶，在今天的波兰地区形成了一批早期"国家"，其中主要有：奥得河上游的格温希策（Gołeszyce）和奥波莱（Opolanie）、奥得河中游的切博维亚（Trzebowianie）和齐多沙（Dziadoszanie）、维斯瓦河上游的维斯瓦（Wiślanie）、维斯瓦河中游的马佐夫舍（Mazowszanie）、瓦尔塔河流域的波兰（Polanie）、波莫瑞地区的沃林（Wolinianie）和佩日策（Pyrzyczanie）等。这些"国家"是在西斯拉夫众多部族和部落联盟的基础上形成的。不过，严格地说，它们还只是一些国家的雏形，有着共同的文化和共同的语言，这种语言就是西斯拉夫语支的古波兰语。

在这些"国家"中，波兰是最强大的。公元约963年，皮雅斯特（Piastowie）王朝大公梅什科一世（Mieszko I，约960~992年在位）在波兰的基础上正式建立了封建国家，定都格涅兹诺。

约964年，为了巩固自己的统治地位，梅什科一世迎娶波希米亚大公波列斯拉夫一世（Boleslav I）之女多布拉瓦（Dobrawa）公主。

966年，梅什科一世接受基督教洗礼，皈依基督教，并在波兰境内推行基督教。[①] 这不仅密切了波兰同西欧的关系，而且消除了德意志大公们干涉波兰事务的借口。此外，波兰还依靠强大的武装力量，先后兼并数个相邻"国家"。990年，梅什科一世打败了波希米亚大公波列斯拉夫二世（Boleslav II），占领了西里西亚，并将其统治逐渐扩大到马佐夫舍和波莫瑞等地区。

992年，梅什科一世病故，其子波列斯瓦夫一世（Bolesław I Chrobry，992~1025年在位）继位。波列斯瓦夫一世统治时期是早期封建波兰的鼎盛时期。999年，波列斯瓦夫一世控制了包括克拉科夫和桑多梅日在内的小波

---

① 如在波兹南（Poznań）建立了直接隶属于罗马教廷的主教区。从此，波兰成为基督教文明世界的一员，大大提高了其在欧洲的地位，促进了文化的发展。

兰地区。10世纪末，波兰领土面积达25万平方公里，人口约110万，是斯拉夫国家中的第二大国（仅次于罗斯），每平方公里的人口密度为4~5人。

波列斯瓦夫一世同神圣罗马帝国皇帝奥托三世（Otto Ⅲ）保持了友好的关系。奥托三世非常重视与波兰的关系，称波兰为罗马的"兄弟和伙伴"。奥托三世同意波兰成立独立的教区，即在格涅兹诺建立总主教区，在克拉科夫、弗罗茨瓦夫、科沃布热格设立主教区。但奥托三世病故后，继任者海因里希二世（Heinrich Ⅱ）全盘推翻了前任的政策，与波兰交恶，双方遂爆发战争。不过，在长期的战争中，波列斯瓦夫一世经常获胜，因而被称为"勇敢的波列斯瓦夫"。

1002年，波列斯瓦夫一世出兵占领了易北河流域的乌日茨和米尔斯科地区。同年，波列斯瓦夫一世与海因里希二世展开了对波希米亚的争夺。1003年，波列斯瓦夫一世当上了波希米亚大公，以波列斯拉夫四世（Boleslav Ⅳ）自居。然而，波列斯瓦夫一世统治波希米亚仅一年，便被海因里希二世赶下台。此后10多年里，波列斯瓦夫一世一直忙于抗击海因里希二世入侵波兰（乌日茨和米尔斯科及波兰境内其他地区）的军事行动。1018年，波列斯瓦夫一世又远征基辅，占领了与基辅之间存在争议的契尔文城堡（Czerwień）。

1025年，波列斯瓦夫一世建立了波兰封建王国，并如愿以偿地成为波兰国王（第一位波兰国王）。波兰遂成为一个强大而统一的国家，当时波兰首都仍为格涅兹诺。

二 封建割据

波列斯瓦夫一世被加冕为波兰国王仅两个月便因病去世，他的儿子梅什科二世（Mieszko Ⅱ Lambert，1025~1034年在位）继位。梅什科二世统治时期，王室兄弟间的权力争斗和邻国的侵略逐渐削弱了波兰，早期封建君主制的波兰王国渐趋衰落。1031年，神圣罗马帝国皇帝康拉德二世（Conrad Ⅱ）率军占领了上乌日茨（Górne Łużyce）[①] 和下乌日茨（Łużyce Dolne）的部分地

---

① 又称米尔斯科（Milsko）。

区。同年，基辅亲王雅罗斯拉夫（Yaroslav）夺走了契尔文城堡。

1034 年，梅什科二世逝世，波兰政局动荡，暴动四起，王国陷入危机。梅什科二世之子卡齐米日一世（Kazimierz I Odnowiciel，1040~1058 年在位）于 1037 年返回波兰并试图继承王位，却因分裂势力发动叛乱而被逐出波兰。自此，波兰的中央政权消失，国家分裂为许多独立区域，各区域的政权为当地的贵族所控制。1037~1038 年，波兰爆发了历史上最早的农民起义。起义席卷了大波兰地区，并波及西里西亚。[①] 1039 年，波希米亚大公布热季斯拉夫一世（Břetislav I）趁机率兵侵入波兰，夺取了西里西亚。后来的神圣罗马帝国皇帝海因里希三世（Heinrich III）害怕波兰起义继续蔓延，便出兵帮助波兰贵族镇压了起义，并迫使布热季斯拉夫一世从波兰撤兵。

1039 年，卡齐米日一世再次回到波兰。因为格涅兹诺遭到战火的严重破坏，他便把首都迁到了克拉科夫。经过多年的对外战争，卡齐米日一世收复了马佐夫舍和波莫瑞，又用重金从波希米亚"赎回"西里西亚。到 1050 年，波兰基本重新获得统一，卡齐米日一世故被后世称为"复兴者"。尽管如此，卡齐米日一世却未被加冕为波兰国王。

1058 年，卡齐米日一世逝世。他的儿子波列斯瓦夫二世（Bolesław II Śmiały，1058~1079 年在位）继任，并于 1076 年成功被加冕为波兰国王。波列斯瓦夫二世进一步强化了波兰的军事力量，他大胆机智，处事果敢，被称为"大胆的波列斯瓦夫"。但是，他未能平定贵族的叛乱，反而被逐出了波兰。他的弟弟、大贵族拥戴的瓦迪斯瓦夫一世（Władysław I Herman，1079~1102 年在位）继位。在瓦迪斯瓦夫一世统治期间，波兰权贵们提出了削弱中央政权和要求各个区域独立的正式纲领。1098 年，波兰分裂为三部分。事实上，在波列斯瓦夫二世于 1081 年逝世[②] 之后，波莫瑞已逐渐脱离波兰。

1102 年，瓦迪斯瓦夫一世逝世，其长子兹比格涅夫（Zbigniew）与次

---

① 由于同时反对和攻击基督教，1034~1039 年的一系列起义在历史上被称为"异教叛乱"（Reakcja pogańska）。

② 或 1082 年死于匈牙利。

子"歪嘴"波列斯瓦夫三世（Bolesław Ⅲ Krzywousty，1107~1138年在位）展开了王位的争夺。最终，波列斯瓦夫三世击败了兄长，成为波兰大公。为了统一波兰，波列斯瓦夫三世在1119年派兵占领了东波莫瑞。1124年，他又迫使西波莫瑞王公臣服。这样，波兰又暂时获得统一。但是，波列斯瓦夫三世未能使波兰的国力恢复到波列斯瓦夫一世时期那样强大，也没被加冕为波兰国王。他不得不承认封建割据已是大势所趋，并在遗嘱中将波兰的领土分给了自己的四个儿子。但为了避免波兰的彻底分裂，他确定了长子继承制，即长子享有对波兰国家的最高统治权并拥有大公的称号。

波列斯瓦夫三世死后，他的长子瓦迪斯瓦夫二世（Władysław Ⅱ Wygnaniec，1138~1146年在位）继任，其余三子也分得了相应的领地。波兰分为四个公国。但四兄弟没有坚持执行他的遗嘱。1146年，波兰爆发内战，瓦迪斯瓦夫二世被逐出波兰，他的次子波列斯瓦夫四世（Bolesław Ⅳ Kędzierzawy，1146~1173年在位）在克拉科夫继位。1157年，神圣罗马帝国皇帝"红胡子"腓特烈一世（Frederick Ⅰ Barbarossa）入侵波兰，波兰的王公们不战而降，波列斯瓦夫四世宣誓效忠皇帝。

进入13世纪，王室兄弟间的争斗依旧不断，波列斯瓦夫三世遗嘱中的长子继承原则被彻底破坏。由于皮雅斯特家族各支系的分裂，波兰又分成更小的诸多公国，地方分权制取代了早期的封建君主制。

由于中央权力的衰弱，波兰开始借助外部势力保障领土安全。1226年，为了抵挡普鲁士人的进攻，波兰大公康拉德一世（Konrad Ⅰ Mazowiecki，1229~1232年在位）邀请条顿骑士团进入波兰，这一决定可谓"引狼入室"。1231年，条顿骑士团取得海乌姆诺（Chełmno）地区作为封地，并从1233年开始征讨普鲁士。13世纪末，条顿骑士团占领了普鲁士全境，建立了自己的国家，随后宣布不再服从波兰大公的命令，并开始侵扰波兰领土。

1241年4月，蒙古将领拔都（Batu Khan）率大军远征欧洲，与波兰大公亨里克二世（Henryk Ⅱ Pobożny，1238~1241年在位）率领的军队在列格尼卡（Legnicą）发生激战，双方死伤甚众。最终蒙古军队获胜，亨里克二世阵亡。几乎同时，蒙古的另一支军队在莫希（Mohi）打败了匈牙利军队。波兰与匈牙利战败，令西欧各国陷入恐慌。幸运的是，1241年12月，蒙古大汗窝阔台（Ögedei Khan）去世，蒙古军队遂撤退。后来，蒙古军队又于1259年和1287年两次入侵波兰。

三 国家重新统一

整个13世纪是波兰的多事之秋。除了外敌的入侵，波兰国内争夺王位的内战亦不断，王宫频频易主，封建割据的局面愈演愈烈。

然而，在封建割据时期，波兰经济仍有所增长，农业的发展推动了手工业生产和商品交换，城镇及其人口不断增加。当时，波兰境内已经有近百座城镇。社会经济的发展和外敌的入侵都促使波兰打破封建割据的局面，重新建立强大的统一国家。最先进行统一尝试的是西里西亚和大波兰的王公们。大波兰大公普热梅斯乌二世（Przemysł Ⅱ，1279~1296年在位）曾成功地把相当部分的波兰土地置于自己的管辖之下，并在1295年被加冕为波兰国王。但不幸的是，几个月之后，他被勃兰登堡侯国收买的大波兰权贵刺杀。

14世纪初，库亚维（Kujawy）大公"矮子"瓦迪斯瓦夫一世（Władysław Ⅰ Łokietek，1320~1333年在位）试图重新统一波兰。当时，波兰社会要求统一的呼声十分强烈，"矮子"瓦迪斯瓦夫一世的举动得到越来越多的支持，但他面临的形势也十分严峻。1308年，勃兰登堡的封建主派兵进攻格但斯克。由于没有足够的兵力，瓦迪斯瓦夫一世只得以重金请求条顿骑士团给予军事援助。1309年，条顿骑士团在赶走勃兰登堡军队后，并没有撤离，而背信弃义地占领了格但斯克及整个东波莫瑞地区，并在原有的普鲁士领土和新占领的波兰领土上建立了强大的条顿骑士团国家，继续吞食波兰领土。条顿骑士团随后同波希米亚国王约翰一世（John Ⅰ）结成同盟，从南北两个方向威胁着波兰。

1320年，"矮子"瓦迪斯瓦夫一世在克拉科夫被加冕为波兰国王，结束了封建割据，重建了"波兰王国"。波兰王国实行等级君主制，国王以下分为贵族、僧侣和市民三个等级。为解决外部威胁，"矮子"瓦迪斯瓦夫一世向同样受到波希米亚侵略的匈牙利和受到条顿骑士团威胁的立陶宛寻求支持。同年，"矮子"瓦迪斯瓦夫一世将女儿嫁给匈牙利国王查理一世

（Charles Ⅰ）。1325 年，"矮子"瓦迪斯瓦夫一世的儿子迎娶了立陶宛大公盖迪米纳斯（Gediminas）的女儿。通过联姻，"矮子"瓦迪斯瓦夫一世建立了波兰 – 匈牙利与波兰 – 立陶宛的同盟。通过数年征战，除了西里西亚、波莫瑞等地区之外，"矮子"瓦迪斯瓦夫一世收复了波兰大部分领土。

1333 年，"矮子"瓦迪斯瓦夫一世去世，他的儿子卡齐米日三世（Kazimierz Ⅲ Wielki，1333~1370 年在位）成为波兰国王。卡齐米日三世沿袭其父的政策，继续致力于波兰的统一事业。但是，鉴于当时的力量对比，波兰难以用单纯的战争手段来实现国家的统一。于是，卡齐米日三世采用迂回的外交手段来缓和与条顿骑士团以及波希米亚的矛盾。1335 年，卡齐米日三世同波希米亚国王约翰一世举行了会谈，双方达成协议，即约翰一世永远放弃对波兰王位的要求，波兰则放弃西里西亚。为了加强波匈两国的同盟关系，1339 年 7 月卡齐米日三世同匈牙利国王查理一世缔结了协议。根据协议，如果卡齐米日三世死后无男嗣，将由安茹家族（Andegawenowie）继承波兰王位，而匈牙利将帮助波兰对抗条顿骑士团。1343 年，卡齐米日三世同条顿骑士团缔结了"永久和约"。根据"永久和约"，条顿骑士团将库亚维和多布任（Ziemia dobrzyńska）交还波兰，但仍占有东波莫瑞和海乌姆诺；如果条顿骑士团破坏"永久和约"，波兰国王则有权索还被侵占的全部波兰领土。

卡齐米日三世在统一全国货币、税制和法律方面也做了许多工作，譬如建立了统一的货币制度，规定了全国的赋税标准，包括盐税、关税等标准。1346~1362 年，卡齐米日三世在习惯法的基础上编制了《维希利查 – 皮奥特尔库夫法典》（Statuty wiślicko-piotrkowskie，又称"伟大的卡齐米日法典"）。法典明确地把波兰社会划分为三个等级，加强了贵族的特权，以巩固王权。法典虽限制了农民的人身自由，但也限制了贵族对农民的过度剥削，缓和了贵族与农民的关系。法典还确定了军事体制的改革，规定实行贵族义务兵役制。1364 年，卡齐米日三世创建了波兰第一所高等学府——克拉科夫大学，即后来的雅盖隆大学。这是继 1348 年建立的布拉格查理大学（Charles University in Prague）之后，东欧的第二所大学。该大学的创立是波兰文化教育发达的重要标志。

由于卡齐米日三世在统一事业中主要依靠骑士阶层，没有得到市民与农民阶层的充分支持，其对加利西亚 – 沃里尼亚王国（Kingdom of Galicia-Volhynia）的征伐又削弱了本国有限的军事力量，最终未能实现波兰的完全统一。

1370 年，卡齐米日三世病逝。因为无男嗣继位，皮雅斯特家族的王统中断。根据与匈牙利的协议，匈牙利国王路易一世（Louis I，1370~1382 年在位）被加冕为波兰国王，持续 12 年的波兰和匈牙利的王朝联合开始。路易一世为了维护安茹王朝对波兰的统治，授予波兰贵族广泛的权利。1374年，为确保波兰贵族支持其女继承波兰王位，路易一世在科希策颁布法令，免除了波兰贵族的大部分赋税，这在历史上被称为"科希策特权"（Przywilej koszycki）。这一措施大幅度地提高了贵族的社会地位，限制了王权。

1382 年，路易一世去世。1384 年，路易一世的女儿，年仅 11 岁的雅德薇嘉（Jadwiga Andegaweńska，1384~1399 年在位）公主被加冕为波兰国王。1385 年，波兰和立陶宛在克雷沃（Krewo）签订了条约，雅德薇嘉与立陶宛大公雅盖沃（Jagiełło）结为伉俪，共治波兰。同年，波兰和立陶宛结为波兰 – 立陶宛联盟。1386 年，雅盖沃接受基督教洗礼，取教名为瓦迪斯瓦夫。同年，雅盖沃被加冕为波兰国王，称为雅盖沃·瓦迪斯瓦夫二世（Władysław II Jagiełło，1386~1434 年在位），开始了雅盖隆王朝（Jagiellonowie）的统治。

1409 年，萨莫吉希亚（Samogitian）爆发了反抗条顿骑士团的起义，史称"萨莫吉希亚起义"。波兰 – 立陶宛联盟支持这场起义，进而与条顿骑士团爆发战争。1410 年，波兰 – 立陶宛联军在格伦瓦德（Grunwald）与条顿骑士团交战，取得了决定性胜利。[①] 然后，波兰 – 立陶宛联盟军队乘胜追击，围困马尔堡，但由于神圣罗马帝国和波希米亚等国的干涉，未能彻底摧毁条顿骑士团。1411 年，波兰 – 立陶宛联盟同条顿骑士团在托伦签订《托伦和约》，规定条顿骑士团有条件地将萨莫吉希亚地区归还立陶宛，将多布任地区归还波兰，并向波兰 – 立陶宛联盟支付巨额赔款，而波莫瑞

---

① 即波兰历史上著名的"格伦瓦德战役"。它也是中世纪欧洲的一次重要战役。

等地仍属于条顿骑士团。为夺回剩余的被占领土，波兰－立陶宛联盟分别于1414年和1422年对条顿骑士团发动了两场战争，即"饥饿战争"（Wojna głodowa）和"戈卢布战争"（Wojna golubska）。1422年9月，双方在梅乌诺（Jezioro Mełno）湖畔签订《梅乌诺和约》（Pokój melneński），彻底解决了萨莫吉希亚地区的归属问题，并划定了普鲁士与立陶宛的边界，波兰同条顿骑士团近200年的冲突暂告一段落。

　　1434年，雅盖沃·瓦迪斯瓦夫二世与世长辞。同年，其年仅10岁的长子瓦迪斯瓦夫三世（Władysław Ⅲ，1434~1444年在位）被加冕为波兰国王。1440年，瓦迪斯瓦夫三世又被加冕为匈牙利和克罗地亚国王。1444年，瓦迪斯瓦夫三世在瓦尔纳战役（Bitwa pod Warną）中意外阵亡。波兰贵族请求瓦迪斯瓦夫二世的次子、立陶宛大公卡齐米日四世（Kazimierz Ⅳ Jagiellończyk，1447~1492年在位）接受波兰王位，想以此保持波兰与立陶宛的联合。但卡齐米日四世坚决主张立陶宛的独立地位，希望波兰和立陶宛两个国家结成平等的"兄弟联盟"。1447年5月，卡齐米日四世在立陶宛首都维尔纽斯颁布敕令，授予立陶宛贵族与波兰贵族同等的特权，并声明与波兰有争议的沃伦（Wołyń）和波多利亚（Podole）等地属于立陶宛。同年6月，卡齐米日四世被加冕为波兰国王。

　　1454年2月，普鲁士爆发了反对条顿骑士团的起义。同年3月，卡齐米日四世宣布将普鲁士并入波兰，并向条顿骑士团宣战。由于神圣罗马帝国对条顿骑士团源源不断的援助，这场战争延续了13年之久，史称"十三年战争"。1466年，波兰和条顿骑士团又一次在托伦签订《托伦和约》。根据这一和约，波兰收复了沦陷150多年的东波莫瑞和沦陷230多年的海乌姆诺地区。此时的波兰已基本实现了重新统一，仅西波莫瑞和西里西亚地区还在波兰王国的版图之外。"十三年战争"也使波兰的主要敌人——条顿骑士团从此一蹶不振，无法再与波兰抗衡。

　　波兰的实力助长了卡齐米日四世对波希米亚和匈牙利的野心。1457年，卡齐米日四世的内弟，波希米亚和匈牙利国王拉斯洛五世（Ladislaus Ⅴ the Posthumous）病故，无男嗣，其王位分别被两国的摄政者篡取。卡齐米日四世利用亲戚关系，积极安排其子夺取波希米亚和匈牙利的王位。

1471 年，卡齐米日四世的长子雅盖隆契克·瓦迪斯瓦夫二世（Władysław II Jagiellończyk，1471~1516 年在位）被加冕为波希米亚国王，1490 年又接任匈牙利和克罗地亚国王。

1492 年，卡齐米日四世逝世，其三子扬一世（Jan I Olbracht，1492~1501 年在位）继任波兰国王，其四子亚历山大一世（Aleksander I Jagiellończyk，1492~1506 年在位）继任立陶宛大公。扬一世逝世后，亚历山大一世继任波兰国王（1501~1506 年在位）并兼任立陶宛大公。

第三节 近代简史

一 贵族共和国的建立与衰落

16 世纪是波兰的"黄金时代"。这一时期，波兰外不受邻国入侵，内没有豪强割据或农民暴动，政治、经济、文化空前繁荣，成功的对外战争也使领土面积不断扩大。

16 世纪也是波兰中等贵族的黄金时代。贵族庄园经济是他们赖以生存和发家致富的经济基础。其实，早在 14 世纪和 15 世纪，波兰贵族就已经是波兰社会的主宰力量。在雅盖隆王朝最初几位君主和卡齐米日三世统治时期，波兰城镇像雨后春笋般地发展起来。到 15 世纪末，波兰王国的城镇约有 500 座。随着波兰城市的迅速发展和西欧经济的发展，特别是手工业工场的兴起，欧洲东西部之间的贸易进一步加强，波兰产品通过陆路和海路运往西欧国家，也从西欧国家进口商品供贵族消费。波兰贵族、市民（商人）和农民均参与对外贸易，但贸易的主导权则由贵族控制。在此背景下，波兰贵族，尤其是中等贵族的经济实力明显增强。中等贵族多受过良好的教育，他们不愿再甘居王权之下，要求并积极参与国家政权建设。

1505 年，波兰贵族在拉多姆（Radom）组织议会，史称"拉多姆议会"。议会通过了一项决议（Nihil novi）。[①] 该决议扩大了议会的权限，限制了国

---

① 有人称它为"宪法"。这显然不准确。波兰历史上的第一部宪法是在 1791 年 5 月 3 日出台的。正因为此，我们称它为"决议"（至多是一项宪法性决议或不成文宪法）。

王的权力。波兰开始实行贵族民主制，由王国时期进入贵族共和国时期。

1506 年，齐格蒙特一世（Zygmunt I Stary，1506~1548 年在位）继承兄长亚历山大一世的王位。齐格蒙特一世在位 42 年，几乎占了雅盖隆王朝四分之一的时间。他颁布了一系列改革货币、增加财政收入的政策，建立了以兹罗提（Złoty，意为"黄金"）为本位的货币制度。

1548 年，齐格蒙特一世逝世，他的儿子齐格蒙特二世（Zygmunt II August，1548~1572 年在位）继位。

1569 年，波兰与立陶宛在卢布林签订了"卢布林联盟条约"。根据该条约，波兰和立陶宛合并为一个统一的国家——波兰 – 立陶宛联邦（史称"波兰贵族共和国"或"波兰第一共和国"）。[①] 波兰贵族共和国实际上是一个包括今天的波兰、立陶宛、乌克兰、白俄罗斯和部分俄罗斯等在内的多民族国家，领土面积达到 55 万平方公里。波兰成为从波罗的海到黑海的幅员辽阔的大国。

齐格蒙特二世死于 1572 年 7 月。由于他无子，延续了 180 余年的雅盖隆家族的王统中断，波兰出现了短暂的王位空缺期。波兰中等贵族和大贵族开始争权夺利，最终决定实行自由选王制。与此同时，为了维护自身的特权，贵族们极力主张削弱国王的权力。他们宁可选举容易接受他们条件的外国人当国王，以扩大自己把持的元老院的权限。贵族开始选择在波兰缺乏影响力的外国人当国王，催生了贵族寡头政治。1573 年，法国人亨利（Henryk Walezy，1573~1575 年在位）被选举为波兰国王。从时间上看，亨利在位两年。其实，亨利的统治非常短暂。他是被选为国王半年后才从法国到达波兰的，居住半年又返回法国。波兰议会又等待了一年，亨利仍不回来，于是视其放弃王位。1575 年，波兰议会决定选举齐格蒙特二世的妹妹，即安娜·雅盖隆卡（Anna Jagiellonka，1575~1587 年在位）为波兰国王，条件是其必须与匈牙利特兰西瓦尼亚君主斯特凡·巴托里（Stefan Batory）结婚，共治波兰。二人均同意了这一条件，并于 1576 年完婚。斯特凡·巴托里也成为波兰国王（1576~1586 年在位）。从 1573 年到 1795 年，波兰共

---

① "波兰 – 立陶宛联邦"只是现代联邦制的先驱，因为联邦的两个主体国家仅在原则上是平等的，波兰是事实上的统治主体。

选举了 11 位国王，其中 7 位是外国人。

这一时期，统治立沃尼亚（Liwonia，今爱沙尼亚及拉脱维亚的大部分地区）的条顿骑士团分支——立沃尼亚骑士团（Zakonu kawalerów mieczowych）日益衰落，内部起义不断。包括波兰在内的周边国家皆虎视眈眈，企图干预立沃尼亚政局。干预最终演变成一场争夺波罗的海统治权的国际性战争——"立沃尼亚战争"（1558~1583 年，史称"第一次北方战争"）。战争的一方是波兰－立陶宛，另一方是俄国。瑞典、丹麦和挪威随后也卷入了这场战争。立沃尼亚战争是波兰和俄国在军事上的一次正面较量。在斯特凡·巴托里的领导下，波兰军队最终大获全胜。立沃尼亚领土分别被波兰、瑞典、丹麦和挪威占领，俄国一无所获。1582 年，波兰领土面积达到 81.5 万平方公里。

发源于意大利的文艺复兴运动逐渐向北传播，宗教改革浪潮席卷整个欧洲。整个 16 世纪，波兰出现了文艺复兴运动和宗教改革浪潮。波兰天主教会玩忽职守，纪律松弛，贪污舞弊，骄奢淫逸，引起社会的普遍不满。从贵族、市民到城市贫民和农民，波兰社会掀起了一场声势浩大的反对天主教会的宗教改革运动。但与西欧各国不同的是，波兰市民组织未能发展成独立的经济－政治力量，因此波兰的文艺复兴运动和宗教改革都是由中小贵族领导的。中小贵族囿于本身的利益（如与天主教会的经济联系），在同天主教会的斗争中表现出摇摆和妥协的态度。最终，贵族的改革不能满足广大市民和农民的要求，支持者渐少，而反宗教改革的势力日渐强大，致使波兰的宗教改革运动半途而废。

1586 年，斯特凡·巴托里逝世，波兰王位传到瑞典瓦萨家族（Wazowie）手中。这个家族出身的三位国王，即齐格蒙特三世（Zygmunt Ⅲ Waza，1587~1632 年在位）、瓦迪斯瓦夫四世（Władysław Ⅳ Waza，1632~1648 年在位）和扬二世（Jan Ⅱ Kazimierz Waza，1648~1668 年在位）统治波兰长达 80 余年。1596 年，齐格蒙特三世将王宫迁至华沙，克拉科夫只保留作为国王加冕大典举办场所的地位。

整个 17 世纪是波兰贵族共和国由盛转衰的时期。17 世纪初，劳役制庄园经济的繁荣刺激了波兰贵族的贪欲，波兰军队不断向东扩张。1618 年，波兰的领土面积达到 99 万平方公里，人口约 1100 万。

1620 年，波兰与奥斯曼帝国爆发战争（波奥战争）。这场战争一直持续到 1699 年才告结束。为解决大规模远征的开销问题，贵族加重了对国内平民、农民的盘剥，进而激化了这个多民族国家的内部矛盾，破坏了经济平衡和社会稳定：在立陶宛、乌克兰和白俄罗斯等地，土地高度集中；在波兰，成批农奴从庄园逃亡，农民起义和少数民族起义时有发生。到了 17 世纪中叶，波兰贵族共和国更是政治腐败，兵连祸结，国无宁日。中央政权与地方豪强之间、各派贵族之间的政治斗争经常演变成激烈的内战。1648 年是波兰贵族共和国历史上灾难性的一年。这年的 5 月，乌克兰贵族博格丹·赫梅尔尼茨基（Bohdan Zenobi Chmielnicki）联合克里米亚汗国（Chanat Krymski，又称"克里木汗国"）和当地农民，发动了波兰历史上规模空前的"哥萨克暴动"。战乱连年，内忧外患。瑞典瓦萨家族统治期间，由于贵族竭尽全力维护其政治"自由"，波兰贵族民主制开始走向极端化。1652 年，波兰议会议员获得了"自由否决权"（Liberum veto）。贵族通过行使自由否决权与国王对抗，致使议会长期处于半瘫痪状态。中央政府无所作为，国家逐渐丧失了防御能力。不久，赫梅尔尼茨基又与俄国合作，引发了"俄波战争"（1654~1667 年），使波兰丧失了第聂伯河东岸的大片土地。1655 年，瑞典利用波兰内外交困的局面，大举入侵，有历史学家称其为"第二次北方战争"（1655~1660 年）。1660 年 5 月，波兰与瑞典签订《奥利瓦和约》（Pokój oliwski），使波兰失去了立沃尼亚的大部分地区和对普鲁士的宗主权。至 1667 年，波兰境内有数百座城镇被战争摧毁，总人口减少了约 1/4。这段惨痛的岁月被后人称为"大洪水时代"。

1669 年，米哈乌·科雷布特·维希尼奥维茨基（Michał Korybut Wiśniowiecki，1669~1673 年在位）当选为波兰国王。米哈乌病死后，扬三世（Jan Ⅲ Sobieski，1674~1696 年在位）继位。在波奥战争后期，波军在扬三世的统帅下取得了霍齐姆 [①] 战役（Bitwa pod Chocimiem，1673 年）和维也纳战役（1683 年）的辉煌胜利，打击了奥斯曼帝国的嚣张气焰，阻止

---

① 今为乌克兰领土，称科丁（Khotyn）。

了其在欧洲的扩张。

1697 年，萨克森韦廷家族（Wettynowie）的奥古斯特二世（August Ⅱ Fryderyk Moncny，1697~1706 年在位）开始统治波兰。1699 年，萨克森、丹麦和俄国联合建立了反瑞典的北方同盟。

1700 年，北方同盟对抗瑞典的"大北方战争"（1700~1721 年，史称"第三次北方战争"）爆发。在"大北方战争"中，瑞典国王查理十二世（Charles Ⅻ）率军侵入波兰，废黜奥古斯特二世，扶持斯坦尼斯瓦夫一世（Stanisław Ⅰ Leszczyński，1704~1709 年在位）为波兰国王。1709 年，沙皇彼得一世（Peter Ⅰ）率军在波尔塔瓦（Połtawa）彻底打败瑞典军队。"波尔塔瓦战役"成为欧洲历史的转折点。自此，瑞典从欧洲列强的名单中消失，俄国则进入了欧洲强国的行列。同年，奥古斯特二世在俄国的帮助下夺回王位，并于 1709~1733 年在位。尽管如此，波兰已元气大伤，逐渐成为俄国的附庸。1721 年，俄国和瑞典在芬兰签订《尼斯塔德条约》（Pokój w Nystad），波兰虽为战胜国，却被拒之门外。由于长期战乱导致波兰全国人口减少近 30%，经济凋敝，万业萧条。不仅农民的生活朝不保夕，而且连中小贵族也日渐贫困。与之相反，波兰大贵族仰仗外国势力，依然控制着议会等国家要害部门，贪污贿赂，卖官鬻爵，彼此争斗不休。

1733 年，奥古斯特二世在华沙病逝。在俄国的支持下，其子奥古斯特三世（August Ⅲ，1734~1763 年在位）被选为波兰国王。而同年，斯坦尼斯瓦夫一世则在法国的支持下再次被选为国王。一国不容二主，最终斯坦尼斯瓦夫一世被俄国和萨克森联军赶出波兰，奥古斯特三世成为波兰唯一的统治者。尽管在位长达 30 年，奥古斯特三世并不关心波兰事务，政务多交他人处理，波兰在一定程度上处于无政府状态。同时，波兰的内政开始被俄国控制。

二　国家被瓜分与波兰人民的反抗斗争

18 世纪下半叶，波兰贵族共和国犹如倾斜的大厦摇摇欲坠。

1763 年 10 月，奥古斯特三世逝世。1764 年 9 月，沙俄女皇叶卡捷琳娜二世（Екатерина Ⅱ）把昔日情人斯坦尼斯瓦夫·奥古斯特·波尼亚托夫斯基（Stanisław August Poniatowski）扶上华沙的王座。1764 年 11 月，斯坦尼斯瓦夫二世（Stanisław Ⅱ August，1764~1795 年在位）被正式加冕为波兰国王。叶卡捷琳娜二世的本意是扶持一个与奥古斯特三世一样的傀儡，以便控制波兰，但斯坦尼斯瓦夫二世却致力于波兰的复兴。在其统治初期，斯坦尼斯瓦夫二世进行了一系列改革，但因受到国内保守派贵族和外国势力的双重反对，收效甚微。

1768 年，波兰国内反对势力成立巴尔联盟（Konfederacja barska），举兵对抗国王和俄国，史称"巴尔联盟战争"。联盟军获得了法国和奥斯曼帝国的支持。斯坦尼斯瓦夫二世曾试图以和平手段平息叛乱。但在经历了被废黜和绑架后，他选择投向俄国。1772 年，战争以国王军的胜利告终。而俄国、普鲁士和哈布斯堡君主国以恢复波兰国内秩序为名，占领了波兰的部分领土，史称"第一次瓜分波兰"。这次瓜分令波兰失去了约 21.1 万平方公里的土地。

1788 年 9 月，斯坦尼斯瓦夫二世成功组建波兰联邦议会。该议会开展活动前后约 4 年，故被称为"四年议会"（Sejm Czteroletni）。1791 年 5 月 3 日，"四年议会"通过了波兰第一部成文宪法——"五三宪法"，标志着君主立宪制取代了贵族民主制。

"五三宪法"的出台，激怒了叶卡捷琳娜二世，并引发了欧洲封建保守势力的普遍恐惧。1792 年 5 月，俄波再次爆发战争。在战争中，普鲁士背弃"普波同盟"，使波兰腹背受敌。波兰国内的反宪法势力更是结成塔戈维查联盟（Konfederacja targowicka），借助俄国力量对抗国王。同年 7 月，斯坦尼斯瓦夫二世轻信了俄国保障波兰领土完整的承诺而投降，保卫宪法的阵营崩溃，许多改革派领袖和将领流亡国外。最终，"五三宪法"也被废除。但俄国的贪欲大大超出了塔戈维查联盟和斯坦尼斯瓦夫二世的预期。1793 年，俄国与普鲁士联合夺走了波兰 30.7 万平方公里的领土，史称"第二次瓜分波兰"。①

---

① 有学者认为，除了军力差距之外，波兰保守势力和国王对俄、普两国承诺的轻信及对其战略意图的误判是造成波兰被第二次瓜分的主要原因。其中塔戈维查联盟所起的反面作用甚大，以至"塔戈维查"后来成为波兰语中叛徒与叛国者的同义词。

1794 年，波兰将领塔德乌什·柯希丘什科在克拉科夫发动了反抗俄国和普鲁士的起义，史称"柯希丘什科起义"。起义初期，波兰军队取得了一些胜利，塔戈维查联盟的许多成员遭到逮捕和处决。但是，随着俄国援军的不断抵达，波兰军队挽救国家的最后一搏终告失败。1795 年，俄国、普鲁士和哈布斯堡君主国占领波兰全境，斯坦尼斯瓦夫二世被迫退位，波兰从欧洲版图上彻底消失，史称"第三次瓜分波兰"。

斯坦尼斯瓦夫二世作为波兰"末代"君主，一生充满争议。他在位的31 年是波兰救国运动蓬勃发展的时期，也是进步与保守、改革与反改革、外国干涉和反干涉激烈斗争的时期。虽然作为"五三宪法"的起草人之一功劳巨大，然而，他对于国内保守派和外国干涉的态度过于软弱、摇摆，使一系列兴利除弊的改革都化作泡影，并最终导致了国家的灭亡。

山河破碎，国家沦亡。波兰人不堪外国统治，他们企求解放，向往自由。在随后的一个多世纪里，波兰人民一直没有放弃重建国家的希望，无数仁人志士为民族解放事业前赴后继，武装斗争风起云涌。

波兰人曾把复兴祖国的希望寄托于拿破仑·波拿巴。为获得拿破仑的支持，由流亡海外的波兰人组成的波兰军团跟随法军南征北战，付出了巨大的牺牲。1807 年，拿破仑进军东欧，在当年波兰的领土上建立了一个面积约为 10.3 万平方公里的小国——华沙公国（Księstwo Warszawskie），由萨克森国王弗里德里克·奥古斯特一世（Fryderyk August I，1807~1815 年在位）兼任华沙公爵。华沙公国虽然是法国的附庸，但在波兰人心目中却是复兴祖国的基地。波兰人相信，只要拿破仑继续取胜，波兰将得以光复。为了实现这个目标，10 万波兰人随拿破仑进军沙俄。然而，拿破仑最终从俄国败退，华沙公国随之覆灭。1815 年，俄国、普鲁士和奥地利三国在维也纳会议上对华沙公国进行了瓜分。俄国在所获领土上建立了波兰王国（Królestwo Polskie），国土面积约为 12.85 万平方公里，人口大约 330 万。沙皇亚历山大一世（Alexander I）在华沙被加冕为波兰国王，波兰王国军队总司令则是沙皇的弟弟康斯坦丁大公（Konstantin Pavlovich）。同年 11 月，亚历山大一世签署了"波兰王国宪法"，波兰王国成为君主立宪制的自治国家。

1825 年，尼古拉一世（Nicholas I）成为新沙皇兼波兰国王，但他拒绝承认"波兰王国宪法"，并在波兰王国境内推行高压独裁统治。尼古拉一世的政策引发了波兰民众的反抗。1830 年 11 月，在华沙爆发了武装起义，史称"十一月起义"。起义得到了波兰各地的响应。1831 年 1 月，波兰王国议会宣布罢黜尼古拉一世的波兰王位，正式向俄国宣战。尽管热情高涨，起义军的力量却不能与俄军抗衡。1831 年 10 月，最后一支波兰军队投降。起义失败后，尼古拉一世颁布了《波兰王国组织法》（Statut Organiczny dla Królestwa Polskiego）。该法取消了波兰王国的自治权，并废除了波兰王国宪法、议会和军队。

更大的压迫往往伴随着更多的反抗。1846 年，波兰贵族在俄国、普鲁士、奥地利共管的克拉科夫发动了武装起义，史称"克拉科夫起义"（Powstanie krakowskie）。同年，奥地利政府怂恿加利西亚农民掀起反对波兰贵族的暴动，以对抗克拉科夫起义，致使近千名贵族和地主毙命，史称"加利西亚屠杀"（Rzeź galicyjska）。在奥地利军队和农民的两面夹击下，克拉科夫起义失败。

1848 年，革命风暴席卷欧洲，史称"人民之春"。以波森（Posen）[①]为中心，波兰人在普鲁士占领区再次展开武装斗争，即"大波兰起义"（Powstanie wielkopolskie）。1848 年后，在奥地利和普鲁士占领区，资本主义萌芽出现，封建制度受到冲击。只有在沙俄殖民统治下的波兰王国没有经受革命洗礼，依然保留着农奴制度。

19 世纪 50 年代至 60 年代，欧洲民族民主革命运动达到高潮。19 世纪 50 年代后期，波兰王国出现了由青年学生组成的革命小组。1861 年秋，波兰形成了两个寻求独立的政治团体，一个是代表农民和工人阶层的主张武装斗争的"红党"（Czerwoni），另一个是代表中小资产阶级和开明地主的主张使用外交手段获得独立的"白党"（Biali）。"红党"于 1862 年 5 月在华沙建立了中央民族委员会（Komitet Centralny Narodowy）。

1863 年 1 月 22 日，中央民族委员会发动起义，史称"一月起义"。

---

① 今日波兰的波兹南。

中央民族委员会宣布自己是波兰临时政府，并颁布了革命宣言：所有波兰儿女，不分信仰和民族、出身和地位，均是自由平等的国家公民。农民耕种的土地，无论是租用或劳役换得，将从此无条件地为其所有，同时地主可从国库中得到补偿。宣言主张废除农奴制，号召波兰和立陶宛人民参加起义，推翻沙皇统治，为建立独立、民主的波兰而斗争。参加起义的少地和无地农民将获得 3 莫尔格（Morga）① 的土地。该宣言被弗里德里希·冯·恩格斯（Friedrich Von Engels）评价为"东欧历史上最激进的革命纲领"。

除波兰王国外，在乌克兰、白俄罗斯、立陶宛和俄罗斯西部等地也纷纷爆发了起义。2 月，沙皇开始派遣增援部队围剿起义军，各处的起义遭到残酷镇压。1864 年，因双方力量相差悬殊，坚持了一年多的起义最终失败。

起义失败后，俄国对波兰军民展开了大规模的报复行动。大批起义者被处决，上万人被流放至西伯利亚。同时，波兰王国被并入俄国，地位降为行省，并更名为"维斯瓦边区"（Kraj Nadwiślański），由沙皇任命的总督管理。俄语成了边区的官方语言，政府、法院和学校皆禁止使用波兰语。俄国政府开始在边区强行推广东正教，打压天主教徒和犹太人。

1864 年，沙俄宣布在"维斯瓦边区"废除农奴制，农奴获得了自由和少量土地，大量小贵族庄园宣告破产，大批人口开始从农村流向城市。俄国和"维斯瓦边区"间关税的取消和铁路运输的发展，刺激了"维斯瓦边区"的商品经济，也刺激了外国资本，主要是普鲁士和法国资本在"维斯瓦边区"的投资。资本主义经济在昔日的波兰王国内快速发展，新的工业城市不断涌现，当地居民的生活和思维方式也开始发生改变。

19 世纪 70 年代末至 80 年代初，波兰地区资本主义的发展，使贵族阶级的地位下降，农民和市民的地位上升，工人运动逐渐兴起。1882 年，波兰历史上第一个社会主义政党——"无产阶级党"（Proletariat）② 诞生。该

---

① 波兰旧面积单位，1 莫尔格约等于 0.56 公顷，不同地区略有差异。

② Proletariat 直译应为"无产阶级"。

党先后领导过多次成功的工人运动，最著名的当属 1883 年 4 月的日拉尔杜夫（Żyrardów）8000 名工人大罢工和 1892 年 5 月的罗兹大罢工。1883 年和 1884 年，沙皇政府逮捕了大批无产阶级党成员，其中包括无产阶级党的缔造者路德维克·瓦伦斯基（Ludwik Waryński）。1889 年 3 月 2 日，瓦伦斯基死于狱中。

伴随工人运动的发展，众多新兴政治团体，如波兰联盟（Liga Polska）、波兰社会党（Polska Partia Socjalistyczna，PPS）、波兰王国和立陶宛社会民主党（Socjaldemokracja Królestwa Polskiego i Litwy，SDKPiL）、波兰农民党（Polskie Stronnictwo Ludowe，PSL）、全犹太工人联合会（简称"崩得"，Bund）等相继成立。

而随着资本主义的发展，资产阶级的力量也在壮大。1897 年，波兰联盟改组为国家民主党（Stronnictwo Demokratyczno-Narodowe，SDN），试图采用法律、外交等和平手段改善波兰现状。由于国家民主党主张与俄国、普鲁士、奥匈帝国等国政府合作，其与波兰社会党等支持武装斗争的无产阶级团体长期处于对立状态。

19 世纪 80 年代至 90 年代，在波兰地区的工业体系中，纺织业规模最大。外国资本则主要集中在煤矿和冶金工业。垄断组织开始出现，并控制了重要的工业部门。由于工业的发展，波兰地区城市规模扩大，人口增加。随着农用机械和化肥的推广，波兰的农作物产量也有了很大提高。

20 世纪初，俄国工业也迎来了迅速发展时期。为避免竞争，沙皇对波兰工业实行歧视政策，引发波兰资产阶级，尤其是中小资产阶级的不满。

1901~1903 年的经济衰退和 1904 年开始的日俄战争，使波兰人民的生活条件急剧恶化。华沙、罗兹等地的工人纷纷举行罢工。从 1905 年 1 月起，波兰社会党、波兰王国和立陶宛社会民主党及"崩得"等三个主要的工人政党开始组织波兰各地工人举行游行示威。5 月 1 日，华沙工人举行了声势浩大的"五一总示威"。俄国政府使用武力镇压游行，波兰多地发生大规模流血事件，全面冲突一触即发。6 月 22 日傍晚，愤怒的罗兹工人开始建筑街垒，袭击俄国巡逻队。6 月 23 日，罗兹工人正式发动了武装起义，史称"罗兹六月起义"。其间，罗兹所有的工厂、商店、学校和公共设施被迫关闭。6月24日，俄军增援到达，工人的主要阵地失守，大多数街垒被摧毁。同时，原本支持起义的国家民主党突然倒戈，使工人实力大为削弱，加速了起义的失败。

1905 年 8 月，沙皇政府为了平息革命，宣布国家杜马召开会议，实行民主。国家民主党对此表示欢迎，并上书沙皇请求赐予波兰"广泛的自治权"。但多数工人政党坚决抵制国家杜马。9 月，俄国同日本签订《朴次茅斯和约》，日俄战争结束，沙皇得以全力应付国内的革命。10 月 25 日，莫斯科铁路工人罢工发展为全俄总罢工，波兰工人也紧随其后举行了大范围罢工。波兰各地的农民也加入了反抗的行列。他们开始拒绝交纳赋税，抵制沙皇当局的命令，销毁沙皇的标记。他们组织民兵，成立农民委员会，宣布恢复使用波兰语。同年冬，波兰无产阶级成功地建立了两个短暂的社会主义政权，即奥斯特罗维茨共和国（Republika Ostrowiecka）和扎格温比奥夫斯共和国（Republika Zagłębiowska）。

11 月 10 日，沙皇宣布"维斯瓦边区"进入战时状态，禁止一切游行和集会，并增派军队，加强对革命的镇压，大批工人遭到逮捕和枪杀。一时恐怖笼罩着波兰。为了减少伤亡，工人不得不停止罢工。12 月 1 日，沙皇政府宣布取消战时状态。

12 月 7 日，全俄总罢工发展成为莫斯科武装起义。不久，起义失败，俄国政府发起反扑。沙皇再次宣布国家进入战时状态，不断派出讨伐队追捕革命者，并向农民加收捐税。直到 1907 年，波兰地区的反抗活动依然时有发生，但随着俄国本土革命的失败，波兰的革命也最终归于失败。

1905~1907 年的革命虽未能成功，但大幅削弱了沙皇在波兰地区的统治。沙皇不得不做出让步，允许在波兰学校使用波兰语，并放宽了对宗教活动的限制。

由于工人的不断加入，波兰的工人政党得到壮大，其中，波兰社会党、波兰王国和立陶宛社会民主党的党员人数从革命前的几千人分别增加到 4万和 3 万人。无产阶级已成为波兰独立斗争的重要力量。

第四节 现代简史

一 第二共和国的成立

1914年，第一次世界大战爆发，波兰地区成为重要战场。为了驱使各自占领区内的波兰人为其作战，俄国、德意志帝国和奥匈帝国在战争爆发后不久分别提出了让波兰享有自由和独立的口号。波兰的各政党也分裂为三大派：波兰社会党革命派、加利西亚波兰社会民主党（Polska Partia Socjalno-Demokratyczna Galicji）、波兰农民党和国家工人联盟（Narodowy Związek Robotniczy，NZR）等结成独立党派联盟委员会（Komisja Skonfederowanych Stronnictw Niepodległościowych，KSSN），奉行亲德、奥匈方针，认为波兰独立的首要目标是击败俄国；以国家民主党为代表的波兰资产阶级政党则组建波兰民族委员会（Komitet Narodowy Polski），支持俄国；波兰社会党左派、波兰王国和立陶宛社会民主党与"崩得"表示反对战争，认为战争将毁灭波兰。

1915年底，德军基本占领了俄国统治的波兰地区。1916年，为了进一步获得波兰人的支持，德意志帝国和奥匈帝国在占领区重新建立了一个波兰王国，又称波兰摄政王国（Królestwo Regencyjne）。尽管摄政王国是傀儡政权，却成为日后波兰复国的基础。

1917年，战争局势突变，一方面美国加入协约国，另一方面俄国十月革命推翻沙皇政权。波兰民族的命运出现转折。

同年11月，第二次全俄工兵代表苏维埃大会通过了列宁起草的《和平法令》，宣布俄国退出战争，倡议与一切交战国缔结不割地不赔款的和约，并提出了反兼并和反压迫的原则。

1918年8月，苏维埃俄国政府通过法令，废除了沙皇俄国政府同德、奥匈等国政府签订的关于瓜分波兰的一切条约和文件，承认了波兰的独立权利。随后，协约国成员也相继承认了波兰的独立权利。

1918年11月，一战结束，同盟国战败，德意志帝国和奥匈帝国土崩瓦解。几乎同时，波兰王国摄政委员会（Rada Regencyjna Królestwa Polskiego）摆脱外国控制，宣布波兰共和国成立。当时建立的波兰共和国在历史上被称为波兰第二共和国，以区别于灭亡的波兰第一共和国（波兰贵族共和国）。摄政委员会任命波兰社会党领导人约瑟夫·毕苏茨基（Józef Piłsudski）为第一任国家元首。在经历了123年的亡国之后，波兰终获重生。第二共和国的国土包括波兰王国、西加利西亚和切欣－西里西亚的部分地区。虽然波兰复国了，但战争给波兰人民带来深重的灾难。一战共造成了上百万波兰人死亡，大片农田成为焦土，无数难民流离失所。

由于《凡尔赛和约》中并未明确东欧各国的边界，波兰与苏俄、德国、捷克斯洛伐克等国均存在严重领土分歧。1919年12月8日，协约国最高委员会（Supreme War Council）确定以苏瓦乌基—比亚韦斯托克地区东部—布格河—布列斯特—涅米罗夫一线，即"寇松线"，为波兰东部的临时边界线。但是，波兰和苏俄均表示不接受这一临时边界线。毕苏茨基认为苏俄已被战争削弱，决定使用武力恢复东部的"历史边界"。经过两年的"拉锯战"，波兰与苏俄于1921年3月签订《里加和约》，确定以季斯纳河—多克希齐—斯卢奇河—科列茨—奥斯特罗赫—兹布鲁奇河一线为波兰与苏俄的边界。据此，西白俄罗斯、西乌克兰和立陶宛的维尔纽斯地区被并入波兰版图，波苏边界较"寇松线"大幅东移。《里加和约》签订后不久，波兰与德国争议的上西里西亚地区举行了公民投票，以决定该地区的归属。最终，国际联盟于1921年10月裁定：拥有上西里西亚30%领土和46%人口的上西里西亚东部地区划归波兰，拥有70%领土和54%人口的上西里西亚西部地区划归德国。此时，波兰共和国的边界已基本稳定，领土总面积为38.7万平方公里。这一状态一直维持到了1939年。

第二共和国建立初期，如何迅速恢复国家的政治经济，则是波兰政府最大的难题。1921年3月17日，波兰立宪议会通过了一部宪法，史称"三月宪法"（Konstytucja marcowa）。"三月宪法"以孟德斯鸠的理论为基础，决定波兰实行三权分立制。这标志着波兰开始实行"议会共和制"，又称"议会民主制"或"多党议会民主制"。"三月宪法"对行政权做出了很多限制。

1922 年 11 月，波兰议会（又称"国民大会"）召开。因总统的权力过小，毕苏茨基拒绝参与总统选举。结果，在 5 名总统候选人中，加布里埃尔·纳鲁托维奇（Gabriel Narutowicz）当选为波兰共和国总统。纳鲁托维奇的当选遭到右派政党的强烈反对，上任仅五天，纳鲁托维奇便遭右派分子行刺身亡。纳鲁托维奇的遇刺给波兰的议会民主制蒙上了一层阴影。

1923 年，波兰政府与右派政党签订了《兰茨克罗纳条约》（Pakt lanckoroński），在国内实行激进的波兰化，排斥少数民族和少数宗教。与此同时，多党议会民主受到日益加剧的党派斗争的干扰，政府频繁更迭，政局混乱。毕苏茨基对此深感失望，便辞去了全部政治职务，宣布"退休"。

1926 年 5 月 12 日，毕苏茨基发动军事政变，重掌了国家权力，建立了独裁政府。毕苏茨基认为在波兰实行民主并不现实，于是试图用总统制取代议会民主制，使国家政治"健全化"（Sanacja，音译为"萨纳齐亚"，该时期的波兰政府也被称为"萨纳齐亚"政府）。作为独裁者，毕苏茨基对军队和政府中的反对派人士展开严酷镇压，大批反对派议员被投入监狱，甚至遭受酷刑。

不过，由于"萨纳齐亚"政府奉行较为开明的土地改革和少数族裔政策，波兰的国内矛盾有所缓解。随着西欧及美国资本大量输入波兰，波兰的经济状况也有所好转。

1929 年，世界性经济危机开始袭击波兰，致使大批工厂倒闭，失业率和通货膨胀率急剧上升，全国工潮迭起。对内，"萨纳齐亚"政府变本加厉地推行高压和恐怖政策；对外，"萨纳齐亚"政府与西欧各国基本保持友好关系，至少是持中立的态度，但与苏联、捷克斯洛伐克、立陶宛等国的关系日趋紧张。1932 年，波兰与苏联签订《波苏互不侵犯条约》。1934 年，波兰又与德国签订《波德互不侵犯条约》。

1935 年 4 月 23 日，波兰议会通过了新宪法，史称"四月宪法"（Konstytucja kwietniowa）。"四月宪法"摒弃了三权分立原则，国家的权力完全从议会转入总统手中。因此，"四月宪法"被称为"一部反民主的极权宪法"。但"四月宪法"通过后不久，毕苏茨基未及出任总统即病逝。毕苏茨基死后，"萨纳齐亚"政府内部发生分裂，波兰政局开始动荡。"萨纳齐亚"政府甚至于 1938 年 9 月参与德国瓜分捷克斯洛伐克的行动，即出兵占领了扎奥尔捷（Zaolzie）[①]。这一举动遭到国际舆论的强烈谴责。

二　第二次世界大战中的波兰

1939 年 3 月，纳粹德国肢解捷克斯洛伐克后，便把波兰作为下一个侵略目标。4 月，由于合并格但斯克自由区[②] 的要求遭到波兰拒绝，希特勒宣布废除《波德互不侵犯条约》。8 月，希特勒与斯大林签订了《苏德互不侵犯条约》，条约包含两国瓜分波兰、罗马尼亚、立陶宛、芬兰等国的秘密内容，即双方商定：在波兰发生领土变动的情况下，纳雷夫河—维斯瓦河—桑河一线将成为苏联和德国利益范围的分界线。

1939 年 9 月 1 日凌晨，纳粹德国从北（东普鲁士）、西（德国本土）、南（斯洛伐克）三个方向对波兰发动了闪电式的进攻，拉开了第二次世界大战的帷幕。尽管波兰预感到了德国的进攻，并迅速组织起防御，但是波军的战略计划却存在巨大失误。由于波兰的主要工业区与经济重镇均分布在波兰西部，尤其是波德边境地区，波兰政府在战前制订了以保卫边界为目标的"西线计划"（Plan Zachód）。遵照"西线计划"，波军主力被部署在"波兰走廊"—波兹南—罗兹一线。如此一来，防守边界的波军便被来自三个方向的德军包围，首尾难顾。9 月 1 日至 8 日，尽管波军奋勇作战，但由于在武器和战斗经验方面存在差距，其主要防线陆续被德军攻破。防守"波兰走廊"的波莫瑞军团（Armia Pomorze）和防守罗兹的罗兹军团（Armia Łódź）相继被击溃，波兹南军团（Armia Poznań）被迫放弃波兹南。德军攻入波兰腹地。9 月 9 日，波兹南军团和波莫瑞军团在华沙以西的布祖拉河（Bzura）河岸重新集结，向德军展开反攻。这就是"布祖拉河战役"，也是波德战争中规模最大的一次战役。战役初期，波军利用奇袭和机动灵活的骑兵取得了优势，但德国空军的密集轰炸和不断到来的陆军

[①] 切欣 – 西里西亚的捷克斯洛伐克部分。

[②] 德国称其为"但泽自由区"。1793 年，普鲁士占领该地后将"格但斯克"改名为"但泽"。1919 年《凡尔赛和约》确定"格但斯克"为自由城市，由国际联盟监督管理。然而，波德两国均没有放弃对该地的主权要求。

增援使波军的努力化为泡影。最终，波军主力损失殆尽，只有很少的部队突围。布祖拉河战役，德军伤亡8000余人，波军则有约1.7万人阵亡，3.2万人负伤。

9月17日，苏联出动约60万红军越过波苏边境，迅速占领了1921年被并入波兰版图的西乌克兰、西白俄罗斯和维尔纽斯地区。波军本已士气低落，又遭苏军突袭，腹背受敌，溃不成军。除斯扎克（Szack）战役外，波军在东线全无胜果，最终有20余万波兰人被苏军俘虏。有人将德国和苏联的此次"联合"行动称为"第四次瓜分波兰"。

波军剩余的部队撤往华沙和莫德林要塞（Twierdza Modlin）等地，以做最后的抵抗。在巷战中，华沙守军借助密集的工事、隐蔽的反坦克炮和轻型坦克的支援多次击退了德军的进攻。但由于被四面包围，华沙的食品、饮用水供应断绝，加上伤亡惨重，波军逐渐不支。

9月28日，华沙陷落。29日，莫德林要塞陷落。10月6日，最后一支波兰部队向德军投降。

德国占领波兰后，对波兰人民实行残酷统治。德国纳粹在波兰先后建立了数千个集中营和灭绝营，大肆屠杀犹太人等少数族裔和反抗人士。从1940年到1945年，仅在奥斯维辛集中营就有来自30多个国家的上百万人被杀害。而在苏联占领区，当局施行"苏维埃化"，对大批波兰精英进行屠杀。1940年3~5月间，有超过两万名波兰人在卡廷森林等地被苏联秘密处决，包括约1.4万名被俘官兵，史称"卡廷惨案"。①

但是，波兰人民没有被征服。他们从祖国被占领的第一天起就开始了抗击德国法西斯、解放祖国的抵抗运动。

1939年7月，为波兰密码局（Biuro Szyfrów）工作的波兰密码学"三杰"马利安·雷耶夫斯基（Marian Rejewski）、亨里克·佐加尔斯基

---

① 起初，"卡廷惨案"是由德国披露的，但苏联一直予以否认，并指责纳粹应为屠杀负责。直到1990年，苏联发表声明，承认"卡廷惨案"是苏联秘密警察所为，真相才终于大白。1992年，俄罗斯总统叶利钦向波兰总统瓦文萨转交了有关机密档案。2010年4月7日，波兰总理图斯克与俄罗斯总理普京共同出席了"卡廷惨案"70周年纪念活动。2015年9月17日，卡廷纪念馆在华沙开放，以纪念殉难于"卡廷惨案"中的波兰人。卡廷纪念馆与华沙起义纪念馆比邻而居，是第二座为纪念波兰历史上的重大事件而建的国家级纪念馆。

（Henryk Zygalski）和耶日·鲁日茨基（Jerzy Różycki）成功破解了德国"恩尼格玛"（Enigma）的密码，并与盟国分享了这一成果。

1939 年 9 月 30 日，波兰流亡政府在巴黎成立，瓦迪斯瓦夫·拉奇凯维奇（Władysław Raczkiewicz）出任总统，并任命瓦迪斯瓦夫·西科尔斯基（Władysław Sikorski）将军为总理兼波兰军队总监，号召波兰儿女继续与侵略者战斗。波兰军队除部分撤往西方盟国外，大多转入地下，继续与侵略者战斗。1940 年，波兰流亡政府开始重建波兰军队（地下武装组织）。

与此同时，波兰各党派也纷纷组建游击队或其他武装组织坚持抵抗。其中最大的抵抗力量有：支持流亡政府的"地下波兰"[①]（Polskie Państwo Podziemne）领导的波兰家乡军（Armia Krajowa，AK，又称"救国军"或"祖国军"）、波兰工人党（Polska Partia Robotnicza，PPR）领导的人民军（Armia Ludowa，AL，又称"人民近卫军"或"人民自卫军"）和沙涅茨团（Grupa Szańca）领导的蜥蜴联盟（Związek Jaszczurczy）等。

1943 年 4 月，德国纳粹清除华沙剩余的犹太人计划引发了"华沙犹太区起义"。犹太人表示拒绝前往集中营，誓与华沙共存亡。奋战 28 天后，起义失败。起义军约有 1.3 万人牺牲，剩余的 5 万多犹太居民被全部押解至集中营。"华沙犹太区起义"是二战中犹太人发起的规模最大的反抗运动。

1943 年 5 月，"波兰爱国者联盟"（Związek Patriotów Polskich）[②] 在苏联组建了以民族英雄塔德乌什·柯希丘什科命名的波兰第一步兵师，后来又相继建立了第二步兵师、第三步兵师……与苏联红军协同作战。

1943 年 11 月，波兰家乡军情报部门收集到了德国 V-2 火箭的部分零件和残片，经由华沙秘密实验室测试后，于 1944 年 7 月偷运到英国，为盟军的防空部队等抗击德国提供了重要信息。

1943 年 12 月 31 日，由波兰工人党、波兰社会党左派、波兰农民党、劳动党、农民党（Stronnictwo Ludowe，SL）和民主党（Stronnictwo Demokratyczne，SD）等组成的全国人民代表会议（Krajowa Rada Narodowa）在华沙秘密成立。

---

① 由波兰社会党、波兰农民党、劳动党（Stronnictwo Pracy，SP）等组建。
② 由流亡苏联的波兰人组成。

第五节　当代简史

一　人民共和国的诞生和社会主义时期的波兰

1944 年 7 月，在苏联组建的波兰军队配合苏联红军攻入波兰境内。7 月 22 日，全国人民代表会议在海乌姆（Chełm）成立了波兰民族解放委员会（Polski Komitet Wyzwolenia Narodowego，PKWN），并发表《波兰民族解放委员会宣言》（亦称"七月宣言"），宣告波兰流亡政府为非法政府，同时废除了"四月宪法"，确定"三月宪法"为波兰唯一有效的宪法。

1944 年 8 月 1 日，以"地下波兰"领导的波兰家乡军为主导力量，华沙军民发动起义，试图夺回华沙。"华沙起义"共持续了 63 天，战斗异常惨烈，共有 1.6 万名波兰官兵和近 20 万平民阵亡。由于孤立无援，"华沙起义"最终被德军的反攻扑灭。德军遂对华沙进行了全面清洗，居民被尽数驱离，城市几乎被夷为平地。但很快苏联军队和波兰军队便发动强大攻势，收复华沙。

从 1944 年 9 月起，波兰实行土地改革，没收了德国政府、德国公民和叛国者的土地和财产，以及面积在 50 公顷以上的波兰地主的耕地。

1944 年 12 月 31 日，波兰共和国临时政府成立（"人民波兰"诞生）。波兰共和国临时政府在成立后不久，便得到苏联政府的承认。1945 年 3 月，波苏军队终于赶走法西斯德国入侵者，全部收复波兰领土。

在 1945 年 2 月的雅尔塔会议上，苏、美、英三国首脑确定了波兰东部的边界："三国政府首脑认可，波兰的东部疆界应依照'寇松线'，而在若干地区应做出对波兰有利的 5 公里到 8 公里的逸出。"8 月 2 日，苏、美、英三国首脑在波茨坦会议上商定："在波兰西部边界最后划定前，以前德国之东部领土，即自史温曼德 [①] 以西之波罗的海沿奥得河至尼斯河西段汇流处，再由尼斯河西段至捷克斯洛伐克边境，包括经本会议决定不归苏联管辖之一部分东普鲁士和以前之但泽自由区域均由波兰政府管辖。"8 月 16 日，

---

① "史温曼德"现为波兰的希维诺乌伊希切（Świnoujście）。

波兰共和国临时政府与苏联缔结"波苏边界条约"，该条约确定"寇松线"为波兰东部边界的基准，"1939年边界"内的西白俄罗斯和西乌克兰等大约18万平方公里的土地被划归苏联。也就是说，苏、美、英三国确定以奥得河—尼斯河一线为波兰西部边界，使丧失东部土地的波兰得到了西部约10万平方公里土地的补偿。但与二战前相比，波兰领土总面积依然减少了近8万平方公里。

1945年5月8日，作为第二次世界大战重要组成部分的欧洲反法西斯战争胜利结束。在这次战争中，波兰人民做出了巨大的牺牲。据统计，600多万波兰军民为反法西斯战争的胜利献出了生命。如按人口比例计算，波兰是所有参战国中死伤最惨重的国家。

波兰共和国临时政府着手恢复千疮百孔的经济、文化和社会生活。1946年1月，波兰对国民经济主要部门实行国有化，将职工为50人以上的私人企业收归国有。

1946年6月，波兰举行公投，决定取消参议院，成立一院制议会。1947年1月，波兰举行了二战后的首次议会选举。

1948年，执政的波兰工人党内部"国内派"和"莫斯科派"围绕战后波兰发展模式的争斗公开化。在苏联的操纵下，"莫斯科派"占了上风，坚持"走波兰道路独立建设社会主义"的哥穆尔卡（Władysław Gomułka）被戴上"右倾民族主义"的帽子而锒铛入狱。

从1948年起，波兰开始全面"接受"苏联模式，其多党政治发生变化。波兰工人党和波兰社会党于1948年12月合并成为波兰统一工人党（Polska Zjednoczona Partia Robotnicza，PZPR）。随后，波兰其他政党均遭到改组或解散。至1949年，波兰只剩下统一工人党、统一农民党和民主党三个合法政党。波兰统一工人党已控制了政权，形成了形式上波兰统一工人党领导下的三党联合执政而实际上"一党集权"的局面（两个"参政"的"民主党派"，即统一农民党和民主党被称为波兰统一工人党的"同盟党"或"卫星党"）。

1952年7月，波兰议会通过《波兰人民共和国宪法》。该宪法以法律的形式确定波兰为人民共和国。经过 1950~1955 年发展经济和建设社会主义经济基础的六年计划时期,到 1955 年,工业总产值比 1949 年增长了 1.7 倍,波兰的工业化达到了一定的水平,从一个农业－工业国变为工业－农业国。但是,波兰在"国民收入"① 和职工的实际工资方面还没有完成预期的计划。在外交方面,同苏联和其他社会主义国家结成友好联盟是波兰人民共和国外交政策的基础。1955 年,波兰和阿尔巴尼亚、保加利亚、捷克斯洛伐克、德意志民主共和国、匈牙利、罗马尼亚、苏联等 7 个欧洲社会主义国家在华沙缔结了《友好合作互助条约》(又称"华沙条约"),结成政治军事同盟——华沙条约组织(简称"华约组织"或"华约"),与北约对抗。波兰于是成为"冷战"中苏联的势力范围和"东方集团"成员。

到 20 世纪 50 年代中期,苏联模式带来的个人崇拜、缺乏民主和盲目工业化等弊病在波兰逐渐体现出来。1956 年 2 月,尼基塔·赫鲁晓夫(Nikita Khrushchev)在苏联共产党第二十次代表大会(简称"苏共二十大")上揭露了斯大林的严重错误,震动了波兰社会。波兰全国展开了一场针对斯大林模式的涉及政治、经济、文化及思想领域的大辩论。同年 3 月,贝鲁特(Bolesław Bierut)在莫斯科病逝,爱德华·奥哈布(Edward Ochab)出任波兰统一工人党中央第一书记。针对民众不断发出的减税、提高工资和改善生活等诉求,由于新领导层无法达成统一意见,波兰政府始终没有明确的应对办法,以致发生社会危机。6 月,波兹南爆发了震惊全国的大罢工,超过 10 万人走上街头,要求政府降低物价和提高工资待遇。波兰当局出动逾万军警镇压罢工,最终演变成流血事件,造成 50 多人死亡,数百人受伤,史称"波兹南事件"。10 月,奥哈布辞去第一书记职务,哥穆尔卡继任。

哥穆尔卡上台后主张改变社会主义建设的模式,并实行改革。他提出,政治上实行社会主义民主化,经济上下放中央权力,扩大地方自主权和企业自主权。但因遭到国内外保守势力的攻击,特别是来自苏联的"警告",哥穆尔卡的改革被迫停滞。

---

① 当时的统计方法。

进入 20 世纪 60 年代，哥穆尔卡大权独揽，将党和政府合二为一，实行专制。1968 年 3 月初，波兰政府认定大诗人亚当·密茨凯维奇（Adam Mickiewicz）的《先人祭》（Dziady）为"反俄诗剧"，下令禁演，引发了一部分知识分子和大学生的抗议活动，导致了"三月事件"。

1968 年 8 月 20 日，波兰作为华约成员国追随苏联入侵捷克斯洛伐克，以制止亚历山大·杜布切克（Alexander Dubček）的"布拉格之春"政治改革。这次军事行动恶化了波捷关系，也激起了波兰群众的普遍不满。

有经济学家把 1959~1970 年称为波兰社会主义工业化的第二个阶段，包括第一个五年计划的最后两年（1959~1960 年）、第二个五年计划（1961~1965 年）和第三个五年计划（1966~1970 年）。第二个阶段的社会主义工业化使波兰的社会结构发生了深刻的变化，工人阶级成为全国人数最多的阶级，知识分子的队伍也迅速扩大。

长期以来，波兰政府为了保持物价稳定，不得不对农畜产品的销售进行大量补贴，导致财政负担很重。1969 年和 1970 年的农业歉收，造成波兰国内食品短缺。1970 年 12 月 12 日，为平衡赤字，波兰政府突然决定提高 46 种食品和日用工业品的价格，其中肉类价格提高 17.6%，面粉提高 16%，牛奶提高 8%。12 月 14 日，波兰沿海城市工人举行罢工抗议上调物价。政府派出军队平息罢工，造成 40 多人死亡，1000 多人受伤，史称"十二月事件"。为了安抚群众情绪，政府最终不得不撤销提价决定，哥穆尔卡也因此下台。

1970 年 12 月 20 日，波兰统一工人党举行第五届七中全会，选举爱德华·盖莱克（Edward Gierek）为中央第一书记，开始了为期 10 年的"盖莱克时期"。在 1971~1975 年间，波兰政府采取了一系列经济改革措施，人民的生活水平有了显著提高，开始接近西欧发达国家，被誉为"奇迹"。

20 世纪 70 年代中期，受世界性经济萧条和石油价格上涨等因素的影响，波兰的国际收支状况日益恶化，外债达到 170 亿美元。同时，波兰国内通货膨胀严重，食品的供应，特别是肉类的供应又趋紧张。1976 年 6 月，波兰政府再度大幅提高物价，立即引发多地群众抗议游行，史称"六月事件"。政府再次镇压游行，逮捕了大批参与者。

1978年，前克拉科夫主教当选教皇，即约翰·保罗二世。1979年6月，教皇出访波兰，受到波兰举国的隆重欢迎，教皇呼吁波兰天主教徒热爱祖国，也希望政府能够尊重波兰人民的信仰及其他权利。

1980年7月，波兰政府决定用议价的办法提高食品价格，再次引起工人的抗议活动。与以往不同的是，这次罢工工人决定同政府进行谈判。同月，波兰统一工人党提出名为"革新、协商与斗争"的新路线。1980年9月5日，波兰统一工人党举行了第八届六中全会，解除了盖莱克第一书记和政治局委员的职务，斯坦尼斯瓦夫·卡尼亚（Stanisław Kania）继任。

1980年9月，格但斯克列宁造船厂罢工工人与波兰政府达成"格但斯克协议"，同时成立团结工会，罢工领袖、格但斯克列宁造船厂电工莱赫·瓦文萨（Lech Wałęsa）被选为团结工会全国委员会主席。团结工会的领导层主要由缺乏政治经验的青年工人组成。"格但斯克协议"并未真正解除政府同工人的矛盾。随着二者的裂痕越来越深，波兰进入了异乎寻常的艰难时期。

1981年10月，由于卡尼亚对国内局势恶化的遏制不力，被迫辞去第一书记职务，沃依切赫·雅鲁泽尔斯基（Wojciech Jaruzelski）上台。

12月13日，雅鲁泽尔斯基宣布波兰全国进入战时状态。随后，雅鲁泽尔斯基下令拘捕了盖莱克等"对70年代国家危机负有责任"的数十名党内人士。12月，政府宣布取缔团结工会，逮捕了团结工会的大部分领导人和约5000名骨干分子。随着军队开始进驻工厂、矿山、企业，全国局势逐渐走向"稳定"。

从1982年11月1日起，波兰开始实行全面的经济改革，对食品和日用品实行严格的配给制。1983年7月22日，波兰政府取消战时状态。尽管战时状态看似解决了一时的危机，但改革并未改善波兰的经济，人民生活水平反而大幅下降。

1988年，波兰政治和经济形势继续恶化。为稳定局势和挽救濒临崩溃的经济，雅鲁泽尔斯基于6月提出举行由各政党、群众组织和教会代表参加的"圆桌会议"，共商对策。12月20日，波兰统一工人党召开第十届十中全会，会议就承认团结工会合法地位和实行政治多元化等问题展开了激烈的辩论。

二　剧变后的波兰

1989年2月6日至4月5日，"圆桌会议"顺利召开并达成协议，同意团结工会重新注册登记。同时，波兰议会通过了团结工会合法化、改行总统制和实行议会民主制等决议。

同年6月，波兰举行了剧变后的第一届议会选举。此次并未实行自由选举，而是实行众议院议席按比例分配和参议院议席自由竞选的原则，故被称为"半自由选举"。选举结果出人预料。波兰统一工人党只获得按比例分配给"执政联盟"各党派的总共299个众议院议席中的173席；而团结工会则拿下按比例分配给它的所有161个众议院议席以及自由竞选的100个参议院议席中的99席。这样，团结工会与波兰统一工人党在议会中势均力敌。7月19日，雅鲁泽尔斯基以一票优势当选为波兰人民共和国总统。8月24日，波兰议会选举团结工会顾问、《团结》周刊主编塔德乌什·马佐维耶茨基（Tadeusz Mazowiecki）为总理。9月12日，以马佐维耶茨基为首的联合政府成立，亦称第一届团结工会政府。12月29日，波兰议会通过宪法修正案，将"波兰人民共和国"改名为"波兰共和国"（亦被称为"波兰第三共和国"）。

1990年1月27日，波兰统一工人党召开第十一次代表大会，宣布停止活动。1990年底，波兰提前举行总统选举，团结工会领导人瓦文萨当选为波兰总统。

在实行政治转型的同时，波兰实行经济转型，变中央计划经济为社会市场经济，即建立类似发达国家现行的市场经济体制。

1991年10月，波兰举行第二届议会选举。此次议会选举采用完全的"自由选举"，扬·奥尔谢夫斯基（Jan Olszewski）任总理并组建少数派政府。

1992年8月1日，波兰众议院通过《关于波兰共和国立法当局和执法当局之间相互关系以及地方自治问题的宪法法令》，亦称"1992年小宪法"，该宪法法令成为波兰国家最高权力机关和执行机关活动的准则。

自 1992 年起，波兰经济开始回升，之后连续几年增势不减，是中东欧地区经济增速最快的国家之一。1995 年，波兰经济恢复到 1989 年之前的水平，成为转轨中的东欧国家里最早恢复经济的国家。

1993 年 9 月 19 日，波兰举行第三届议会选举，民主左派联盟（Sojusz Lewicy Demokratycznej，SLD）获胜，并与波兰农民党组成联合政府。1995 年 11 月，波兰共和国社会民主党主席亚历山大·克瓦希涅夫斯基（Aleksander Kwaśniewski）战胜瓦文萨，当选波兰总统。

1997 年 4 月 2 日，波兰议会通过了《波兰共和国宪法》，即现行宪法，并于 5 月 25 日经全民公决通过，于 10 月正式生效。新宪法禁止纲领中带有纳粹主义、法西斯主义、共产主义和极权内容的政党和组织在波兰开展活动。

1997 年 9 月 21 日，波兰议会举行第四届选举。以团结工会为核心的团结选举运动（Akcja Wyborcza Solidarność，AWS）获胜。11 月 10 日，团结选举运动与自由联盟（Unia Wolności，UW）组成新一届联合政府。新政府主张对内加速私有化，维护社会和谐；对外进一步推动波兰加入北约和欧盟的进程。

1998 年 7 月，波兰进行新一轮的地方自治机构改革。10 月，举行了三级地方自治机构选举，新的各级地方政府于 1999 年 1 月 1 日正式履职。

1999 年，波兰加入北约。

2000 年 10 月 8 日，克瓦希涅夫斯基在总统选举中获胜，得以连任。

2001 年 9 月 23 日，波兰举行第五届议会选举。民主左派联盟 – 劳动联盟（Sojusz Lewicy Demokratycznej - Unia Pracy，SLD-UP）获胜。10 月 19 日，以民主左派联盟党主席莱谢克·米莱尔（Leszek Miller）为总理的新一届波兰政府宣布成立。米莱尔政府积极推动波兰加入欧盟。2004 年 5 月，波兰终于正式成为欧盟成员国。同月，由于深陷腐败丑闻，民主左派联盟党的支持率一落千丈，米莱尔被迫辞去总理职务，由财政部长马雷克·贝尔卡（Marek Belka）继任。

2005 年 9 月 25 日，波兰进行第六届议会选举。法律与公正党（Prawo i Sprawiedliwość，PiS）取胜。10 月 23 日，卡齐米日·马尔钦凯维奇

（Kazimierz Marcinkiewicz）被选为新总理。本届政府对波兰参与欧盟持保守态度，远不像前政府一般积极。

2005年10月，法律与公正党候选人莱赫·卡钦斯基（Lech Kaczyński）击败公民纲领党（Platforma Obywatelska，PO）候选人唐纳德·图斯克（Donald Tusk），当选波兰总统。

2006年7月，马尔钦凯维奇辞去总理职务，现任总统的双胞胎兄弟、法律与公正党领袖雅罗斯瓦夫·卡钦斯基（Jarosław Kaczyński）继任。卡钦斯基兄弟执政时期，波兰开展了大规模的反腐败运动，即"清洁"（Lustracja）运动。该运动在有效打击腐败的同时，也因给予警察等政府部门过大的权限和侵犯公民隐私而遭到质疑和批评。

2007年9月，由于联合政府内部出现腐败丑闻，波兰众议院自行解散。在随后的众议院选举中，公民纲领党以41.5%的得票率获胜，图斯克当选新总理。图斯克政府密切了与美国及北约的联系，双方加强合作，包括在波兰部署爱国者导弹防御系统等。

2010年4月10日，波兰总统莱赫·卡钦斯基不幸死于空难。在6月的总统选举中，公民纲领党候选人布罗尼斯瓦夫·科莫罗夫斯基（Bronisław Komorowski）击败雅罗斯瓦夫·卡钦斯基当选总统。

2011年10月，公民纲领党在议会选举中再次获胜。图斯克成功获得连任，成为剧变后首位连任总理。

2014年9月，图斯克辞去总理职务，出任欧洲理事会主席。众议院议长埃娃·科帕奇（Ewa Kopacz）继任波兰总理。

2015年5月24日，法律与公正党候选人安杰伊·杜达（Andrzej Duda）在总统大选第二轮投票中战胜现任总统科莫罗夫斯基，当选为新总统。

2015年10月25日，波兰举行第九届议会选举。根据波兰国家选举委员会公布的选举计票结果，本届议会选举共有5个党派进入议会，法律与公正党成为波兰议会中的第一大党，并获得单独组阁权。11月14日，法律与公正党二号人物贝阿塔·希德沃（Beata Szydło）正式出任波兰总理。

第六节　重要历史人物

梅什科一世

梅什科一世（Mieszko I，约 940~992 年），波兰大公，波兰国家的创建者。

梅什科一世生于公元约 940 年，波兰部落首领谢莫梅斯乌（Siemomysł）之子。公元约 963 年，梅什科一世继承父位，正式建立了封建国家波兰，定都格涅兹诺。其后，梅什科一世宣布臣服于神圣罗马帝国。

约 964 年，梅什科一世迎娶波希米亚大公波列斯拉夫一世之女多布拉瓦公主，与波希米亚建立同盟关系。966 年，梅什科一世接受基督教洗礼，带领波兰皈依基督教。这一行动削弱了波兰的传统宗教势力，加强了中央权力，也令德意志大公无法以传教为借口侵犯波兰。从此，波兰进入了基督教文化圈。从西欧来到波兰的教士带来了先进文化，加速了波兰的教育发展。不过，基督教的推广并非一蹴而就，这一过程在波兰持续了数个世纪，许多旧斯拉夫信仰甚至一直保留到 16 世纪。

967 年，梅什科一世率军与沃林作战，占领了西波莫瑞。随后又向东扩张领土，至布格河。

977 年，多布拉瓦去世。约 980 年，梅什科一世与北部边疆（Northern March）伯爵哈尔登斯莱本的迪特里希（Dietrich of Haldensleben）之女奥达（Oda）结婚。

之后，梅什科一世与瑞典结盟，击败丹麦，将丹麦的势力驱逐出波莫瑞地区。985~990 年，梅什科一世与波希米亚交战，占领了西里西亚，在弗罗茨瓦夫、奥波莱和格沃古夫等地修建要塞。

991~992 年，梅什科一世以自己与妻子的名义发布了文件《梅什科大公》（Dagome iudex），宣布波兰处于教皇的保护之下，并第一次以书面形式描述了波兰国家的边界。这时波兰的领土面积较梅什科一世刚继位时扩大了近一倍。

992 年 5 月 25 日，梅什科一世去世，传说葬于波兹南的圣伯多禄和圣保禄圣殿总主教座堂（Bazylika archikatedralna Świętych Apostołów Piotra i Pawła）。

齐格蒙特一世

齐格蒙特一世（Zygmunt I Stary，1467~1548 年），波兰国王兼立陶宛大公。

1467 年 1 月 1 日，齐格蒙特一世出生于科杰尼采（Kozienice），是卡齐米日四世的第五子。

1504 年，齐格蒙特一世成为卢萨蒂亚（Lusatia）和西里西亚的统治者，并在领地内推行司法与行政改革。1506 年 8 月，齐格蒙特一世的兄长，波兰国王兼立陶宛大公亚历山大一世去世。9 月，齐格蒙特一世被选为立陶宛大公。12 月，齐格蒙特一世被加冕为波兰国王。

尽管并不情愿，齐格蒙特一世却仍旧接受了拉多姆议会确立的贵族民主制，并在王室与议会中找到了权力平衡点。齐格蒙特一世承认了波兰贵族的权利，并支持议会的立法工作。在经济上，齐格蒙特一世削减王室债务，将王室资产与公共税收分离。他加强克拉科夫的铸币职能，将盐矿开采和食盐销售纳入政府管理。他鼓励农业生产和城市贸易，使波兰经济呈现一派繁荣景象。同时王室的财富和土地也不断增加。

1507 年，齐格蒙特一世开始与莫斯科公国大公瓦西里三世（Vasili Ⅲ）交战，至 1514 年夺取了斯摩棱斯克（Smolensk）。1515 年和 1524 年，波兰分别与神圣罗马帝国和法国建立同盟。1525 年，条顿骑士团团长、普鲁士公爵阿尔布雷希特（Albrecht）向齐格蒙特一世称臣。

1537 年，利沃夫（Lwów）的贵族发动叛乱，反对齐格蒙特一世的改革和王室的扩张。但此时齐格蒙特一世的统治相当稳固，受到大多数波兰贵族的拥护。由于参与叛乱的势力过小，不足以发动内战，他们选择妥协，最终叛乱没有取得任何实质成果。这次叛乱被称为"母鸡战争"（Wojna kokosza）。[①]

齐格蒙特一世非常喜爱艺术，大力支持波兰的文艺复兴运动，成就了

---

① 因为支持国王的贵族声称，这次战争的唯一损失是被叛乱者吃掉的利沃夫的母鸡，故得名。

波兰的黄金时代。

1548 年，齐格蒙特一世在克拉科夫去世。

哥白尼

尼古拉·哥白尼（Nicolaus Copernicus，1473~1543 年），天文学家，日心说的创立者，近代天文学的奠基人。

1473 年 2 月 19 日，哥白尼出生于托伦的一个普通商人家庭。他 10 岁丧父，由舅父——瓦米亚（Warmia）主教卢卡斯·瓦琴洛德（Łukasz Watzenrode）抚养成人。1491 年，哥白尼到克拉科夫大学学习天文和数学，受到人文主义者艾伯特·布鲁楚斯基（Albert Brudzewski）的教导，立志献身天文学研究。4 年后他回到故乡，却被舅父派往意大利学习教会法。1497~1501 年，哥白尼在博洛尼亚大学读书期间，并未致力于学习教会法规，而是投入精力研究其他学科，尤其是数学和天文学。在那里，哥白尼遇到了文艺复兴运动的领导人之一、天文学家多米尼克·马利亚·诺法腊（Domenico Maria Novara），并有幸成为他的助手。1497 年 3 月 9 日，哥白尼写下了他的第一个天文观测记录——月球遮掩金牛座 α（毕宿五）的时刻。

1501 年，哥白尼来到帕多瓦大学学习医学。1503 年，他在费拉拉大学获得教会法博士学位。1506 年，哥白尼回到波兰，整理在意大利搜集的天文资料，写成《试论天体运行的假说》。这实际上是《天体运行论》的提纲。1512 年舅父去世后，哥白尼移居弗隆堡（Frombork）。弗隆堡是波兰边境的一个小渔港，他买下了西北角的一座箭楼，在楼上建起一座小天文台，每天坚持天文观测。1532 年，他投入毕生精力的不朽巨著——《天体运行论》完成。

哥白尼的主要贡献是创立了科学的日心说。在《天体运行论》中，哥白尼确立了一个新的宇宙体系，即太阳居于宇宙的中心且静止不动，而包括地球在内的行星都绕太阳转动的日心体系。离太阳最近的是水星，其次是金星、地球、火星、木星和土星。他系统而明晰地批判了地球中心说，并从物理学的角度对日心说可能遭到的责难给出了答复。

　　哥白尼用了几十年的时间去测算、核校、修订他的学说。其间，他曾写过一篇《要释》，简要地介绍了他的学说。这篇短文曾在他的友人中手抄流传。但是，哥白尼迟迟不愿将他的主要著作——《天体运行论》公开出版。这是因为他深知，他的书一经刊布，便会引起各方面的攻击。批判可能来自两种人：一种人是顽固的哲学家，他们坚持亚里士多德、托勒密的说法，把地球当作宇宙的固定中心；另一种人是教士，他们会说日心说是离经叛道的异端邪说，因为《圣经》上明白指出地是静止不动的。当哥白尼终于听从朋友们的劝告，将他的手稿送去出版时，他想出一个办法，大胆地在书的序中写明他的著作是献给教皇保罗三世（Pope Paul Ⅲ）的。他认为，在这位比较开明的教皇的庇护下，《天体运行论》也许可以问世。

　　《天体运行论》于 1543 年 5 月出版发行。这是一部划时代的著作。它的发表，开启了人类宇宙观的新纪元，并被恩格斯称为自然科学从宗教神学中解放出来的"独立宣言"。出版后的 70 年间，这部著作虽然遭到马丁·路德的斥责，但并未引起罗马教廷的注意。后来只有当布鲁诺和伽利略公开宣传日心说危及教会的思想统治时，罗马教廷才开始对这些科学家加以迫害，并于 1616 年将《天体运行论》列为禁书。然而，经过开普勒、伽利略、牛顿等后继者的工作，哥白尼的学说不断获得发展。而恒星光行差、视差的发现，终于使地球绕太阳转动的学说得到了令人信服的证明。

　　《天体运行论》出版后不久，哥白尼罹患中风去世。弗隆堡西北角的箭楼，后来成为举世闻名的天文台。在天文学史上，这个箭楼也被称为"哥白尼塔"。作为天文学圣地，每年都有成千上万的科学工作者前来瞻仰，缅怀这位科学家为人类所做出的巨大贡献。

肖邦

　　弗里德里克·肖邦（Fryderyk Chopin，1810~1849 年），作曲家，钢琴演奏家。

　　1810 年 3 月 1 日，在波兰热拉佐瓦－沃拉（Żelazowa Wola）的一个农庄里，一个男孩呱呱坠地。这个男孩的母亲为波兰贵族，父亲是法国人。这个男孩就是肖邦。他出生后不久，一家迁往华沙。

肖邦6岁开始学习钢琴，7岁时便发表了第一首作品《G小调波兰舞曲》，8岁开始公开进行钢琴演奏，不满13岁就已经成为华沙知名的钢琴家和作曲家。

肖邦自幼体弱，一直在家里自学。13岁时，他进入华沙音乐学院读书。毕业时，平素不爱夸奖人的音乐教师破例称肖邦为音乐天才。在学习期间，肖邦时常利用假期到波兰多地旅行，体验农村生活，倾听民间曲调。同时，通过与文化界访客的交流，知识面也得到拓宽。

1829年，19岁的肖邦在维也纳公演，大获成功，被人称为"第二个莫扎特"。1830年，波兰政治局势动荡，肖邦外出旅行。在维也纳，他听到了华沙爆发"十一月起义"的消息。"十一月起义"是波兰人民为抗击俄国统治而举行的暴动。1831年9月，肖邦到达法国巴黎，得知起义失败，从此在巴黎定居，再没有回到祖国。

在巴黎，年轻的肖邦很快成为受欢迎的音乐教师。他的演奏获得了包括埃克托·柏辽兹、弗朗茨·李斯特和费利克斯·门德尔松在内的许多音乐家的好评。在巴黎丰富的音乐活动中，肖邦见识了意大利和法国歌剧等多种音乐体裁，熟悉了意大利和法国具有高度技巧的音乐艺术，汲取了那个时代钢琴艺术的精华。

1838年，肖邦同法国女作家乔治·桑（George Sand）同居，这段恋情充满了传奇色彩，被波兰人传为佳话。在乔治·桑的文艺沙龙，肖邦结交了更多的文艺界著名人士。1839年至1843年，是肖邦创作生涯的高峰期，大量作品问世。但随着肺病的恶化，肖邦变得敏感而易怒。1847年，肖邦同乔治·桑的关系破裂，二人分手的原因至今成谜。

1848年春，肖邦访问英国，并受到欢迎。但此时他的身体状况极差，他在书信中写道，"已经没有任何感觉，只是拖着生活，耐心等待自己的终场"。同年11月，肖邦拖着病重的身体回到巴黎。

1849年10月17日，肖邦在巴黎家中病逝，年仅39岁。3000多人参加了他的葬礼，伦敦的艺术家来了，柏林的艺术家来了，维也纳的艺术家也来了。人们演奏莫扎特的《安魂曲》和肖邦自己创作的《葬礼进行曲》，为这位音乐天才送行。根据肖邦的遗愿，他的心脏被送回华沙，安葬在圣十字教堂里，墓碑上刻着铭文"因为你的财宝在那里，你的心也在那里"（GDZIE SKARB TWÓJ，TAM I SERCE TWOJE）。

肖邦一生，创作颇丰。其作品主要是钢琴曲，其中大部分是独奏曲，亦有2首协奏曲和3首奏鸣曲，包括玛祖卡舞曲69首，圆舞曲36首，练习曲27首，前奏曲24首，波兰舞曲23首，夜曲21首，叙事曲4首和即兴曲3首等。

显克微支

亨里克·显克微支（Henryk Sienkiewicz，1846~1916年），文学家，记者，慈善家。

1846年5月5日，显克微支出生于波兰东部小镇一个落魄贵族家庭。

他曾于华沙帝国大学学习语言学和历史。他的早期作品表现出明确的实证主义倾向，如小说《徒劳无益》（Na marne），《沃尔希瓦皮包里的幽默作品》（Humoreski z teki Woroszyłły），"小三部曲"〔《老仆》（Stary Sługa）、《汉尼雅》（Hania）、《塞利姆·米扎》（Selim Mirza）〕等。

1876年，显克微支作为《波兰报》记者赴美采访，向国内发回了大量见闻、随笔和通讯，受到波兰读者的欢迎。他回国后创作的《灯塔看守人》（Latarnik）被誉为波兰最出色的短篇小说。自1883年5月开始，显克微支用了5年多的时间连续发表了3部反映波兰抗击异族入侵的长篇历史小说《火与剑》（Ogniem i mieczem）、《洪流》（Potop）和《伏沃迪约夫斯基先生》（Pan Wołodyjowski，又译《边塞喋血记》）。

此后，显克微支发表了两部反映现实生活的长篇小说《毫无准则》（Bez dogmatu）和《波瓦涅茨基一家》（Rodzina Połanieckich）。1896年，显克微支出版了反映古罗马暴君尼禄覆灭的长篇历史小说《你往何处去》（Quo vadis）。他的最后一部历史小说为《十字军骑士》（Krzyzacy），该书描写了著名的波兰–立陶宛联军击败条顿骑士团入侵的"格伦瓦德战役"，塑造了一系列波兰勇士的形象。这些历史小说不仅在波兰家喻户

晓、世代流传，而且成为世界文学宝库中的明珠，在世界各地拥有众多的读者。

1905 年，瑞典文学院授予显克微支诺贝尔文学奖，以表彰他在历史小说创作等方面的突出成就。他是波兰第一个获得诺贝尔文学奖的作家。

玛丽·居里

玛丽·斯克沃多夫斯卡·居里（Marie Skladowska Curie，1867~1934年），通常被称为玛丽·居里或居里夫人，物理学家，化学家。

她于 1867 年 11 月 7 日出生于华沙，原名玛丽亚·萨洛梅阿·斯克沃多夫斯卡（Maria Salomea Skłodowska）。1891 年她进入巴黎大学理学院学习。1895 年，她与皮埃尔·居里（Piere Curie, 1859~1906 年）结婚，改名为玛丽·居里，留在法国任女子中学教师。

1896 年，居里夫妇开始物理实验工作。1898 年 7 月，居里夫妇完成《论沥青铀矿中一种放射性新物质》，声明发现新的放射性元素，居里夫人建议以她的祖国波兰的名字将其命名为"钋"（polonium）。1902 年，居里夫妇成功提炼出氯化镭，并测得镭的原子量为 226。1903 年，居里夫妇共同荣获诺贝尔物理学奖。

1906 年 4 月 19 日，皮埃尔·居里不幸死于车祸。此后不久，居里夫人便接替其丈夫在巴黎大学的职务，成为巴黎大学的第一位女教授。其间，居里夫人撰写了许多著名论文，并顺利完成了由镭盐分析金属镭的精细实验。1907 年，居里夫人终于提炼出纯镭，测出镭元素的各种特性，并完成她的名著《论放射性》。1911 年，玛丽·居里荣获诺贝尔化学奖。同年，她参加了在布鲁塞尔举办的第一届索尔维会议。1919 年，她根据战时笔记整理，完成《放射学和战争》。

1921 年 3 月 8 日，她在巴黎会见北京大学校长蔡元培。蔡元培邀请居里夫人到北京大学讲学。居里夫人称"此不能往，当于将来之暑假中谋之"，但终未成行。

1921 年 5 月，居里夫人携子女赴美，并受到美国总统接见。

1922 年 2 月，她当选为巴黎医学科学院院士。

1922 年 5 月，应第一次世界大战后建立的国际联盟秘书长埃里克·德拉蒙德爵士根据国际理事会的决定发出的邀请，居里夫人参加国际文化合作委员会，初任委员，后当选为副主席。

1934 年，居里夫人完成名著《放射性》（两卷）。

1934 年 7 月 4 日，她因恶性贫血症（由镭引起）逝世；7 月 6 日，葬于巴黎梭镇（Sceaux）居里墓穴，墓上洒有波兰的泥土。

1989 年，波兰银行以玛丽·居里的肖像发行货币，面值 20000 兹罗提。为纪念玛丽·居里获得诺贝尔奖 100 周年，波兰参众两院分别通过决议，宣布 2011 年为玛丽·斯克沃多夫斯卡·居里年，并发行纪念钞。

毕苏茨基

约瑟夫·毕苏茨基（Józef Piłsudski，1867~1935 年），波兰第二共和国的缔造者和国家元首，波兰社会党创始人和领导人之一。

1867 年 12 月 5 日，毕苏茨基出生于一个立陶宛贵族家庭。青年时代的毕苏茨基便对俄国的统治十分不满。1887 年，俄国当局以密谋暗杀沙皇的罪名将毕苏茨基流放西伯利亚。在流放期间，他继续从事争取波兰民族独立的斗争。1892 年刑满释放后，毕苏茨基加入波兰社会党，并成为领导人之一。之后，毕苏茨基积极开展反对沙俄的运动。1906 年，波兰社会党分裂，毕苏茨基成为革命派领导，并开始创建波兰地下军事组织。第一次世界大战初期，毕苏茨基亲自统率波兰军团协助同盟国与俄军作战，并在波兰摄政王国担任战争部长。一战后期，由于试图脱离同盟国的控制，毕苏茨基被奥匈帝国当局逮捕，进而名声大噪，一度成为波兰英雄。

1918 年 11 月，波兰第二共和国临时政府在卢布林宣告成立，毕苏茨基被任命为波兰军队总司令，后出任波兰第二共和国国家元首。

1919 年，波苏战争爆发，毕苏茨基率领波兰军队创造了"维斯瓦河奇迹"，击败了苏俄军队。1921 年，根据波苏签订的《里加和约》，波兰获得了西白俄罗斯、西乌克兰和维尔纽斯地区，波兰版图大幅扩展。

1921 年 3 月 17 日，波兰通过"三月宪法"，实行三权分立和议会民主制。因总统权力过小，毕苏茨基拒绝参选总统。纳鲁托维奇遇刺后，毕苏茨基认为自己无法与右翼党派合作，决定退出政治舞台，过"隐居"生活，但他仍关心国家政治。

1926 年 5 月，毕苏茨基发动政变，推翻了右派政党联合政府，成立了实际上由毕苏茨基以独裁方式领导的新政府。因总统权力过小，毕苏茨基拒绝接受总统之职，仅出任波兰军队总监和国防部部长。

1935 年 4 月，在毕苏茨基的极力主张下，波兰议会通过了"四月宪法"。"四月宪法"彻底摒弃了三权分立原则，将国家权力从议会集中到总统手中。毕苏茨基在波兰推行"萨纳齐亚"统治，大幅削弱议会的权力并迫害政敌。然而，毕苏茨基未及出任总统，于时年 5 月 12 日病逝。他的遗体被安置在克拉科夫瓦维尔主教座堂内。

贝鲁特

波列斯瓦夫·贝鲁特（Bolesław Bierut，1892~1956 年），波兰工人党创始人之一，前波兰统一工人党中央第一书记，前波兰共和国总统，波兰人民共和国第一任部长会议主席。

1892 年 4 月 18 日，贝鲁特出生于卢布林，青年时代做过工人和小职员。1912 年，贝鲁特加入了波兰社会党左派。1918 年 12 月 16 日，波兰社会党左派与波兰王国和立陶宛社会民主党在华沙合并为波兰共产主义工人党（Komunistyczna Partia Robotnicza Polski，KPRP）。1925 年，波兰共产主义工人党更名为波兰共产党，贝鲁特出任中央技术部主任。

1926 年，毕苏茨基政变，波兰共产党转入地下。1927 年，贝鲁特赴苏联，进入波兰共产党中央临时书记处。1930~1931 年，受共产国际的委托，贝鲁特先后在保加利亚、捷克斯洛伐克、德国和奥地利执行秘密任务。1933 年，贝鲁特进入苏联武装力量总参谋部情报部，即"格鲁乌"，并成为波兰红色援助委员会中央书记。同年，贝鲁特因反政府活动被波兰政府逮捕。1938 年，波兰共产党受到苏联肃反运动冲击，被迫解散。这一年，贝鲁特被赦出狱。

1942 年，贝鲁特参与重建波兰工人党。1943 年，贝鲁特出任波兰工人党中央委员，并数次代表波兰工人党到莫斯科同斯大林会谈，得到斯大林的极大信任。1943 年 12 月 31 日，由波兰工人党、波兰农民党、劳动党、波兰社会党西伦凯维兹派和民主党等组成的全国人民代表会议（Krajowa Rada Narodowa）在华沙成立，贝鲁特被选为主席。

1944 年 7 月 21 日，全国人民代表会议成立了波兰民族解放委员会，宣布波兰民族解放委员会是波兰国家政权的唯一基础。1944 年 9 月 11 日，全国人民代表会议决定将波兰流亡政府总统职权交给全国人民代表会议主席，贝鲁特于是成为波兰共和国元首。

1945 年 1 月 6 日，波兰人民政府得到了苏联的承认。同年 4 月，贝鲁特率领波兰代表团前往柏林参加苏、美、英三国首脑会议，在战后重建问题上阐述了波兰的主张。

1947 年 1 月 19 日，波兰进行了二战后第一次议会选举，波兰工人党 – 波兰社会党 – 农民党 – 民主党联盟以 80.1% 的选票获胜。2 月 5 日，贝鲁特正式当选为波兰共和国总统。1948 年 12 月，波兰工人党和波兰社会党合并为波兰统一工人党，贝鲁特任中央总书记。1952 年 7 月，贝鲁特改任波兰人民共和国部长会议主席。1954 年，波兰统一工人党中央总书记改称第一书记，依然由贝鲁特出任。

1954 年，贝鲁特率领波兰政府代表团参加了中华人民共和国成立 5 周年庆祝活动。在庆祝大会上的讲话中，他赞扬了中国在社会主义革命与建设中取得的成就，表达了波兰人民对中国人民的友好感情。

1956 年 2 月，贝鲁特率波兰统一工人党代表团出席苏共二十大，因突发心肌梗死，于 3 月 12 日在莫斯科逝世，终年 64 岁。

哥穆尔卡

瓦迪斯瓦夫·哥穆尔卡（Władysław Gomułka，1905~1982 年），前波兰工人党中央总书记，前波兰统一工人党中央第一书记。

1905 年 2 月 6 日，哥穆尔卡出生于克罗斯诺的一个石油工人家庭。青年时期，哥穆尔卡当过石油工人。1926 年，哥穆尔卡加入波兰共产党，同年被捕入狱。1926~1931 年，哥穆尔卡成为华沙左翼工会领导人之一。1931 年，哥穆尔卡在波兰共产党中央工会总部工作，1932 年再次被

捕。1934~1935 年，哥穆尔卡赴莫斯科列宁国际学校（International Lenin School）学习，此后任波兰共产党西里西亚区委书记。1936 年，他再次被捕，直至 1939 年德国入侵时出狱。

1942 年，哥穆尔卡任波兰工人党华沙委员会书记和波兰工人党中央委员。1943~1948 年，哥穆尔卡任波兰工人党中央总书记。1945~1948 年，哥穆尔卡任波兰副总理兼收复地区部部长。1948 年 8 月，哥穆尔卡发表演说，表示"要根据波兰工人运动的历史传统来决定波兰通往社会主义的道路"。随后，哥穆尔卡的主张被波兰工人党内"莫斯科派"指责为"右倾民族主义"，被撤销一切公职，并被开除出中央委员会。1951 年 7 月，哥穆尔卡被指控"进行破坏活动"，入狱 3 年。1956 年 7 月，波兰统一工人党第二届七中全会正式取消对他的"没有根据的控告"。同年 10 月，哥穆尔卡当选为波兰统一工人党中央第一书记。1957~1971 年，哥穆尔卡任波兰国务委员会委员。

哥穆尔卡重新上台后，强调要走"波兰道路"建设社会主义。经济上，开始扩大企业自主权，实行"工人自治"管理，承认价值规律，调整工农业比例；政治上，主张扩大议会权力，改善与其他政党、社会团体及教会的关系。1970 年，波兰政府与联邦德国签订《华沙条约》，确定了两国边界，彻底解决了领土纠纷。

执政后期，哥穆尔卡实行"一长制"或"专制"，波兰改革趋于停滞。1970 年 12 月，因政府大幅度提高物价，波兰出现全国性的抗议活动，并发生流血冲突。12 月 20 日，哥穆尔卡在波兰统一工人党第五届七中全会上被解除第一书记职务。1971 年 2 月，波兰统一工人党第五届八中全会决定暂时停止哥穆尔卡行使中央委员的权利。2 月 9 日，波兰统一工人党机关报发表社论，指责哥穆尔卡严重破坏集体领导原则。

1982 年 9 月 1 日，哥穆尔卡病逝，享年 77 岁。

盖莱克

爱德华·盖莱克（Edward Gierek，1913~2001 年），前波兰统一工人党中央第一书记。

1913 年 1 月 6 日，盖莱克出生在波龙布卡（Porąbka）的一个煤矿工人家庭。盖莱克4岁丧父，10岁随母亲改嫁移居法国。1931年，盖莱克加入法国共产党。1937年，盖莱克加入比利时共产党，积极从事反法西斯活动。二战后，盖莱克返回波兰，任波兰工人党中央执行委员会委员。1946年，他参与组建旅比利时波兰人民代表会议，并当选为主席。

1948年，盖莱克从比利时回到波兰，担任波兰统一工人党地方领导职务。1949~1950年，盖莱克进入华沙党校学习。1951~1954年，他当选为卡托维兹省委组织书记、省委经济书记。1954年，盖莱克被任命为波兰工人党中央经济部长，后成为波兰统一工人党政治局委员。1956年"波兹南事件"后，他被免去政治局委员职务，在保留中央职务的情况下出任卡托维兹省委书记。1959年，盖莱克在波兰统一工人党第三次代表大会上重新当选为波兰统一工人党政治局委员。

1970年12月20日，盖莱克在波兰统一工人党第五届七中全会上当选为中央第一书记。为了稳定局势，平息民愤，提高人民的生活水平，盖莱克积极推行经济改革和对外开放。鉴于当时波兰工业的落后状况，盖莱克决定引进西方国家的投资，并大量贷款以更新波兰的工业设备，取得明显成效，波兰经济发展取得很大成绩。从1972年起，盖莱克又在波兰推行行政区划改革，将原来的17个省增加到49个省，取消了县和区，建立了乡。

然而，盖莱克以200亿美元西方商业贷款来实现波兰工业现代化的"宏伟计划"使波兰背上了沉重的债务包袱，加上不科学的行政区划改革和世界经济的震荡等原因，波兰在20世纪80年代初爆发了政治经济危机。

1980年，物价飞涨，波兰社会的不满情绪激增，终于导致了大规模的抗议和社会动荡。这一年9月5日，盖莱克在波兰统一工人党第八届六中全会上被免除第一书记职务。12月1~3日，波兰统一工人党第八届七中全会决定将盖莱克开除出中央委员会。1981年，波兰全国实行紧急状态时，盖莱克遭到监禁，并被开除出党。

2001年7月29日，盖莱克因病去世，终年88岁。

雅鲁泽尔斯基

沃依切赫·雅鲁泽尔斯基（Wojciech Jaruzelski，1923~2014年），前波

兰统一工人党中央第一书记，前国务委员会主席、部长会议主席和国防委员会主席，波兰第三共和国首任总统。

1923 年 7 月 6 日，雅鲁泽尔斯基生于库鲁夫村的一个知识分子家庭。1939 年 9 月，雅鲁泽尔斯基一家被苏联当局流放西伯利亚。1943 年 7 月，雅鲁泽尔斯基加入在苏联组成的波兰军队，并在波军第一军任军官，参加过华沙和柏林等战役。他于 1947 年加入波兰工人党（1948 年波兰工人党与波兰社会党合并为波兰统一工人党），先后从陆军学院和总参谋部希维尔切夫斯基军事学院毕业。

1960~1962 年，雅鲁泽尔斯基任波兰人民军总政治部主任。1964 年，当选为波兰统一工人党中央委员。1968 年 4 月，出任波兰人民共和国国防部长。1971 年，当选波兰统一工人党中央政治局委员，并于 1973 年晋升为大将。

1981 年 2 月，雅鲁泽尔斯基任波兰人民共和国部长会议主席，10 月任波兰统一工人党中央第一书记。同年 12 月，出任波兰人民共和国救国军事委员会主席，宣布波兰全国实行"战时状态"并取缔团结工会。1983 年 11 月，雅鲁泽尔斯基出任波兰人民共和国战时武装力量总司令兼国防委员会主席。1985 年 11 月，出任波兰人民共和国国务委员会主席。

剧变后，雅鲁泽尔斯基出任波兰总统（1989 年 7 月至 9 月为波兰人民共和国总统，1989 年 12 月至 1990 年 12 月为波兰共和国总统）。1991 年 1 月，雅鲁泽尔斯基退休。

1991 年后，波兰共和国议会成立特别委员会，调查雅鲁泽尔斯基等人在 1981 年 12 月 ~1983 年 7 月间实行军事管制的责任问题。1996 年 2 月，特别委员会向波兰议会提议不起诉雅鲁泽尔斯基等人，并认为当时的波兰的确存在内部和外部的威胁。同年 10 月 23 日，波兰议会做出决定，不追究雅鲁泽尔斯基等人在全国实行军管的责任问题。

1998 年，波兰法院开始审理 1970 年格但斯克列宁造船厂枪杀案件，雅鲁泽尔斯基成为被告之一。当年，格但斯克列宁造船厂发生工人示威游行，时任国防部长的雅鲁泽尔斯基调遣部队前往造船厂维持秩序，军队与工人发生冲突，其中 44 名工人被枪杀，另有 200 多人受伤。1999 年，雅鲁泽尔斯基出庭否认自己下令开枪。此后，雅鲁泽尔斯基又在 2001 和 2006 年被起诉于 1981 年镇压团结工会和组织军事犯罪组织。由于雅鲁泽尔斯基的健康状况不佳，审判一直拖延。2008 年 9 月，雅鲁泽尔斯基最后一次出庭，依旧否认指控。

2014 年 5 月 25 日，雅鲁泽尔斯基在华沙病逝，享年 90 岁。时任波兰总统科莫罗夫斯基、前波兰总统瓦文萨和克瓦希涅夫斯基出席了他的葬礼弥撒。

约翰·保罗二世

约翰·保罗二世（John Paul II，1920~2005 年），天主教译为若望·保禄二世，前罗马天主教教皇。

1920 年 5 月 18 日，约翰·保罗二世出生于瓦多维采（Wadowice），原名卡罗尔·约瑟夫·沃伊蒂瓦。1938~1939 年，沃伊蒂瓦在雅盖隆大学学习哲学。二战时，雅盖隆大学被纳粹德国关闭，沃伊蒂瓦于是到采石场和化工厂等处工作。1942 年，沃伊蒂瓦开始在克拉科夫秘密接受神职培训。1946 年，沃伊蒂瓦正式成为神父，并被派往罗马进修神学。1948 年，沃伊蒂瓦获神学博士学位后返回波兰。

1954 年，沃伊蒂瓦在卢布林天主教大学教授伦理学。1958 年，沃伊蒂瓦被委任为克拉科夫助理主教。1964 年，沃伊蒂瓦成为克拉科夫总主教。1967 年，沃伊蒂瓦成为红衣主教。

1978 年 10 月，教皇约翰·保罗一世去世，58 岁的沃伊蒂瓦在教皇选举中被选为新教皇，称约翰·保罗二世，成为历史上担任此职的第二个非意大利人。

约翰·保罗二世是一位不知疲倦的教皇，长年奔波于世界各地。在任职期间，他曾出访 129 个国家，为 1340 人赐福，册封圣人 483 位，总行程超过 11 万公里，被誉为"路上的教皇"。约翰·保罗二世不仅访问过罗马尼亚、乌克兰和希腊等东正教国家，还到访叙利亚倭马亚大清真寺，与世界其他宗教展开对话。同时，约翰·保罗二世为促进欧洲团结，特别是西欧与东欧国家的沟通交流，奔走呼号，不遗余力。

1979 年、1983 年和 1987 年，约翰·保罗二世三次访问波兰，受到波兰民众的热烈欢迎。2003 年 3 月 20 日，为了庆贺约翰·保罗二世就任 25 周年，波兰邮政特别发行纪念邮票"银禧庆典"。

2004 年 3 月，约翰·保罗二世获得亚琛国际查理曼奖，以表彰他为反战与维护世界和平做出的努力。

约翰·保罗二世喜欢健行、游泳、滑雪等运动，并爱好写作。作为戏剧评论家，约翰·保罗二世创作过多部戏剧，包括《我们上帝的兄弟》和《珠宝店》等。

2005 年 4 月 2 日，约翰·保罗二世因病在梵蒂冈去世，终年 84 岁。

2014 年 4 月 27 日，约翰·保罗二世被罗马教廷册封为圣人。

瓦文萨

莱赫·瓦文萨（Lech Wałęsa，1943 年 ~　 ），团结工会创始人和领导人之一，波兰前总统，波兰基督教民主党（Chrześcijańska Demokracja）前领导人，诺贝尔和平奖获得者。

1943 年 9 月 29 日，瓦文萨生于波波沃。1961 年，瓦文萨从中等农业技术学校毕业，在国营机械中心当电气工，尔后服兵役两年。1967 年，瓦文萨开始在格但斯克列宁造船厂当电气装配工。

1970 年"十二月事件"中，瓦文萨担任格但斯克列宁造船厂罢工委员会主席。1976 年"六月事件"后，他因领导抗议活动而被船厂开除。此后他多次被捕，并受到当局严密监视。

1976~1980 年，瓦文萨先后在格但斯克建筑装配厂和电子设备装配厂工作，1980 年又回到格但斯克列宁造船厂。在 1980 年 8~9 月的罢工中，瓦文萨担任格但斯克联合罢工委员会主席。团结工会成立后，瓦文萨被选为全国委员会主席。1981 年实行战时状态后，他被逮捕并囚禁了 11 个月。1983 年，瓦文萨因为创立团结工会的功绩被授予诺贝尔和平奖。

在团结工会被取缔后，瓦文萨继续组织地下活动。1988 年 5 月和 8 月，他在波兰沿海城市领导了两次工人罢工。1989 年，瓦文萨作为反对派的首席代表参加"圆桌会议"。1990 年 2 月，他再次当选为团结工会主席。

1990 年 12 月 9 日，瓦文萨在总统选举中以 74.7% 的多数票当选波兰共和国总统。12 月 22 日，瓦文萨正式就任波兰共和国总统。1993 年 6 月，瓦文萨宣布脱离团结工会，但后来仍被团结工会提名为下一届总统候选人。1995 年 11 月，瓦文萨在波兰总统选举中以微弱劣势落选，未能连任。

1996 年 12 月，瓦文萨被指控曾担任官方"秘密间谍"，但他拒绝了这一指控。2000 年，该项指控被撤销。

1997 年 4 月 20 日，瓦文萨当选为中欧民主论坛名誉主席。1997 年 10 月 3 日，瓦文萨组建波兰基督教民主党，并作为该党候选人参加了 2000 年 10 月的总统选举，但得票率仅为 1.4%。

1981~1990 年，瓦文萨被哈佛大学、巴黎大学等 16 所大学授予荣誉博士证书，1982~1991 年被美国、挪威、希腊等国的一些机构授予各种奖章（如费城"自由勋章"等），1983 年获诺贝尔和平奖，1989 年获欧洲人权奖。2003 年 12 月 1 日，瓦文萨出席了巴以和平《日内瓦倡议》发起仪式。2004 年 5 月 10 日，格但斯克国际机场正式更名为格但斯克莱赫·瓦文萨机场（Port Lotniczy Gdańsk im. Lecha Wałęsy）。

瓦文萨本人是虔诚的天主教徒，反对堕胎和同性婚姻。

克瓦希涅夫斯基

亚历山大·克瓦希涅夫斯基（Aleksander Kwaśniewski，1954 年~　），波兰前总统，波兰共和国社会民主党前领导人。

1954 年 11 月 15 日，克瓦希涅夫斯基出生于比亚沃加德的一个医生家庭。

1973~1977 年，克瓦希涅夫斯基在格但斯克大学运输经济学系就读。大学时，克瓦希涅夫斯基当选为波兰学生社会主义联盟主席，并于 1977 年加入波兰统一工人党。1981~1985 年先后担任大学生周刊《等等》和《青年旗帜报》的总编。1985 年 10 月，克瓦希涅夫斯基在波兰人民共和国政府中担任青年工作部部长，成为波兰历史上最年轻的部长。1987 年 10 月，克瓦希涅夫斯基任波兰人民共和国青年和体育委员会主席。1988 年，他又兼任波兰人民共和国奥林匹克委员会主席。1988 年 10 月至 1989 年 9 月，

克瓦希涅夫斯基担任社会政策委员会主席。1989 年 2 月 6 日至 4 月 5 日，克瓦希涅夫斯基作为政府主要代表之一参加"圆桌会议"，并担任"圆桌会议"工会问题小组主席。

1990 年，波兰统一工人党停止活动后，克瓦希涅夫斯基创立了波兰共和国社会民主党，出任最高委员会主席。1991 年，波兰共和国社会民主党联合 10 多个组织组成波兰民主左派联盟，克瓦希涅夫斯基任联盟领导人。在 1993 年的波兰议会选举中，克瓦希涅夫斯基领导的民主左派联盟成为波兰议会第一大党，并与波兰农民党组成联合政府。

1995 年 11 月 19 日，克瓦希涅夫斯基当选为波兰共和国总统，成为波兰历史上最年轻的总统。同年 12 月 23 日，克瓦希涅夫斯基正式就任总统，他在就职演说中强调，将加强同议会的合作，通过对话实现和解、稳定和发展，而推动波兰加入北约和欧盟为其总统任期内的"最重要任务之一"。

2000 年 10 月 8 日，克瓦希涅夫斯基在总统换届选举中获得 53.9% 的选票，成为第一个获得连任的波兰总统。

克瓦希涅夫斯基曾于 1988 年、1989 年、1997 年和 2010 年先后四次访问中国。2010 年 9 月 15 日访问中国期间，克瓦希涅夫斯基在北京大学发表题为"欧洲一体化的未来"的演讲。他认为，21 世纪的欧盟需着重发展同美国、中国、印度等国的合作。未来中国将成为新的世界中心，而作为西方世界重要力量的欧盟一定要加强双方的沟通合作。

克瓦希涅夫斯基信奉新教。他英语流利，爱好读书和体育运动，尤其喜爱打网球。他十分喜爱中国菜肴。

卡钦斯基

莱赫·亚历山大·卡钦斯基（Lech Aleksander Kaczyński，1949~2010年），波兰前总统，法律与公正党前领导人。

1949 年 6 月 18 日，莱赫·卡钦斯基出生于华沙一个普通的工人家庭。13 岁那年，他与孪生哥哥雅罗斯瓦夫·卡钦斯基因在电影《偷月二人行》（O dwóch takich, co ukradli księżyc）中成功扮演了一对"小无赖"而成为轰动一时的童星。1967~1971 年，卡钦斯基就读于华沙大学法律与行政学系。1980年，卡钦斯基获得格但斯克大学法学博士学位。

1977 年，卡钦斯基步入政坛，在工人防卫委员会（Komitet Obrony Robotników）工作，并积极参与独立贸易工会活动。1980 年，卡钦斯基担任格但斯克工厂罢工委员会顾问。1981 年，卡钦斯基当选为格但斯克地区团结工会执委会委员，后遭到当局监禁。

1986 年，卡钦斯基任团结工会全国执委会秘书。1989 年 2~4 月，卡钦斯基参加"圆桌会议"。1990 年 5 月至 1991 年 2 月，卡钦斯基任团结工会第一副主席。

1991 年 3~10 月，卡钦斯基出任瓦文萨总统办公厅安全事务国务秘书。1991 年 10 月，卡钦斯基当选为众议院议员，并任众议院行政内务委员会主席。1992 年 2 月至 1995 年 5 月，卡钦斯基任最高监察院院长。2000 年 6 月至 2001 年 7 月，卡钦斯基任司法部长。

2001 年，卡钦斯基与其兄长一起创建法律与公正党。2002 年 11 月，卡钦斯基当选为华沙市长。

2005 年 10 月，卡钦斯基当选为波兰共和国总统。

在对内政策上，卡钦斯基主张发展教育和经济，打击贪污腐败，对农村经济进行结构改造；主张政府应在经济活动中发挥更重要的作用；主张削减税收，缩小贫富差距，鼓励生育；主张建设福利国家，增加养老金和对农民、矿工的补贴；提倡天主教伦理，主张限制同性恋和恢复死刑。

在外交政策上，卡钦斯基重视波兰与美国的政治联系，支持波兰在伊拉克驻军。卡钦斯基曾批评德国和俄罗斯政府没有对两国在第二次世界大战期间对波兰的伤害进行赔偿。

卡钦斯基是温和的欧洲怀疑论者，反对建立联邦制的欧洲，也反对波兰在短时间内使用欧元。

2007 年 2 月，卡钦斯基派遣特使、文化和国家遗产部部长卡齐米日·乌雅兹多夫斯基（Kazimierz Ujazdowski）访华。2008 年 5 月 13 日，卡钦斯基代表全体波兰人民向中国汶川地震中的遇难者表示哀悼，并向遇难者家属表示慰问，祝伤者早日康复。

2010 年 4 月 10 日，卡钦斯基率团赴俄罗斯斯摩棱斯克参加"卡廷惨案"70 周年纪念，专机失事，不幸罹难。

科莫罗夫斯基

布罗尼斯瓦夫·科莫罗夫斯基（Bronisław Komorowski，1952 年 ~　　），波兰前总统。

1952 年 6 月，科莫罗夫斯基出生于波兰南部西里西亚省的奥博尔尼基（Oborniki Śląskie）。他是贵族后裔，为伯爵齐格蒙特·莱昂·科莫罗夫斯基与娅德维加·科莫诺夫斯卡（沙尔科夫斯基家族成员）之子。沙尔科夫斯基家族来自立陶宛北部的奥克什泰蒂亚地区，世代曾统治波兰的日维茨奇兹纳达 200 年。他与比利时王室有渊源，是比利时王储之妻——布拉班特公爵夫人玛蒂尔德的直系亲属。

1977 年在华沙大学历史系完成学业，获硕士学位。同年 11 月，科莫罗夫斯基因参加公民和人权保护运动被捕入狱数月。他支持民主的异议人士与地下出版者，并与安东尼·马切列维奇（Antoni Macierewicz）联合出版地下刊物。

1980~1981 年，在团结工会社会调查中心工作，先因组织游行示威活动、参加公民和人权保护活动而被判处有期徒刑 1 个月，后在军管期间再次被捕，1982 年出狱后担任中学教师。

1989 年步入政坛，加入民主联盟和自由联盟，先后以民主联盟和自由联盟等党派成员的身份竞选议会议员。

1989~1990 年任部长会议办公厅主任，1990~1993 年任国防部副部长。

1991 年当选为波兰共和国第一届众议院议员（民主联盟）、众议院国防委员会委员。后历任第二、三届众议院议员（团结选举运动联盟）。1997~1998 年任人民保守党秘书长。

1997 年主持众议院国防委员会工作。1998 年 10 月 ~2000 年 6 月任众议院国防委员会主席。

2000~2001 年任国防部长。

2001 年 3 月任人民保守党副主席，后成为公民纲领党委员会成员。

9 月当选为第四届众议院议员（公民纲领党）、众议院国防委员会副主席和外交委员会成员。

2005 年 9 月当选为第五届众议院议员，并任副议长。

2007 年 10 月 21 日，波兰提前举行议会选举，11 月 5 日当选为众议院议长。

2010 年 4 月 10 日代行波兰总统职权。

2010 年 7 月 4 日，作为公民纲领党的总统候选人，经过两轮角逐，以 53.01% 的得票率当选波兰共和国总统。

2011 年 12 月 18 日，波兰总统科莫罗夫斯基应邀对中国进行国事访问。这是继 1997 年克瓦希涅夫斯基访华后，波兰国家元首时隔 14 年的又一次访华。访问期间，科莫罗夫斯基表示，波中传统友谊深厚，波兰人民十分钦佩中国经济社会发展取得的巨大成就。两国元首共同签署的联合声明，确立了两国战略伙伴关系，为新时期两国关系发展指明了方向。科莫罗夫斯基说，深化波中关系符合两国根本利益，希望进一步密切双方贸易与投资合作，波兰也愿为促进欧中关系发展继续发挥积极作用。

杜达

安杰伊·杜达（Andrzej Duda，1972 年～　），波兰政治家，现任波兰总统。

杜达于 1972 年 5 月 16 日出生于克拉科夫。

杜达曾在雅盖隆大学攻读法律专业，2005 年获博士学位。

2005 年波兰议会选举后，杜达开始担任法律与公正党的法律顾问，2006~2007 年任司法部副部长，2007~2008 年任国务法院法官。

2008~2010 年，杜达为总统办公室副国务秘书。杜达随后于 2011 年加入法律与公正党并当选众议院议员。2014 年，杜达成为欧洲议会议员。

2015 年 7 月 4 日，经过两轮角逐，杜达击败科莫罗夫斯基，当选为波兰共和国总统。

杜达是保守的欧洲怀疑论者，有较强的民族主义倾向。杜达对波兰加入欧元区持消极态度，称波兰只有在欧元区债务问题得到妥善解决后才会

考虑使用欧元。此外，杜达支持美国和北约在波兰长期驻扎军队，以抗衡俄罗斯。他呼吁应加强北约的军力，增加其在中欧的军事存在。

应中国国家主席习近平的邀请，波兰总统杜达于 2015 年 11 月 23~27 日首次对中国进行国事访问，并出席第四次中国 – 中东欧国家领导人会晤。23 日，杜达首站抵达上海，率领近 60 家波兰企业与中国签署了多项经贸合作协议，并表示波兰有信心成为中国在中东欧地区的重要伙伴。

第三章

政 治

第一节 政治体制沿革

10~18 世纪，波兰基本实行封建君主制，国家元首为波兰大公，大公行使最高司法权并统帅军队。后来，波兰大公被加冕为波兰国王，由国王或国王任命的"御前会议"决定国家大事。

14 世纪中叶，波兰开始实行等级君主制，国王以下由高到低分为贵族、僧侣和市民三个等级。

1505 年，波兰中等贵族在拉多姆组织议会，并通过了一项决议。该决议规定，未经元老院和众议院的同意，国王不能颁布法律和其他任何决定；由参、众两院和国王三个权力中心组成全国议会，全国议会为波兰最高权力机关。波兰实行贵族民主制。

自 17 世纪开始，波兰逐步走向君主立宪制。1652 年，波兰议会首开一票否决议案的先河，从此议员便拥有了"自由否决权"。贵族反对一切强化王权和军队的改革，通过其在议会的代理人频繁行使自由否决权，致使大量议案无法通过。结果，波兰的权力中心——议会长期处于半瘫痪状态。国王仍有权拒签议会通过的法律，有权召集和解散议会，有权统率国家军队等。

1772 年，波兰被沙俄、普鲁士和哈布斯堡君主国瓜分。"瓜分"唤起了波兰人革除弊政、救亡图存的决心。1791 年 5 月 3 日，斯坦尼斯瓦夫二世组建的"四年议会"通过了波兰第一部成文宪法——"五三宪法"。^① "五三宪法"是欧洲第一部成文宪法，也是继美国宪法之后的世界第二部成文宪法。"五三宪法"授予了市民和贵族平等的政治权利，并且主张保护农民利益。它的颁布，标志着波兰开始实行君主立宪制。遗憾的是，"五三宪法"仅出台一年有余便因外国干预而被废除。

19世纪中期，波兰地区进入资本主义阶段，民主革命运动高涨，沙皇被迫在波兰废除农奴制。19世纪70年代以后，社会主义思想开始在波兰传播。

1918年11月，波兰第二共和国宣告成立。1921年3月17日，波兰共和国议会通过"三月宪法"，确定实行共和政体和三权分立的议会民主制。由于右派政党害怕左派领袖毕苏茨基当选总统后权力过大，"三月宪法"规定立法权高于行政权。由于党派争端的白热化，波兰的议会民主进程十分艰难。

1926年5月，毕苏茨基发动政变，以独裁政府取代了民选政府。1935年4月，波兰议会通过"四月宪法"。"四月宪法"推翻了"三月宪法"，将国家权力中心从议会转到总统手中。毕苏茨基去世后，其继任者仍继续实行独裁统治。

1943年12月31日，由波兰工人党领导的全国人民代表会议在华沙成立，表示将在适当的时候成立临时政府，进行彻底的经济、社会和政治改革。1944年7月21日，全国人民代表会议在卢布林成立波兰民族解放委员会。22日，波兰民族解放委员会发布"七月宣言"，宣告人民波兰政权的合法性。同年12月31日，全国人民代表会议将民族解放委员会改组为波兰共和国临时政府。

1946年6月，波兰全国人民代表会议决定取消参议院，实行一院议会制。1947年1月19日举行的首次选举产生了波兰议会。2月19日，波兰议会通过《关于波兰共和国最高机构的体制和活动范围的宪法性法规》，作为临时宪法，确定并规范了国家最高机构的活动。

---

① 2002年5月3日，波兰各地举行隆重庆祝仪式，纪念波兰第一部宪法——"五三宪法"诞生211周年。波兰总统克瓦希涅夫斯基在庆祝活动中发表讲话，称"五三宪法"是波兰的骄傲。

1952 年 7 月 22 日，波兰议会通过《波兰人民共和国宪法》。该宪法确定波兰为人民共和国，波兰统一工人党作为工人阶级的先锋队是波兰建设国家的政治领导力量。与此同时，宪法取消了总统职位，改设国务委员会和国务委员会主席职位，总理改称为部长会议主席。

1956 年 6 月，波兰发生了震惊社会主义阵营乃至整个世界的"波兹南事件"。事件平息后，波兰统一工人党于 1956 年 10 月召开第二届八中全会，决定实行必要的政治经济改革，同时选举曾因主张"走波兰道路"而被撤职的前波兰工人党中央总书记哥穆尔卡为波兰统一工人党中央第一书记。

哥穆尔卡上台后制定了新的行动方针，实行政治经济改革：如实行社会主义民主化；在企业建立工人委员会，实行工人自治和农民自治；扩大议会权力，加强议会和地方人民会议的立法和监督作用，使议会成为真正的国家权力的最高机构；国家机关实行改组，将原来的 38 个部裁减至 25 个部。1956 年 12 月，波兰统一工人党、统一农民党和民主党，以及工会、青年组织、妇女组织、天主教进步组织，共同组成了民族统一阵线。另外，在 1957 年 1 月举行第二届议会选举时，波兰统一工人党加强了与统一农民党、民主党和天主教会等的合作，并实行差额选举制。

进入 20 世纪 60 年代，哥穆尔卡不再提及"走波兰道路"，而强调"一长制"，并把"修正主义"当作波兰统一工人党面临的主要危险。

1970 年 12 月 12 日，为缓解经济困难，波兰政府决定大幅提高食品和日用工业品的价格，引发数千工人罢工抗议，罢工迅速扩展到沿海各个城市。政府动用武力镇压罢工，酿成"十二月事件"。1970 年 12 月 20 日，盖莱克当选为波兰统一工人党中央第一书记，积极推行政治改革。在 5 年时间里，波兰完成了行政区域的改革，由原来的 17 个省增加到 49 个省，取消了县和区，建立了乡（镇），即实行省、乡（镇）二级建制。这次行政区域改革耗费巨资，影响了居民住房的建筑和其他福利事业的开展，同时还引起了行政人员数目的激增，加重了国家的财政负担。由于盖莱克继续实行高度集中的政治模式和僵化的计划经济体制，加上波兰政府提高物价（其中食品价格平均提高了 60%），波兰于 1976 年 6 月再次爆发政治危机。华沙和拉多姆等地爆发工潮，持不同政见的知识分子成立了保卫工人委员会（Komitet Obrony Robotników），公开进行反对波兰统一工人党及其政府的活动（被称为"六月事件"）。

进入20世纪80年代，波兰统一工人党内部斗争加剧，政府人事频繁更迭。1980年8月，由提高食品价格引发的罢工运动波及波兰全国，罢工者不仅提出了经济要求，而且提出了政治要求：成立自由工会，释放政治犯，确保言论、出版自由等。9月，团结工会宣告成立，盖莱克下台。

1981年7月，波兰统一工人党第九届特别代表大会召开，提出了"革新、协商与斗争"路线。但是，因国内局势继续恶化，盖莱克的继任者卡尼亚在10月被迫辞职，雅鲁泽尔斯基出任波兰统一工人党中央第一书记。

雅鲁泽尔斯基上台后，宣布成立由15名将军和5名上校组成的救国军事委员会（Wojskowa Rada Ocalenia Narodowego，WRON），并接管全国。波兰国务委员会颁布《关于战时状态的法令》，其中决定暂时禁止行使或限制由宪法规定的公民的通信、结社、言论、出版集会和示威游行等自由权，暂时停止各工会组织及社会团体的活动等。雅鲁泽尔斯基随后开展政治改革：加强和完善党的领导，发扬党内民主，实行差额选举，实行任期制，严格党的生活制度，实行干部选拔、考核、培养和流动相结合的开放性干部政策；加强社会的立法和监督作用，建立国务法院（Trybunał Stanu）以专门审理国家领导人员的违法案件；加强政府职能部门的作用，精简机构，把原来的32个部委先减为26个部委，再减至19个部委。

由于雅鲁泽尔斯基的改革建立在军事管制的前提下，效果非常有限，波兰政局于1988年再次陷入危机。在各方的压力下，波兰统一工人党和政府同意在不带任何先决条件的前提下，与社会各方举行"圆桌会议"，共商国是。1989年1月16~18日，第十届十中全会通过了两个文件，即《党内改革是革新和改革战略取得成功的条件》和《关于政治多元化和工会多元化问题的立场》，为"圆桌会议"的召开打下基础。

1989年2月6日~4月5日，"圆桌会议"顺利召开。各方代表最终达成协议并签署了《有关工会多元化问题的立场》《有关政治改革问题的立场》《有关社会和经济政策及体制改革问题的立场》等 3 份文件。文件认为，"政治多元化和工会多元化作为波兰人民共和国制度主张的一个因素，已变成波兰社会政治现实的重要组成部分。政治多元化的模式应能反映社会各阶层的利益、政治倾向和信仰的多样性，有利于解决矛盾与冲突，但不损害人民的最高利益。党准备同遵守宪法、珍视人民和国家利益的建设性政治力量进行对话，并共同寻求谅解的方法，不管其政治方向和思想意向如何"；"党对工会多元化所持的立场是有先决条件的：新成立的工会要遵守宪法和法律以及工会章程；根据波兰现行法律及忠于国家等原则利用财政资助；制止破坏社会安宁和国家稳定的行为"。这些文件的签署意味着，波兰统一工人党第一次接受了政治多元化、工会多元化的主张，第一次正式承认政治反对派的存在及其价值。

1989 年 4 月 7 日，波兰议会通过《宪法修正案》《工会法修正案》《议会选举法》《集会法》等 6 项法案，使"圆桌会议"达成的协议法律化。4 月 17 日，团结工会在法院重新注册登记，再次获得了独立工会的合法地位。

根据"圆桌会议"达成的协议，波兰于 1989 年 6 月 4 日举行"半自由"议会选举。众议院仍保持传统的 460 个席位，其中 65% 归以波兰统一工人党为首的"执政联盟"，35% 归以团结工会为核心的团结公民委员会（Komitet Obywatelski „Solidarność"）；对参议院的 100 个席位，全部实行自由选举。选举结果是，在众议院 460 个席位中，波兰统一工人党获得 173 席，团结公民委员会获得 161 席，统一农民党获得 76 席，民主党获得 27 席，基督教社会联盟（Unia Chrześcijańsko-Społeczna，UChS）等 4 个组织共获得 23 席；在参议院 100 个席位中，团结公民委员会一举获得 99 个席位，而另一席为个体农民代表获得。7 月 19 日，参、众两院议员选举总统，雅鲁泽尔斯基以一票优势当选波兰总统。至此，波兰统一工人党仍掌握政权。

1989 年 8 月 24 日，波兰议会选举团结工会首席顾问马佐维耶茨基为总理。于是，波兰出现了二战后第一个由非波兰统一工人党领导的政府，亦是 40 年来东欧国家首次出现了由非无产阶级党派领导的政府。同年 12

月 29 日，波兰议会通过一项宪法修正案，宣布将波兰人民共和国更名为"波兰共和国"，删除了宪法中有关波兰统一工人党是波兰社会的政治领导力量和波兰实行社会主义制度等内容的条款。

1990 年 1 月 16 日，波兰正式通过《政党法》，为波兰实行多党制奠定了法律基础。随后，旧的政党开始分化瓦解，新的政党不断涌现。1 月 27 日，波兰统一工人党召开了最后一次代表大会，宣布该党停止活动。至此，执政 40 多年，曾拥有 200 多万党员的波兰统一工人党退出了历史舞台。

1991 年 10 月，波兰举行剧变后的第二届议会选举，开始采用真正的"自由选举"原则。

1992 年 8 月 1 日，波兰议会通过了"1992 年小宪法"，规定波兰实行共和制、两院议会制、总统制和三权分立。

在新的政治制度框架下，波兰开始了具体的改革。1996 年 8 月，波兰议会通过了有关政府改革的 7 个法令。根据这些法令，波兰政府取消了 7 个旧部委，分别是内务部、工商部、所有制改造部、对外经济合作部、国土规划与建筑部、中央计划署和部长会议办公厅；建立了一些新部委：内务和行政部、经济部、国库部、总理办公厅、政府战略研究中心、欧洲一体化委员会、经济与城市发展局、大地测绘局、保护竞争和保护消费者局（取代原来的反垄断局）等。

1997 年 4 月 2 日，波兰议会通过了《波兰共和国宪法》，即波兰现行宪法。新宪法规定，波兰实行以议会制为特征的三权分立的政治制度和以社会市场经济为主的经济制度；议会拥有立法权，总统和政府行使行政权，法院行使司法权；经济制度的基础为私有制；全国武装力量在国家政治事务中保持中立。新宪法还禁止那些纲领中带有纳粹主义、法西斯主义、共产主义和极权内容的政党和组织在波兰开展活动。

在 1997 年第四届议会选举中，团结选举运动获胜。10 月 18 日，经波兰总统克瓦希涅夫斯基批准，团结工会领导人，化学家耶日·布泽克（Jerzy Buzek）被任命为总理。10 月 21 日，团结工会领导人马切·普瓦任斯基（Maciej Płażyński）当选为众议院议长，阿莉琪亚·格热希科维亚克（Alicja Grześkowiak）当选为参议院议长。11 月 10 日，团结选举运动与自由联盟组成新一届联合政府。新政府提出了 4 项改革任务，其中政治改革内容为：扩大人民的权利；促进中产阶级发展；改革国家行政体制等。

1998 年 7 月，波兰议会通过政府制定的地方自治机构改革方案，将原来的省、乡两级建制改为省、县、乡（镇）三级建制，共设 16 个省、308 个县和 2489 个乡，并从乡（镇）中划出 65 个与县平级的直辖乡（镇）。此后，波兰明显地减少中央政府对地方的行政管理：中央将行政权和财政权下放给以民主方式选出的地方县级政府和直辖乡（镇）政府；各级乡（镇）政府官员编制由 49 人减至 16 人；允许各级乡（镇）政府独立制定地方发展政策。

自 1999 年 1 月 1 日起，省政府全权负责本地方经济政策的发展和实施，县和乡（镇）政府具有独立的法人地位并实行独立预算。

2001 年 9 月 23 日，波兰举行第五届议会选举。据波兰国家选举委员会统计，2900 万合法选民中有 46.29% 参加了投票。最终，民主左派联盟 – 劳动联盟以 41.04% 的得票率获胜，10 月 19 日，民主左派联盟党主席莱谢克·米莱尔当选总理。由于三个中左派政党，即民主左派联盟党、劳动联盟和波兰共和国自卫党（Samoobrona Rzeczpospolitej Polskiej，SRP）占据了议会的多数席位，而时任总统克瓦希涅夫斯基也出身左派政党，波兰自 1990 年以来第一次出现了议会、总理和总统全部由左派人士把持的局面。

从 2003 年 1 月 1 日起，波兰开始对地方行政部门实行新的财产申报制度，以加大反贪污力度和保证政府廉洁。新的财产申报规定不仅涉及省长、县长、乡长和地方议会议员等官员，还包括特定工作人员，如官员的秘书等。根据规定，上述有关人员及其亲属，如配偶、子女等必须如实申报自己的工资收入、从事其他赢利活动的收入、拥有的现金数目和拥有不动产及公司股票等情况。同时，他们还需申报自己是否在本地或本部门从事经济活动；从事经济活动的，必须出具数额超过 1 万兹罗提（约合 2500 美元）的经营活动账单等。

2003 年 6 月，波兰就是否加入欧洲联盟举行全民公决，结果显示 77.6% 的选民赞成波兰加入欧盟。

2004 年 1 月，波兰议会通过了新的《公共采购法》，并于 2004 年 3 月生效。该法进一步加大了公共采购办公室主任的职权，引入了独立观察员监督制度，完善了监督程序。

2004 年 5 月 1 日，波兰正式加入欧盟。

在 2005 年 9 月的议会选举中，两个中右派政党——法律与公正党和公民纲领党成为议会第一和第二大党。民主左派联盟党仅获得 11.3% 的选票。此次选举的结果延续了剧变后没有政府能够连任的惯例，政权再次回到了右派手中。10 月 23 日，卡齐米日·马尔钦凯维奇当选总理。

在 2007 年 10 月的议会选举中，公民纲领党一举获胜，图斯克当选新总理。

2007 年 12 月 21 日，波兰成为申根公约成员国。

2011 年，波兰对选举制度做出改革：众议院选举采用基于洪德法[①] 的多席位选区政党名单比例代表制[②]，参议院选举则第一次从全票制[③] 改为简单多数制[④]。

2011 年 10 月 9 日，波兰举行第八届议会选举。公民纲领党再次获胜。根据此次议会选举结果，波兰议会党派格局基本稳定：除了原有的 4 个政党，只有帕利科特运动（Ruch Palikota，RP）作为一支新的政党力量得以进入众议院。

2015 年 10 月 25 日，波兰举行第九届议会选举。法律与公正党获得 235 个众议院议席，超过众议院 460 个总席位的半数，可以单独组阁。这是自 20 世纪末波兰社会制度转轨以来，第一次出现一个政党单独组阁。11 月 18 日，波兰议会通过对新一届政府的信任投票，波兰新政府开始履职。此届政府架构最令人关注的是经济部改设为发展部。波兰总理希德沃表示，

---

① 洪德法（Metoda D'Hondta），比例代表制下的最高均数方法选举形式之一。基本规则为：把每一参选党派所取得的票数除以 1、2、3……直至议席数目，然后将得出的数字分配予各参选党派的候选人，最后比较各候选人所获得的数字，选出其中最高的与议席数目相等的候选人获得议席。

② 政党名单比例代表制，又称名单比例代表制，是比例代表制的一种，以每一参选政党所得选票占全部选票的百分比分配议席。

③ 全票制又称全额连记制或多议席多票制，指投票者最多可选择与议席数量相同的候选人的投票制度。全票制可细分为简单全票制和排序全票制，后者包括投票者对候选人的优先选择次序。

④ 简单多数制又称相对多数制，即不论票数多少，得票最多的候选人便可当选。

副总理兼发展部部长莫拉维茨基将负责波兰整体经济政策的协调工作，并与国库部、能源部、财政部等共同管理波兰经济。对于她及新政府成员来说，国家的事情永远是最重要的，波兰的发展是最重要的任务。新政府将对每个公民事必躬亲。希德沃将与来自同一个政党的现任总统杜达联手，承担治理国家的重任。而兑现竞选时的承诺、妥善处理难民问题、尽快消除欧洲盟友和俄罗斯的疑虑，则是摆在新政府面前的第一批难题。

从近两届议会选举及结果看，波兰的政局趋于稳定，说明波兰政治体制转型已基本完成。

第二节　宪法

波兰拥有悠久的宪政传统。

1505 年，波兰试行立宪。当年，波兰贵族在拉多姆成立议会（后被称为"拉多姆议会"），并通过了一项决议，其中规定：由众议院、参议院和国王三个权力中心组成议会，为全国最高权力机关；未经众议院的同意，任何立法都不能通过。国王的权力受到很大制约，如未经元老院和众议院的一致同意，国王及其继承人不能做出任何新的决定。但是，国王仍为一国之君，有权拒签议会通过的法律，有权召集和解散议会，有权统率国家军队等。可以说，波兰王国自此结束等级君主制，开始实行贵族民主制，揭开了君主立宪制的帷幕。

1791 年 5 月通过的"五三宪法"是波兰第一部成文宪法。"五三宪法"提出了波兰社会制度改革的基本原则，包括：废除等级君主制，保留王位世袭制；实行参、众两院议会制；实行三权分立制，立法权属由参议院和众议院组成的议会，行政权归国王及其任命的内阁（政府），司法权归属法院；废除自由否决权，实行多数表决制等。

1815 年 11 月，沙皇亚历山大一世签署了"波兰王国宪法"。该宪法规定：波兰王国与俄罗斯构成共主邦联；俄国沙皇为波兰王国的世袭国王；波兰王国实行参、众两院议会制。不过，由于沙皇权力过大，波兰议会形同虚设，波兰王国实行的只是形式上的宪政。

1921 年 3 月，"波兰第二共和国"议会通过了"三月宪法"，规定：国家的最高权力属于人民；国家最高权力机关为直接选举产生的参、众两院制议会；实行三权分立制，立法权属于由参、众两院组成的波兰议会，行政权属于总统和政府，司法权属于法院等。"三月宪法"对总统的权力进行了限制：须经 2/3 众议员的同意，总统才有权解散众议院；总统对法律不得行使否决权；总统由议会选举产生，任期 7 年。

1935 年 4 月，波兰议会通过了"四月宪法"。"四月宪法"带有明显的"萨纳齐亚"倾向，放弃了三权分立原则，议会的权力被大为削弱，国家权力基本掌握在总统一人手中，使总统成为事实上的独裁者，它因此被称为"反民主宪法"。

1944 年 7 月，波兰民族解放委员会发布"七月宣言"，宣布"三月宪法"为波兰唯一有效宪法。

1947 年 2 月 19 日，波兰议会通过"1947 年小宪法"，确定实行一院议会制、总统制；设立国务委员会（Rada Państwa），由波兰共和国总统、议长、副议长和最高监察院院长组成；国务委员会主席由波兰共和国总统兼任；国务委员会可以行使波兰共和国总统的某些权力。1949 年 9 月 8 日和 1950 年 3 月 20 日，波兰议会对"1947 年小宪法"进行两次修改。修改后的"1947 年小宪法"规定：议会享有立法权，总统、国务委员会和政府享有行政权，独立的法院享有司法权。

1952 年 7 月 22 日，波兰议会通过《波兰人民共和国宪法》，确定以下内容：波兰人民共和国是人民民主国家，其权力属于劳动人民；在工人阶级领导下的工农联盟是人民政权的基础；劳动人民通过自由选举产生的议会代表管理国家事务；国务委员会为国家最高集体权力机关，由议会选举产生，对议会负责。《波兰人民共和国宪法》前后共经过 10 余次修改或补充，由原来的 10 章 91 条增加到 11 章 106 条。

1976 年 2 月，波兰议会对《波兰人民共和国宪法》做出修改：将波兰人民共和国是"人民民主国家"改为"社会主义国家"；规定工人阶级政党即波兰统一工人党为波兰社会主义建设事业的政治领导力量；将由议会管辖的负责对国家行政机构进行监督的最高监察院划归部长会议领导；赋予最高监察院对社会组织进行监督的职能。

20世纪80年代，面对严峻的政治危机，波兰当局对宪法进行了多次修正，试图增强议会的作用，并完善法制，如1980年修正案将最高监察院重新置于议会的领导之下，1982年修正案决定设立宪法法院（Trybunał Konstytucyjny），负责监督宪法的执行以及处理违宪案件等。但由于议会和法院缺乏独立性，修正的宪法并未发挥应有的效用。

1989年，波兰发生政治剧变。同年4月7日，波兰议会通过宪法修正案，规定：重新设立参议院，实行众、参两院议会制；重新设立总统职位；取消国务委员会；实行多党制等。这意味着波兰重新实行多党议会民主政治制度。12月29日，波兰议会再次对宪法进行了修改：将"波兰人民共和国"更名为"波兰共和国"；将国徽恢复为头戴金色王冠的白鹰；将波兰是"社会主义国家"改为"实现社会公正原则的民主法治国家"；删除了波兰统一工人党为波兰政治领导力量的条款；增加了政党活动自由等内容；删除了国民经济计划的条款，代之以保障经济活动自由和维护各种所有制形式等内容。

由于修正案无法完全解决剧变后的诸多问题，波兰众议院特别成立了宪法委员会，以制定新宪法。1991年春，宪法委员会完成了宪法草案，但由于宪法委员会本身的合法性遭到质疑，该草案最终被放弃。

1992年8月1日，波兰议会通过了《关于波兰共和国立法当局与执行当局之间相互关系以及地方自治问题的宪法法令》，即"1992年小宪法"。"1992年小宪法"废除了《波兰人民共和国宪法》中有关波兰国家最高权力机关和执行机关的活动原则，进一步确立了三权分立的多党议会民主制度，界定了立法机构和执行机构的权限，划分了总统与总理的权力等。"1992年小宪法"保留了宪法法院和国务法院等机构。

1997年4月2日，波兰议会通过《波兰共和国宪法》，并于5月25日进行全民公决。公决结果为52.71%赞成，45.89%反对，新宪法获得通过。

《波兰共和国宪法》除序言外，共分13章243条。

《波兰共和国宪法》规定：国家的最高权力属于人民；人民直接行使权力或通过自己的代表来行使权力；国家将确保公民的权利和自由；公共

权力必须在法律的框架内行使；宪法为波兰的最高法律；国家实行三权分立制；议会拥有立法权，总统和政府行使行政权，法院行使司法权；国家保障建立政党等组织的自由和政党等组织活动的自由；国家严禁纲领中带有纳粹主义、法西斯主义、共产主义和极权主张的政党和组织在波兰进行活动；国家保障新闻和社会言论自由；以经济活动的自由、私有制、团结、对话与合作为基础的社会市场经济是波兰经济制度的基础；天主教会和其他宗教组织一律平等；国家与天主教会和其他宗教组织的关系建立在尊重其自治和相互独立的原则的基础上；波兰的武装力量在国家政治事务中保持中立并接受人民的监督。

另外，《波兰共和国宪法》通过赋予宪法法院违宪审查权，确立了宪法法院在波兰政治秩序中的独特地位。在第二共和国时期，波兰没有宪法监督制度。无论是"三月宪法"还是"四月宪法"，都未规定如何对议会通过的法令的合宪性进行审查，更谈不上对宪法的贯彻和执行情况进行监督。在社会主义时期，波兰实行苏联模式，不存在宪法监督机构。直到20世纪70年代，波兰才开始讨论对宪法监督的问题。虽然波兰于1982年成立了宪法法院，又于1985年通过了《宪法法院法》，但宪法法院的裁决并不具有终审效力。宪法法院对于法律等是否违宪的裁决仍然要经过议会的审议，议会可以2/3多数推翻宪法法院的裁决。宪法法院的裁决是否有效完全取决于议会，而议会已是"橡皮图章"，所以宪法法院实际还是受制于波兰统一工人党。从1989年到1997年，波兰宪法法院的地位一直悬而未决。《波兰共和国宪法》的颁布使违宪审查制度的实施成为可能，宪法法院可以独立审查任何形式的违宪案件并做出最终裁决，议会无权否决。

第三节　行政

一　总统

1921年的"三月宪法"首次规定波兰实行共和政体，并设立总统职位。1922年，纳鲁托维奇当选为波兰共和国总统，成为波兰历史上的第一位总统。

1944 年社会主义政权建立后，由全国人民代表会议主席代行总统职权。于是，波兰工人党领导人、全国人民代表会议主席贝鲁特成为"人民波兰"事实上的第一任总统。1947 年 2 月，贝鲁特正式当选为波兰总统。

"1947 年小宪法"确定，波兰总统由议会选举产生，任期 7 年。

1952 年通过的《波兰人民共和国宪法》废除了总统制，总统职位被国务委员会主席取代。同年 11 月，亚历山大·萨瓦茨基（Aleksander Zawadzki）当选为国务委员会主席。

1989 年 4 月 7 日，波兰议会通过宪法修正案，决定重新设立总统职位。总统由国民大会选举产生，任期 6 年。

1990 年 9 月 27 日，波兰议会修改宪法并通过《总统选举法》，将总统由国民大会选出改为由全民直接选举产生。

"1992 年小宪法"规定，总统由全体波兰公民以普遍、平等、直接、自由和无记名投票的方式选举，并按有效票的绝对多数产生，任期 5 年，只能连任一届。

波兰现行宪法规定：波兰总统是波兰的最高代表；凡年满 35 周岁，并有权参选众议员的波兰公民均有资格参加总统选举；总统由直接选举产生，任期 5 年，只可连任一届；候选人得票率超过有效选票的 50%，即可当选总统；如无人获得超过 50% 的有效选票，则由获选票最多的前两名候选人进入第二轮选举，得票多者当选；在总统死亡或辞职等其无法履行职权的情况下，由众议院议长代行总统职权，如果众议院议长不能代行，则由参议院议长代行。

总统的主要职能是：在国际交往中代表国家；批准和废除国际条约，并通知众议院和参议院；任免驻外代表和使节；为波兰共和国武装力量最高统帅；授予波兰国籍、勋章和奖章等；行使赦免权；特别情况下有权召集内阁会议；颁布行政法规和命令；如果议会不能在法定的期限内通过预算和组建部长会议，总统有权解散议会，但议会可以 3/5 的多数票拒绝总统的决定；提名总理及部长会议成员，接受或拒绝部长会议辞职；签署或否决议会通过的法律和法令；对议会提出建议等。

总统不得兼任其他任何社会职务（波兰总统通常在上任后即主动宣布

脱离政党并辞去党内一切职务）；一旦总统因破坏宪法和法律而犯罪，则由国务法院追究其责任；总统鉴于身体状况无法履行职责，则由国务法院指定其辞职或由国民大会成员法定人数的 2/3 多数票通过决议令其辞职。

从 1989 年至 2016 年，波兰共举行了 7 次总统选举，具体情况如下。

1989 年 7 月，波兰举行第一次总统选举。根据各派协议，波兰统一工人党领导人雅鲁泽尔斯基成为剧变后波兰共和国第一任总统。

1990 年 11 月，波兰举行第二次总统选举，也是首次全民直接选举。在第二轮投票中，瓦文萨以 74.3% 的选票当选总统。

1995 年 11 月，波兰举行第三次总统选举。在第二轮投票中，克瓦希涅夫斯基以 51.7% 的得票率战胜瓦文萨，成为总统。

2000 年 10 月，波兰举行第四次总统选举。在第一轮投票中，克瓦希涅夫斯基就以 53.9% 的高得票率击败所有对手，获得连任。

2005 年 10 月，波兰举行第五次总统选举。经过两轮投票，法律与公正党候选人卡钦斯基以 54.04% 的得票率当选总统。

2010 年 6 月 20 日，因总统卡钦斯基在空难中去世，波兰提前举行第六次总统选举。经过两轮角逐，代总统、众议院议长、公民纲领党候选人科莫罗夫斯基以 53.01% 的得票率，当选波兰总统。

2015 年 5 月 24 日，法律与公正党候选人杜达在总统大选第二轮投票中以 51.55% 的得票率，当选为新总统。

二　政府

1807 年 10 月 5 日，斯坦尼斯瓦夫·马瓦霍夫斯基（Stanisław Małachowski）出任华沙公国首相，成为波兰历史上第一位首相。[①]

1918 年 11 月 6 日，波兰第二共和国临时政府在卢布林宣告成立，伊格纳齐·达申斯基（Ignacy Daszyński）出任临时总理，成为波兰共和制历史上的第一位总理。11 月 18 日，毕苏茨基在卢布林临时政府的基础上组建了华沙联合政府。波兰社会党人延杰伊·莫拉切夫斯基（Jędrzej

---

① "首相"、"总理"或"部长会议主席"皆为同一职务。本书依汉语翻译习惯，将波兰君主立宪制时期的政府首脑称"首相"。

Moraczewski）组建了政府，即部长会议，并出任总理（部长会议主席）。由于政治斗争激烈，波兰第二共和国政府屡屡更迭，前后共产生 27 任总理。

1944 年 12 月 31 日，波兰共和国临时政府正式成立，民族解放委员会主席爱德华·奥苏布卡 – 莫拉夫斯基（Edward Osóbka-Morawski）出任"人民波兰"第一任总理，哥穆尔卡为第一副总理，斯坦尼斯瓦夫·雅努什（Stanisław Janusz）为第二副总理。临时政府的部长职位分配如下：波兰工人党 5 名、波兰社会党 5 名、农民党 5 名、民主党 2 名。

1945 年 6 月 28 日，根据雅尔塔会议的决议以及波兰临时政府代表与波兰流亡政府总理斯坦尼斯瓦夫·米科瓦伊奇克（Stanisław Mikołajczyk）在莫斯科达成的协议，波兰民族统一临时政府（Tymczasowy Rząd Jedności Narodowej，TRJN）宣告成立。该政府由 21 名成员组成，其中波兰工人党 6 名，波兰社会党 6 名，农民党 6 名（其中 4 名为波兰流亡政府成员），民主党 2 名，无党派人士 1 名。奥苏布卡 – 莫拉夫斯基继续任总理，而哥穆尔卡则任副总理，另一位副总理由米科瓦伊奇克担任。同时，在伦敦的波兰流亡人士代表文森泰·维托斯（Wincenty Witos）和斯坦尼斯瓦夫·格拉勃斯基（Stanisław Grabski）被增选入全国人民代表会议主席团。

1952 年 11 月 20 日，贝鲁特被选为波兰人民共和国首任部长会议主席。

1989 年以后，波兰恢复政府独立的行政权地位和总理称谓。

1989 年 8 月，雅鲁泽尔斯基提名波兰统一工人党政治局委员、内务部长切斯瓦夫·基什恰克（Czesław Kiszczak）出任总理。8 月 17 日，由于反对派极力反对，基什恰克不得不辞去总理一职。8 月 24 日，波兰议会以压倒性多数投票选举团结工会首席顾问马佐维耶茨基为总理。

1989~1997 年，波兰总理和部长会议成员换届较为频繁，多届政府任期不足一年。

波兰现行宪法规定，政府行使行政权。其主要职能为：确保法律的贯彻执行；发布行政法规；领导、协调和监督其他国家行政机构的工作；保护国库利益；制订国家财政预算草案；监督预算执行并制定预算执行情况报告；确保国内安全和维护社会秩序；处理与其他国家及国际组织的关系；

缔结、接受或废止国际条约（需议会批准）；处理国防事务等。

政府由总理、副总理和各部部长组成。总理由在议会选举中获胜的政党提名，由总统任命。总理的主要职能为：代表政府；领导政府的工作；发布行政法规；确保政府政策的贯彻执行；协调政府成员的工作；在宪法和法律的范围内监督地方政府；担任全体政府雇员的最高长官等。

2011 年 10 月，公民纲领党成为第一个在议会选举中连胜的政党，波兰出现了 1989 年以来的第一届连任政府，图斯克成为首位连任总理。2014 年 8 月 30 日，图斯克当选为欧洲理事会主席。根据波兰法律，若出任欧洲理事会主席，图斯克必须辞去总理职务。图斯克辞职后，联合执政的公民纲领党和波兰农民党共同推举科帕奇为总理候选人。9 月 15 日，科帕奇被任命为波兰总理。根据总统授权，科帕奇重新组建政府，并于 9 月 19 日正式公布新政府成员名单。新政府基本保持了原政府的架构，包括总理、副总理和部长等 19 人，其中 13 名原政府成员继续留任。9 月 22 日，科帕奇及其政府其他成员在总统府正式宣誓就职。科帕奇成为自 1989 年以来的第 14 位总理，同时也是第 2 位女总理。

2015 年 11 月 9 日，赢得波兰议会大选并获得独立组阁资格的法律与公正党宣布，该党二号人物希德沃出任波兰总理。随后，希德沃公布了新一届内阁其他成员名单：副总理兼文化与国家遗产部长皮奥特·格林斯基（Piotr Gliński），副总理兼发展部长马泰乌什·莫拉维茨基（Mateusz Morawiecki），副总理兼科学和高等教育部长雅罗斯瓦夫·格文（Jarosław Gowin），部长、总理办公室主任贝阿塔·科姆巴（Beata Kempa），部长、内阁常委会主席亨里克·科瓦尔赤克（Henryk Kowalczyk），部长、内阁政治主任、政府发言人艾利什别塔·维泰克（Elżbieta Witek），部长、特殊事务协调员马留什·卡明斯基（Mariusz Kamiński），国防部长安东尼·马切雷维奇（Antoni Macierewicz），司法部长兹比格涅夫·姚布罗（Zbigniew Ziobro），国库部长大卫·雅茨凯维奇（Dawid Jackiewicz），环境部长杨·什施科（Jan Szyszko），能源部长克日什托夫·特霍热夫斯基（Krzysztof Tchórzewski），国家教育部长安娜·扎莱夫斯卡（Anna Zalewska），体育和旅游部长维托德·班卡（Witold Bańka），劳动和社会政策部长艾利什别塔·法拉尔斯卡（Elżbieta Rafalska），内务和行政部长马留什·布瓦什查克（Mariusz Błaszczak），农业和农村发展部长克日什托夫·尤格尔（Krzysztof Jurgiel），外交部长维托德·瓦什赤科夫斯基（Witold Waszczykowski），数字化部长安娜·斯特雷任思卡（Anna Streżyńska），基础设施和建筑部长安德烈·阿达姆赤克（Andrzej Adamczyk），卫生部长康斯坦特·拉吉维乌（Konstanty Radziwiłł），海洋经济与内河航运部长马雷克·格鲁巴尔赤克（Marek Gróbarczyk），财政部长帕维尔·沙瓦马哈（Paweł Szałamacha），总理办公室负责欧盟事务部长康拉德·什曼斯基（Konrad Szymański），总理办公室负责议会联络事务部长阿达姆·利平斯基（Adam Lipiński），部长、负责发展事务第一副部长耶日·科维钦斯基（Jerzy Kwieciński）。

11 月 18 日，希德沃在长达一个小时的施政报告中阐述了新政府在经济和社会发展、医疗卫生、工业和农业、教育、安全等方面打算实施的政策，包括对有两个以上孩子的家庭每个孩子每月补助 500 兹罗提（约 125 欧元）、降低退休年龄、提高免税门槛等福利方面的计划。希德沃强调了新政府的主要任务，第一是发展，第二是发展，第三还是发展。她指出，鉴于几天前在法国发生的恐怖袭击事件，确保波兰人的安全将是新政府的首要任务。波兰将与欧洲其他国家团结合作打击恐怖主义。希德沃间接批评了欧盟的难民配额政策。在国防和外交政策上，她表示：政府将加强和扩大军队，并努力强化北约东部边境。希德沃还强调：在安全问题和整个外交政策上，新政府将特别重视与美国的关系。

第四节　立法与司法

一　议会

1505 年成立的拉多姆议会是波兰历史上的第一个议会，由参议院、众议院组成，为国家最高立法机关。此后 300 多年，波兰一直实行参议院、众议院两院议会制。议会与国王实现了一定程度的权力平衡。

1652 年，"自由否决权"的出现，使议会开始成为国家权力中心，波兰贵族民主制发展到顶峰。但由于"自由否决权"被贵族肆意滥用，议会的立法职能反而难以实现。

1815 年后，波兰王国议会被沙皇控制，没有实权。

1831 年，沙皇尼古拉一世颁布了《波兰王国组织法》，废除了波兰议会。

第二共和国前期，依据"三月宪法"，波兰议会是国家最高立法机构，但党派斗争削弱了议会民主。后期，"萨纳齐亚"政府压制议会，立法工作无法正常展开。"四月宪法"的出台更是剥夺了议会最高立法机构的地位。

1946 年 6 月 30 日，波兰全国人民代表会议决定取消参议院，实行一院议会制。

1947 年 1 月 19 日，波兰举行战后首次议会选举。选举结果是：由波兰工人党、波兰社会党、农民党和民主党组成的民主阵线（Blok Demokratyczny）获胜，共获得 80.1% 的选票和 394 个席位；波兰农民党获得 10.3% 的选票和 28 个席位；劳动党获得 4.7% 的选票和 12 个席位；波兰农民党"新解放"派（Polskie Stronnictwo Ludowe Komitet Obywatelski „Nowe Wyzwolenie"）获得 3.5% 的选票和 7 个席位；其他社会团体，包括天主教会等获得 3 个席位。2 月，农民党领袖瓦迪斯瓦夫·科瓦尔斯基（Władysław Kowalski）当选为议会议长，波兰工人党领导人贝鲁特当选为总统，波兰社会党总书记西伦凯维奇当选为总理，波兰工人党中央总书记哥穆尔卡和农民党总书记安东尼·科日茨基（Antoni Korzycki）当选为副总理。

1952 年 10 月 26 日举行的波兰人民共和国第一届议会选举，取消了自由选举，改按议席"分配制"选举。结果波兰统一工人党"大获全胜"，成为唯一的执政党，国事决策权力开始集中在党中央总书记（后称第一书记）和以党中央总书记为首的几位政治局委员手中，议会成为"橡皮图章"。

1989 年 4 月，波兰决定重建两院议会制。同年 6 月 4 日，波兰举行剧变后的首届议会选举，依"半自由选举"原则选举产生了众议院和参议院。1991 年 10 月，波兰举行剧变后的第二届议会选举，真正实行完全的自由选举。

根据波兰现行宪法，波兰议会为众议院、参议院两院制议会；众议院由 460 位议员组成，参议院由 100 位议员组成；议员通过自由选举产生，任期 4 年；凡年满 21 周岁的波兰公民均有资格参加众议员选举；凡年满 30 周岁的波兰公民均有资格参加参议员选举；因故意犯罪被法院判处徒刑的人不得担任议员；议员候选人可以由政党或选民提名产生；不得同时担任众议院议员和参议院议员；议员不得兼任波兰国家银行、最高审计办公室（Najwyższa Izba Kontroli）、驻外大使等工作，也不能在议会办公厅、总统办公厅或政府机构中任职；议员享有豁免权，未经议会同意不得将其扣留或逮捕。

众议院的主要职能为：在宪法和法律范围内监督部长会议；向总理和部长会议其他成员提出质询；制定、通过法律；修改宪法；对外宣战和停战；决定举行全民公决等。众议院第一次会议选举产生议长和若干名副议长，议长的主要职能是：召集众议院会议；领导众议院的工作；维护众议院的权利；对外代表众议院等。众议院设有常务委员会，并有权设立专门委员会和调查委员会。

众议院可根据众议员法定人数的 2/3 多数票所通过的决议自行解散；总统在征求众议院议长和参议院议长同意后亦有权解散众议院，但议会可以 3/5 的多数票拒绝总统的决定；一届众议院议员任期结束之时，同一届参议院议员的任期亦告结束；在国家面临危险的情况下，如战时状态、紧急状态或发生自然灾害时，众议院不得被解散，也不得进行议会选举。

参议院的主要职能是：审议众议院通过的法律，并在 30 日内决定通过、修改或驳回；修改宪法；以参议员法定人数的绝对多数票授权总统举行全民公决等。参议院第一次会议选举产生议长和若干名副议长，议长负责召集参议院会议，领导参议院的工作，维护参议院的权利，对外代表参议院等。

议会辩论通常公开进行，若获得议员的绝对多数同意，则辩论可以秘密进行。

众议院和参议院举行的联席会议，称国民大会（Zgromadzenie Narodowe）。国民大会通常由众议院议长主持，其职能有：听取总统就职宣誓；宣告总统因健康原因无法履职；决定向总统提起诉讼等。比较特殊的是，波兰现行宪法是由国民大会最终审议和通过，并提交全民公决的。波兰剧变后的第一任总统也是由国民大会选举产生的，后来总统改由全体选民直接选举产生，国民大会不再享有这一职权。

从 1989 年至 2016 年，波兰一共举行了 9 次议会选举，具体情况如下。

1989 年 6 月，波兰举行剧变后第一届议会选举，波兰统一工人党获得 173 个众议院议席，团结公民委员会获得 161 个众议院议席和 99 个参议院议席。

1991 年 10 月，波兰举行第二届议会选举，由于参选政党过多，没有任何党派获得超过 13% 的选票，最终有 29 个政党进入众议院，10 个政党进入参议院。其中波兰啤酒爱好者党（Polska Partia Przyjaciół Piwa）竟获得 16 个众议院议席，一时成为头条新闻。

1993 年 5 月，波兰议会通过新的《选举法》，规定参加议会竞选的政党和政党联盟，只有当其得票率分别在 5% 和 8% 以上时，方有资格进入议会。少数民族政党不受以上限制。

1993 年 9 月，波兰举行第三届议会选举，民主左派联盟获胜，获得 171 个众议院议席和 37 个参议院议席。

1997 年 9 月，波兰举行第四届议会选举，团结选举运动获胜，获得 201 个众议院议席和 51 个参议院议席。

2001 年 9 月，波兰举行第五届议会选举，民主左派联盟大胜，获得 216 个众议院议席和 75 个参议院议席。

2005 年 9 月，波兰举行第六届议会选举，法律与公正党以微弱优势战胜公民纲领党，取得 155 个众议院议席和 49 个参议院议席，成为议会第一大党。

2007 年 10 月，由于执政联盟成员面临腐败指控，众议院自行解散，波兰提前举行议会选举（第七届议会选举）。最终，公民纲领党获胜，取得 209 个众议院议席和 60 个参议院议席。本次选举中仅有 4 个政党获得众议院席位。

2011 年 10 月，波兰举行第八届议会选举，公民纲领党获胜，获得 207

个众议院议席和 63 个参议院议席。

2015 年 10 月 25 日，波兰举行第九届议会选举。据统计，本届议会选举有 8000 名候选人参加众议院 460 个席位的角逐，400 名候选人参加参议院 100 个席位的角逐。全国共有 3000 多万有资格投票的选民，共设 2.7 万个投票站。26 日，波兰国家选举委员会公布选举计票结果，本届议会选举共有 5 个党派进入议会，分别是：法律与公正党得票率为 37.58%，名列第一；公民纲领党得票率为 24.09%，名列第二；"库齐兹"运动得票率为 8.81%，位居第三；"现代波兰"协会和波兰农民党（又译为波兰人民党）得票率分别为 7.60% 和 5.13%，位居第四和第五。其中，"库齐兹"运动和"现代波兰"协会都是第一次进入波兰议会，而且都是刚刚组建不久的新政党。27 日，波兰国家选举委员会公布议会选举中的议席分配结果：法律与公正党获得 235 个众议院议席，超过众议院 460 个总席位的半数，可以单独组阁。这是自 20 世纪末波兰社会制度转轨以来，第一次出现一个政党单独组阁。此外，因为由波兰左翼党派联合而成的"统一左派"联盟没有获得进入议会所需的法定票数，议会中第一次失去左派的身影，这在波兰历史上也是史无前例的。

11 月 12 日，波兰新一届议会举行第一次全体会议，选举新的众议院议长和参议院议长。在两院选举中，法律与公正党的马莱克·库赫钦斯基（Marek Kuchciński）当选为波兰众议院议长，法律与公正党的斯坦尼斯瓦夫·卡尔切夫斯基（Stanisław Karczewski）当选为参议院议长。

二 司法机构

1. 法院

根据现行宪法，波兰实行四级法院结构，包括波兰最高法院、普通法院（上诉法院、区级法院）、行政法院、军事法院等。

波兰最高法院为波兰最高司法机关，其主要职能是审查和监督普通法院、军事法院等的审判活动。普通法院负责刑事、民事等法律案件的审理。行政和军事法院则分别负责行政和军事案件。

波兰法院独立于议会和政府，法官独立行使审判权，只受宪法和法律的约束。法院法官由波兰司法委员会（Krajowa Rada Sądownictwa）提名，总统直接任命。现任波兰最高法院主席是马尔加扎塔·格斯多夫（Małgorzata Gersdorf）。

此外，波兰还设有独立的国务法院和宪法法院。

国务法院负责受理有关总统、部长会议成员和波兰国家银行行长等行政官员违反宪法和法律的案件，是弹劾官员的专门机构。国务法院有权解除公职、颁布禁令、剥夺选举权和荣誉等。

国务法院由主席（波兰最高法院主席兼任）、两名副主席和16位法官组成，全部成员均由众议院选举产生，任期4年。

宪法法院负责行使违宪审查权，包括立法审查权、行政行为审查权、国家机关权限争议审查权、违宪政党（或政治组织）审查权、宪法诉愿审查权等。宪法法院的主要职能有：审查议会通过的法律（包括宪法修正案）和国际条约是否符合宪法；审查中央国家机构发布的法规和命令是否符合宪法；审查政党的目的和活动是否符合宪法；裁决中央国家机构间的职权争议；受理违宪申诉等。宪法法院的裁决是最终裁决，具有普遍约束力。

宪法法院由主席、副主席等15名法官组成，成员由众议院选举产生，任期9年。宪法法院现任主席是安杰伊·热普林斯基（Andrzej Rzepliński）。

2. 检察机关

波兰的检察机关包括：总检察院、国家检察院、省级检察院、区级检察院等。

总检察院为波兰最高检察机关，其主要职能是协同司法机关维护国家法治，监督法律的实施，领导和监督地方检察机关的工作。国家检察院及地方各级检察院负责处理相应刑事案件。

1990年3月，波兰议会通过《检察院法》，将总检察院并入司法部，司法部长兼任总检察长，由司法部负责检察工作。2010年3月，总检察院与司法部分离，并与国家检察院合并，总检察长不再由司法部长兼任。此后，总检察院独立于总统和政府，仅向议会负责，并向其汇报工作和接受其监督。

检察院检察官均由波兰检察委员会（Krajową Radę Prokuratury）提名，并由总统直接任命。现任波兰总检察长为安杰伊·塞雷梅特（Andrzej Seremet）。

3. 执法力量

波兰的执法力量主要是波兰警察（Policja）和城市卫队（Straż gminna）。

波兰国家警察部队直接对中央政府负责，主要侦破各类一般犯罪案件和从事部分反恐工作。波兰警察通常携带武器。呼叫电话为"997"。

城市卫队由地方政府组建和指挥，并与波兰警察协同工作，负责维护公共秩序和交通安全等，不处理犯罪案件。城市卫队通常只携带非致命武器。呼叫电话为"986"。

其他执法机构还有：国内安全局（Agencja Bezpieczeństwa Wewnętrznego）、政府护卫局（Biuro Ochrony Rządu）、中央反腐败局（Centralne Biuro Antykorupcyjne）、海关（Służba Celna）、监狱（Służba Więzienna）、边防卫队（Straż Graniczna）和铁路卫队（Straż Ochrony Kolei）等。

第五节　政党与工会组织

一　概述

18世纪30年代，波兰议会内开始出现以家族为单位的军事或政治集团，如恰尔托雷斯基家族的"家族党"（Familia）。

在"四年议会"时期（1788~1792年），波兰贵族和市民中的改革派成立了波兰最早的政党——爱国党（Stronnictwo Patriotyczne）。爱国党积极推动政治改革，并成功颁布"五三宪法"。与此同时也产生了亲沙俄的反对派——盖特曼党（Stronnictwo Hetmańskie）。随着波兰被瓜分，爱国党也被解散，成员多流亡国外。

1861年，波兰形成了两个新政党——"红党"和"白党"，分别主张用武装斗争和外交手段寻求国家独立。

1882 年，波兰历史上第一个社会主义政党——无产阶级党诞生。随后，大批代表社会不同阶层利益的政党相继成立，如波兰社会党、波兰农民党、全犹太工人联合会等。1889 年，波兰最早的工会组织——互助联盟（Związek Wzajemnej Pomocy）在上西里西亚成立。

波兰第二共和国成立后，实行多党制。由于民主制度不成熟，议会内的党派斗争过于频繁，最终催生了"萨纳齐亚"政府。尽管"萨纳齐亚"政府的独裁统治削弱了多党政治的民主性，但并未否定或废除多党制，波兰仍是一个政治多元化的社会。

二战期间，德国纳粹禁止政党和工会活动，波兰的社会政治组织遭到毁灭性打击。

1947 年 1 月，波兰依据"三月宪法"举行社会主义政权建立后的首届议会选举，许多政党参加了竞选。最终，进入波兰议会的政党有 7 个：波兰工人党、波兰社会党、农民党、民主党、波兰农民党、劳动党和波兰农民党"新解放"派。

1948 年 12 月，波兰工人党和波兰社会党合并成为波兰统一工人党，并宣布自己为波兰人民的"领导者"。农民党和波兰农民党于 1949 年 11 月重组为统一农民党（Zjednoczone Stronnictwo Ludowe，ZSL）。同年，劳动党停止活动，其部分成员加入了民主党。其余的小政党也遭到解散。自此，多党制被废除，波兰统一工人党完全控制了政权，形成了形式上的"波兰统一工人党领导下的三党联合执政"（即波兰统一工人党、统一农民党和民主党），而实际上是"一党集权"的局面。

1952 年 10 月，波兰人民共和国举行了首次议会选举。在 425 个议席中，波兰统一工人党占 273 席，统一农民党占 90 席，民主党占 25 席，无党派人士占 37 席。由于参选政党及无党派人士均隶属于波兰统一工人党领导的"民族阵线"（Frontu Narodowego），可以说波兰统一工人党完全控制了议会。

同时，波兰统一工人党建立了工会协会（Zrzeszenie Związków Zawodowych，ZZZ），以领导全国的工会组织。尽管如此，波兰国内仍然爆发了"波兹南事件""十二月事件""六月事件"等罢工抗议活动,直至1980年团结工会成立。

1980年,由于团结工会运动的冲击,工会协会停止活动。团结工会被取缔后,全波兰工会联合会(Ogólnopolskie Porozumienie Związków Zawodowych,OPZZ)于1984年11月24日宣告成立,成为新的全国工会领导机构。

1989年,随着波兰统一工人党宣布在波兰实行多党制,团结工会重新合法化,原有的政党或社会团体开始分化重组,新的政治组织如雨后春笋般涌现。

1989年6月4日,波兰人民共和国的议会选举中首次出现了反对派——团结公民委员会。团结公民委员会获得了161个众议院席位和99个参议院议席,与波兰统一工人党分庭抗礼。

在1991年10月的第2届议会选举中,共有111个政党和社会团体参与竞选。此次选举可以说汇集了波兰社会各方面的政治力量,最终有29个政党获得众议院议席,10个政党获得参议院议席。

1992年,波兰国内的合法政党和社会团体达到150余个,合法的工会组织约有200个。

1995年总统选举中,有50个政党和工会组织推选了总统候选人。

1997年议会选举前夕,波兰全国为参加议会竞选而到法院登记注册的政党、政治组织及工会组织等共有317个。

社会主义时期,波兰不允许成立政党,故没有规范政党活动的法律。1990年7月28日,波兰议会通过了《政党法》,为波兰实行多党制奠定了法律基础。《政党法》规定,任何一个政党,只要征集到具有完全法律行为能力的15个成年波兰公民的签名,有办公地址,即可以向法院申请登记,从登记之日起便获得合法政党的地位并受到法律保护。《政党法》还规定,政党不得以武力推翻现政权,不得享受国家补贴,不得直接从事经济活动等。

1997年6月27日,波兰议会通过了新《政党法》,把政党注册登记所需的签名数提高到1000个,并增加了其他条件,使政党的注册更加规范。

波兰现行宪法明确保护建立政党的自由和政党活动的自由，但严禁纲领中带有纳粹主义、法西斯主义、共产主义和极权主张的政党和组织在波兰进行活动。

二　主要政党

截至 2014 年，在波兰注册登记的政党有 200 多个，亦有部分未依法登记注册的政党或政治派别，但具有真正影响力、能够进入议会的政党一般不超过 10 个。

在波兰现行政治体制下，政党在国家政治中的作用已大大下降；因为波兰的国家权力中心已由原来的波兰统一工人党中央政治局转变为议会，政策均由议会通过立法的形式得到确定。政党只有通过选举才能进入议会，若执政不得法，就可能在下次选举中落败，成为在野党。如此，波兰再不可能出现一个政党长期无条件控制议会的局面了。

以下为在波兰当代史上影响力较大的政党。

波兰统一工人党（Polska Zjednoczona Partia Robotnicza，PZPR） 1948 年 12 月 16 日由波兰工人党和波兰社会党合并而成，至 1989 年 6 月 18 日一直为波兰人民共和国唯一的执政党。

1892 年，波兰社会党在巴黎成立。1893 年 7 月，波兰社会党发生分裂，部分成员成立了波兰王国社会民主党（Socjaldemokracja Królestwa Polskiego，SKP）。1899 年，波兰王国社会民主党与立陶宛工人联盟（Związkiem Robotników Litwy）合并成为波兰王国和立陶宛社会民主党。1914 年，波兰社会党再次分裂为左派和革命派。1918 年，波兰社会党左派和波兰王国和立陶宛社会民主党合并成为波兰共产主义工人党。

1919 年 4 月，加利西亚波兰社会民主党加入波兰社会党。在 1922 年举行的波兰第二共和国首届议会选举中，波兰社会党获得 10.3% 的选票，而波兰共产主义工人党仅获得 1.4% 的选票。

1925 年，波兰共产主义工人党更名为波兰共产党。

1935 年，波兰社会党和波兰共产党联合抵制了依据"四月宪法"举行的议会选举。

1938 年，受苏联肃反运动影响，共产国际以"敌人奸细大批渗入党的领导队伍中"为由，解散了波兰共产党。

1942 年 1 月，原波兰共产党骨干成立了波兰工人党。其行动纲领是：同德国占领军进行斗争，争取国家独立，与苏联结盟。

1945 年 12 月 6~13 日，波兰工人党在华沙召开第一次代表大会。大会认为，目前波兰的政权不是苏联式的苏维埃政权，也不是西方式的资产阶级民主政权，而是人民民主政权；应当通过波兰的特殊道路走向社会主义。大会号召全党加强统一战线，加强同波兰社会党、农民党和民主党的合作，团结更多的爱国民主力量。大会通过了波兰工人党党章。

1948 年 3 月，波兰工人党和波兰社会党两党举行联席会议，决定实行合并。12 月 14 日，波兰工人党第二次代表大会和波兰社会党第二十八次代表大会同时在华沙召开，两党正式合并为波兰统一工人党。波兰统一工人党成立后即成为波兰最大的政党，拥有 160 万党员，其中 100 万来自波兰工人党，60 万来自波兰社会党。

1948 年 12 月 15 日，波兰统一工人党召开第一次代表大会。大会历时 7 天，通过了《波兰统一工人党思想宣言》和波兰统一工人党党章，以及《发展和改造波兰经济的六年计划的指令》，选举产生了波兰统一工人党中央委员会和中央政治局，贝鲁特当选为波兰统一工人党中央总书记。

《波兰统一工人党思想宣言》称，波兰统一工人党为波兰工人阶级和波兰人民的先锋队、组织者和领导者；波兰统一工人党领导波兰人民巩固人民政权，恢复经济，使波兰国家走上社会主义发展道路。

进入 20 世纪 50 年代，波兰统一工人党开始实行"一党专制"，出现了个人崇拜、限制民主、破坏法制等现象。

1956 年 10 月，波兰统一工人党举行第二届八中全会，哥穆尔卡当选为中央第一书记。会议对过去党的方针政策和错误进行了批评，提出克服"官僚主义和教条主义，加强法制和政治生活民主化，发展经济，更快地改善人民生活"的新方针。

1970 年 12 月，在波兰统一工人党举行的第五届七中全会上，哥穆尔卡被解除中央第一书记职务，由盖莱克继任。

1979 年，波兰统一工人党党员人数达到 350 万。

1980 年 9 月，盖莱克被解除中央第一书记职务，由卡尼亚接任。

1981 年 10 月，波兰局势动荡，雅鲁泽尔斯基接替卡尼亚任中央第一书记。

1986 年，由于主动退党人数渐多，波兰统一工人党党员人数减少至 210 万。

1989 年，波兰统一工人党与社会各方举行"圆桌会议"，确定在波兰实行多党制和政治多元化。

1989 年 6 月，在剧变后的首届议会选举中，波兰统一工人党只获得分配给"执政联盟"各党派总共 299 个众议院议席中的 173 席，在参议院则 1 个席位也没有获得。1989 年 8 月 24 日，波兰议会以压倒性多数票任命团结工会首席顾问马佐维耶茨基为总理；9 月 12 日，波兰议会通过新政府成员名单。自此，波兰统一工人党失去了执政地位。

1990 年 1 月 27 日，波兰统一工人党召开第十一次代表大会，通过了《波兰统一工人党停止活动的决议》。《决议》指出，"在战后有限主权和斯大林主义占上风的条件下产生的制度未能满足社会的需要，未能实现它应有的价值。在这一制度里，既没有自由，也没有公正"；"在战后波兰取得的成果中，波兰统一工人党的贡献是不可否认的，其中包括国家的重建，收复的土地的开发，为千百万波兰人在文明方面取得真正进展创造物质基础，为波兰保证了长达 45 年之久的和平与边界安全。历史会对它的工作与遗产做出公正的评判"；"然而，不能忘记波兰统一工人党的领导对斯大林主义时期的罪恶所应负的责任。它对背离民主原则，对强制实行集体化，对与工人阶级发生冲突，对使知识分子贫困化，对经济和社会危机也应承担责任"；"公正地评价过去必须把几百万党员的勤恳努力和爱国主义，同官僚主义的实践及滥用权力区分开来。我们将公正地评价那些敢于反对这些现象，并坚持思想原则和心地诚实的党员"；"在波兰统一工人党的全部历史中，党的改革思潮一直在发展着。它在最近 10 年中日益强大，为政治改革和经济改革都创造了条件，其表现是波兰统一工人党第十届十中全会和'圆桌会议'倡议"；"参加波兰统一工人党第十一次代表大会的代表们意识到了波兰统一工人党不可能得到社会的信任，所以决定结束它的活动"。

波兰统一工人党停止活动后，部分成员另行组建了波兰共和国社会民主党（Socjaldemokracja Rzeczypospolitej Polskiej，SdRP）和波兰社会民主联盟（Polska Unia Socjaldemokratyczna，PUS），继续参与波兰的政治活动。

民主左派联盟党（Sojusz Lewicy Demokratycznej，SLD） 前身是竞选联盟——民主左派联盟，于 1999 年 4 月成为独立政党，其成员主体来自波兰共和国社会民主党，也包括其他社会民主主义党派的成员。截至 2012 年12 月，其党员人数约为 3.6 万人。

波兰共和国社会民主党于 1990 年 1 月 28 日成立，是波兰统一工人党的后继党之一。波兰统一工人党在决定停止活动时还认为，波兰需要一个新的左派政治团体，于是波兰共和国社会民主党应运而生。在参加波兰统一工人党第十一次代表大会的 1600 名代表中，约有 1200 人加入了波兰共和国社会民主党并出席其成立大会。大会选举克瓦希涅夫斯基为最高委员会主席，米莱尔为执行委员会总书记。大会通过了《波兰共和国社会民主党宣言》和党的章程等一系列文件。1991 年，波兰共和国社会民主党党员为 4.7 万人。后来，党员发展到 8 万多人，其中中老年人占 2/3 左右。波兰共和国社会民主党的机关报为《论坛报》（Trybuna）。

虽然是波兰统一工人党的后继党，但波兰共和国社会民主党在政治纲领等诸多方面同波兰统一工人党有许多区别，而更接近西欧的社会民主主义党派。

波兰共和国社会民主党主张建立自由平等、社会公正和强大的法治国家；支持议会民主、多党制和地方自治；主张言论自由、宗教信仰自由、科学和艺术创作自由；强调市场经济同国家干预相结合，多种经济成分、多种形式的社会所有制取代国家所有制等。它的目标是实现民主社会主义。其宣言也不再提及马克思主义、列宁主义、无产阶级专政和集中制等概念。

克瓦希涅夫斯基认为，波兰共和国社会民主党应当同其他左派政党组织加强联合；对团结工会政府保持批评的同时，还应支持政府在克服危机、促进改革和建立民主秩序方面的行动；另外也应同工会组织保持合作。克瓦希涅夫斯基号召党员深入工人群体，加强同青年群体的沟通，使人们相信波兰共和国社会民主党能够代表他们的利益。1991 年 6 月，波兰共和国社会民主党发表了党的社会政治纲领——《民主与公正》，就国家政治问题阐明自己的观点。

在 1991 年 10 月的波兰议会选举中，波兰共和国社会民主党与全波兰工会联合会、波兰社会党 ① 、民主妇女联合会（Demokratyczna Unia Kobiet）等 32 个政党和社团结成竞选联盟——民主左派联盟。民主左派联盟最终获得众议院 460 个议席中的 60 席，列第二位，但未能参与少数派政府。

在 1993 年 9 月的议会选举中，民主左派联盟获得 20.4% 的选票，列第一位。10 月 26 日，民主左派联盟与波兰农民党组建联合政府，波兰共和国社会民主党成为执政党之一。

在 1995 年的总统选举中，波兰社会民主党候选人克瓦希涅夫斯基击败了争取连任的瓦文萨，当选波兰第三共和国第三任总统。

1997 年 9 月，民主左派联盟在议会选举中失利，波兰共和国社会民主党再次成为在野党。

1997 年 12 月 6 日，波兰共和国社会民主党举行第三次全国代表大会，修改了党纲和党章，并选举米莱尔为新主席。

1999 年 4 月，为增加进入议会的概率，民主左派联盟决定将自己改造成政党。4 月 15 日，波兰共和国社会民主党举行第四次全国代表大会，决定解散。随后，民主左派联盟党在华沙区法院注册登记。12 月 18~19 日，民主左派联盟党在华沙举行第一次代表大会，有 767 名代表参加。大会通过了党的纲领性宣言，并选举米莱尔为全国委员会主席，克什日托夫·亚尼克（Krzysztof Janik）为总书记。

民主左派联盟党宣言表示，"把爱国主义和独立愿望同争取政治民主和经济、社会权利的斗争结合在一起是波兰社会民主主义者的传统"；"1989 年社会做出的选择已不可逆转"；"建立民主的法治国家和社会市场经济，从主观上重视公民的社会安全和个人安全，是波兰国家利益发出的昭示"；

---

① 由扬·约瑟夫·利普斯基（Jan Józef Lipski）于 1987 年按原波兰社会党的理念成立的同名政党。

"民主左派联盟党向在波兰人民共和国那些困难，甚至悲惨的时期里，以自己的诚实劳动为国家和他人服务的人们致敬，对那些敢于反对专制并促成今天自由波兰的人们表示赞赏和感激"。

宣言还对极权主义进行了谴责，"我们谴责与社会民主主义思想格格不入的共产主义，谴责 1944 年以后其对波兰人和社会犯下的一切罪行，并向这些罪行的受害者致意"；"有许多受害者还活着，应该给他们平反"；"我们保证新的左派不会掩盖过去的罪孽和错误，而且永不再犯"。

在 2001 年 9 月举行的波兰议会选举中，民主左派联盟党与劳动联盟结成政党联盟，并以 41.04% 的得票率获胜，民主左派联盟党、劳动联盟遂与波兰农民党组成联合政府。联合政府于 10 月 19 日宣告成立，米莱尔任总理。此时，民主左派联盟党约有 10 万党员。

2002 年 2 月，民主左派联盟党召开全国代表会议，选举马雷克·迪杜赫（Marek Dyduch）为总书记，原总书记亚尼克改任全国委员会副主席。

由于腐败丑闻，民主左派联盟党内部矛盾加剧。2003 年 3 月 6 日，米莱尔辞去党主席职务，由亚尼克继任。2004 年 3 月 26 日，时任众议院议长马雷克·博罗夫斯基（Marek Borowski）等部分成员宣布脱离，并成立了一个新的左派政党——波兰社会民主党（Socjaldemokracja Polska，SDPL）。

2004 年 12 月 18 日，时任众议院议长约瑟夫·奥莱克塞（Józef Oleksy）当选为民主左派联盟党主席。

因未能妥善解决国内社会经济问题，加之政府内部权钱交易的腐败丑闻不断，曾带领波兰加入欧盟的民主左派联盟党在 2005 年 9 月的议会选举中败北，仅获得 11.3% 的选票。5 月 29 日，沃伊切赫·欧雷尼查克（Wojciech Olejniczak）接替奥莱克塞，当选为党主席。

2007 年，民主左派联盟党与波兰社会民主党、劳动联盟、民主党（Partia Demokratyczna - demokraci.pl，PD）组成竞选联盟——左派民主人士（Lewica i Demokraci，LiD），参加波兰议会选举。左派民主人士最终的得票率为 13.2%，得到 53 个众议院议席。2008 年 4 月，左派民主人士解体。2008 年 5 月 31 日，戈日格什·纳皮耶拉尔斯基（Grzegorz Napieralski）就

任民主左派联盟党主席。

2010 年 6 月，纳皮耶拉尔斯基参加总统竞选，但在第一轮投票中仅名列第三位。

在 2011 年的议会选举中，民主左派联盟党的得票率为 8.24%，获得 27 个众议院议席，成为议会中的第五大党。

2011 年 12 月，米莱尔重新当选为民主左派联盟党主席。

多年来，民主左派联盟党对中国态度友好，常派代表团访问中国。2011 年 7 月，时任民主左派联盟党主席纳皮耶拉尔斯基在祝贺中国共产党建党 90 周年的贺函中说："中国步入高速发展的轨道充分证明了中国共产党 30 年前推行改革开放战略的正确性，也证明了符合人民利益的政策必将为中国社会带来更加强大的发展动力。"2012 年 10 月，米莱尔在预祝中国共产党第十八次全国代表大会胜利召开的贺信中表示，"民主左派联盟党不论执政与否都一贯重视发展对华关系，愿与中国共产党长期保持友好交往，相信中国共产党将继续引领中国人民在中国特色社会主义道路上取得更多新的成就"。

在 2015 年波兰议会选举中，民主左派联盟党与"你的运动"党及其他党派组成政党联盟"左翼联盟"参选，因得票率没有越过 8% 的门槛，未能进入议会。

波兰农民党（又译为波兰人民党，Polskie Stronnictwo Ludowe，PSL）1990 年 5 月 5 日成立，由波兰农民党"复兴"派（Polskie Stronnictwo Ludowe „Odrodzenie"）和波兰农民党"维拉诺夫"派（Stronnictwo Ludowe „Wilanów"）等党派合并而成。截至 2012 年 12 月，其党员约有 12.4 万人，是波兰最大的政党之一。该党主要成员为农民。

最早的波兰农民党成立于 1895 年，致力于农民独立运动。在第二共和国时期，波兰农民党分裂为"皮雅斯特"派（Polskie Stronnictwo Ludowe „Piast"，PSL Piast）和"解放"派（Polskie Stronnictwo Ludowe „Wyzwolenie"，PSL Wyzwolenie）。

1945 年 8 月 22 日，波兰流亡政府总理米科瓦伊奇克回国重建波兰农民党，该党被视为同波兰工人党、波兰社会党、农民党、民主党等 4 个

"民主政党"相对立的"合法政治反对派"。1946年，波兰农民党中的反对派又分离出波兰农民党"新解放"派。1947年1月，波兰农民党在议会选举中落败。随后，波兰农民党和波兰农民党"新解放"派合并，改称统一农民党。统一农民党虽名为"参政党"，实际是波兰统一工人党的"卫星党"。

1989年，大量新党派成立，其中有许多以"农民"命名。1990年5月5日，波兰农民党"复兴"派（由统一农民党重组而来）和波兰农民党"维拉诺夫"派（代表波兰农民运动中以宗教社会学为基础的一派）以及其他一些代表农民利益的团体合并成为现在的波兰农民党，罗曼·巴托日切（Roman Bartoszcze）任党主席。

波兰农民党的纲领一直带有重农主义色彩，其目标有：建设民主国家，实行多党议会民主制；实现国家干预范围比社会市场经济更广的市场经济，走介于集体主义与自由主义之间的"第三条道路"；实行多种所有制，对各种所有制形式一视同仁；为农村争取应有的社会地位；扶持农业，保证粮食供应；放慢私有化的速度；在国有农业资产私有化过程中给予农民优惠；发展农业合作社；推行免费教育和公共医疗体系；取消单一税制；支持欧洲一体化等。

在1991年10月的议会选举中，波兰农民党获得8.7%的选票，在众议院和参议院中分别得到48个和7个席位。

在1993年9月的议会选举中，波兰农民党获得15.4%的选票，在众议院和参议院中分别得到132个和36个席位，成为议会中第二大党，并与以波兰共和国社会民主党为主体的民主左派联盟联合执政4年。

在1997年9月的议会选举中，波兰农民党获得7.31%的选票，在众议院和参议院中分别占27席和2席，与波兰共和国社会民主党一样成为在野党。此后，波兰农民党举行最高委员会会议，雅罗斯瓦夫·卡利诺夫斯基（Jarosław Kalinowski）当选为党主席。此后，波兰农民党的立场逐渐由左派偏向中间派。

在2001年9月的议会选举中，波兰农民党的得票率为8.98%，在众议院中拥有42席，名列第五位。同年10月，波兰农民党受邀与民主左派联盟党和劳动联盟组成联合政府。

2005 年 1 月 29 日，瓦尔德马·帕夫拉克（Waldemar Pawlak）当选为波兰农民党主席。

在 2005 年 9 月的议会选举中，波兰农民党以 7% 的得票率获得众议院 25 席和参议院 2 席，名列第六位。

在 2007 年 10 月的议会选举中，波兰农民党得票率为 8.93%，名列第四位，在众议院拿下 31 席。同年 11 月，波兰农民党受邀与公民纲领党组成联合政府。

在 2011 年 10 月的议会选举中，波兰农民党获得 8.36% 的选票，名列第四位，得以继续与公民纲领党联合执政。

2012 年 11 月 17 日，波兰农民党举行第十一届全国代表大会，雅努什·皮耶豪钦斯基（Janusz Piechociński）当选为主席。12 月，皮耶豪钦斯基出任波兰副总理兼经济部长。

在 2015 年 10 月的波兰议会选举中，波兰农民党得票率为 5.13%，位居第五，成为波兰议会中的最小党派。

团结选举社会运动党（Ruch Społeczny Akcja Wyborcza Solidarność，RS AWS） 1997 年 12 月成立，是团结工会领导下的政党。

1989 年 6 月，团结工会首次参加议会选举，取得众议院 161 席，参议院 99 席，获得了初步胜利。

在 1993 年 9 月的议会选举中，团结工会败北，仅获参议院 10 个席位，未能进入众议院。

1996 年 6 月，为确保在 1997 年的议会选举中获胜，团结工会联合中间联盟（Porozumienie Centrum，PC）、基督教民族联盟（Zjednoczenie Chrześcijańsko-Narodowe，ZChN）、波兰农民党－农民联盟（Polskie Stronnictwo Ludowe-Porozumienie Ludowe，PSL-PL）、莱赫·瓦文萨研究所（Instytut Lecha Wałęsy）等 30 余个政党和社团，组成了竞选联盟——团结选举运动。

在 1997 年 9 月的议会选举中，团结选举运动果然取胜，获得 33.8% 的选票。由于当选的议员多来自不同的政党和组织，为协调团结选举运动成员的活动，团结工会决定成立一个新政党——团结选举社会运动党。

团结选举社会运动党于 1997 年 12 月在法院注册登记，马利安·克萨克莱夫斯基（Marian Krzaklewski）成为首任主席。当时，团结选举社会运动党约有 4 万名党员，其中一半来自团结工会。该党的政治主张为：实现普遍私有化；实行有利于家庭的税收政策；推行每周 5 天工作日；严惩刑事犯罪；支持波兰加入欧盟等。

1999 年 1 月，时任波兰总理布泽克当选为主席。

在 2001 年 9 月的议会选举中，团结选举社会运动党以 5.6% 的得票率败北，因未达到法定最低得票率（8%）而未能进入议会。随后，米耶奇斯瓦夫·雅诺夫斯基（Mieczysław Janowski）接替布泽克成为团结选举社会运动党主席。

2002 年 4 月 28 日，团结选举社会运动党更名为社会运动（Ruch Społeczny），并选举克日什托夫·皮耶塞维奇（Krzysztof Piesiewicz）为新的党主席。由于未能实现与自由联盟和保守人民党–新波兰运动（Stronnictwo Konserwatywno-Ludowe–Ruch Nowej Polski，SKL-RNP）组成竞选联盟的目标，社会运动的影响力逐渐衰弱，大量成员退出或另行组建新党。

2004 年 4 月 3 日，社会运动解散。

2004 年 11 月 27 日，部分社会运动前成员组建了中间党（Partia Centrum，PC），选举雅努什·施坦因霍夫（Janusz Steinhoff）为主席，兹比格涅夫·莱利加（Zbigniew Religa）为名誉主席。中间党基本继承了社会运动的纲领。

在 2005 年 9 月的议会选举中，中间党仅获得 0.19% 的选票。

2008 年 9 月 2 日，中间党正式解散。

民主党（Partia Demokratyczna - demokraci.pl，PD）　2005 年 5 月 7 日成立，由自由联盟演变而来。

1991 年 5 月，民主公民运动（Ruch Obywatelski Akcja Demokratyczna）和右派民主党人集会（Forum Prawicy Demokratycznej）合并为民主联盟，马佐维耶茨基任主席。

在 1991 年 10 月的议会选举中，民主联盟获得 12.3% 的选票，名列第一位，但并未进入奥尔谢夫斯基主持的少数派政府。

在 1993 年 9 月的议会选举中，民主联盟得票率为 10.59%，在众议院获得 74 席，参议院获得 4 席，列第三位，仍然未能进入联合政府。

1994 年 3 月 20 日，民主联盟和自由 – 民主议会（Kongres Liberalno-Demokratyczny，KLD）合并成为自由联盟，马佐维耶茨基仍然担任主席。

自由联盟自称是务实的中间派政党。其主要主张有：实现政治自由，建设议会制民主和法治国家；深化改革，下放中央权力，加强地方自治；政府行政部门非政治化；提倡自由市场经济，减少国家对经济的干预；实行私有化，通过发展私有经济来减少失业；捍卫私有财产；强化国家金融机构；反对垄断与寄生现象；推崇基督教文明和政治生活宗教化；促进欧洲一体化等。

1995 年 4 月 1 日，莱谢克·巴尔采洛维奇（Leszek Balcerowicz）出任自由联盟主席，此时自由联盟约有党员 1.7 万。

在 1997 年 9 月的议会选举中，自由联盟获得 13.37% 的选票，在众议院和参议院中分别获得 60 席和 8 席，成为波兰议会中第三大党。11 月 10 日，经过艰苦谈判，自由联盟与团结选举运动签署《联盟协议》，组建联合政府。时任自由联盟主席巴尔采洛维奇出任副总理兼财政部长。另有 6 名部长也来自自由联盟。

在执政过程中，自由联盟与团结选举运动在一系列重要法案和人事问题上发生分歧。2000 年 5 月 28 日，因对总理布泽克处理华沙市中心区自治政府人选等问题的不满，自由联盟决定退出政府。起先，布泽克试图通过谈判挽救联合政府。然而，双方最终未能达成一致。6 月 6 日，自由联盟议员团通过决议，宣布自由联盟退出政府。

2000 年 12 月 18 日，布罗尼斯瓦夫·盖莱梅克（Bronisław Geremek）当选为自由联盟主席。

在 2001 年 9 月的议会选举中，自由联盟以 3.1% 的得票率惨遭失败，未能进入议会。

2005 年 5 月，自由联盟实行重组并成立民主党，但是重组并没有提高民主党的支持率。在 2005 年 9 月的议会选举中，民主党仅获 2.5% 的选票，仍未能进入议会。

在 2007 年 9 月的议会选举中，民主党与民主左派联盟党等 4 个左派政党组成竞选联盟——左派民主人士，但只获得 13.2% 的选票，民主党获得 3 个众议院议席。

2009 年 1 月 10 日，布莉吉达·库日尼亚克（Brygida Kuźniak）当选为民主党主席。同年，由于对新政策不满，民主党内部开始分化，许多成员离开，其中包括 3 名众议员。

2012 年 1 月 21 日，安杰伊·采林斯基（Andrzej Celiński）被选为民主党新主席。

公民纲领党（Platforma Obywatelska，PO）2001 年 1 月 24 日成立，截至 2013 年 7 月，党员约有 4.2 万人。

2000 年，独立总统候选人安杰伊·奥莱霍夫斯基（Andrzej Olechowski）、退出团结选举运动的时任众议长马切伊·普瓦任斯基（Maciej Płażyński）和退出自由联盟的时任参议院副议长图斯克发表共同声明，宣布组建"公民纲领"选举委员会。奥莱霍夫斯基参加总统竞选失利后，"公民纲领"选举委员会改组为政党——公民纲领党，奥莱霍夫斯基任党主席。

公民纲领党的政策具有温和的自由保守主义和基督教民主主义色彩，被称为中右派。其主张有：打击贪污腐败；直接选举市长等地方长官；改革选举制度，以简单多数制代替比例代表制；改革劳动法；对农村进行结构改造；发展自由市场经济；支持公有经济部门的私有化；建立灵活保障机制；发展宗教教育；反对赌博、堕胎、安乐死、同性婚姻、软性毒品合法化、胎儿干细胞研究（部分人也反对体外人工授精）等。

在 2001 年 9 月的议会选举中，公民纲领党获得 12.68% 的得票率，在众议院拥有 65 席，为第二大党。

2003 年 6 月 1 日，图斯克接替奥莱霍夫斯基任公民纲领党主席。

在 2005 年 9 月的议会选举中，公民纲领党得票率为 24.1%，获得众议院 133 席，参议院 34 席，继续维持议会第二大党地位。

在 2007 年 10 月的议会选举中，公民纲领党拿下 41.51% 的选票，获得众议院 209 席，参议院 60 席，成为议会第一大党，并与波兰农民党组成执政联盟。

在 2011 年的议会选举中，公民纲领党的得票率为 39.18%，获得众议院 207 个席位，参议院 63 个席位，蝉联议会第一大党，继续与波兰农民党联合执政。

公民纲领党之所以能连续在议会选举中获胜，主要是因为选民认可该党在执政中取得的成绩，尤其是经济方面的成绩。根据世界银行公布的数据，波兰 2008 年国内生产总值同比增长 3.9%。2009 年，在国际金融危机的严重影响下，波兰依然保持了 2.6% 的经济增长率，成为当年欧盟成员国中唯一一个保持经济正增长的国家。而 2010 年波兰国内生产总值同比增长 3.7%，在欧盟成员国中居首位。2011 年波兰国内生产总值同比增长率更是达到 4.8%。此外，公民纲领党在 4 年执政期间，在强调本国利益和奉行融入欧洲政策的同时，也改善了与俄罗斯等邻国的关系，大大提高了波兰在欧洲的地位。

2015 年 10 月，波兰举行第九届议会选举。根据议会选举结果，公民纲领党得票率为 24.09%，获得 138 个众议院席位，位列第二，沦为在野党。公民纲领党在 2007 年上台后，创造了连续组阁两次、连续执政 8 年的历史，波兰经济成功地在欧盟所有国家中保持"一枝独秀"。但是，在最近的一年多时间里，随着前任领导人图斯克的离任，公民纲领党开始缺少核心领军人物。此外，近年来，公民纲领党也没有很好地适应波兰的社会变化，忽视了年青一代波兰人的诉求，从而失去了他们的支持。特别是 2014 年曝光的"录音风波"，使包括众议院议长西科尔斯基在内的一批有名望的政治家被迫离开政坛，堪称对公民纲领党的致命一击。

公民纲领党现任主席为戈日格什·斯海蒂纳（Grzegorz Schetyna），2016 年 1 月 26 日就任。

法律与公正党（Prawo i Sprawiedliwość） 2001 年 6 月 13 日由莱赫·卡钦斯基与雅罗斯瓦夫·卡钦斯基（Jaroslaw Kaczynski）兄弟成立。截至 2014 年 1 月，党员约有 2 万人。

在 2000~2001 年任司法部长期间，莱赫·卡钦斯基获得了很高的民意支持率，于是决定与其兄，团结选举社会运动成员雅罗斯瓦夫·卡钦斯基共同成立一个新政党，以参与 2001 年议会选举。法律与公正党正式成立后，莱赫·卡钦斯基当选党主席。

法律与公正党具有社会保守主义、民族保守主义、教权主义和欧洲怀疑主义特征，属于右派政党。它在政治上主张实行公职人员财产公开制度，建立反腐机构；严惩刑事犯罪，甚至主张临时恢复死刑。经济上它主张贸易保护主义和温和的经济干预主义；防止贫困，建立由国家担保的社会安全网。外交上它主张亲近欧美，保持睦邻友好；在维护本国利益上态度强硬；支持欧盟的经济整合和开展能源安全与军事合作，但对欧洲政治一体化表示疑虑，反对联邦制的欧洲。法律与公正党还主张通过减少官僚机构开支，增加军费，加速军备现代化，引进全职业化军队制度，支持波兰参加由联合国、北约和美国领导的国外军事任务。法律与公正党是天主教会的拥护者，反对安乐死和同性婚姻，主张限制堕胎，但并不完全反对人工授精和干细胞研究等。

在 2001 年的议会选举中，法律与公正党以 9.5% 的得票率拿下众议院 44 席，名列第四位。2002 年 11 月 18 日，莱赫·卡钦斯基当选华沙市长。2003 年 1 月 18 日，雅罗斯瓦夫·卡钦斯基接任法律与公正党主席。

在 2005 年 9 月的议会选举中，法律与公正党一举拿下 27% 的选票，获得众议院 155 席与参议院 49 席，成为议会第一大党。当时，人们普遍认为法律与公正党会与议会第二大党公民纲领党组成执政联盟；但两党在同年 10 月的总统选举中发生激烈竞争，导致结盟谈判失败。最后，莱赫·卡钦斯基当选为总统，法律与公正党提名马尔钦凯维奇组建少数派政府。2006 年 5 月，法律与公正党与波兰共和国自卫党和波兰家庭联盟（Liga Polskich Rodzin, LPR）达成协议，组成执政联盟。7 月，马尔钦凯维奇辞职，雅罗斯瓦夫·卡钦斯基就任总理。2007 年 7 月，由于时任副总理、波兰共和国自卫党党魁安杰伊·莱佩尔（Andrzej Lepper）被指控涉嫌贪污与性骚扰，执政联盟瓦解，法律与公正党决定解散议会并提前进行选举。

在 2007 年的议会选举中，尽管法律与公正党获得了 32.1% 的选票，但仍然落后于公民纲领党，成为议会第二大党。

2010 年 6 月，因总统莱赫·卡钦斯基在"波兰空军图 -154 坠机事件"中丧生，波兰提前举行总统选举。雅罗斯瓦夫·卡钦斯基参加竞选，但以 36.46% 的得票率败给了公民纲领党候选人科莫罗夫斯基。

在 2011 年 10 月的议会选举中，法律与公正党的得票率为 29.89%，获得众议院 157 席，参议院 31 席，位列第二，仍然是最大的在野党。

2015 年 10 月，波兰举行第九届议会选举，法律与公正党以 37.58% 的得票率大获全胜，不仅成为议会第一大党，而且获得 235 个众议院议席，超过众议院 460 个总席位的半数，可以单独组阁。法律与公正党大获全胜的原因主要在于：首先，坚决反对欧盟制订的难民安置计划，对公民纲领党领导的政府同意接收来自中东等地区国家的难民持强烈批评态度，认为穆斯林难民将会干扰波兰天主教社会的传统生活；其次，法律与公正党领导人雅罗斯瓦夫·卡钦斯基被德法等国媒体称为"疑欧派"和激进的"反俄派"，一直主张波兰应有限度地融入欧洲和对俄罗斯实施严厉的经济制裁，反对欧盟被德、法等大国所主导，对波兰加入欧元区持消极态度。

法律与公正党主席现仍为雅罗斯瓦夫·卡钦斯基。

你的运动（Twój Ruch，TR）成立于 2013 年 10 月 6 日，由帕利科特运动（Ruch Palikota，RP）演变而来。

2010 年 7 月，前公民纲领党众议员雅努什·帕利科特（Janusz Palikot）表示，已故总统莱赫·卡钦斯基自己应对"波兰空军图 -154 坠机事件"负责，引发激烈争论。随后，帕利科特宣布将筹建自己的社会组织。10 月 2 日，他在华沙举办"现代波兰"会议，共有数千人参加。会上，帕利科特宣布了"15 点纲领"，决定成立支持运动（Ruch Poparcia）。10 月 6 日，帕利科特正式退出公民纲领党。

2011 年 6 月 1 日，帕利科特正式注册新政党，名称定为帕利科特运动。7 月 2 日，帕利科特出任帕利科特运动主席。

帕利科特运动具有社会自由主义和反教权主义特征。其主张有：改革选举制度，用联立制 ① 取代比例代表制；改革国家安全局；取消参议院；推行单一税制；取消公立学校的宗教教育；取消教会的国家补助；堕胎合法化，允许同性婚姻，大麻合法化等。

在 2011 年 10 月的议会选举中，帕利科特运动获得 10.02% 的选票，拿下众议院 40 席，成为议会第三大党。有相关评论认为，帕利科特运动初次参选就一鸣惊人，成为竞选黑马，与其提倡废除现行堕胎法律、推广免费避孕措施、支持软性毒品以及同性婚姻合法化密切相关。帕利科特运动对宗教的态度也吸引了日益壮大的希望政教彻底分离的年轻自由派选民。

2013 年 10 月 6 日，帕利科特运动重组为你的运动（Twój Ruch，TR），帕利科特仍担任主席。

在 2015 年波兰议会选举中，你的运动与其他党派组成政党联盟"左翼联盟"参选，得票率没有越过 8% 的门槛，未能进入议会。

三 主要工会组织

1989 年以后，波兰职工参与工会组织的比例逐渐呈下降趋势，从 1990 年的 36% 下降到 2012 年的 17%。在私营企业中，职工参与工会的比例更是不足 3%。但在矿业、冶金、铁路和教育等行业中，职工参与工会的比例依然很高。目前，全波兰工会联合会、团结工会和工会论坛是波兰力量最强的 3 个工会组织，它们拥有的会员人数占全国工会会员总数的一半以上。

全波兰工会联合会（Ogólnopolskie Porozumienie Związków Zawodowych，OPZZ） 1984 年 11 月成立，前身是工会协会。至 2012 年，会员人数约 50 万，其中白领和专家的比例较高。

1944 年至 1980 年间，工会协会是全国工会的领导机构。1978 年，工会协会拥有会员达 1339.25 万，约占全国就业职工总数的 94%。1980 年，波兰社会发生动荡。同年 8 月，罢工工人和波兰政府达成协议，允许工人建立新的自治工会。于是，原来的工会纷纷解体。9 月，团结工会成立并获准在法院登记注册。12 月，工会协会中央理事会第十七次会议做出决定，

---

① 联立制，又称一人两票制，即选民分别选举议员和政党。议员选票决定候选人是否当选，政党选票决定议席分配比例。

工会协会于1980年12月31日停止活动。1981年12月，波兰实行战时状态，取缔了团结工会。1982年10月8日，波兰议会通过新的《工会法》，规定1981年12月以前活动的工会和新工会须按级别、在不同的时间内重新在法院登记注册方能恢复活动。同年11月24日，全波兰工会代表大会召开，成立了全波兰工会联合会。波兰的工会运动逐渐恢复到了1980年9月前的状态。

尽管依然与波兰统一工人党联系密切，全波兰工会联合会已不再是波兰工会的最高权力机关，而是波兰工会的最高代表机构，是"波兰工会对国家政治和经济采取共同立场的协商场所，是交流经验的论坛，是支持波兰工会组织合理倡议的中心"。

1989年以后，全波兰工会联合会成为独立的工会组织，并与左派政党保持合作。其主张有：保护职工利益，反对普遍私有化的政策，提高超额工资累进税，增加退休人员收入，解决职工住房困难等。

全波兰工会联合会下设89个分支工会，包括波兰教师工会（Związek Nauczycielstwa Polskiego，ZNP）、波兰矿工工会（Związek Zawodowy Górników w Polsce，ZZGwP）和医疗与社会援助工作者工会联盟（Federacja Związków Zawodowych Pracowników Ochrony Zdrowia i Pomocy Społecznej，FZZPOZiPS）等。

2006年，全波兰工会联合会加入欧洲工会联盟（European Trade Union Confederation）和国际工会联合会（International Trade Union Confederation）。

全波兰工会联合会现任主席为扬·古兹（Jan Guz）。

团结工会（Solidarność） 1980年9月成立。至2012年，会员人数约62万，其中以蓝领为主。

1980年7月1日，波兰政府提升物价，引发全国罢工抗议。8月31日，罢工领袖瓦文萨与政府签署复工协议，政府同意在承认波兰统一工人党领导和波苏同盟的条件下成立"独立自治工会"。

1980年9月22日，波兰全国36个团结工会的代表在格但斯克举行会议，通过团结工会章程。章程规定：工会独立于国家行政机关和政治组织，它的宗旨是保护职工的权利、尊严和利益；在职工利益遭到严重侵犯时，工会组织将领导职工的抗议活动，在必要时可宣布罢工；在工厂、企业、政治组织和机关中担任领导职务的人，不得担任工会的职务。会议还决定，把全国划分为17个工会运动行政管理区，工会总部设在格但斯克。

1980年9月24日，团结工会全国协议委员会负责人向华沙区法院提交申请，正式进行登记注册。

团结工会成立后，发展十分迅速，很快就发展到950万会员（当时波兰人口约为3700万，有资格加入工会的人数为1200万），波兰统一工人党党员中有约100万加入了团结工会。随着组织的壮大，团结工会开始提出一系列政治要求。1981年9~10月，团结工会举行第一次全国代表大会，通过了工会纲领，选举产生以瓦文萨为主席的团结工会全国委员会。工会纲领明确提出"不承认波兰统一工人党的领导和社会主义"，要"改建国家机构"，"打碎现行经济组织结构"等。会后，团结工会更加积极地组织罢工，号召工人"走上街头"，提出"对抗不可避免"等口号。仅在1981年，波兰全国就爆发罢工2500次左右。

为控制局势，1981年12月13日，雅鲁泽尔斯基宣布波兰进入战时状态，取缔团结工会，拘捕了其大部分领导人，并对团结工会主席瓦文萨实行软禁。团结工会的活动转入地下。

1989年"圆桌会议"后，团结工会获得合法地位，并于1989年4月17日重新注册登记。

1989年6月，以团结工会为核心的团结公民委员会参加议会选举，获得众议院161席和参议院99席。8月24日，团结工会顾问马佐维耶茨基当选总理并组成第一届团结工会政府。1990年12月，团结工会主席瓦文萨当选为波兰共和国总统。

1991年，团结工会加入欧洲工会联盟。

1993年9月，团结工会在议会选举中败北，因得票率不到5%而未能进入议会。此后，团结工会又提名瓦文萨为总统候选人，结果瓦文萨在1995年11月的总统选举中落选。

在1997年9月的议会选举中，团结工会与中间联盟、基督教民族联盟等右派政党和团体组成的竞选联盟——团结选举运动获胜，并与自由联盟组成联合政府，执政 4 年。

1997 年 12 月，团结工会又组建政党——团结选举社会运动党，以领导联合政府。当时，团结选举运动中的团结工会成员约有 150 万，而其中仅有 2 万人加入了团结选举社会运动党。

截至 2000 年，团结工会成员约为 110 万。

2001 年 5 月 15 日，团结工会全国委员会会议通过决议，自即日起退出执政的团结选举社会运动党。时任团结工会主席克萨克莱夫斯基表示，团结工会以后将不会加入其他政党或选举委员会，他本人也将退出团结选举社会运动党。自此，团结工会与团结选举社会运动党分离，成为单纯的工会，不再参与竞选活动。但也有人认为，团结选举社会运动党依然是团结工会的政治代表。

2001 年 10 月，团结工会召开第十四次全国代表大会并做出决议，禁止任何政治组织使用"团结工会"这一名称和标志，禁止团结工会领导人同时担任其他政党的领导职务。随着与政治逐渐分离，团结工会变得更为温和，开始转变为帮助工人维权，普及政策、法律知识等的服务性机构。

2002 年 9 月，雅努什·希尼亚德克（Janusz Śniadek）当选为团结工会主席。

2005 年 8 月 31 日，在写有"团结工会"的大横幅前，前波兰总统瓦文萨和来自世界各地的政治要员参加了在格但斯克举行的露天弥撒，以庆祝团结工会成立 25 周年。

2006 年 12 月 13 日，在华沙举行的"纪念战时状态 25 周年"活动上，时任波兰总统莱赫·卡钦斯基向当年反抗当局镇压的人士授予国家荣誉勋章。同时，时任总理雅罗斯瓦夫·卡钦斯基向神甫耶日·波皮耶乌什科（Jerzy Popiełuszko）的墓碑敬献花圈。1984 年 10 月 19 日，波皮耶乌什科神甫因支持团结工会运动，被当局派出的秘密警察杀害。

2010 年 10 月 21 日，彼得·杜达（Piotr Duda）当选为团结工会主席。

工会论坛（Forum Związków Zawodowych，FZZ）2002 年 4 月成立。至 2012 年，会员人数约 40 万。

2002 年，工会论坛从全波兰工会联合会中分裂出来，成为继团结工会和全波兰工会联合会之后的波兰第三大工会组织。与前两者不同，工会论坛的建立与其他政党没有直接联系，更为"独立"。

工会论坛主要由公共部门和国有企业的工会联合而成，其组织结构与全波兰工会联合会十分相似。

在 2005 年议会选举之前，工会论坛试图与波兰共和国自卫党结成竞选联盟，但最终谈判破裂。

2011 年，工会论坛加入欧洲工会联盟。

工会论坛现任主席为塔德乌什·赫瓦乌卡（Tadeusz Chwałka）。

第四章

经　济

第一节　概述

一　发展简史与概况

第二次世界大战以前，波兰工业水平较为落后。1913 年，波兰人均工业生产水平仅相当于欧洲国家平均水平的 30%，1938 年降至 20% 左右。1921 年，波兰农业人口约占全国总人口的 63%，1944 年占 60%。第二次世界大战期间，波兰经济遭到严重破坏，其中工业总产值比 1939 年下降 50% 左右。1947 年，"人民波兰"实行三年经济恢复计划。到 1949 年，波兰经济恢复到 1938 年的水平。到 1955 年，波兰国民生产总值达到 1949 年的 1.7 倍，工农业产品产量翻倍。

20 世纪 60~70 年代，波兰的整体工业化速度很快，居民生活水平大幅提高。1979 年，波兰人均国民收入已达 3830 美元，居世界第 27 位。但是工业比例失调问题仍然没有得到解决，经济政策也很不稳定，市场供应紧张，经济危机开始显现。

1986 年，波兰人均国民收入远低于 1979 年的水平。1988 年和 1989 年，波兰人均国民收入继续减少。不过，从整体上说，直到 1989 年，波兰经济发展在苏联东欧地区还属于中上水平，人均国民生产总值仅次于民主德国和捷克斯洛伐克，与匈牙利相当，而高于包括苏联在内的其他"社会主义阵营"国家。

1989 年政局剧变后，波兰实行经济转型，由中央计划经济转变为市场经济。

波兰经济转轨是从巴尔采洛维奇的"休克疗法"计划开始的。改革初期,"休克疗法"在遏制波兰恶性通货膨胀(1989年为900%~1000%,1990年为2000%)、稳定货币、改善市场供应状况和推动私营经济发展方面起到了积极作用。但激进的、一步到位的转轨措施使生产、消费和投资急剧下降,导致波兰国内生产总值(GDP)大幅下降。1991年,波兰GDP下降了7%。

阵痛过后,1992年,波兰经济开始好转,全年GDP增长2.6%。波兰成为出现经济复苏迹象的第一个东欧国家。与此同时,产业结构发生了变化:工业在GDP中所占的比重由1990年的53.1%下降到47%,农业由8.5%下降为7%,服务业由38.4%增加到46%。所有制结构也有所变化:私营公司,特别是中小型私营企业迅速增多;国营大企业逐步减少或分解。1992年底,波兰私营经济已经创造了GDP的50%。此外,国营大企业提高经济效益的改革已经开始,用于投资购买生产设备和机器的资金也有所增加。

1997年,波兰经济增长6.8%。1998年,波兰经济增长速度有所放慢,比上一年增长4.8%。在中东欧和原苏联地区转型国家中,波兰属于经济状况最好的国家之一。1998年,其GDP比1989年增长20%,通货膨胀率已降低到7%以下。1998年,波兰引进外资突破100亿美元大关,外资企业产品出口与进口分别占波兰出口总额的47.9%和进口总额的53.4%。

2000年,波兰经济出现了一些问题。主要表现为:失业率高,企业外债增多,工业增速放慢,内需减少,外贸逆差持续。这一年,经常项目的财政赤字为79亿美元,比1999年同期下降2%,但仍相当于GDP的7%。

1991~2000年波兰国内生产总值增长情况详见表4-1。

表4-1 1991~2000年波兰国内生产总值同比增长情况

年份	1991	1992	1993	1994	1995	1996	1997	1998	1999	2000
国内生产总值同比增长率(%)	-7.0	2.6	3.8	5.2	7.0	6.0	6.8	4.8	4.1	4.1

资料来源:波兰共和国驻中华人民共和国大使馆网站。

据波兰中央统计局的统计，2001年波兰经济增速放慢，GDP增长1.2%。外债近700亿美元，外贸逆差142亿美元。企业财政形势恶化，工业销售产值降低。失业率为17.3%，失业人数达312万人。外国直接投资为67亿美元，比2000年的106亿美元下降36.8%。不过，一些深层次的问题已得到解决。2001年，波兰人均GDP为4689美元，按实际购买力计算则为8700美元。通货膨胀率已从1991年的70%下降到了2001年8月的5.1%。总体来看，波兰经济已进入平稳发展期，市场经济体制已基本确立，市场经济的法律、法规也趋于完善。

2001年10月，波兰政府提出，要采取一些刺激经济增长的措施，如扩大内需，发挥受过良好教育的年青一代（经理阶层）的潜力，扩大贸易规模，尤其是加强与东部邻国的贸易，以及有效地利用外资。2002年1月29日，波兰政府举行会议，通过了一项社会经济纲领，决定在今后几年内采取措施刺激企业发展，促进就业，发展住房和公路建设。

在一系列促进措施下，2002年波兰经济出现好转，消费指数回升，主要表现在：消费者购买欲望增强，尤其是计划购买耐用品的消费者比例增加。企业购买力也开始上升。

2003年，受消费、出口和投资的带动，波兰GDP增长3.7%，为3年来的新高。这一年，国内消费增长约2.3%，而通货膨胀率保持在1%的低水平。经济景气指数表明，经济进入了一个适度增长期。波兰人均GDP已从1990年的1547美元增加到2003年的5530美元。根据国际劳工组织2003年9月份的报告，在过去的8年中，波兰的劳动效率年均提高5%，是所有欧盟候选国中最高的（但波兰工人的劳动效率仍然只相当于德国工人的30%）。

加入欧盟后，波兰经济"突飞猛进"。2004年是波兰经济全面融入欧盟大市场的第一年，据波兰中央统计局的资料，2004年经济增长5.3%，达7年以来的最高水平。国内需求扩大、出口大幅增长、外国投资回升是波兰经济增长的三大主要动力。此外，波兰下调企业所得税提高了企业竞争力和经济效益，也是刺激经济增长的有利因素。2005年到2007年，波兰经济持续增长，增长率分别为3.2%、5%和6.7%。不过这一时期，公共财政赤字持续增加、劳动人口大量流失、失业率较高等问题也较突出。

2008年，在国际金融危机的冲击下，波兰经济增速放缓。根据波兰官方公布的数据，波兰当年GDP增长4.9%。2009年，波兰经济增速明显放缓，同比增长1.7%，但仍好于欧盟多数国家，波兰为欧盟内唯一实现经济正增长的国家。2010年，波兰经济同比增长3.8%，居欧盟前列。

2011年，波兰经济增长4.3%。[①] 从2008年到2011年，整个欧盟的GDP呈负增长，为-0.5%；而波兰的GDP则增长了15.8%。

2012年，波兰GDP同比增长1.9%~2%，GDP增速列欧盟国家之首，经济总量居欧盟成员国第8位。欧盟委员会发表的2007~2012年经济统计报告显示，在27个欧盟国家中，波兰与斯洛伐克经济增长最为强劲，两国2012年的GDP比欧债危机发生前分别增长18.1%和10.5%。2012年，波兰公共债务占GDP的比例由2011年的56.7%降至53.8%（红线为60%），预算赤字占GDP的2.6%（红线为3%），相较剧变前更是大幅下降。

2013年，波兰经济增长1.6%，GDP为4712亿美元，人均GDP为12230美元。世界银行和国际金融公司联合发布的《2013年营商环境年度报告》指出，波兰是2005年以来致力于营商环境改善速度最快的欧盟经济体。在"入盟"以前，波兰的GDP总量是1300亿欧元，2013年已增长到3050亿；波兰的人均GDP从欧盟平均水平的44%增长至现在的67%，预计到2020年，该数值会上升至74%。

根据国际货币基金组织的统计，2014年波兰GDP增速为3.3%，GDP为5161.28亿美元，世界排名第22位；人均GDP为12293美元，世界排名第53位。

2015年，波兰经济增长速度达4年来的最快水平。根据波兰中央统计局公布的数据，波兰GDP增长3.9%。资本形成总额比2014年同期增长4.2%，固定资本形成总值注册增长6.1%，总消费支出与2014年相比上升

---

① 根据世界银行公布的数据，波兰2008年国内生产总值（GDP）同比增长3.9%，2009年为2.6%，2010年为3.7%，而2011年则达到4.8%。

3.2%。家庭部门的消费支出增长 3.1%；家用消费上涨 3.4%，但低于 2014年的 4.9%。

2015 年 5 月 1 日是波兰加入欧盟 10 周年纪念日。波兰总理图斯克在纪念波兰"入盟"10 周年研讨会上表示，自加入欧盟至今，波兰的 GDP翻了一番，现在是波兰历史上发展最好的时期。英国《卫报》专栏作家雷米·阿德科亚（Remi Adekoya）也认为，"改变的不仅是国家的经济状况，还有民众的生活方式：波兰的年轻人纷纷前往西欧旅游、求学，参与各式各样的交换项目，对于这些年轻人而言，去西欧国家成了一趟'说走就走'的旅行，而在过去，事情可没有这么简单"。

2016 年，波兰经济增长 2.8%：第一季度为 3%，第二季度为 3.1%，第三季度为 2.5%，第四季度为 2.7%。人均 GDP 为 12372 美元，世界排名第55 位。波兰咨询公司"Gerda Broker"的报告认为，2016 年波兰第三季度经济增速降至 2.5%，主要是投资减缓及欧盟基金使用停滞造成的。2016年前三季度，波兰非金融企业销售额达到 1.9 万亿兹罗提，同比增加 540亿兹罗提，其中近 52% 的收入由工业部门创造；平均工资水平同比提高4.1%，达到 4055 兹罗提。11 月份失业率为 8.2%，是 25 年来的最低水平；同时，自 2014 年 7 月开始的通缩阶段宣告结束。12 月 27 日，美元兑兹罗提的汇率升至 1：4.21，与 2016 年初相比升值超过 7%，也是 2002 年年中以来的最高水平。华沙股票交易所 WIG20 指数比年初提高 4.2%，这是该指数自 2012 年以来首次增加，同时 WIG 指数也增加 10.5%。前 11 个月波兰住房完工数量达到 14.33 万套，是 2009 年来最多的。

根据波兰议会通过的 2017 年财政预算，波兰 2017 年经济增长估计为3.6%。

二 经济体制改革

19 世纪六七十年代，波兰进入资本主义发展时期，实行以私有制为主要特征的经济制度。

二战后，社会主义政权建立初期即实行土地改革和工业国有化，全民所有制、合作社所有制、私有制三种经济成分并存。1948 年，波兰开始搬用苏联中央集权型的经济管理体制。同年 2 月成立国家计划委员会，标志着波兰正式实行中央指令性计划经济体制。随后，国有成分逐渐在国民经济中占据主导地位。

在 1956 年 6 月"波兹南事件"之后召开的波兰统一工人党二届八中全会承认，机械地搬用其他国家的模式是错误的，并主张根据波兰的具体情况寻求自己的解决办法。10 月，哥穆尔卡复出重提"波兰的社会主义道路"，并积极领导改革。在经济领域，扩大企业的自主权，搞"工人自治"管理；承认价值规律，调整工农业比例，减少指令性计划指标；实行权力下放，把中央部分经济管理权力下放给地方。11 月 19 日颁布《工人委员会法》。随后，取消介于部与企业之间的管理局，以实行经济核算的联合公司取而代之，同时将联合公司和企业的领导权下放给地方。企业实行三自原则，即自主、自治和自负盈亏。改革农业政策，减少农产品交售定额，提高农产品收购价格，允许农民退出农业合作社和买卖土地，实行农村自治。1957 年 7 月 12 日，波兰议会批准"一五计划"（1956~1960 年），规定首要任务是，"在现有条件下，尽最大的可能改善居民的物质状况"。哥穆尔卡执政初期，经济发展较为顺利。"一五计划"期间，工业增产 59.6%，农业增产 20%，居民实际工资增长 23%。

1958 年底，第一次经济改革陷于停滞，甚至将已下放给地方的职权重新收归中央，并进一步加强了计划委员会的职能。1959 年 6 月，波兰统一工人党中央决定建立拥有农业基金和农业机器的农业小组，通过它再把农民组织起来。到 1968 年，全国 87% 的乡村建立起农业小组，有约 54% 的农民参加。此外，在企业中恢复、扩大了党政领导的权限，缩小工人委员会的作用，使工人委员会变为生产咨询机构。

1964 年 6 月，波兰统一工人党举行第四次代表大会，决定完善经济计划和管理体制。次年 7 月，波兰统一工人党正式通过关于《1969~1970 年国民经济计划和管理体制改革的方针》的决议，开始进行第二次经济改革。其具体内容是：进一步扩大联合公司的自主权；进一步削减中央计划中的指令性指标；将国家对企业的投资拨款改为银行贷款；加强物质刺激；放松国家对外贸的垄断，准许少数有条件的企业开展外贸活动。但由于

"二五计划"和"三五计划"仍然要求高速优先发展重工业，国民收入中用于积累的比重由 1960 年的 24.2% 上升到 1969 年的 29.7%。在这两个五年计划期间，工业生产年均增长率为 8.5%，但轻工业和农业发展缓慢，市场供应紧张，职工实际工资增长年均不足 2%，脑力劳动者的工资甚至有所下降。

盖莱克上台后，1971 年 12 月波兰统一工人党第六次代表大会通过了"高速发展战略"，提出借助外资和西方技术"再建一个新波兰"，实行"高速度、高积累、高消费"政策。1972~1975 年，盖莱克实行第三次经济改革，此次改革又被称为"大经济组织"体制改革。其主要内容为：加强联合公司在生产、投资、销售和人事安排等方面的自主权；中央计划中的指令性指标仅限于出口商品的销售额、国内市场上的商品供应额、投资的最高限额等 3 个方面。改革初期取得一定成果，波兰经济发展迅速。但工业发展继续失衡，食品供应紧张，举债过多导致国际收支状况恶化。此次改革于 1975 年底夭折。

1975 年 12 月，波兰统一工人党第七次代表大会通过"五五计划"，决定继续推行"高速发展战略"。这一战略过于冒进，不切实际。波兰政府决定从 1976 年 6 月 26 日起提高食品价格 50%，遭到群众反对，政府又不得不收回成命，并从 7 月起改行凭票供应制度。随后几年，商品匮乏越来越严重，投机倒把和黑市日益猖獗，干部贪污受贿盛行。在沉重的经济压力下，政府不顾群众反对，于 1980 年 7 月 1 日再次宣布肉类食品价格提高 40%~60%，进而触发了二战后波兰规模最大、持续时间最久的罢工浪潮。

20 世纪 80 年代初，为摆脱危机，波兰政府决定进行全面的经济改革，1981 年 7 月通过《经济改革方针》。1982 年 1 月 1 日，波兰开始第四次经济体制改革。改革的总目标是，建立"中央计划的、具有市场体制广泛活动范围的社会主义经济"体制。虽然这场经济改革在许多领域取得了一些成效，然而，"试图使经济决策分权化"的"部分改革"未能搞活经济，因为它最终未能形成具有真正竞争的市场。波兰统一工人党领导的最后一次经济改革宣告失败。

20 世纪 80 年代末，波兰经济陷入困境，社会危机不断爆发。1988 年通货膨胀率由 1987 年的 26% 上升到 67.5%，外债由 1982 年的 248 亿美元增至 395 亿美元，相当于全年国民收入的 40%。农业生产连续两年滑坡，市场商品严重短缺，人民生活水平急剧下降。在此情况下，政府又决定大幅度提高消费品和服务价格。于是，从 1988 年 4 月到 9 月，波兰爆发了自 1982 年以来最严重的工人罢工潮。

1988 年 6 月，波兰统一工人党中央倡议举行"圆桌会议"，以商讨摆脱危机的对策。1989 年 2 月 6 日至 4 月 5 日，经过近两个月的艰苦谈判和讨价还价，"圆桌会议"签署了《有关社会和经济政策及体制改革问题的立场》。据此，波兰开始对经济制度进行彻底改革。

改革的目标是实行经济转型，变中央计划经济为社会市场经济。当时，波兰经济发展极度不平衡，需求大于供给，市场上商品短缺，并出现恶性通货膨胀。于是，马佐维耶茨基政府接受了美国经济学家杰弗里·萨克斯（Jeffrey Sachs）的建议，对经济采取了"休克疗法"。1989 年 10 月，波兰政府通过了一项由副总理兼财政部长莱谢克·巴尔采洛维奇提出的《经济纲领》①。这个纲领的目标是：为恢复因 20 世纪 80 年代危机而遭到破坏的"市场平衡"创造条件，降低飞涨的通货膨胀率，并建立商品市场、服务市场、资本市场和劳动力市场，为经济基础部门普遍实行市场机制创造条件。该纲领指出，对波兰的经济必须进行根本的体制变革，其目的是建立类似发达国家现行的市场经济体制。经济体制变革的主要举措是：改变所有制结构，实行国营企业私有化；改革国家财务制度；改革银行体制；开辟资金市场；建立劳动力市场；实行贸易自由化等。巴尔采洛维奇想通过这次改革，迅速实现宏观经济平衡和市场化结构转变，使波兰一跃而入市场经济。实行"休克疗法"，是波兰经济转轨最突出的特点。

为此，波兰政府从 1990 年 1 月起陆续采取了一系列激进的或"一步到位"的经济改革措施：除几项关键产品，其他产品均放开价格，取消国家对物价的补贴，让市场调节价格；取消国家对外贸的垄断，实行

---

① 该纲领也被称为"巴尔采洛维奇计划"或"休克疗法计划"。

贸易自由化；开放市场，放宽对进口的限制；调整关税率，改变征税制度和办法；改革金融体制，实行中央银行与国家财政部分离，建立商业银行，实行银行私有化；减少财政预算赤字，中央银行不再以发行"基础货币"的形式弥补财政预算的不足；实施积极的利率政策，使银行利率高于通货膨胀的水平；制定《外资企业法》和《外汇法》，大力吸引外资和建立外商合资企业；建立证券、股票交易所，发展资本市场；通过货币贬值，实行兹罗提与西方硬通货自由兑换；建立劳动市场；建立符合市场经济的社会保障体系；转换政府职能，建立和加强适应市场经济需要的宏观调控机构；改变所有制结构，实行国营企业私有化或股份化，包括"小私有化""重新私有化""资本私有化""外资进入型私有化"等。当时实行的一揽子激进的改革措施，其积极结果是使通货膨胀水平大大降低，扩大了竞争；其消极后果是，在短期内造成国家收入减少，生产下降，失业增加等。

1993 年 10 月以波兰社会民主党为首的民主左派联盟上台后，将稳定和发展经济提到政府工作的首位，并及时提出"波兰战略"（1994~1997年）。在这一前提下，该政府继续进行经济改革，主要内容为：改革税收，扩大间接税的比重，降低个人所得税；改革工资制度，实行企业级、行政级和地区级的劳动协议制度；继续实行商业银行私有化，实行浮动的银行汇率制度；"完善"现有的私有化进程，即实行大型国营企业私有化，扩大职工参与企业私有化等。职工参与企业私有化，亦称"大众私有化"。"大众私有化"采取的方法多种多样，其中最主要的有：将约 15%的国有资产无偿送给本企业职工；商业和建筑业通过上市出售股份；向年满 18 周岁的波兰公民发放相同份额的股权证 ① ；让企业职工以优惠价购买或分期购买经评估折股后的企业股份，即实行"雇员所有制"。这时，波兰实际上开始放弃"自由市场经济"，转而实行较为稳妥的"社会市场经济"。

1997 年 10 月，以团结工会为核心的波兰团结选举社会运动党执政后，

---

① 这种股权证可兑换成国民投资基金会的股票，并在证券交易所进行股票交易或股票转让。

提出继续深化经济体制改革，包括实行"适度的"私有化、"刻不容缓的"养老和退休制度改革、医疗制度改革，以及面向"低收入"阶层的税收制度改革等。新政府的《施政报告》提出：将采用资产普遍转让，如无偿发放证券的方式实行国营企业，特别是380多家大型国营企业的私有化；到2002年完成国营企业私有化任务。

1998年，私有企业创造的GDP已从1990年的40%上升到60.9%，70%以上的劳动者供职于私有企业，私有企业的投资占波兰所有投资的近60%。在加快国有企业私有化的同时，波兰逐步扩大私有化的领域。波兰的热电、石油化工、煤炭、银行、公共交通（公路、铁路和航空）、森林、电信等行业准备实行私有化。到1999年，波兰已有250万家公司，公司的形式多种多样。私有化已经改变了波兰国民经济所有制的结构。

随着所有制结构的深层次改变，国外资本不断流入，波兰经济与世界经济的关系更加紧密。波兰出现了一些新的大型集团，如石油公司"Polski Koncern Naftowy Orlen"、菲亚特（波兰）汽车公司、连锁超市万客隆（Makro）、建筑公司"Exbud"、电工集团"Thomson Polcolor"、酒商"Polmos Białystok"、建筑材料生产商"Lafarge Cement Polska"等。到2001年12月，波兰国库部在1789家公司拥有股份，其中控股的企业共106家。

2003年，波兰国有企业已由1990年的8453家减至1736家。国有经济占GDP的比重从1990年的69.1%下降为2002年的26%左右。

为了加入欧盟，波兰努力实行一系列经济改革，以使其经济发展水平和经济制度与欧盟标准相适应。例如，2003年波兰政府着手制定新经济法，取代原有的《经济活动法》。这部新法的宗旨是最大限度地保证经济活动自由。

2004年5月1日，波兰正式加入欧盟。"入盟"以来，波兰的经济改革主要集中于"入盟"前与欧盟达成的"过渡期安排"，如有关共同农业政策、产品自由流动、服务自由流动、资本自由流动和人员自由流动的过渡期安排等。

值得一提的是，波兰政府高度重视区域均衡发展，制定和实施了区域发展战略和区域政策。首先，中央政府行政部门设立专门管理地区经济的部级行政机构，称为地方发展部。其次，制定区域发展政策的总体目标和工作重点。2007~2015 年波兰区域发展政策的总体目标就是，按照可持续发展的原则，为各地区创造大体均衡的发展机会，使所有地区的经济竞争力都有所提高，以促进整个国民经济的发展和各地区间的和谐发展。区域发展政策的具体原则包括区域发展的补贴原则、机会均衡原则、支持地区自我发展能力原则、注重长期发展战略原则、协调区域政策与其他公共发展政策关系原则、突出区域发展重点原则和提高区域政策效率原则。区域发展政策的任务主要有两大项：一是提高波兰各地区经济竞争力；二是平衡各地区，特别是问题地区的经济发展机会。所谓"问题地区"主要包括以下四类：一是农村地区，尤其是原来的国有农场以及那些农产品商品率低、地块面积小、远离城镇和非农产业不发达的地区；二是工业密集区，主要是原来的军事工业区；三是难以进行产业多元化和产业结构升级的区位条件不利地区，如季节性旅游业地区、边界地区、人口稀少地区以及远离中心城市的地区；四是自然生态环境恶劣、灾害频繁的地区，如洪水威胁的地区、边远的资源枯竭地区等。

当然，不断深化市场经济体制改革是波兰长期的任务。

第二节　经济部门

1989 年之前，工业在波兰国民收入中所占比重较大。如 1987 年，工业在国民收入（GNP）[①] 中所占比重为 48.3%，农业（包括林业）为 11.7%，服务业为 40%。

剧变以后，波兰全国经济结构状况（各经济部门在 GDP 中所占比重）发生了变化。总的趋势是：工业和农业在 GDP 中所占的比重逐步缩小，服务业在 GDP 中所占的比重逐步上升。1995 年，波兰第一、第二、第三产业增加值的结构比例为 8.0：35.2：56.8，而 2007 年演进为 4.2：31.3：64.5，

---

① 当时的统计方法。

基本成为先进的"三、二、一"产业结构类型，与欧盟产业结构越来越接近。

一 农业

由于波兰的气候介于东欧大陆性气候与西欧海洋性气候之间，平原低地占大半国土，自然条件有利于农业生产。但是，土壤多沙质，肥力指数平均只有 0.82，土地总体较贫瘠：优良土壤只占 11.5%，差及极差土地超过可耕地的 34%；优良草地（1、2 级牧草地）只占 1.5%，差及极差草地超过 42%。总之，许多土地不宜耕作。因此，波兰农业可利用土地仅占全国土地总面积的 59.6%，其中耕地面积占 76.5%，草原及牧场面积占 22%。

1944 年以前，波兰近 1/3 的农业用地掌握在大地主手中，无地和少地的农户占农户总数的 2/3。全国总人口的 60% 为农民，农作物产量低，每个农民只能养活 3 个人。二战中，波兰农业遭受严重破坏，农业的固定资产损失 35% 以上。

1944 年人民政权建立初期，波兰农业实行个体所有制。1944~1945 年波兰实行土地改革，100 多万无地或少地的农户分得了 600 多万公顷土地。土地改革后，每个农户平均拥有 6.9 公顷土地。随着 1948 年第一批国营农场和农业生产合作社的建立，波兰农业中出现三种所有制（三种经济成分），即国家所有制（国营经济）、集体所有制（集体经济）和个体所有制（个体经济）。

1987 年，波兰农业中的三种经济成分在农用地总面积中的比重是：个体经济为 76.5%，国营经济为 18.7%，集体经济为 4.8%。直到 1989 年，波兰农业仍以私有制为主。

1989 年剧变后，波兰农业开始向市场经济转轨，原来的国营农场已全部私有化。波兰全部可耕种土地的 83.5% 已为私有。截至 1997 年，波兰农用地为 1845.7 万公顷，其中耕地为 1405.9 万公顷，人均耕地面积由 1950年的 0.8 公顷下降到 0.5 公顷。全国农村共有拖拉机 126.1 万台，平均每100 公顷农用地占有 6.8 台拖拉机，平均每公顷施化肥 88 公斤。

体制转轨以后，波兰农业生产得到进一步发展。在 1991~2001 年这 11

年中，有 4 个年份的农业增长速度在 5% 以上。在这期间，波兰农业的从业人数基本保持在 270 万人，占全国就业人数的 19%，其中多数受雇于重体力劳动领域。连同农副业、渔业生产，波兰涉农就业人数达到 550 万人，占全国就业人数的 38.6%。

波兰粮食充裕。例如，2001 年，波兰粮食丰收，产量达 2700 万吨。而国内的粮食需求通常在 450 万吨到 500 万吨之间。一时间粮食供大于求。波兰政府的价格干预机制对粮食增产有很大影响。[①] 以小麦为例，波兰政府的收购价格为每吨 480 兹罗提（约合 117 美元）。而法国、匈牙利和俄罗斯等周边地区的小麦价格仅为 343~375 兹罗提。波兰农民每卖一吨小麦至少可以得到政府 120 兹罗提的直接补贴，大大刺激了农民生产粮食的积极性。

2002 年 6 月，波兰政府决定解决粮食过剩问题，起初决定减少或暂缓粮食进口，同时降低小麦干预价格，结果遭到欧盟和国内农民的强烈反对。2003 年，波兰政府选择继续维持小麦干预价格，保护农民利益。

为了保护农业及农民利益，2002 年 12 月，波兰和欧盟谈判确定，在 2004~2006 年，对波兰农民的直接补贴分别是欧盟农民享有补贴的 55%、60% 和 65%，补贴由欧盟预算和波兰本国预算承担。但在 2003 年 1 月，波兰和欧盟就补贴是根据土地面积还是根据不同农产品种类发生了争执。经过再次谈判，双方最终达成一致意见：在波兰入盟谈判中达成的最高直接补贴率不变，但生产欧盟指定农产品的波兰农民可根据农用土地面积获得额外直接补贴。除农业直接补贴外，波兰还将从欧盟获得农村落后地区发展基金。波兰政府于 2003 年 2 月 12 日宣布补贴具体数额，农民生产属于欧盟补贴范围的农产品的土地每公顷每年可以得到平均 200 兹罗提（1 美元约合 4 兹罗提），用于生产畜产品的土地每年可以得到平均 480 兹罗提，而那些不属于欧盟补贴范围的农产品每公顷补贴也在 200 兹罗提左右。

根据协议，波兰加入欧盟后，欧盟其他国家公民在 3~7 年的过渡期后即可在波兰租赁或购买土地。欧盟其他成员国的公民需在波兰居住、工作

[①] 波兰对几种基本的粮食品种进行价格干预，具体实施则根据每年都须由部长会议批准的《年度干预行动纲要》进行。

并持有纳税证明，只有这样，这种租赁或购买土地方为有效。波兰所担忧的其他富裕的成员国公民蜂拥购买波兰肥沃的可耕地，造成大量外国人拥有波兰土地的情况并未发生。事实上，到 21 世纪初，只有数百名西欧人，如荷兰人、德国人、英国人等安家落户于波兰，从事农业生产。其中很多西欧人是同波兰人合作经营，少部分人是通过与波兰人联姻而合法购买了土地。

波兰农业生产模式以小农场经济为主。2004 年，波兰家庭农场为185.2 万个，每个农场平均土地面积为 7.5 公顷，58.8% 的家庭农场土地面积少于 5 公顷，超过 10 公顷土地的家庭农场只占 20%；而欧盟家庭农场平均土地面积是 18.7 公顷。在市场竞争的推动下，为了提高经营效益，波兰农村已出现土地集中和规模经营的趋势。波兰全国约有 700 多个大型家庭农场，占地一般为 300 公顷左右。

多年来，波兰农业结构呈现种植业比重下降，畜牧业比重上升的趋势。但到 2006 年，波兰种植业和畜牧业的产值在农业产值中所占的比重基本相当，分别为 50.1% 和 49.9%。

加入欧盟给波兰农业带来巨大收益。换句话说，欧盟的财政支持大大促进了波兰农业的发展。2007~2013 年，波兰农业共获得超过 300 亿欧元的欧盟直接补贴。据欧盟统计，波兰农民的收入较"入盟"前已增加 35%。

2013 年，波兰农业产值为 1078.11 亿兹罗提，占 GDP 的 6.13%。

2014 年农业总产值为 1053.4 亿兹罗提，同比降低 2.3%，占 GDP 的6.13%。2014 年底，波兰获得 2014 ~ 2020 年欧盟农业发展项目基金，总计金额约为 135 亿欧元。

2015 年，农业生产因干旱而受到一定影响。波兰农业产值为 223 亿欧元，虽比 2014 年降低 3.1%，但已占欧盟农业总产值（4112 亿欧元）的5%，在欧盟中排名第七位。这一年，波兰共实行欧盟农业发展项目的 9 项新措施，包括森林项目、年轻农民发展项目、农业产品现代化和多样化项目等。这些项目主要着眼于农业投资。

波兰法律与公正党 2015 年底上台执政后，重点关注农业和农村的发展，将农业作为推动经济发展的着力点和突破口。推动农业增长是波兰政府重点关注的首要任务。为建设既富有传统又具备现代化竞争力的新农业，波兰政府于 2016 年初制订了农业平衡发展计划，内容涵盖农业发展、农民子女教育以及农村文化生活等多个领域。自 2017 年 1 月 1 日起，波兰开始实施《简化农产品直销法》和《波兰产品标志法》。根据《简化农产品直销法》，波兰农民在直接面向市场销售自产农产品以及由此加工的农副产品时，支付的税率由目前的 5% 和 8% 统一下调至 2%，对年销售额低于 2万兹罗提的农户，则完全免税。而《波兰产品标志法》规定，由波兰农民生产且未经加工的农副产品以及在波兰境内加工且原料产自波兰的肉类加工食品，可以申请"波兰产品"标志。获取标志后便可享受免检等"绿色通道"便利。不过，该法案对"波兰产品"的许可条件做了严格界定，即不仅要求同时满足"原料产地在波兰"和"在波兰加工"两个前提条件，而且规定在加工过程中使用的进口原料占制成品的比重不得超过 25%。对于未经审核批准，私自使用"波兰产品"标志的行为，将最高处以收入所得 10% 的罚款。此外，波兰政府还计划在 2017 年制定并通过有助于推动农业市场稳定、农村区域均衡发展的《乡村地区公约》。

1. 种植业

从 20 世纪 70 年代起，波兰已成为仅次于苏联的东欧最大的农作物生产国。主要农作物有谷物（小麦、大麦、玉米）、马铃薯、经济作物（油菜籽、甜菜）、饲料作物（黑小麦）。波兰中部、东部和北部主要是草场和马铃薯、黑麦的主产区。南部和西部是小麦、甜菜和油菜的主产区，果园及浆果种植则分布在马佐夫舍省、卢布林省、罗兹省乃至大波兰地区等广阔地域。马铃薯和黑麦的产量居世界第二位，甜菜产量居世界第五位。波兰还是欧洲第二大浆果（主要是草莓、树莓和醋栗）生产国，也是洋葱、卷心菜、花椰菜和苹果的主要生产国。但许多谷物和饲料仍需要进口。随着工业化的推进，农业在国民收入中的比重不断下降，以农业为生计的居民不断减少。1970 年农业人口仅占全国总人口的 15.9%，这一比例在1987 年降至 11.7%。不过，农作物产量大幅提高，每个农民可以养活 6个人。

1987 年，波兰粮食产量达 2150 万吨，每公顷产量由 1938 年的 11.4 公担增加到 31.1 公担。同年，全国农用地面积为 1879.1 万公顷，其中耕地面积 1448 万公顷，人均占有农用地约 0.5 公顷。

剧变后，波兰农业进一步发展。1993 年，波兰粮食产量增长 15%，达 2350 万吨。1995 年，粮食产量创下历史最高纪录，达 2560 万吨。然而，由于频发的旱灾和农业政策变动等原因，农业生产起伏较大，如 1994 年和 1996 年粮食均因严重干旱而减产。

波兰农副产品加工业比较发达，用于冷冻加工的水果和蔬菜占总产量的比例很大。冷冻蔬菜以胡萝卜、花椰菜、洋葱、菜豆、芦笋、豌豆为主。冷冻蔬菜主要用于出口，主要对象国是德国和荷兰。1998 年，波兰冷冻蔬菜产量创下历史纪录，达 21.5 万吨。波兰是仅次于美国的世界第二大冷冻水果出口国。冷冻水果主要是各类浆果、樱桃、李子等，其中 92% 出口欧盟国家，3% 出口独联体国家和欧洲自由贸易联盟国家，仅有 0.04% 销往美国。进口的主要农副产品为咖啡、香蕉、冷冻鱼和冷冻鱼片、葡萄、豆油、烟草、小麦、橙汁等。

2007 年波兰种植业总面积为 1150 万公顷，比 1995 年减少了 139 万公顷（10.8%）。波兰农业用地也呈减少态势。2008 年，农业用地为 1615.4 万公顷，人均占地面积 0.42 公顷。2010 年，农业用地为 1550.3 万公顷，人均占地面积 0.41 公顷。2012 年，农业用地达 1496.9 万公顷，人均占地面积 0.39 公顷。

而农村人口却出现增长。2008 年，农村人口为 1484.8 万，占全国人口的 38.9%；农业就业人数为 208.94 万，占就业人口总数的 14.8%。2010 年，农村人口为 1493.6 万，占全国人口的 39.1%；农业就业人数为 232.62 万，占就业人口总数的 14.9%。2012 年，农村人口为 1519.7 万，占全国人口的 39.4%；农业就业人数为 232.57 万，占就业人口总数的 16.4%。

按现行价格计算，2008 年，农业总产值为 828.46 亿兹罗提（约合 343.87 亿美元）；2010 年，农业总产值为 469.05 亿兹罗提（约合 155.54 亿美元），占 GDP 的 3.3%；2012 年，农业总产值为 510.03 亿兹罗提（约合 169.18 亿美元），占 GDP 的 3.5%。

表 4-2　2010~2013 年波兰主要农产品产量

单位：万吨

年份	2010	2011	2012	2013
小麦	940.8	933.9	860.8	947.6
黑麦	285.2	260.1	288.8	330.7
大麦	339.7	332.6	418.0	292.8
燕麦	151.6	138.2	146.8	119.2
甜菜	997.3	1167.4	1235.0	1123.4
马铃薯	818.8	911.1	874.0	729.7
油菜籽	227.3	188.8	189.6	270.0

资料来源：2013 年、2014 年波兰统计年鉴。

2014 年，波兰主要农作物产量再创新高。根据波兰中央统计局的数据，2014 年波兰粮食产量为 3190 万吨，同比增长 12.3%；蔬菜产量达 460 万吨，同比增长 15.2%；果树水果产量为 360 万吨，同比增长 3%，比 2006~2010 年间平均产量增长 44%。其中，苹果产量同比增长 3.7%，比 2006~2010 年间平均产量高 50%。

近几年，尽管遭遇恶劣天气（严重霜冻），但波兰种植业仍丰产增收。2015 年，波兰小麦产量达 1100 万吨。2016 年，在 7%~10% 的小麦种植面积遭到破坏的情况下，小麦产量仍达 1000 万吨，高于 2013 年之前的水平。水果产量大幅增长，以至于桃园面积减少 7.4%。2017 年，同样因产量大幅增长，马铃薯种植面积减少约 30 万公顷。

2. 畜牧业

波兰畜牧业比较发达，主要饲养牛、马、猪、羊等家畜。

二战前波兰人主要食用牛肉，所以养牛业最发达。二战后，尽管波兰人对猪肉的需求开始超过牛肉，但养牛业依然取得很大发展：1949 年，牛存栏数为 747.2 万头，其中奶牛为 476.1 万头；1984 年，牛存栏数为 1264.9 万头，其中奶牛为 595.6 万头。此后牛存栏数逐年下降，1998 年为 695.5 万头，1999 年为 655.5 万头。奶牛中近 97% 为波兰荷尔斯泰因牛。

1949 年，猪存栏数为 612 万只，到 1980 年猛增到 2137.6 万只，此后略有下降，但总体保持稳定。1998 年猪存栏数为 1916.8 万只，1999 年为 1850 万只。

波兰养羊业的发展变化最为剧烈。1949 年，羊存栏数为 194.5 万只。至 20 世纪 70 年代末，羊存栏数已超过 400 万只。80 年代初，由于羊肉出口需求加大和羊毛价格上涨，羊存栏数继续增加，从 1980 年的 424.7 万只增加到 1986 年的约 500 万只。剧变后，随着劳动力成本增加和羊毛价格下降，羊存栏数大幅减少。1998 年羊存栏数仅剩 45.3 万只，1999 年为 44 万只。波兰饲养的羊的主要品种有波兰美利奴羊、波兰低地绵羊和波兰长毛羊等，分别占总存栏数的 45%、30% 和 10%。

二战后，尽管马的军事作用逐渐消失，但波兰依然保有相当数量的马匹，用于旅游骑乘、皮革制造、农耕、竞赛、狩猎、观赏等。至 1985 年，马存栏数为 140.4 万匹。剧变后，马匹数量也锐减，但下降幅度稍小于养羊业。1998 年马存栏数为 56.1 万匹，1999 年为 55.1 万匹。

波兰家禽主要有鸡、鸭、鹅和火鸡等。家禽数量和产量并未因剧变而下降。1990~1999 年，波兰家禽产量持续增长，从 47.4 万吨增长为 81.9 万吨。蛋产量一直保持在年产约 70 亿个的水平。

1980 年，波兰肉产量为 245.9 万吨，1993 年降至 109.9 万吨，1998 年回升到 115 万吨。1980 年波兰肉产量居世界第 13 位、欧洲第 6 位，1993 年分别下降到世界第 15 位和欧洲第 7 位。1980 年牛奶总产量为 160 亿升，居世界第 5 位、欧洲第 4 位；1993 年牛奶总产量降为 122.7 亿升，下降到世界第 15 位和欧洲第 6 位；1998 年牛奶总产量降为 122.3 亿升；1999 年为 119.15 亿升。

总体上看，剧变后波兰牛、羊、马存栏数一直在下降，肉类产量也大幅萎缩。相对于牛羊养殖业受到的巨大冲击，猪养殖业发展形势较为乐观。但在市场经济条件下，受到饲料价格、养殖利润以及市场容量的影响，猪存栏数呈现周期性变化。存栏数的持续下降使牛、羊、马的饲养密度降低。2005 年，每百公顷农用地的牛存栏数从 1990 年的 54 头降为 34.5 头，羊存栏数从 22.2 只降至 2 只，马存栏数从 5 匹降为 2 匹。但是，猪存栏数则从 1990 年的 104 只增至 113.9 只。2006 年，牛、猪存栏数比 2005 年有所增加，特别是猪的存栏数增幅达 4.2%。

"入盟"给波兰畜牧业带来了巨大的契机。2004 年，波兰活牛对原欧盟 15 国出口量猛增 44%，出口额增长 78%；牛肉出口量增幅更是高达 161%；奶制品总出口额达 5.55 亿欧元，比 2003 年增长 70%。

2006~2013 年，波兰畜牧业进入一个相对平稳的发展期。表 4-3 为 2014~2016 年波兰牲畜存栏数。

表 4-3　2014 ~ 2016 年波兰牲畜存栏数

年份	2014	2015	2016
牛（万头）	592	596.1	593.9
猪（万只）	1172.4	1164	1086.5
羊（万只）	22.3	22.8	23.9

资料来源：2016 年、2017 年波兰统计年鉴。

此外，野生动物的肉类、皮毛、牙、角等产品也丰富了波兰的农产品市场。波兰的野生动物品种颇多，主要分布在森林地区，常见的哺乳动物有獐、狍、马鹿、驼鹿、鼢鹿、狐、獾、野兔、野猪等。

根据国家有关规定，除了受法律保护的野生动物，波兰允许猎捕狍、驼鹿、鼢鹿、野猪、狐、野兔、雉鸡和山鹑等种群规模较大的野生动物。打猎是许多波兰人喜爱的运动和休闲娱乐项目之一。

2005 年以来，波兰主要野生动物猎捕量大多呈增长趋势，表 4-4 给出了 2011 年 4 月至 2016 年 3 月的数据。

表 4-4　2011 年 4 月~2016 年 3 月波兰主要野生动物猎捕量

单位：万只

时间	2011.4~2012.3	2012.4~2013.3	2013.4~2014.3	2014.4~2015.3	2015.4~2016.3
狍	16.7	17.2	18.7	19.5	20.3
野猪	19.6	24.0	39.7	42.6	45.8
野兔	36.9	43.3	15.4	31.4	16.5
雉鸡	11.3	11.7	11.5	12.9	12.8
山鹑	0.18	0.17	0.21	0.25	0.27

资料来源：2016 年、2017 年波兰统计年鉴。

3. 林业

波兰森林资源十分丰富，拥有广阔的原始森林和人造森林，生长着众多的树木，如栎、椴、梣、山毛榉、冷杉、云杉、紫杉、雪松、落叶松等。波兰草本植物品种也很多。花卉主要有月季、兰花、康乃馨、三色堇、紫罗兰、秋海棠以及杜鹃等。比较常见的野生花草有：藏红花（Crocus satinus），主要生长在塔特拉山（Tatra）和巴比亚山（Babia）一带；银蓟草（Carlina acaulis），常见于山林之中；黄花柳穿鱼（Linaria vulgaris），生长在旷野中；沼地阿苦母（Calla palustra），常见于泥潭沼泽地；欧滨草（Elymus arenarius），生长在波罗的海沙滩；沙茅草（Ammophila arenarea），生长于各种沙滩。波兰的果树以苹果树为众。

18 世纪末，波兰的森林覆盖率在 40% 以上。然而，由于工业化过程中的大量采伐，特别是两次世界大战的严重破坏，波兰森林面积锐减，树木品种也相应减少。

经过二战后几十年的不懈努力，波兰的原始森林已恢复原来的面貌，森林面积明显扩大，树木品种增加。1949 年，全国森林面积为 676.3 万公顷。1999 年，全国森林面积扩大到 900 万公顷，森林覆盖率也达到 28%。最主要的森林为北部的图霍拉森林（Bory Tucholskie）、诺特茨森林（Puszcza Notecka）、皮斯森林（Puszcza Piska）、东北部的比亚沃维耶扎森林（Puszcza Białowieska）和西部的下西里西亚森林（Bory Dolnośląskie），以及南部苏台德山林和西南部喀尔巴阡山林等。其中北部多为温带阔叶林和温带针阔叶混交林，[①] 南部山区多为针叶林。常绿针叶林占森林面积的 54.5%，落叶阔叶林占 45.5%。

随着森林面积的大幅增加，波兰木材砍伐量有更大幅度的增长。1999 年，木材砍伐量由 1945 年的 1210 万立方米增加到 2491.7 万立方米，即增长 105.9%。波兰森林树干木材蓄积量为 16.1 亿立方米，比 1950 年增加 1 倍。

如果将与森林生产管理相关的土地考虑在内，截至 2001 年 7 月 1 日，波兰森林总面积已达到 908.8 万公顷，在欧洲居前列，仅落后于法国、德

---

① 即寒温带针叶林和温带阔叶林混杂在一起的过渡型森林。

国和乌克兰。但波兰人均森林面积不到 0.24 公顷，依然是欧洲人均森林面积最少的国家之一。

在波兰森林中，国有林占主导地位。1981~2001 年，波兰国有林木材储量逐年增长，每年增长约 0.45 亿立方米。2001 年，全国林木总储量达 15.7 亿立方米。其中国有林的木材总储量约为 14.8 亿立方米，平均每公顷林地木材储量为 213 立方米左右。

2007 年，波兰木材产量达到 3590 万立方米，比 2006 年增加 360 万立方米。木材采伐量中 94% 来自国有林，3% 来自私有林，其余来自地方公有林、教会林、合作社林。2009 年，国有林面积约占全国森林总面积的 81.8%（77.8% 属于"国家森林"［Lasy Państwowe］^①,2% 属于各个国家森林公园，2% 属于其他政府机构），18.2% 为私有林。私有林分布比较分散，平均每个私有林面积不超过 1 公顷。

波兰十分重视林业管理，森林立法已有 200 多年的历史。在经济转型初期（1991 年），波兰已颁布和实施了新的《森林法》。该法确立了保存、保护和扩大森林资源的原则以及森林经营必须与环境和国家经济其他组成部分相联系的原则，特别是首次将森林的环境社会价值与传统的木材生产价值放在同等重要的位置。1994 年，波兰政府在《森林法》《国家环境政策》等法律法规框架内制定了波兰林业可持续发展政策。在波兰，木材年许可采伐量通常约为年生长量的 60%。波兰林业收入的 85% 来自原木生产。

由于波兰制材业、人造板业与制浆造纸业对木材的需求一直保持上升趋势，森林资源面临很大压力。2002 年 9 月 19 日，波兰政府通过《国家生态发展》文件，确定要大力整治环境和保护森林资源，以达到欧盟生态标准。

截至 2013 年，波兰森林总面积（包括与森林生产管理相关的土地面积）为 938.3 万公顷，森林覆盖率为 29.4%，其中国有林约占 81%，私有林约占 19%。国有林中，94% 归国有林业企业经营，6% 归国家公园和地方政府管理。国有林按其功能分为生产林、防护林和禁伐林。

---

① 波兰的国有森林管理机构，代表国库部。

由于森林覆盖率长期低于预期目标，波兰一直以来都根据 1995 年制订的扩大森林覆盖率的国家计划，加快植树造林速度。国家财政对私有森林的建设给予资助。至 2013 年，波兰已在荒地和非农用地上植树造林近 27 万公顷；2014 ~ 2020 年预计造林 47.6 万公顷，以确保届时全国森林覆盖率达到 30%；而根据计划，到 2050 年，全国森林覆盖率将达到 33%。

4. 渔业

波兰水生动物资源丰富，鱼类品种繁多。波罗的海生长着众多海洋经济鱼类，如鳕鱼、鲱鱼、黍鲱等。而在维斯瓦河、奥得河和数千个淡水湖泊中，可以见到鳗鱼、梭子鱼、鲷鱼、鲈鱼和鲑鱼等 50 余种淡水鱼。

波兰渔业分为远洋渔业、近海（波罗的海）渔业和淡水渔业。

20 世纪 50 年代中期以前，波兰的渔获量十分有限，在世界市场中无足轻重。1958 年，近海（波罗的海）渔业的捕捞量占波兰总捕捞量的 53% 以上。1960 年，波兰渔业总捕捞量为 18.4 万吨。1970 年，波兰渔业捕捞量增至 46.9 万吨。此后，波兰开始将发展重点放在远洋渔业上。1980 年，波兰渔业捕捞量猛增至 79.1 万吨，其中远洋渔业捕捞量占 62.1%。1983 年，波兰渔业捕捞量降至 73.5 万吨，远洋渔业捕捞量占比高达 70%。

1989 年剧变后，波兰渔业实行多元化，渔船数量大幅减少且设备日渐陈旧。同时受到越来越多的捕捞权限制、燃料价格上涨和国内通货膨胀的影响，波兰远洋捕捞船队的活动范围逐渐缩小，仅在如太平洋西北部、白令海、大西洋西南部等少数海域作业。波兰远洋渔业捕捞量骤减。1998 年，远洋渔业捕捞量仅有 11.1 万吨。可以说，波兰渔业再次回归以近海（波罗的海）渔业为主的局面。整个 20 世纪 90 年代，波兰渔业发展总体呈下降趋势。

2001 年，波兰的渔业捕捞量共有 25.49 万吨，其中近海（波罗的海）渔业总捕捞量为 20.74 万吨，淡水鱼总产量为 4.75 万吨。

"入盟"初期，波兰渔业的总产量，特别是海鱼产量依然呈逐年减少趋势。2004 年，近海（波罗的海）渔业总捕捞量降为 17.39 万吨，其中大西洋鳕鱼 1.71 万吨，鲱鱼 2.86 万吨，黍鲱 9.67 万吨，其他海鱼 3.15 万吨；淡水鱼总产量增至 4.99 万吨，其中鲤鱼为 1.83 万吨，虹鳟鱼为 1.18 万吨。

不过，2004 年波兰水产总供应量为 43.85 万吨，比 2003 年增长 10.5%，但仍比 2000 年低 9%，仅相当于 1995 年的水平。波兰人均鱼类消费水平仅为 11.5 公斤，比世界和欧盟平均消费量分别低 31% 和 52%。

2006 年，波兰渔业总捕捞量为 17.95 万吨，比 2005 年减少 5.7%。其中，海鱼产量为 12.56 万吨（大西洋鳕鱼 2.12 万吨、鲱鱼 2.22 万吨、黍鲱 5.59 万吨），比 2005 年减少 7.9%；淡水鱼总产量为 5.39 万吨，同比下降 0.4%。

2007 年 1 月 1 日，欧盟渔业基金成立。在 2007~2013 年间，波兰渔业从该基金共获得 6 亿欧元的资金。这些资助使波兰得以对落后的渔船和捕鱼设备进行更新和改造。波兰渔业产量开始回升。

2010 年，波兰渔业总捕捞量为 21.92 万吨。其中，海鱼（包括其他海洋生物）为 17.08 万吨，淡水鱼为 4.84 万吨。这一年，波兰人均渔产品为 6 公斤，比 2005 年增长 20%。

2013 年，波兰渔业总捕捞量为 24.58 万吨。海鱼（包括其他海洋生物）为 19.5 万吨，其中大西洋鳕鱼 1.96 万吨，鲱鱼 2.36 万吨，黍鲱 8.1 万吨；淡水鱼为 5.08 万吨。

另外从总体来看，近年来淡水鱼在波兰渔业中的比重越来越大，是一个极具发展前景的领域。现在波兰约有 48 万公顷的水域用于淡水渔业。除了传统的鲤鱼每年拥有稳定的产量外，虹鳟鱼的产量也有了明显的增长。

二 工 业

波兰是欧洲矿产资源比较丰富的国家。储量较大的矿产资源有煤、铅、锌、硫黄、铜、天然气、钾盐、铝、银等。煤的总储量达 1500 亿吨左右，居欧洲第四位，主要分布在以南部卡托维兹为中心的上西里西亚地区和下西里西亚地区以及东南部的卢布林省。铅和锌储量为 350 万吨，居世界第一，主要分布在南部的卡托维兹地区。铜和硫黄的储量均居欧洲之首，铜储量约占世界总储量的 10%，主要分布在西部戈茹夫 - 大波兰（Gorzów Wielkopolski）地区，硫黄主要分布在维斯瓦河中游。钾盐的储量也在欧洲名列前茅。此外，天然气储量约 1800 亿立方米，石油储量为 6440 万吨（可开采的石油为 1000 万吨）。其他金属矿物资源如银也有一定的蕴藏量。截至 2012 年底，波兰已探明硬煤储量为 482.26 亿吨，褐煤为 225.84 亿吨，硫黄为 5.11 亿吨，铜为 17.93 亿吨。非金属矿物资源还有石灰、花岗石、砂岩、泥灰石、雪花石、石英岩、瓷土等。波兰盛产波罗的海琥珀，是世界琥珀储量最丰富的国家之一，总价值近 7 万亿兹罗提（约合 2 万亿美元）。波兰已有几百年开采琥珀的历史。至 1996 年底，波兰有 4000 家公司从事琥珀开采和加工，仅格但斯克就有 1500 家公司从事琥珀首饰的制作，全国每年出口的琥珀价值约 5.4 亿兹罗提（约合 2 亿美元）。同年，国际琥珀协会（Międzynarodowe Stowarzyszenie Bursztynników）在格但斯克成立。

21 世纪以来，为打击走私和非法开采，波兰开始实行严格的税收制度、许可证制度和环境保护措施，琥珀产量大幅下降，国产琥珀不足加工总量的 10%。2004 年之后，由于最大琥珀原料供应国俄罗斯限制琥珀出口，波兰开始加大国内开采力度以重振市场。2007 年，格但斯克市为一批市营琥珀矿重新颁发许可证，其中一些矿最早已于 20 世纪 70 年代停产。除了扩大开采，波兰也开始改变琥珀产品的设计风格和商业营销策略。如今大块粗糙的琥珀首饰已不多见，精致的工艺和小巧的设计成为新的卖点。2012~2014 年，波兰经济部投入 700 万兹罗提开展琥珀出口促进计划。至 2013 年，琥珀出口额为 6.3 亿兹罗提，2014 年为 6.7 亿兹罗提，2015 年达 15 亿兹罗提。波兰主要的琥珀出口国为德国、美国、意大利和中国。

1. 工业发展概况

第二次世界大战以前，波兰工业相对落后。1938 年人均工业生产水平相当于欧洲国家平均水平的 20% 左右。

二战期间，波兰一半以上的工厂遭到破坏，工业生产能力下降 50%。

1944 年，社会主义政权建立后，波兰政府立即着手重建工业。1946 年 1 月，波兰颁布工业国有化法令，决定将大中型企业及国民经济其他主要部门（交通运输、邮电、银行等）收归国有。

工业国有化为战后波兰经济的恢复和发展，尤其为波兰国家的工业化奠定了基础。1950 年，波兰工业在国民收入中的比重已达到 24.3%。

20 世纪 50 年代为波兰社会主义工业化的第一阶段，它为重工业的发展打下了基础。波兰工业生产水平超过二战前水平，并使波兰成为工业－农业国。

20世纪60年代是波兰社会主义工业化的第二阶段，国家把投资重点放在重工业上。工业发展十分迅速，其中电机工程、机器制造和运输等部门占全国工业总产值的30%以上。其他重要工业部门有化工、纺织、燃料、金属和食品加工等。当时，波兰工业虽尚不及捷克斯洛伐克和民主德国发达，但生产效率较高，是当时东欧国家中许多产品，如钢铁、无机肥料、硫酸、水泥、拖拉机、火车车厢和汽车等产品的主要生产者。

1970年，工业在国民收入中的比重已增加到54.6%。1951~1979年，波兰工业产值年均增长达10.2%，而同期世界工业的年均增长为6.3%。

20世纪80年代，波兰工业发展速度减慢：前半期工业产值年均增长率降至0.1%，1986~1989年工业产值年均增长3.1%。1987年工业在国民收入中的比重降为48.3%。

1989年剧变后的头两年，波兰整个工业生产大幅下滑。1990年工业产值下降24%。1991年工业生产形势略有好转，但工业产值仍同比下降11.9%。1992年，波兰工业开始增长。表4-5给出了1992~2000年波兰工业产值的增长率。

表4-5 1992~2000年波兰工业产值的增长率

单位：%

年份	1992	1993	1994	1995	1996	1997	1998	1999	2000
工业产值增长率	2.8	6.4	12.1	9.7	8.3	11.5	3.5	4.4	7.1

资料来源：2001年波兰小统计年鉴。

2001~2002年上半年，波兰工业销售产值出现波动，煤炭、冶金、制造业等销售额下降。到2002年后半年，波兰整个工业产值开始增长。2003年，波兰工业销售比2002年增长8.7%。这是自1997年以来波兰工业销售增长最快的一年，远远高于2001年0.3%和2002年1.5%的增速。

与此同时，波兰工业在国内GDP中所占的比重呈缓慢下降趋势，但其经济效益和产品质量却有了明显的提高。这是服务业和贸易快速发展以及工业结构从重工业向消费品工业转化的结果。此时，波兰工业结构彻底改变，特别是重要的工业部门，如燃料与能源、钢铁、重型化工、制药、纺织服装及一些高技术工业部门已实现了体制改革，并逐步取得国际质量认证。

2004年5月波兰加入欧盟以后，工业发展迅猛，特别是那些对能源价格依赖不大的工业部门发展最快。依靠农业优势，食品加工业一直是波兰的传统领先行业。到2013年，也就是在加入欧盟后的9年里，波兰食品加工业快速发展，食品出口总额增长4倍多，食品出口在波兰商品出口总额中所占的比重从"入盟"时的8%扩大到12.5%。食品加工业9年连续增长，成为波兰国家现代化的标志之一。这一时期，可以说掀起了波兰的再一次工业化浪潮，制造业附加值实际增长115%。

2012年，按现行价格计算，波兰工业总产值达3481.21亿兹罗提（约合1068.84亿美元），占当年GDP的21.8%；工业部门从业人员为286.78万，占就业人口总数的20.2%。

2. 主要工业

波兰的工业有能源、冶金、机电、化学、木材、造纸、航空、轻工业等，其中能源、冶金和机电是波兰三大传统支柱产业。建筑业也是重要的工业部门。

（1）煤炭工业

煤炭工业是能源工业的代表，是波兰重要的传统基础工业。

波兰煤炭资源非常丰富。截至2012年底，已探明硬煤储量为482.26亿吨，褐煤储量为225.84亿吨。

二战后初期，煤炭工业曾为波兰经济的恢复和发展立下汗马功劳。在整个社会主义时期，煤炭工业在国民经济中始终占有举足轻重的地位。20世纪80年代，波兰年均出产煤炭2亿多吨，其中硬煤近2亿吨，褐煤4000多万吨，年均出口硬煤达3000多万吨。煤炭工业一度是波兰重要的出口创汇产业部门。但是，波兰煤炭产能严重过剩，煤炭企业机构臃肿、人浮于事，煤炭开采成本居高不下，加上国际市场煤炭价格持续走低，使得波兰煤炭工业严重亏损。

剧变后，波兰历届政府都致力于煤炭工业的减产增效和富余人员的裁减，但收效不大。特别是 20 世纪 90 年代中期，由于煤炭企业连年亏损，煤炭工业成为波兰经济极其沉重的负担。

针对这种情况，波兰政府于 1998 年 6 月 30 日制定并通过了"1998~2002 年波兰硬煤工业改革"纲领。纲领的目的是，以彻底改革波兰硬煤企业为突破口，带动整个煤炭工业扭转严重亏损的局面。这次改革的具体措施是：放开国内煤炭市场价格，对主要用户制定长年合同价格；关闭部分矿井，对矿工实行社会保障政策，设立失业和退休基金，用国家预算为矿工创造其他就业机会；从 2003 年起，关闭部分矿井的费用主要由继续开工的煤炭企业承担，国家预算给予补充，而从 2006 年起，被关闭矿井的开支全部由煤炭企业负担；充分考虑煤炭企业改革所带来的负面影响，并采取必要措施尽量减少这些影响。

这一改革措施实施一年后，波兰煤炭工业形势有所好转。

截至 2000 年底，波兰全国共有煤矿 53 座，其中井工矿 42 座，露天矿 11 座，年产煤 1.6 亿吨，职工 17 万多人。

2001 年，硬煤产量为 1.028 亿吨，销售量为 1.018 亿吨，其中出口 2260 万吨，储存 158 万吨。褐煤产量为 5690 万吨，销售收入 6.636 亿美元，占整个工业销售收入的 0.7%。同年，波兰出口煤炭约 2200 万吨，仅出口德国的煤炭就达到 760 万吨，增长 34%，为 1995 年以来之最。煤炭行业产量减少，人员裁减，经济效益得到提高。这一年，波兰一方面通过关闭和部分关闭一些煤矿限制生产能力，另一方面鼓励煤矿实行私有化或与其他经济实体开展资本组合。同年，煤炭工业总投资 2869 万美元，其中 62.2% 用于生态任务，如矸石山改建或扩建、废灰和矸石利用、污水处理厂改造、矿山设施消除噪声等，其余用于立井的建设、扩建和改造，选煤厂的改建，以及机械设备的购置。

2003 年，波兰政府通过了《2003~2006 年硬煤采矿业重组方案》《2003~2006 年采煤业结构调整法案》等文件，继续推行煤炭工业私有化。2003~2006 年，波兰煤矿由 80 座减至 30 座。2006 年，波兰政府暂停了煤炭工业私有化进程。

2011 年，波兰煤炭开采量为 7538 万吨（煤炭产量为 1.39 亿吨），同比减少 58 万吨；煤炭销售量为 7582 万吨，同比增长 61 万吨。其中炼焦煤销售量为 1130 万吨，同比下降 0.5%。煤炭业整体收入为 258.7 亿兹罗提，同比增长 17.6%。2012 年，波兰煤炭产量达 1.44 亿吨，同比增长 3.6%，位列欧洲第二、世界第九。由于波兰 90% 的电力和 89% 的供热依赖煤炭，所以生产的煤炭主要用于内销。

波兰采矿机械制造水平处于世界前列。主要产品有：工作面综合采煤设备、采煤机、带式输送机、吊挂列车、排土机、挖掘机、自行式输送机、选煤设备、液压和控制设备、钻探设备、矿山救护设备、采矿机械备件等。

（2）钢铁工业

钢铁工业是波兰冶金工业的代表。

波兰铁矿资源较为贫乏，铁矿石自给率仅为 35%，其余依靠进口，主要从俄罗斯、乌克兰、法国和瑞典等国进口。

社会主义时期，波兰钢铁企业大多设备更新缓慢，生产技术落后。剧变后，波兰对钢铁工业进行了改造。1992~1999 年，波兰投资 20 亿美元引进新的熔炉连续冶炼法和电镀板流程生产线，部分钢厂改用电炉冶炼取代高炉、转炉冶炼。

改革初期，波兰共有 69 家钢铁企业，雇员为 15 万人左右。钢铁企业采用新的冶炼技术后，既提高了效益，又减少了对环境的破坏。比如，有害气体的排放减少了一半，灰尘和其他有害物质也明显减少。由于采用新技术，雇员随之减少。1990 年钢铁行业职工总共达 14.6 万人，1997 年仅为 8.4 万人，减少了 6.2 万人。

尽管如此，从 1997 年起，波兰钢铁行业还是出现亏损。主要原因是生产成本高、钢加工水平和钢产品的质量低。比如，波兰钢厂不能提供汽车行业、建筑行业以及食品工业需要的高质量的冷轧钢板。另外，产品结构也不合理，60% 为传统钢材，仅 40% 为特种钢材，与西欧国家的钢铁产品结构正好相反（有的西欧国家的特种钢材甚至超过 70%）。另外，一些钢厂位于人口密集的城市，造成巨大的环境负担。

1998 年和 1999 年，随着订单减少和国际钢铁价格走低，波兰钢铁产值大幅下降。1999 年，钢铁工业亏损共计 4.5 亿美元，约占波兰三个大型钢厂，包括卡托维兹钢厂、森济米尔钢厂和琴斯托霍瓦钢厂生产总值的 80%。很多钢厂难以获得新的贷款，缺乏资金更新设备。

与之形成鲜明对比的是优质钢材的供不应求。1998 年，波兰主要从欧盟和中欧自由贸易区进口钢材 190 万吨，占国内消耗总量的 1/3；1999 年进口钢材 220 万吨，占国内消耗总量的 37%。1999 年钢材出口比 1996 年降低了 28%，进口却增长了 18%。

为了加入欧盟，波兰加快了钢铁行业改革的步伐。

2000 年初，从欧盟和中欧自由贸易区进口钢产品的关税被取消，同时进口产品的传统关税率减至 13.1%，波兰钢铁工业面临更加激烈的竞争。除欧盟国家外，捷克和斯洛伐克等国的钢铁企业也进入波兰市场，其产品的销售比例不断攀升。

2001~2002 年，波兰钢铁生产持续减少，企业持续亏损。波兰政府决定尽快实现钢铁行业私有化，以扭转局面。2002 年 6 月，波兰钢铁工业控股公司（Polskie Huty Stali）成立。该控股公司由森济米尔钢铁公司、卡托维兹钢铁公司、弗洛里安钢铁公司和采德莱拉钢铁公司共同组成。之后，琴斯托霍瓦钢铁公司也加入波兰钢铁工业控股公司。根据波兰经济部公布的数字，波兰钢铁工业控股公司成为波兰最大的钢铁集团和世界第 31 大钢铁企业，占波兰市场份额的 70%，年产量为 600 万 ~800 万吨，其中成品钢年产量为 450 万吨，用于出售的半成品钢年产量为 150 万吨。到 2005 年，波兰钢铁工业控股公司的成品钢年产量为 490 万吨，而用于出售的半成品钢减少到 80 万吨。与此同时，波兰政府加大投入，展开钢铁工业重建计划，其中，绝大部分经费用于补助波兰钢铁工业控股公司。

据波兰钢铁工业商会资料，2003 年上半年，波兰钢铁产量同比增长 7%，这是 2000 年以来的首次增长。

同年，世界领先的钢铁企业——米塔尔集团（Mittal Steel）进入波兰。2004 年，米塔尔集团出资 10.5 亿美元，获得波兰钢铁工业控股公司 60% 的股份。波兰钢铁工业控股公司更名为米塔尔钢铁波兰公司（Mittal Steel Poland）。2006 年，钢铁企业阿塞拉利亚（Aceralia）与米塔尔集团合并，组成世界最大的钢铁企业安赛乐米塔尔钢铁集团（ArcelorMittal）。米塔尔钢铁波兰公司遂更名为安赛乐米塔尔波兰公司（ArcelorMittal Poland），成为波兰唯一的联合型钢铁公司，拥有波兰钢铁产能的 2/3，在波兰钢铁市场上占主导地位。

2008 年爆发的国际金融危机也波及波兰钢铁工业。当年波兰粗钢产量开始下降，为 970 万吨，消费量为 1140 万吨，同比下降 5.4%。2009 年波兰钢铁价格大幅下降，仅上半年钢铁产量就下降 42%。不过，波兰钢铁行业的新投资项目一直没有停顿，其中大多数项目在危机发生之前就已经开始实施。2008 年，安赛乐米塔尔波兰公司在克拉科夫新建的年产能为 65 万吨的热轧厂开始投产，并改造原有的冷轧厂，使年产能从 80 万吨提至 120 万吨。同年，该公司还在华沙钢厂投产了一条年产能为 65 万吨的螺纹钢和"SBQ"棒材生产线。美国工商五金公司（Commercial Metals Company）于 2009 年投产了一座年产能为 10 万吨的线材厂和年产能为 6 万吨的钢筋网厂。西班牙塞尔萨集团（Celsa Group）的一座新建轧钢厂也于 2009 年投产，使该集团在波兰的轧钢年产能提至 170 万吨。

2010 年、2011 年和 2012 年，波兰钢铁工业发展向好，其中粗钢产量分别达到 799.3 万吨、877.6 万吨和 854.3 万吨，在全球排名中列第 13 位。2012 年欧洲足球锦标赛相关的建设项目和 2013 年欧盟的 280 亿欧元基础设施建设项目，大大增加了钢材需求，使波兰钢铁业更快地摆脱金融危机的影响。2013 年，波兰粗钢产量为 819.8 万吨，在全球粗钢主要生产国排名中列第 19 位。

（3）汽车工业

1989 年之前，汽车制造业在波兰经济中的地位并不突出。剧变以后，汽车制造业迅速发展，成为增长幅度最大的一个行业。在优惠的外商投资政策的吸引下，德国大众、美国福特、意大利菲亚特、德国宝马和韩国大宇等 5 家汽车公司于 20 世纪 90 年代初纷纷进入波兰。波兰汽车工业很快开始结构重组并实行私有化。主要生产轿车的公司有菲亚特（波兰）汽车公司、欧宝（波兰）公司和大众（波兹南）公司。专门生产卡车和大客车的厂家有"Star Trucks"、耶尔奇（Jelcz）、奥托桑（Autosan）、"Solaris

Bus & Coack"、曼（波兰）公司、沃尔沃（波兰）公司和"Scania-Kapena"等。上述公司多为私营企业，波兰国库部仅拥有奥托桑的少数股权。通过大规模吸引外资、私有化和全面结构调整，波兰汽车工业产量、技术水平和出口规模都有较大提高。

1992~1999 年，波兰轿车的生产和销售持续增长。20 世纪 90 年代中期，波兰居民通过分期付款更新汽车，汽车销量每年以 30% 的速度递增。1999 年汽车产量和销量均达历史最高水平，分别为 65 万辆和 64 万辆。由于引擎出口的上升，汽车贸易顺差达 1.406 亿美元。

进入 21 世纪，由于经济增速放慢，二手车市场活跃，加上受进口新车的冲击，波兰汽车制造业形势严峻。2000 年，波兰汽车产量和销量出现下降趋势。2000 年汽车产量和销量分别为 53.3 万辆和 47.9 万辆，2001 年分别为 36.4 万辆和 32.4 万辆，下降幅度超过 30%。2001 年，波兰汽车出口也开始下降，出口额为 14.1 亿美元，比上一年下降 3.4%；但汽车发动机和配件出口仍然增长，出口额为 25.62 亿美元，比上一年增长 16%。波兰汽车出口的主要市场是欧盟和中东欧国家，其中德国占 45%，意大利占 17%，其他依次是法国、英国、匈牙利、比利时、捷克、西班牙、瑞典等。

与汽车出口相反，进口车在波兰汽车市场上的份额大幅上升。1999 年进口新车的市场份额为 25%，2000 年为 39.25%，2001 年为 57.1%。2001 年波兰汽车进口额为 20 亿美元，其中德国占 35%，法国占 19%，西班牙占 8%，英国占 7.6%，意大利占 6%。

2004 年以后，随着经济复苏及加入欧盟，波兰汽车生产大幅回升。2009 年，波兰轿车产量为 81.9 万辆。

汽车零部件制造一直是波兰汽车工业的重要组成部分。2010 年，约有 1500 家企业从事零部件生产，尤其在轮胎、座椅、电子产品及刹车系统等方面居世界领先地位。除了满足国内汽车生产需要，波兰汽车零部件还大量出口，出口比例超过 70%。汽车零部件产值在波兰汽车工业中的比重和重要性逐年提高，进出口额均占汽车类商品进出口总额的一半以上。已有包括丰田、大众、五十铃等著名大型跨国公司在内的 100 多家外国企业在波兰投资汽车零部件制造。

2013 年，波兰已经成为欧洲第八大汽车生产国，拥有 210 多家汽车企业，从业人员达 70 多万。

（4）建筑业

波兰建筑业承揽了世界上许多工程，是建筑劳务输出大国。

社会主义政权建立之后的一段时期内，国有化运动未涉及建筑业，私营成分比例较大，但大多为小型的建筑包工队。后来，国营建筑企业和合营建筑企业不断增多。20 世纪 70 年代，波兰大力发展建筑机械工业，建筑企业机械化程度大大提高。到 1980 年，国营建筑企业机械作业完成的土方工作占 98.9%，安装工作占 93.8%，抹灰工作占 65%。建筑业逐渐发展成为波兰经济中的重要部门。1988 年，建筑业在国民收入中所占比重为 12.1%。

1989 年剧变后，建筑业发生很大变化：一方面，国营建筑企业实行私有化、股份化；另一方面，与外国合资经营的建筑企业、外国独资建筑企业和私人建筑企业进一步发展。到 1994 年底，波兰共有建筑企业 205447 家，其中国营建筑企业 867 家，市营建筑企业 127 家，部委所属建筑企业 178 家，政府法人所有的建筑企业 776 家，与外国合资经营的建筑企业 1299 家，外国独资建筑企业 190100 家，私人建筑安装企业 12100 家。非国营企业在建筑安装业中占统治地位，其建设量占全行业的 85%，其就业人数占全行业的 78%。这一年，波兰建筑业生产总值为 201 亿兹罗提。

据统计，2001 年，波兰全国建筑企业共有 353427 家，其中国营企业为 46764 家，合资企业、自然人企业等达 306663 家。2001 年的建筑结构为：工程建筑占 31%，商业建筑占 25%，住房建筑占 18%，工业建筑占 16%，公共建筑占 10%。交付使用住房 106100 套，同比增长 21%。其中个人住宅占 37.7%，商品房占 28.7%，合作社住房占 24.5%，出租房占 6.3%，市政住房占 2%，工厂住房占 0.8%。住宅平均面积为 86.1 平方米，每平方米住房的购置费约 350~1500 美元。从事建筑和装修材料生产的企业有 5791 家（不包括自然人企业），其中 92% 的企业规模在 50 人以下，生产水泥、石膏、玻璃、陶瓷和瓷砖、建筑化工产品、建筑结构、安装材料和木料等。同年，波兰出口矿物原料和建材总值 8.08 亿美元，比上年增长 15.7%，占全国商品出口的 2.2%。进口 9.535 亿美元，比上年下降 4.1%。建筑业（仅包括 9 人以上的企业）总产值约为 51 亿美元。

为促进建筑业发展和拓展工程承包市场，波兰政府规定，房屋建筑和居室装修工程可享受减免所得税和优惠增值税税率（从 22% 降为 7%）待遇。技术监督总局是隶属政府的承包工程主管部门，下设建筑行业技术总监、铁路建筑技术总监和矿山建筑技术总监。该部门负责审查、监督项目，并对建筑承包工程发放许可证。为保证建筑质量和规范施工，波兰加强对建筑企业及其承包工程的管理，使波兰建筑业的技术标准、质量证书、卫生工程标准和电力系统标准与欧洲接轨。

波兰建筑业的配套工业，尤其是建筑机械工业十分发达。建筑机械工业为建筑业提供装载机、吊车、推土机、铺管机、混凝土泵、提升机等专业机械。目前，建筑和筑路机械工业的销售产值约占整个机械工业销售产值的 9%。波兰有大型建筑机械工厂 28 家，小型工厂约 100 家。其中"Huta Stalowa Wola"公司是波兰建筑机械行业最大的生产和出口商。"Huta Stalowa Wola"公司能提供品种广泛的建筑机械，其中有履带式推土机、轮式装载机、履带式装载机、齿轮推土机、管装载机、建筑用小型轮式装载机、矿山装载机、专业化生产升降安装机、汽车吊、建筑吊车等。在波兰出口的建筑机械中，20% 以上的产品出口西欧国家，部分销往俄罗斯、乌克兰和其他东欧国家。

波兰建筑业的另一大配套工业是家具业。波兰森林资源丰富，劳动力充足，十分适合发展家具业。在整个 20 世纪 90 年代，波兰家具业产值增长了 3 倍，出口额增长了 9 倍以上。波兰生产的家具中约 75% 用于出口，主要出口德国、荷兰、法国、比利时、瑞典等欧盟国家。1998 年和 1999 年，波兰出口德国的家具价值超过 10 亿美元。2000 年，波兰家具出口额首次超过 20 亿美元，占全国家具总产值的 80%。波兰生产的沙发床在欧洲家具市场上占有 50% 的销售份额。但是与出口的火爆相反，波兰国内对家具的需求一直不旺。

21 世纪初，波兰有家具企业 2 万家，其中雇员在 50 人以上的有 370 家，就业人数为 14.47 万人。其中 12 家最大企业的职工数占整个家具工业职工

总数的 25%，产值占全行业的 60%。

波兰建筑业拥有大批工程技术人才和熟练工人，工人素质和技能水平较高。

2005 年，波兰建筑业各项指标呈现良好的增长态势。据波兰中央统计局统计，建筑业增加值为 502.1 亿兹罗提（约 124.7 亿欧元），比 2004 年增长 10.47%，远高于国内生产总值（GDP）和工业全行业的增长率。建筑业产值占 GDP 的比重为 5.13%，比 2004 年提高了 0.2%。

欧盟统计局的数据显示，2009 年 7 月波兰建筑业产值同比增长 10.6%，环比增长 5.2%，增速为欧盟第一。不过，国际金融危机和欧洲债务危机也导致许多波兰建筑企业破产或被迫重组，致使建筑业产值和净利润大幅下降。例如，2010 年 2 月，波兰建筑业产值同比下降 24.6%，降幅比 1 月扩大 9.3%；2010 年第二季度，波兰建筑业前 10 大上市公司净利润为 2.1 亿兹罗提，同比下降 20%。

2011 年，波兰建筑市场恢复了 11% 左右的高速增长。家具业销售额达 120 亿兹罗提，同比增长 13%，创造就业岗位 6.2 万个。波兰已成为世界最大的家具制造国之一。

2012 年，200 家波兰大型建筑企业中，收益增加的占 69%，亏损的占 19%，另有 12% 宣布破产。

2013~2014 年，波兰建筑业总体继续呈现增长态势。

三　交通与通信

（一）交通

19 世纪和 20 世纪初，波兰被沙俄、普鲁士和奥地利瓜分，各占领区各自发展交通运输。1918 年，波兰独立以后，对交通系统进行了扩建和改建。社会主义政权建立后恢复了二战中遭到严重破坏的交通运输系统。

由于波兰位于欧洲的中心，因此欧洲的多条交通干线交汇于此。1989 年以前，波兰货运以铁路为主，客运以公路为主。铁路货运量仅次于苏联，居东欧第一位。1989 年之后，公路的货运量开始超过铁路。

2004 年加入欧盟后，波兰对基础设施的投入不断增加，交通运输网、港口设施等大大改善。

与欧盟老成员国相比，波兰的高速公路和快速路较少，优质公路比例较低，铁路速度慢，空运和海运能力也显不足。

1. 铁路运输

1918年后，波兰改造铁路系统，开始以内燃机车取代蒸汽机车。20世纪60年代和70年代是波兰铁路的高速发展时期。至1975年，已有1/4的铁路实现电气化。以上西里西亚工业区为中心，波兰的铁路通往波兹南、格但斯克、格丁尼亚、华沙等主要城市及苏联、捷克斯洛伐克等国。

1989年，波兰铁路线总长约2.6万公里（仅次于法国和西德），标准轨铁路线长2.4万公里，其中电气化铁路线长近1万公里，窄轨铁路线长2000多公里。货运量达3.9亿吨，客运量为9.5亿人次。20世纪90年代初期，全国铁路线总长度基本未变，但电气化铁路线有所延长，1993年已达1.2万公里，占标准轨铁路的50%。1993年货运量为2.14亿吨，客运量约为7.8亿人次。

2000年9月，波兰颁布《波兰铁路公司结构改造、商业化和私有化法》。2001年波兰国家铁路公司改组为波兰国家铁路集团（Grupa PKP）。集团下属多家分公司，分别经营客、货运输，铁道管理，通信和燃料等。然而，分散经营没能改善公司的财务结构，资金难以有效运转。到2002年5月，波兰铁路亏损112亿兹罗提，累计债务已达86.7亿兹罗提（约合21.1亿美元）。

2002年8月20日，波兰修订《波兰铁路公司结构改造、商业化和私有化法》，力图扭亏为盈。根据修订案，波兰对铁路资源重新整合，波兰国家铁路集团接管约2.3万条铁路及其相关的不动产，并减少公共债务25亿兹罗提。

2002年，波兰铁路获得财政拨款1.56亿兹罗提和欧盟资助2.5亿欧元用于私有化和现代化改造，其中包括改造"柏林—华沙—莫斯科"国际铁路线。到2007年，波兰铁路从欧盟获得的包括贷款在内的资助共达8.2亿欧元。

2005年，波兰运营的铁路共长2.03万公里，其中标准轨铁路1.984万公里（包括电气化铁路 1.188 万公里），运送旅客 2.58 亿人次，货运量为 2.7 亿吨。

2012 年，波兰运营的铁路共长 2.01 万公里，其中标准轨铁路 1.998 万公里（包括电气化铁路 1.192 万公里）。铁路整体电气化率为 59.3%，国有铁路网电气化率达 99%。客运量为 2.73 亿人次，同比增长 3.6%；货运量为 2.31 亿吨，同比下降 7.1%。铁路货运量在交通货运总量中的比重下降，仅占 12.5%。铁路货运中国内运输占 71.8%。

波兰部分铁路因修建年代较久，已严重老化，亟须维修和养护。为保证行驶安全，多数列车平均时速不超过 160 公里。

2014 年 12 月，波兰的 4 条高速铁路正式投入运营，分别连接华沙与格丁尼亚、克拉科夫、卡托维兹和弗罗茨瓦夫等地，列车最高时速可达到 200 公里。其中从华沙到格但斯克的行车时间由 4.5~6 个小时缩短至 3 小时以内。

2. 公路运输

二战前，波兰公路的密度为每 100 平方公里 16.3 公里，公路分布很不平衡。

1947~1983 年，波兰公路增加了 58%，使公路密度达到每 100 平方公里 46.4 公里。1986 年，波兰的公路总长 15.5 万公里，其中 2.2 万公里是泥土路。

1989 年之后，公路逐渐取代铁路成为客、货运的主要运输方式。1994 年，波兰公路总长达 23.5 万公里，注册车辆由 1990 年的 900 万辆增加到 1009 万辆。1995 年春，波兰的高速公路总长已达 257 公里。

1995 年 4 月，波兰政府宣布，在 15 年内建立遍及全国的高速公路网，每年兴建 150 公里的高速公路，并实现所有公路的现代化。

1998 年，波兰公路总长为 24.5 万公里，注册车辆超过 1040 万辆。

1999 年行政区划改革后，波兰公路按行政管理级别分为四级：国家公路、省级公路、县级公路和乡（镇）级公路。

2002 年 6 月，波兰政府宣布了有史以来最大规模的高速公路建设计划。在 2005 年之前，修建准高速公路 500 公里、高速公路 200 公里，总投资规模达 92 亿美元。波兰基础设施部设立了国家道路基金，于 2002 年 9 月开始运作，主要用于支援高速公路建设和现有道路改造。同时，波兰还与欧盟就公路建设的资金问题达成协议：在 2005 年之前，欧盟每年向波兰提供 6 亿美元的经济援助。

2003 年 5 月 5 日，波兰时任总统克瓦希涅夫斯基签署《道路建设法》。该法旨在加快波兰一般公路、高速公路和环城道路的建设。

加入欧盟后，波兰的公路运输市场更加自由化。

2005 年，波兰拥有公路（不含泥土路）25.4 万公里，高速公路 552 公里，公路密度达到每 100 平方公里 81.2 公里。在 2008~2012 年，波兰共建设 1450 多公里的高速公路和快速公路，不仅改善了波兰的公路交通状况，还提供了大量就业机会。

截至 2012 年底，波兰已建成公路（不含泥土路）28.1 万公里，高速公路 1365 公里，公路密度达到每 100 平方公里 89.8 公里。波兰高速公路密度达到每 100 平方公里 44 公里，但仍远低于欧盟每 100 平方公里 160 公里的平均水平。公路客运量达 4.97 亿人次，占全国客运总量的 63%；货运量为 14.93 亿吨，占全国货运总量的 84%。在国际货物流通中，公路运输量占 56.9%，国际运输主要往来于西欧国家、俄罗斯、乌克兰和中亚国家。

波兰正在建设全长 1989 公里的"两横一纵"高速公路主干网及全长 5472 公里的配套快速公路网。

3. 水路运输

波兰的水路运输分为海运和内河运输。

波兰濒临波罗的海，海洋运输业十分发达，出口货物的 2/5 和进口货物的 1/3 均由海洋运输。客轮每年接送大量来自斯堪的纳维亚半岛和西欧的旅客。波兰海港众多，其中格丁尼亚港为波罗的海最大的集装箱港口，格但斯克港是波罗的海最大的石油中转码头之一，什切青 – 希维诺乌伊希切港（Szczecin-Świnoujście）为波兰最大的轮渡码头，重要渔港有科沃布热格（Kołobrzeg）、达尔沃沃（Darłowo）、埃尔布隆格等。

波兰主要内河运输线包括维斯瓦河、奥得河等自然河流和人工运河。受河流水量和水深限制，内河运输在波兰交通运输中所占的比重较小，仅为 0.1% 左右。内河运输较铁路或公路运输更为节能环保。

1989 年，波兰全国内河航运线共长 4000 公里左右，但仅有一半可以通航，一般只能通行 300 吨位以下的船舶。内河总货运量为 1404 万吨，客运量为 577 万人次。海洋货运量为 2829.9 万吨，客运量为 66.7 万人次。

2005 年，波兰内河货运量为 960.7 万吨，客运量为 144.4 万人次。海运船舶共 130 艘，总吨位 261 万吨。海洋货运量为 936.2 万吨，客运量为 71.4 万人次。

截至 2012 年，波兰内河航运线总长 3659 公里。当年内河货运量为 457.9 万吨，客运量为 151.5 万人次。海运船舶共 110 艘，总吨位 304.5 万吨。海洋货运量为 747.6 万吨，客运量为 64.2 万人次。海运港共 6 个，货物吞吐量为 5882.5 万吨。

4. 空中运输

波兰的国际机场主要位于华沙、克拉科夫、格但斯克、卡托维兹、波兹南、弗罗茨瓦夫、什切青和热舒夫等大城市。其中华沙肖邦机场是最大、最繁忙的国际机场，负担全国航空运量的 40%。每日起降航班 300 架，年旅客吞吐能力达 1000 万。

1989 年，波兰共有 67 条航线，其中国际航线 56 条，国内航线 11 条。客运量 230.5 万人次，货运量为 1.2 万吨。

2004 年之前，波兰的大部分机场均由波兰国家机场公司（Przedsiębiorstwo Państwowe „Porty Lotnicze"）经营。大多数航班均要经华沙中转。开放竞争后，各地机场均开始独立运营，推出与外国城市直接通航的航线。

2005 年，波兰共开通航线 107 条，总航程 14.7 万公里。其中国际航线 97 条，通航国家为 34 个，连接外国城市 67 个；国内航线 10 条，连接 10 个城市。客运量为 463.7 万人次，货运量为 3.4 万吨。

2008 年，波兰扩建航空港，对基础设施，特别是导航设施进行了现代化改造，其中包括新建航站楼，改造跑道、滑行道和停机坪，修建有轨电车，采购相关车辆等。

截至 2012 年，波兰共开通航线 148 条，总航程 19.6 万公里。其中国际航线 131 条，通航国家为 38 个，连接外国城市 82 个；国内航线 17 条，连接 9 个城市。航空客运量为 717 万人次，较 2011 年增长 8.8%，其中国际旅客占 85%；航空货运量为 4.1 万吨。

成立于 1929 年的波兰航空公司（Polskie Linie Lotnicze LOT S.A.）是波兰最早的航空公司，也是目前波兰规模最大的航空公司。剧变后，波兰航空公司通过更新机型、调整运营策略等提升竞争力。2012 年，波兰航空公司宣布公司重组事宜。在与土耳其航空公司的合作计划终止后，波兰航空公司将继续寻求与欧洲其他航空公司的合作。截至 2014 年，波兰航空公司共拥有波音 737-400 中短途客机 3 架、波音 787-8 长途客机 6 架、Embraer E 系列中短途客机 26 架和 Bombardier Dash 8 中短途客机 6 架。航班飞往世界 60 个城市。波兰航空当年净收入 9900 万兹罗提，实现盈利 3600 万兹罗提。

5. 管道运输

1964 年，波兰与苏联、东欧国家合作修建的首条输油管道——"友谊"输油管道竣工。苏联石油通过该管道输入波兰。至 1987 年，波兰境内的石油输送管道总长 1986 公里，年输送量为 4178.1 万吨。

1993 年起，波兰参与长达 4000 公里的亚马尔—欧洲国际天然气管道（Gazociąg Jamał–Europa）建设工程，负责波兰境内 683 公里管道的铺设。亚马尔—欧洲国际天然气管道连接了波兰与西西伯利亚和亚马尔半岛的天然气田。1999 年，波兰境内工程完工。截至 2005 年，该管道年输送天然气可达 330 亿立方米。

1998 年，波兰石油及其产品输送管道总长为 2278 公里，输送量为 4074.2 万吨。2005 年，输送量为 5425.9 万吨。2013 年，波兰石油及其产品输送管道总长增加至 2444 公里，输送量为 5065.6 万吨。

为寻求天然气供应的多元化，波兰今后将建设 3 条跨境天然气管道，分别为波兰—立陶宛、波兰—捷克和波兰—斯洛伐克天然气管道。欧盟将为 3 条天然气管道分别提供 2.95 亿欧元、150 万欧元和 460 万欧元的建设资金支持。

（二）通信

1. 邮政

波兰邮政电信已有 450 多年的悠久历史。

波兰最早的邮政服务是 14~15 世纪的商业邮件服务。1558 年 10 月 18 日，齐格蒙特二世批准意大利商人普罗斯佩罗·普罗瓦那（Prospero Provana）建立一条连接克拉科夫和威尼斯的邮政线路。1562 年，克日什托夫·塔克西斯（Krzysztof Taxis）开始掌管波兰邮政（Poczta Polska），波兰邮递线路扩展至立陶宛和奥地利。齐格蒙特二世每年从皇家金库中支出 1500 泰勒（Thaler）[①] 来支持邮政系统的运营。那时，皇家邮件是免费投递的，其他邮件均需支付邮费。1569 年 6 月 15 日，塞巴斯蒂安·蒙特卢皮（Sebastian Montelupi）出任波兰邮政局长。[②]

1583 年，波兰国王斯特凡·巴托里推出了统一的邮费价格，规定每封信的重量不超过 12.66 克，支付邮资 4 格罗希，信可以邮递到波兰各地。这是世界上第一套统一的邮费制度。

1944 年社会主义政权建立后，波兰邮政电信由邮电部负责管理。

20 世纪 50~90 年代，波兰邮政电信市场被国家邮政电报暨电信局垄断。

1987 年，波兰取消了邮电部，改由运输、航行与通信部负责管理邮政电信业。

1989 年，波兰重设邮电部，继续行使邮政电信管理职能。1990 年 11 月，波兰出台新的《邮政电信法》。根据新法，在邮电部属下成立了波兰邮政电信局，负责邮电监管。同时还成立了波兰无线通信局，负责管理无线电频率，将一些军用频率转为民用。

1991 年底，波兰将邮政电信系统拆分成两个独立的公司，即波兰邮政公司和波兰电信公司（Telekomunikacja Polska）。

面对经济全球化和来自竞争对手的压力，波兰邮政公司不断完善邮政

[①] 16~19 世纪流通于欧洲多国的一种银币。

[②] 2008 年是波兰邮政成立 450 周年。9 月 15 日，波兰邮政为此发行了一种小全张，内含 3 枚邮票，图案为三位波兰邮政的开创者——齐格蒙特二世、普罗斯佩罗·普罗瓦那和塞巴斯蒂安·蒙特卢皮的肖像。

信息网络，降低邮政运营成本，增加邮政收入，扩大邮政服务覆盖面并强化邮政基础设施。自 1992 年起，波兰邮政开始技术改造，以实现邮件分拣自动化。至 2001 年，波兰建立了 5 个自动化分拣中心和 2 个半自动化分拣中心，包括全国最大的邮件分拣中心——华沙邮件分拣中心。全国 80% 的信函和 90% 以上的包裹能够实现自动分拣。波兰邮政已普遍使用电脑，窗口服务实现了电子化，基本达到欧洲发达国家的水平。

从 2002 年 12 月 10 日起，波兰邮政开始在没有银行营业网点的地区代理部分银行业务。通过合作，波兰银行借邮政网点覆盖面大的优势将自身业务范围延伸到农村地区，波兰邮政也增加了岗位数量，提高了经营利润。

加入欧盟之后，波兰邮政公司进行重组，实行股份制。波兰邮政公司按业务种类设 4 个专业化子公司即邮递业务公司、物流快递业务公司、金融业务公司和信息服务公司，并成立了 6 个辅助性子公司为这 4 个专业化子公司提供服务支援。2003~2008 年波兰邮政复合年增长率为 17.1%。

2006 年，波兰首个独立的邮政企业"InPost"开始建立零售网络，为个人和商业用户提供邮政业务，成为波兰邮政公司在国内市场最有力的竞争对手。"InPost"的业务发展迅速，已在波兰 200 个城市和乡村设立了大约 800 个零售网点。

2009 年 9 月 1 日，波兰邮政公司正式转型为公共有限公司。

随着电子通信的日益普及，波兰传统邮件服务逐步萎缩。波兰邮政不得不通过用户折扣、裁员、增加网上业务、开展电视推广、建设新邮件处理中心等提高竞争力。2010 年，波兰邮政业务增长超过 30%，居中东欧国家之首。邮政网点密度继续保持稳定。

为迎接 2013 年邮政市场的全面放开，2012 年，波兰邮政开始了第二次重组，将 62 个地区行政管理机构和辅助机构精简到 17 个。波兰邮政还投入 2.6 亿美元进行员工技能培训及设备计算机化等。同年，波兰邮政、"InPost"等邮政企业与欧洲其他国家的邮政经营者开展合作，构建一个覆盖欧洲的自动包裹终端网络。

2013 年，波兰邮政推出网上虚拟邮局，将电子信息技术与传统邮局结合起来。顾客可以在虚拟邮局购买电子邮票、电子信件与贺卡等，邮局将其制作成传统纸质邮件寄送出去。顾客足不出户便可制作和寄送传统邮件。

2013 年，波兰邮政在全国共分为 10 个邮区、68 个地区局和 8200 个邮政支局所。截至 2016 年，全国共有邮政员工 10 万人。

近年来，波兰邮政开展了一系列企业 – 社会责任活动，并不断提高邮政整个团队的工作效率。其重点是加强发展最有前景的领域，包括包裹派送、金融服务、保险和物流，同时还致力于扩大发展数字化服务。

2016 年 10 月，波兰数字事务部与波兰邮政及其数字邮件平台"Envelo"签署了战略合作协议，共同推动波兰实现从文本化到数字化的转变。根据协议，借助"Envelo"平台，波兰公民可以登录整合的政府行政系统，更快更高效地处理一般性政府行政事务，同时公文传播效率也将获得大幅提高。波兰邮政表示，"Envelo"数字平台可以将常规纸质邮件转换为数字邮件，也可以将数字邮件生成纸质信件及明信片，再由波兰邮政进行投递。"Envelo"平台还可以确保程序性邮件的安全投递，如身份证、护照和驾照等。据统计，波兰邮政已占领绝大部分市场，大约有一半的线上订单由波兰邮政提供快递配送服务。

2. 电信

20 世纪 90 年代前，波兰电信市场主要由波兰国家邮政电报暨电信局主导。剧变后，由于电信市场快速放开与自由化，该局改为股份有限公司——波兰电信公司。1992 年 1 月，波兰电信公司正式运营。1993 年，为限制波兰电信公司的垄断，波兰电信市场实行有限竞争。

1994 年，波兰实现电信产品贸易自由化。根据与欧盟和中欧自由贸易区的有关协议，波兰电信产品的关税和其他贸易障碍将在 2002 年底彻底取消。

1995 年 7 月 1 日，波兰加入世界贸易组织（WTO）。波兰签署了电信服务市场准入协议后，开始调整国内电信法律、政策，革新管制体系，进一步限制垄断，实行许可证管理制度，扩大市场准入。波兰迅速成为欧洲电信业发展最快的国家之一，电信业务量和收入大幅增长。1997 年电信业收入为 28 亿美元，比 1994 年的 15.3 亿美元增长了 83%。

1998 年，波兰与欧盟和中欧自由贸易区成员国签订了信息技术协定。该协定降低了各国通信和信息技术产品的进口关税。从 2000 年 1 月 1 日起，通信服务实行零关税。外国电信产品更容易进入波兰市场。

波兰电信业已实行私有化或股份制。从 1998 年 11 月起，波兰电信公司 30% 的股份开始向职工和市场出售。2000 年 5 月 12 日，波兰新《电信法》获得通过。该法放开了波兰电信市场，鼓励自由竞争。其中规定，开放国内、国际长途业务；简化申请经营电信业务许可证的程序等。

新《电信法》的出台结束了波兰电信公司对长途电信市场的垄断。到 2000 年 6 月，波兰已有 500 多家企业获得电信服务经营许可证，其中 400 家获得数字交换系统和互联网进入许可证。2001 年，法国电信公司"Orange"成为波兰电信公司的大股东，波兰电信公司更名为"Orange Polska"。

1998 年，波兰电信市场产值为 93.3 亿兹罗提（约合 26.7 亿美元）。2001 年达到 187 亿兹罗提（约合 45.7 亿美元），增长了 71%。2002 年，波兰通信市场产值（含设备及服务）达 474 亿兹罗提（约合 116 亿美元），其中电信服务占整体电信市场的 81%，电信设备占 15%，终端产品占 85%。在电信设备中，因特网和数字处理设备占 7%，无线通信设备占 28%，有线电话设备占 65%；在终端产品中，移动电话占 76%，固定电话占 11%，其他产品占 13%。

在波兰电信业中，无线通信发展最快。1999 年底，波兰已有移动电话 395.65 万部；2000 年为 685 万部，使用人数占人口总数的 17%。在无线通信大幅增长的同时，固定电话用户也快速增加，1999 年每千人拥有固定电话的数量为 247 台，2000 年增加为 306 台。全国有 3 家公司经营移动电话服务业务，分别是"Polska Telefonia Cyfrowa"、"PTK Centertel"和"Polkomtel"。其中"Polska Telefonia Cyfrowa"是波兰最大的无线通信公司，为德国电信（Deutsche Telekom）控股。

2001 年，波兰固定电话用户约 1300 万，占总人口的 1/3。2002 年，波兰电信业利润 60.2 亿兹罗提，增长 34.4%。

互联网也成为波兰居民重要的通信工具和信息来源。2002 年，波兰上网人数占全国人口总数的 19.8%。农村用户、家庭用户增长明显。

依托互联网，波兰的电子商务也显示了很好的发展前景。截至 2002 年 4 月，波兰的网上商店有 800 多家，主要以出售图书、出版物、音像制品等为主，其中近 30% 能提供分期付款服务，35% 的商店的商品价格要低于传统商店。调查显示，男性和 29 岁以下的年轻人群更易于接受网上购物；电子商务的用户集中在具有中等和高等学历的人群（占比分别为 47% 和 32%），他们的平均月收入超过 2000 兹罗提（约合 500 美元）。

加入欧盟后，波兰电信市场平稳增长，但与欧盟其他国家相比，其线路饱和率较低，市场发展空间依然巨大。

2010 年 5 月，波兰议会通过相关法律，允许地方政府在获得中央批准后，提供免费或收费比市场价格低的无线网络服务。2007~2013 年，波兰已基本完成了互联网主干部分的建设，2014~2020 年将继续进行接入网部分的建设，使每一个波兰家庭都可以享受高速网络接入服务。

进入 21 世纪以来，波兰移动电话发展迅速。从波兰平均每千人拥有移动电话的数字看，这一趋势十分明显。2003 年 6 月，平均每千人拥有移动电话 400 部，2011 年为 1237 部，2013 年为 1468 部。

与移动电话领域的繁荣相反，波兰固定电话市场连续数年衰退。截至 2013 年底，波兰全国固定电话户数由 2012 年的 830 万户降至 792 万户，全国仅约 56% 的家庭安装固定电话，每千人拥有固定电话数量降为 149 台。

2013 年，互联网接入市场持续增长，用户数达 668 万户。其中，"Orange Polska"拥有 230 万，市场占有率约为 34%。

2013 年底，波兰最大的卫星电视企业"Cyfrowy Polsat"宣布并购波兰第三大移动电信企业"Polkomtel"，以整合卫星电视和移动通信业务。这一并购行动使波兰电信市场分类模糊化，竞争更趋激烈。

波兰移动通信网络经历了从 GSM 到 UMTS，再到 LTE 的发展。如今波兰的移动通信网络覆盖和互联网接入程度很高，无线网络渗透率达到 147%，免费的无线网络已覆盖了波兰大部分城镇的广场、车站、码头、政府办公设施、博物馆、大学校园等公共场所和旅游景区。

四 商业与旅游业

（一）商业

二战前和社会主义政权建立初期，波兰的商业主要属于私营性质。

1946 年，波兰开始逐步对商业主体实行国有化。1947 年 5 月，波兰政府发动"商业战"，将全部批发商业企业和一部分零售商业企业收归国有。波兰商业中，国家、集体和私人三种所有制并存。

1947 年底，波兰的商业主体共有 14 万个左右，其中公有商业单位（包括集体所有制形式的合作社）2.2 万个。

从 1951 年起，波兰不断增加商业网点。到 1960 年，全国商业单位增至近 16 万个。由于强调集体所有制，国有企业和合作社开始占据主导地位，个体所有制成分大大减少。

1987 年，波兰的商业主体为 22.4 万个，其中公有商业单位（包括集体所有制形式的合作社等）为 18.4 万个，占全国商业单位总数的 82% 以上，其营业额占全国商业单位总营业额的 97.5%（合作社占 65%）。从事商业的职工人数达 145.5 万，占总就业人数的 8.4%。20 世纪 80 年代，波兰开始鼓励和扶持个体经济，商业中的个体成分略有增加，其营业额在全国商业单位总营业额中所占比重由 1970 年的 1.3% 上升到 1987 年的 2.5%。

1989 年之后，大量公有商业单位进行了"小私有化"。到 1996 年底，商业私有化程度为 90%。

私有化刺激了商业发展。1992~1994 年，波兰每年新建商业企业约 3.5 万家。1997~1998 年，每年新建商业企业的数量保持在 2 万家左右。

随着市场的开放，许多国际零售企业进入波兰市场，引入大型和中型超市、社区便利店、高级零售商店、折扣店、专营店、家居和建材中心及仓储型商店等新型零售实体。尤其是连锁经营的专业零售商店的数目和种类大幅增加。原来以百货商店主导的社会主义零售格局被打破，形成了新旧零售模式并存发展的格局，市场竞争加剧。波兰 95% 以上的大中型超市都采用了条形码、智能秤和电子标签等技术，大部分超市安装了店内商品查询设备。许多零售企业还建立了管理信息系统、应用电子数据交换系统等。波兰多数零售企业均与各类贷款银行建立了合作关系，为消费者提供消费贷款便利。

根据调查，在日常购物时，45% 的波兰人喜欢光临小型商店，28% 偏好中等规模的自选商场，20% 主要选择大型超市。三种购物地点各有优势，面向的群体也不同。例如，老年人更愿意选择小型商店购物，因为小型商店一般临近住宅区，顾客较少，但小型商店的商品种类少、价格也高。中青年群体喜欢驾车至中等规模的自选商场或大型超市购物，因为这类商店虽一般设在市郊，但商品种类多，价格也比较优惠。

经济的成功转型改变了社会主义时期商品短缺，尤其是食品短缺的情况。在一些繁华的街市，商店鳞次栉比，商品琳琅满目。

进入 21 世纪，波兰零售市场渐趋成熟，零售额不断提升。但与德国、英国等西欧国家相比，波兰零售业仍存在市场集中度不高、新型企业占比很低和本土企业缺乏竞争力等问题。

2004 年，波兰国内需求旺盛，商品零售额增长率达 10.9%。2005 年，波兰零售总额达 4332.55 亿兹罗提，商店总数为 38.6 万家，加油站约有 1 万家。其中本土企业占 13%，外资企业占 86.2%。以超市为例，只有 39.3% 的超市为本土企业。波兰本土企业仅在传统百货商店行业中拥有较高市场份额。商店总面积由 2000 年的 2693 万平方米增至 2806 万平方米，其中占地 99 平方米以下的小型商店为 36.3 万家。

2006 年，波兰 10 大零售企业为："Jeromimo Martins"、"Tesco"、"Carrefour"、"Auchan"、"ZKIP Lewiatan 94 Holding"、"Casino Group"、"Schwarz Gruppe"、"Metro AG"、"Rabat Pomorze"和"Eurocash"。

2008 年国际金融危机及欧债危机以来，波兰零售业继续稳定增长，成为拉动经济的重要力量。

2012 年，波兰零售总额增长，达 6759.93 亿兹罗提；商店规模扩大，总数减少为 35.7 万家，加油站约有 9481 家。超市的规模加速调整，占地 99 平方米以下的小型商店减少至 32.4 万家，而占地 100 平方米以上的商店数量增加了 47.2%。

2013 年上半年，波兰新建设的购物中心面积达到 20 万平方米。下半年如期交付使用的零售空间（各种商场及超市）面积近 45 万平方米。一些知名的折扣店和新商店正在华沙中心的主要购物商场站稳脚跟。

近年来，随着新型零售业的发展，波兰专业零售商店的数目和种类趋多，像家电、建材、医药、眼镜、办公用品、家居饰品、体育用品等各类专业店已到处可见。这显示出波兰零售业的勃勃生机。

在 2017 年 6 月召开的第八届波兰商业服务领袖协会大会上，与会代表表示波兰在现代商业服务领域的吸引力正在增加。2017 年第一季度，在波兰运营的商业服务中心超过 1000 家，就业人数达到 25 万人，2020 年有望超过 30 万人。

（二）旅游业

波兰从来不会让旅游者失望，因为每个人都能在这里找到适合自己的去处。

热爱自然的人，可以乘船体验波罗的海的汹涌，也可以与野牛相伴，徒步跨越东部的原始森林，或是攀上南部的高原雪山，再驾木筏顺维斯瓦河而下，遍览两岸的田园、村庄和城市。热爱历史的人，可以"考察"石器时代的古人类遗迹，了解欧洲文明的童年，也可以参观中世纪的城堡和宫殿，感受波兰王国往昔的辉煌。热爱艺术的人，不能错过波兰博物馆中那些精美的收藏，从文艺复兴时期的风格到后现代风格，应有尽有。虔诚的信徒，可以踏上 17 世纪的朝圣之路，瞻仰欧洲最古老和最宏大的教堂。14 处世界文化和自然遗产，更像璀璨的明珠，闪耀在波兰大地上。在欧洲的中心，古今风情，美不胜收。

风光独特，环境优美，交通便捷，食宿相对便宜……种种优势吸引着国外游客到波兰游览观光。波兰的气候相对温和，一年四季均适合旅游。在波兰旅游，可以选择票价低廉的公共交通，如电车、公共汽车、火车等，也可以自己租车。波兰的公共设施很完善，但某些标志为波兰独有，应多加注意，比如男卫生间的标志是倒三角形，女卫生间的标志则是一个圆圈。官方不鼓励旅游业收取小费，但在民间，收取小费是很常见的。

20 世纪 60 年代，波兰开始发展旅游业。但是，当时的旅游主要是组织享受国家休假基金资助的国家干部和企业职工（40% 以上为体力劳动者）及青少年休假旅游，带有很大程度的社会福利性质。国外旅游目的地也仅限于其他社会主义国家。1960 年，参加由国家组织的夏令营、冬令营等国内外休假旅游活动的波兰游客为 2330 万人次。

20 世纪 70 年代以后，游客数目逐渐减少。1975 年，去国外休假旅游的波兰游客和来波兰旅游的外国游客分别为 815.1 万人次和 932 万人次。到 1980 年，上述游客分别为 685.2 万人次和 708 万人次。1985 年，去国外休假旅游的波兰游客和来波兰旅游的外国游客分别减少到 349.3 万人次和 343.6 万人次。

1989 年剧变后，波兰实行全面开放，旅游业获得发展的机遇。

为振兴旅游业，波兰政府采取了诸多措施。1990 年，波兰政府与欧共体签署了发展旅游业的协议，并先后同 40 多个国家签订了互免签证协议。1994 年 7 月，波兰通过发展旅游业计划，鼓励发展国家、集体和私人多层次旅游。该计划确定波兰旅游业的发展目标是：使法律规定与欧盟和经济合作与发展组织的标准相适应；扩大波兰旅游业在国内外市场的份额，发展国际合作和边界地区合作；提高旅游安全度，加强对旅游资源和地区环境的保护；对部分旅游基地实行商业化；积极鼓励外商投资；国家从财政和组织上支持地方发展旅游业，巩固和发展现有的旅游股份公司等。

1995 年，波兰政府通过旅游发展纲要，为外国投资者在波兰投资兴建旅游基础设施提供减免税收的优惠。同时，波兰政府开始建立旅游统计体系，并决定成立高等旅游和疗养学校，为各地旅行社、饭店等培养管理人才，为旅游业输送研究人员。

1998 年，波兰通过了《旅游消费者权益保护法》，按欧盟标准规范国内旅行社操作章程。此外，波兰各地开始扩建旅游机构，改建旅游信息网，举办旅游博览会，宣传国内旅游资源，推销国际旅游产品，并通过完善旅游预订系统等方式提高办事效率。

波兰共有 7 大旅游区：1 个海滨（波罗的海海滨）旅游区、3 个湖滨（波莫瑞、马祖里、大波兰地区）旅游区、1 个丘陵（小波兰丘陵区）旅游区、2 个山区（苏台德和喀尔巴阡山）旅游区。7 大旅游区共有 40 多个旅游景点项目。除了传统城市和景区旅游项目外，波兰还开辟了生态农业旅游和田园旅游项目。1996 年，波兰已有生态农业旅游经营户 450 多家，田园旅游区达 4000 公顷。

每年 6 月至 8 月，大多数波兰人都会外出旅游度假。外国游客也逐年增加。1997 年，到波兰游览观光的外国游客由 1990 年的 1820 万人次增至

8780万人次,1998年为8860万人次,1999年增至8910万人次。1990~1999年,到波兰的外国旅游人数几乎增长了5倍。从1999年的统计数据看,外国游客中德国人最多,为5380万人次;其次是捷克、乌克兰、白俄罗斯、斯洛伐克、俄罗斯和立陶宛等国,游客量分别为1350万、530万、460万、410万、210万和140万人次。旅游业收入也从1990年的10亿美元增长到1999年的61亿美元。旅游业成为波兰外汇收入极为重要的来源。

2000年,波兰出台《2001~2006年旅游发展规划》,将旅游业列为政府重点推动和支持的行业。这一年,到波兰旅游的外国游客人数为8450万,虽比1999年减少400多万,但旅游业收入仍达61亿美元。

波兰加大对旅游设施及相关配套设施的改建或扩建力度。2001年,波兰已拥有3300多个注册旅行社,旅游从业人员超过15万,中高等旅游院校有500多所,住宿点有77万个。

2005年,波兰旅游业总产值为542亿兹罗提,占GDP的比重为5.6%,同比下降0.5%;但旅游业收入约为65亿美元,超过了农业收入。旅游业对GDP的贡献率相当于工业的1/4。

2008年,波兰开始发展特种旅游。波兰《华沙生活报》2008年1月14日报道,波兰"医疗旅游"趋热。由于相对低廉的医疗费用和较高的医疗水平,每年有1000多名外国人专程到波兰看病旅游,其中以牙科和整形外科为多。到波兰接受整形外科手术的外国人多来自英国、德国、法国以及北欧国家。外国人在波兰看病旅游,既便宜又方便。如在波兰做一个烤瓷牙冠只需600兹罗提(约合249美元),而在英国却要花费近3000兹罗提(约合1245美元)。波兰诊所不仅为到波兰看病旅游的外国人提供医疗服务,还提供旅行安排、酒店住宿等其他服务。

2008年,波兰接待外国游客约1300万人次,旅游业收入高达284亿兹罗提,约占当年GDP的2.2%。

2012年,波兰接待外国游客1244万人次,旅游收入为231亿欧元,约占当年GDP的6%。游客多来自德国、乌克兰、白俄罗斯、俄罗斯、英国、荷兰、奥地利、拉脱维亚、意大利、丹麦、西班牙、瑞典、法国和美国。

波兰中央统计局数据显示，2014 年波兰接待 1600 万外国游客，比 2013 年的 1400 万外国游客有显著增长。其中，来自德国的游客 574 万，英国 114 万，美国 64.5 万，法国 51.4 万。外国游客仅在波兰购物消费就达到近 230 亿兹罗提。

2014 年 6 月，为吸引中国游客，波兰旅游局开设新业务，为中国游客量身定制旅行计划，并设定多条"童话路线"，将风景名胜与欧洲童话故事相结合，展现波兰独特的美。波兰正成为中国人赴欧洲旅游的重要目的地。2015 年，有超过 60500 人次的中国（大陆）游客到访波兰，同比增长 25.58%，是增长速度最快的国家。2016 年，前往波兰的中国游客增长近 30%，部分中国旅行社组织到波兰旅游的人数甚至增长了 80%。

第三节　对外贸易与国际经济合作

一　对外经贸

（一）概况

公元 10 世纪，集市贸易是波兰贸易的主体。13 世纪，克拉科夫和弗罗茨瓦夫等城市规模扩大，人口增加，逐渐成为贸易中心。1320 年，波兰的封建割据时期结束，商业和手工业迎来一个繁荣期。许多产品，如毛纺织品等出现富余，开始大量出口。1355 年后，波兰吞并了利沃夫（Lwów）等城市，开辟了黑海到地中海的海上贸易通道，与一些意大利城市开展贸易，对外贸易规模不断扩大。1466 年，波兰收复了东波莫瑞，获得波罗的海出海口，打通了波罗的海至黑海的贸易通道。整个 16 世纪是波兰的"黄金时代"，波兰商人在联结东西欧的水旱商路上保持活跃，波兰与西欧，乃至亚洲和非洲的贸易进一步发展。

被瓜分后，波兰丧失了国家主权，原波兰的重要商贸城市分别处在不同的占领区，商业联系减弱。各城市也受到占领国的排挤，贸易地位下降，逐渐成为单纯的原料产地和商品加工地。

1918 年波兰重获独立后，与苏俄的关系紧张。因此，波兰对外贸易和对外经济合作的重心放在西欧。主要贸易伙伴是德国、英国、美国、奥地利、捷克斯洛伐克等。

社会主义政权建立后，波兰原则上主张发展同世界各国的平等贸易往来和经济合作。1949 年 1 月 5 日，经济互助委员会（简称"经互会"）宣告成立，波兰是经互会的发起国之一。经互会的组织和活动原则带有强烈的冷战色彩，此后，波兰主要开展与苏联、匈牙利、保加利亚、罗马尼亚、阿尔巴尼亚、捷克斯洛伐克、民主德国、中国、蒙古、古巴、越南等友好社会主义国家的经贸合作。波兰外贸额占东欧国家贸易总额的 1/4。波兰与社会主义国家（主要是经互会国家）的贸易额约占其贸易总额的一半以上。其中苏联为波兰最大的贸易伙伴，与苏联的贸易额约占波兰外贸总额的 23%；其次是民主德国、捷克斯洛伐克等其他东欧国家。

自 20 世纪 80 年代中期起，波兰开始注重与西方发达国家的经贸合作。1985 年，波兰对西方发达国家的进出口额分别占其进出口总额的 30.0% 和 32.9%。其中最主要的贸易对象是联邦德国。

1989 年剧变后，波兰对外贸体制进行改革，其中包括：结束国家对外贸的垄断，下放权力；赋予各经济实体平等的贸易权利；实行外贸自由化；降低进口关税；加大与西方国家的贸易往来等。

外贸领域的主要法律有《商品和服务对外贸易法》、《对外贸易管理法》、《经济活动法》、《海关法》、《反倾销法》和《关于防止传染病、出栏牲畜和肉类检验及兽医监督法》等。波兰经济部为对外贸易的主管部门。根据对外贸易法和 WTO 规则，波兰政府有权在货物贸易中使用临时性的限制措施，如禁令、配额、限价、贸易自动登记及强制登记等。经济部长有权决定其他限制。在波兰，经营一般商品的贸易不需要许可证，需要取得许可的特殊商品有：爆炸和可燃性材料，武器、军火和相关配件，特定酒类及酒精类饮料，特定酒精浓缩物及用于酒精饮料生产的其他酒精产品，雪茄和香烟，石油、汽车燃油及其他车用油（天然气除外），用于商业性组装汽车的零配件等。需要取得进口许可的商品有：在进口金额或数量上受临时限制或被禁止的商品、用于商业用途的机器或运输设备（含汽车）等。根据《经济活动法》，波兰经济部每年以法令的形式公布需要取得经营许可的商品清单。

外贸体制及结构出现巨大的变化，私营外贸发展迅速。1994年，波兰已有10万多个私营外贸实体，其外贸交易额在外贸总额中的占比急速上升。1994年，波兰私营外贸进口额在波兰外贸进口总额中的占比从1990年的14%增加到66%，出口额的占比由5%增加到51%。

与1989年相比，1990年波兰向西方国家的出口额增加了34%，达118亿美元；进口额略有增加，为80亿美元。相反，波兰同经互会成员国的贸易却有所减少。由于加大对西方的出口，波兰的外贸由逆差转为顺差。1990年贸易顺差约为22.14亿美元（也有资料称，贸易顺差为38亿美元）。

1990年7月，波兰加入"中欧倡议组织"。1991年2月15日，波兰、匈牙利和捷克斯洛伐克结成维谢格拉德集团（Visegrád Group），创建了中欧自由贸易区并签订了《中欧自由贸易区协定》。协议规定，从1993年1月1日起，波兰同维谢格拉德集团其他成员国之间有15%~30%的工业品可互免关税。在8年之内，波兰同中欧自由贸易区其他成员国基本实现自由贸易。

1991年，经互会解体，波兰开始实行真正的全面自由贸易，其对外贸易重心转向西方发达国家，同时与其他中东欧国家、独联体国家及世界其他国家建立广泛的经济联系。

1993~1995年，波兰外贸进口增长快于出口增长，出现逆差。1993年逆差为22.9亿美元，1994年为8.4亿美元，1995年为17.4亿美元。

1996~1998年，波兰外贸逆差进一步扩大。1998年，波兰贸易进口额为470.54亿美元，出口额为282.29亿美元，逆差高达188.25亿美元。同年，波兰成为欧盟第七大贸易伙伴国。波兰对欧盟国家的进口额和出口额占波兰进出口总额的比例分别为65.2%和70.6%。这一时期，德国是波兰在欧盟的头号贸易伙伴，其次是荷兰、意大利和法国等。

1999年，波兰外贸有所下降。进出口总额为733亿美元，比1998年减少近20亿美元。贸易逆差为185亿美元。这一年，波兰私营外贸企业的外贸交易额在外贸总额中的占比继续上升，其中进口比重上升为87.3%，出口比重上升为81.0%。

2000 年，波兰外贸形势好转：进口 489 亿美元，增加 6.6%；出口 317 亿美元，增加 15.5%；贸易逆差较 1999 年减少 13 亿美元。

2001 年和 2002 年，波兰外贸继续增长。2002 年进出口总额达 961 亿美元，增长 11.4%。其中进口 551 亿美元，增长 9.6%，出口 410 亿美元，增长 13.6%。外贸逆差为 141 亿美元。2003 年，波兰外贸继续增长，由于兹罗提对欧元贬值，对欧元区国家出口增幅较大。波兰进口 680.04 亿美元，同比增长 23.4%，出口 535.77 亿美元，同比增长 30.7%，贸易逆差为 144 亿美元。其中与欧盟的贸易额占其外贸总额的 64.5%。

加入欧盟后，波兰进出口贸易高速发展。2004 年，贸易总额达 1617.01 亿美元，同比增长 33%。其中，进口额为 879.09 亿美元，同比增长 29.3%，出口额为 737.92 亿美元，同比增长 37.7%。贸易逆差为 141.17 亿美元，同比减少 2.83 亿美元。波兰与欧盟成员国的进出口额为 1178.53 亿美元，占进出口贸易总额的 72.9%。波兰最大的五个出口国是德国（220.94 亿美元，增长 27.8%）、法国（44.59 亿美元，增长 36.1%）、意大利（44.32 亿美元，增长 44%）、英国（40.34 亿美元，增长 49.5%）和捷克（31.8 亿美元，增长 46.4%）；最大的五个进口国是德国（212.74 亿美元，增长 28.3%）、意大利（68.86 亿美元，增长 19%）、俄罗斯（64.15 亿美元，增长 23%）、法国（58.98 亿美元，增长 22.6%）和中国（40.81 亿美元，同比增长 41.2%）。

2009 年，受国际金融危机影响，波兰对外贸易大幅下降，进出口额降幅均超过 20%。

2010 年，波兰对外贸易开始止跌回升，全年贸易总额为 3293.67 亿美元，同比增长 15.1%。其中，进口额为 1736.5 亿美元，增长 16.1%，出口额为 1557.17 亿美元，增长 14%。

2011 年和 2012 年，波兰对外贸易总额分别达 3989.58 亿美元和 3831.24 亿美元，均超过 2008 年的水平。

2013 年，波兰进出口贸易继续增长，逆差大幅度减少。进出口额达 4073.2 亿美元，其中进口额为 2051.9 亿美元，出口额为 2021.3 亿美元，贸易逆差为 30.6 亿美元，同比减少 77.8%。波兰与欧盟的双边贸易额已由

2003 年的 135 亿兹罗提（约合 45 亿美元）提高到 1000 亿兹罗提（约合 330 亿美元）。

据欧盟统计局统计，2014 年，波兰货物进出口额为 4365.5 亿美元，同比增长 5.8%。其中进口额为 2198.8 亿美元，增长 5.9%；出口额为 2166.7 亿美元，增长 5.6%；贸易逆差为 32.1 亿美元，增长 22.1%。

波兰出口的商品主要包括煤炭、钢材、汽车及零配件、航空零件、家具、内燃机、轮船、家用电器、服装、食品、农产品等。进口的商品主要为石油、天然气、合成材料、光学仪器、钟表、药品、医疗设备、通信设备等。

迄今，波兰已是世界贸易组织、国际货币基金组织、联合国贸易和发展会议、经济合作与发展组织、世界银行、欧洲复兴与开发银行等国际组织的成员，并与欧洲自由贸易联盟签署了自由贸易协定。此外，波兰还参加了"波罗的海经济区"，与匈牙利和德国共同开发建设"三角洲"西西里西亚工业区，同匈牙利、斯洛伐克和乌克兰在欧洲喀尔巴阡山地区开展经济合作等。

（二）海关与关税制度

1. 海关及关税税率

剧变后，波兰开始改革海关和调整海关关税，向欧共体标准靠拢。1990 年波兰商品进口关税为：石油、天然气和工艺品免征关税，奢侈品税率为 45%，农产品和纺织品税率为 25%~35%。自 1991 年 4 月 23 日起，食品和农产品的关税降为 10%~30%；8 月 1 日起依照欧共体关税表实行新的关税。

1993 年底，波兰修改《税收法》，规定从 1994 年 1 月 1 日起，对国外进口商品和邮寄入境的商品，一律征收进口税，基本税率为 6%；1995 年将进口税从 6% 降为 5%，1996 年降至 3%。波兰进口税基本税率适用于符合以下条件的商品：货物原产地是 WTO 成员；原产地是享受最惠国待遇的国家和地区。基本关税包括 WTO 分类中的大约 1 万个品种，关税从 0~45% 不等，大部分在 15%~20%。其中原材料性商品为 4.3%~13%，纺织品、服装为 30%，鞋为 20%，玩具为 20%，陶瓷玻璃制品为 15%~20%，电子产品为 13%~28.7%，汽车为 35%，食品为 15%~35%。从欧盟成员国进口的某些产品享受特殊关税，大部分是零关税；对非欧洲的发展中国家给予优惠税率，即相当于基本税率的 7%，但要提供 WTO 规定的原产地证书。自 1997 年起，波兰实行饲料（如豆料、玉米）进口零关税。免征关税的物品为：无商业价值的模型、样品、设计；展销会组织者或参加者用作推销、参展、比赛和宣传的物品、食品、饮料；外方为设立合资公司投资的固定资产（从清关之日起，其所有权在 3 年内不得转让）。

1992 年 3 月 1 日，波兰成为欧共体联系国的协议中的贸易部分（条款）生效。根据非对等原则，欧共体国家先于波兰开放本国市场，逐步取消自波兰进口商品的关税和配额。波兰对欧共体出口中仅部分纺织品、钢材、汽车等少数商品仍受关税和配额限制。1998 年起，上述限制也被取消。

从 1996 年 7 月 1 日起，根据欧盟和欧洲自由贸易联盟的惯例，波兰海关开始使用联合海关程序，即只需一个报关单即可完成与周边 21 个国家的货物周转。海关除征收关税、边境税外，还代征进口商品增值税、消费税等。

1998 年，波兰实行新的《海关法》。该法于 2000 年 12 月修订，2001 年 3 月 19 日生效。《海关法》规定，波兰财政部设若干管理海关业务的司，统管全国海关。《海关法》明确规定了商品出入波兰海关和边境的原则和方式、进行外贸活动的人员及海关的权责、保税储存和需净化提炼加工的商品的处理规则以及商品分类、税则表等。

《海关法》规定，允许在波兰境内设立保税区和保税仓库;《海关法》涉及保税区的所有规定同时适用于保税仓库。保税区的设立和取消由财政部长会商经济部长做出决定。而设立和取消保税区和保税仓库的条件和标准则由政府规定。外国商品在保税区内存放的时间不受限制，但波兰国内商品的存留时间可由海关规定。在保税区内可以从事零售以外的经济活动。保税仓库必须接受海关的监督和检查，可以按规定条件储存商品。非波兰商品的存储虽然不受限制和禁令管辖，但法律特别规定，出于安全、健康、环境等因素的考虑而进行的检查除外。《海关法》还允许居住在波兰的自然人及总部设在波兰的法人和不具法人资格的组织建立报关公司；报关公司的经营者对海关承担全部经济责任。

2002 年 3 月，波兰议会通过了关于海关机构改革的法案，自 2002 年 5 月起，波兰海关按照新的组织结构运作，取消了海关总署，其下属的 10 个司局并入波兰财政部，调整为海关政策司、海关监控司和海关服务组织司。原有的 67 个地方海关仍然保留，并成为独立海关机构，负责各地报关、通关等具体业务。

从 1999 年 1 月起，波兰扩大了自中欧自由贸易区进口的征收零关税的工业产品范围，同时继续下调自欧盟和欧洲自由贸易区进口的汽车的关税。波兰自中欧自由贸易区进口的农产品的征税方法则按照签订的有关协议执行。

2000 年起，波兰对钢材进口征收零关税。同年 9 月 26 日，波兰与欧盟签订了农产品自由贸易协定，规定对肉类、奶制品、粮食制品实行免税配额，对水果、蔬菜无配额限制。对自欧盟进口的农产品，则根据上述协议规定给予优惠。也就是说，波兰自欧盟进口的许多农产品关税降为零，其中包括肉类、黄油、奶酪、面粉、油菜籽等。

2001 年 11 月，波兰与欧盟签订协议，决定双方于 2004 年 1 月 1 日后互免渔业产品关税。此前，波兰出口欧盟的水产品的平均税率是 20%。

2001 年 12 月 11 日，波兰政府决定从 2002 年 1 月 1 日起将进口平均关税降至 2.25%，并取消 370 种商品的关税，其中包括小麦、部分果汁、燃料、矿物等。

到 2003 年，波兰海关管理、征税体制及进出口关税水平已基本接近欧盟国家标准。这一年的平均关税税率为 2.08%。适用于 WTO 成员产品的关税税率大多为 0~20%。其中，矿物原材料税率为 0~9%，农产品为 0~160%（大多为 0~25%），冶金产品为 0~12%，纺织品、服装为 9%~18%，鞋为 9%~17%，陶瓷玻璃制品为 9%，电子产品为 0~21%，自行车、摩托车为 9%~15%，汽车为 35%，玩具为 12%，打火机为 12%，光学仪器为 0~18%。

2004 年波兰加入欧盟后，波兰海关成为欧盟海关的一部分，实行欧盟统一海关和关税制度。波兰重新制定了海关关税目录、征收关税的条件和范围。

波兰关税税率主要分为六大类。

第一，自主税率。适用于自非最惠国待遇国家进口的商品。

第二，专约税率。适用于自 WTO 成员或与波兰签订双边贸易协定的国家进口的商品。

第三，优惠税率。适用于自发展中国家或欠发达国家进口的商品。

第四，减征关税税率。适用于自欧盟成员国进口的商品（大多为零关税）和自捷克、斯洛伐克、匈牙利、保加利亚、罗马尼亚、立陶宛、拉脱维亚、爱沙尼亚、土耳其、以色列进口的商品。

第五，增征关税税率。对无法确定来源地的进口商品，一律征收高于自主税率或专约税率 100% 的关税。

第六，配额关税税率。适用于当年的配额商品。

波兰采取的非关税措施主要有三种。

第一，数量限制。对汽油、柴油、燃油、葡萄酒以及其他含酒精饮料、烟草制品等商品的进口采取数量限制措施。

第二，经营许可与特许。对枪支、弹药、放射性物质、某些化工产品、含酒精饮料、某些食品和农产品的进口须申办经营许可证和特许执照。

第三，反倾销措施。

2. 质量安全与检疫

（1）工业品安全规定

根据波兰法律，凡在波兰市场销售的商品必须获得安全证书并标贴相应的安全标识。凡可能威胁生命、健康和环境的国产商品及进口商品必须通过强制性安全检测，并标贴安全标志"B"。检测认证工作由波兰检验认证中心（Polskie Centrum Badań i Certyfikacji S.A.）及其授权的检验机构执行。

需要进行强制性安全检测的商品目录由波兰检验认证中心发布，主要涉及：钢材制品、金属制品、机器设备、精密仪器、运输工具、电气电子产品、建材、玻璃制品、木材和纸张、部分服装和纺织品、玩具等。

波兰从 2003 年开始使用欧盟技术与安全标准。根据《商品标准和认证法》，如果进口商品已得到"CE"认证或 ISO9000 认证，在波兰的认证过

程就会缩短。波兰对符合欧盟技术与安全标准的进口玩具不进行强制性安全检测。

对标识不符合规定的商品，波兰海关将予以查扣，并立即通告报关人。对强制性安全检测的商品目录以外的商品，如海关认为产品会危及消费者的生命和健康，要向相关专门机构，如国家工业局、食品和农产品质量监督局、医药医疗和剧毒产品管理局、施工监理局高级监理、贸易监督局等征求意见。如上述机构认为有必要，海关将对商品进行取样检查。如检查项目仅限于所附文件和商品标识，海关必须在 3 个工作日内公布检查结果；如需化验样品，则海关必须在 10 个工作日内公布结果。如确定某产品会危及消费者的生命和健康，海关将在产品相关资料上注明"危险物品，禁止销售"字样，并向政府上报此类危险商品的相关资料。

在波兰市场销售的商品，凡没有标贴安全标志或不符合技术与安全标准的，其销售收入收缴国库，并处以一倍的罚款。

（2）食品安全规定

加入欧盟后，波兰按照欧盟标准，建立了严格的食品监管体系。

波兰食品质量和安全监督机制主要分为内部监督和外部监督两大系统：企业内部质量和安全监督体系由生产企业负责实施，相关检测和控制体系有 HACCP、ISO、GMP 标准等；外部监督则由独立的食品监督机构进行，包括卫生检疫机构、农产品质量检查机构等。波兰国家卫生检疫局（Państwowa Inspekcja Sanitarna）依照法律可以随时对食品生产企业进行检查，对生产人员进行健康检查，对生产场所进行评估，并根据需要到国外进行防疫工作。波兰食品和农产品监督委员会（Inspektorat Jakości Handlowej Artykułów Rolno-Spożywczych）负责对进口食品和农产品实施监督管理，对食品和农产品的等级、质量、品种、药物残留、运输工具、储藏场所等环节进行检查，保证进入波兰的食品和农产品达到法定商业质量要求，并通过适当的进口限制措施提高波兰食品和农产品的出口竞争力。

波兰对违反食品安全法律的行为进行严厉处罚。例如，生产或者销售危害他人健康和生命的食品，依情节不同，相关责任人可被判处罚款至 2 年有期徒刑；对于经营过期食品、使用虚假广告、虚假宣传等行为，情节严重者将被追究刑事责任。波兰《食品安全法》规定，若商家所售食品不符合质量要求，将被处以从 500 兹罗提到 5 倍于其销售额的罚款；造假行为将被处以从 1000 兹罗提到全年营业额 10% 的罚款。

（3）动物检疫规定

根据法律规定，波兰国家兽医检疫局（Państwowa Inspekcja Weterynaryjna）有权对动物肉类产品和屠宰场环境、设备、场所以及各种冷冻和冷藏设备进行检查。

进口活动物、鲜冻肉及肉罐头等必须申请动物检疫许可证。进口商品入境时由驻口岸的动物检疫员查验产地国签发的动物检疫证和国家兽医检疫局签发的检疫许可证。申请检疫许可证时应说明产地、目的地（若属转运）、商品种类和数量、波兰边境口岸名称、动物圈养或屠宰地等。

波兰进口的肉及肉制品必须来自已获得向欧盟或美国出口许可的屠宰厂或企业，或根据双边协议经波兰检疫人员实地调查认可的企业。

（4）植物检疫规定

波兰植物检疫工作由国家植物和种子检疫局（Państwowa Inspekcja Ochrony Roślin i Nasiennictwa）负责。进口植物及其产品应在波兰边境口岸接受驻口岸的植物检疫人员检查，并出示产品原产国有关机构签发的植物检疫证书。如有需要，波兰检疫人员可取样化验。植检人员根据检查结果签发允许货物入境、退回或销毁的决定。

烘干的咖啡豆、茶叶、可可粉、植物调料、原装草药、冷冻水果蔬菜和 10 公斤以下欧洲出产的新鲜水果和蔬菜无须进行植物检疫。

（5）医药品管理

波兰药品、医疗器械和生物制品注册总局（Urząd Rejestracji Produktów Leczniczych, Wyrobów Medycznych i Produktów Biobójczych）负责签发药品、医疗器械和生物制品的销售许可和临床试验的管理。

（6）化妆品管理

按照波兰法律规定，化妆品制造商或进口商必须在波兰国家化妆品信息系统（Krajowy System Informowania o Kosmetykach）对进口化妆品登记注册。需登记的内容有：化妆品名和制造商名称、原产地（适用于进口商品）、化妆品配料的资料存放处等。

（7）禁止进口

有毒制品、废弃物品、动物饲料、二冲程汽车、使用 6 年以上的旧轿车、使用 10 年以上的旧货车、缺少生产日期和损坏严重的车辆禁止进入波兰。

禁止入境的植物及其产品和有害生物目录由农业与农村发展部发布。

二 外国援助

第二共和国时期，波兰开始主动争取外国的经济援助，并正式向外借贷。1927 年，波兰从美国和英国共获得 7200 万美元的贷款。

社会主义政权建立初期，波兰得到了外国大量的经济援助。如 1945 年，波兰得到了苏联提供的 3000 万吨粮食和其他物品，以及 5000 万卢布和 1000 万美元贷款。

20 世纪 70 年代以前，波兰的外债很少，1971 年仅为 10 亿美元。但此后大量举债，到 1980 年波兰外债增至 240 亿美元。1988 年，波兰外债增至 395 亿美元。1989 年波兰的外债约为 415 亿美元，同时，波兰还欠经互会国家 58 亿转账卢布。解决外债问题已成为当务之急。

波兰是中东欧地区最早发生剧变的国家之一。西方在减免债务、延期还本付息和提供新贷款等方面，特别是在减免债务上，都对波兰采取了倾斜优惠政策。1989 年以后，波兰也把争取和接收外援，特别是争取外国贷款，作为振兴经济以及开展对外经济合作的重要目标。经济转轨初期，波兰曾获得西方国家紧急人道主义救援性质的中短期食品、医疗器材和药品援助，无偿的现金和技术支持等。到 1993 年底，波兰获得西方经济援助共 43 亿美元。

经过艰苦的谈判，1991 年 4 月，波兰同巴黎俱乐部 ① 达成协议，减免波兰所欠 340 亿美元债务的 50%，其中 30% 立即兑现，另外 20% 则在完成一定条件后于 1994 年 4 月 1 日兑现。1994 年 3 月，波兰又同伦敦俱乐

① 巴黎俱乐部是成立于 1956 年的国际性非正式组织，现由全球最富裕的 19 个国家组成，专门为负债国寻求债务解决方案，如债务重组、债务宽免、债务撤销等。

部 ① 达成协议，减免波兰拖欠的 132 亿美元债务的 45.2%。同时，波兰还从西方得到了优惠贷款，其中包括 10 亿美元的货币稳定基金。

1995 年，欧洲投资银行提供 1.25 亿欧洲货币单位（European Currency Unit）②，以帮助波兰修建高速公路。这一年，波兰实际从西方政府和金融机构获得的贷款共为 77 亿美元。

西方援助为波兰经济转轨、恢复和发展提供了重要保证，使波兰的国际金融关系逐步正常化，并较快地恢复了贷款信誉。尤其在波兰剧变初期，经济援助，特别是无偿的现金、设备和技术援助对波兰克服经济困难和恢复生产至关重要。

从 1996 年起，波兰从西方获得的经济援助总量逐渐减少。西方的援助方式也有所改变，其援助资金主要用于改善波兰的投资环境，使波兰能吸引更多的海外直接投资。

波兰将援助主要用于为改造工、农业结构，发展教育、建设能源和基础设施，支持金融体制改革等的各种项目提供贷款或信用贷款。

加入欧盟后，波兰获得欧盟的大量援助。根据欧盟的承诺，在 2004~2006 年间，波兰得到欧盟对新成员国的数十亿欧元的农业补贴和用于加强东部边境安全的 1.08 亿欧元额外补贴。从 2004 年 5 月到 2013 年底，波兰共获得欧盟各种援助基金超过 700 亿欧元。其中，2007~2013 年，波兰从欧盟获得 560 亿欧元的发展资金，用于建造高速公路、铁路、公共体育设施和现代化的排水系统等。2014~2020 年，欧盟将继续为波兰注资 600 亿欧元（甚至更多）。

三 外国资本

1864 年以后，波兰地区废除农奴制，外国资本开始大量进入。与此同时，华沙和罗兹等城市的私人资本也开始对外投资。

第二共和国时期，波兰的工业很大程度上依赖于外国资本。1933 年，外国资本（以英国、德国、法国、美国和比利时为主）在波兰工业中所占

① 伦敦俱乐部是成立于 1976 年的国际私有债权人组织。
② 由欧盟成员国货币共同组成的一篮子货币，是欧盟各国间的清算工具和记账单位。

的比重平均为 45%，其中采矿业占 58.6%，冶金业占 82.9%，化学工业占 54.4%。

社会主义政权建立后，波兰的外来投资主要来自苏联和东欧国家。1986 年 7 月 1 日，波兰开始实施《外资企业法》，吸收西方资金，建立外资企业。但是对外开放的力度不足，限制过多。截至 1989 年，在波兰建立的合资企业只有 38 家，其投资总额仅为 140 万美元。

1991 年 7 月 4 日，波兰实行新的《外资企业法》，为外商在波兰投资办企业创造更为有利的条件。1992 年，波兰成立了负责外商投资事务的专门机构——外国投资事务管理局，以制定投资规划与鼓励投资的具体优惠措施，鼓励和组织外国实体从事经济活动，并依法实行监督等。

为了吸引外商投资，波兰采取了一系列优惠政策和有力措施。

（1）改革行政体制，提高管理效率和透明度；取消国家对外商投资的审批手续；放宽对外商参与经营活动和私有化的限制；放宽对外国人获得不动产和土地所有权的限制；协调中央与地方政府在吸引外资方面的政策；为外资建立一个公平有序的竞争环境。

从 2001 年 1 月 1 日起，外资获得许可即可从事下列经济活动：探矿、采矿，在山体中存放废料，武器弹药及军用产品的制造与经营，燃料和能源的生产、加工、储藏、运输、分拨、销售，航空运输与服务，收费高速公路的建设，铁路管理和运输，广播电视节目的传播。许可证期限不低于 2 年，不超过 50 年。

（2）改革法律体系。对外资实行国民待遇；保障外资安全，在国家对外资项目实施国有化时给予经济补偿；保证法律和财政金融政策透明、稳定和切实执行等。除国内法外，波兰已同许多国家签订了保护外资的双边协定，如避免双重税收协定和相互支持投资协定等。

（3）改革税收体系，减轻外资企业的运营成本，扩大免税范围。以下情况均可免缴所得税：外国实体在波兰投资超过 200 万欧洲货币单位；开发新工艺、新技术及出口的商品和劳务占销售总额 20% 以上的生产经营项目；在出现大量结构性失业的地区从事经营活动；购买国库部拥有的股份和股票等。

（4）改革银行体制，按照欧盟银行系统的标准建立高效率的金融配套服务体系，包括对发展高科技工业部门及其服务部门提供国家担保或者信贷保证。

（5）改善基础设施，如积极发展电信业、交通运输业，推动各种社会化信息中介服务，提高劳动者素质，以减少投资者在经营过程中可能遇到的困难。

（6）允许多种投资方式。外国实体可以以在波兰银行兑换的兹罗提投资；可以以实物（用兹罗提在波兰境内购买的实物）投资；可以以股份和股票获得的收益或其他收入投资；可以通过继承财产的方式投资等。

（7）保证外汇汇出自由。凡按规定缴纳税收和其他费用后，外国实体和个人均有权将在波兰的收入直接兑换成外币并汇往国外；出售、出让股份与股票所获得的款项、外国实体被撤销时的应得款项以及征用所得赔款等均可自由兑换成外币并汇出国外，无须办理许可证。

（8）确定鼓励外资投入的优先领域，包括对国家发展最具战略意义的部门、出口生产部门、科研基础部门、经济欠发达地区等。

（9）建立经济特区。为了吸引外资，波兰政府于1994年制定《经济特区法》。截至2001年，波兰已在10个省建立了14个经济特区，占地总面积6316.72公顷。经济特区主要位于北部波罗的海沿岸和南部、西南部与德国、捷克、斯洛伐克接壤地区。特区现行主要优惠政策有：税收优惠，包括减免企业所得税、不动产税、交通工具购置税、进口税、地方性所得税等；非税收优惠政策，包括提供项目用地（带有水、电、气等基础设施）、提供优惠的土地价格、免费提供各种政策咨询服务、提供员工培训费等。波兰经济特区的优惠政策实行到2017年。

波兰在吸引外商投资方面还有很多优势，主要有：国民经济持续发展，宏观经济环境不断改善；外汇储备增加，货币相对稳定；通货膨胀率低，失业率较低；国家财政赤字控制在预算范围内；市场经济法律体系基本建立；产业结构的调整，特别是国营企业私有化，为外商投资提供了良机；地理位置得天独厚，成为外商进入原苏联及中东欧国家市场的第一站；近4000万人口的消费市场，消费潜力巨大；劳动力市场广阔，劳动力素质高，劳动力成本较西欧低。

在上述优势条件的共同作用下，波兰吸引外资不断增长，外资（合资）企业迅速发展。截至 1996 年，波兰引进外资总额已达 120 亿美元，有 60 多个国家和地区的外商到波兰投资办厂，外资企业超过 2.2 万家。1998 年，波兰引进外资突破 100 亿美元大关，2000 年达 106 亿美元。波兰所有注册公司的固定资本约 15% 为外资企业所有。合资企业占波兰企业总数的 1/10，其销售收入约占总额的 1/5，投资额占全国企业投资总额的一半左右。外资企业出口额占波兰出口总额的 47.9%，外资企业进口额占波兰进口总额的 53.4%。外资企业的劳动生产率普遍高于波兰其他经济实体。

纵观波兰 20 世纪 90 年代外资企业的发展，可以发现几大特点：第一，外资企业已扩展到经济和文化等各个领域；第二，小型外资企业居多；第三，外资倾向于工业生产领域；第四，外资在合资企业或股份公司中控股渐成趋势；第五，外国独资企业发展迅速；第六，外资主要来自西方国家。

2001 年，由于经济不景气，外商对波兰的投资大幅下降。这一年，波兰共吸引外资 71 亿美元，比 2000 年的 106 亿减少 35 亿美元。

为扭转外国直接投资连续几年下降的趋势，2003 年波兰进一步精简机构，将外国投资事务管理局与波兰信息局合并，改组为波兰信息与外国投资局（Polska Agencja Informacji i Inwestycji Zagranicznych S.A.），对外国投资事务实行统一管理。

2003 年，波兰吸引外资重拾升势，当年吸收外商直接投资 64.2 亿美元，比 2002 年增长 5.9%。2004 年和 2005 年，外商在波兰直接投资继续增长，分别为 78.58 亿美元和 87 亿美元，同比增长 22% 和 10.7%。

2007 年，波兰政府积极开展引资活动，在加大投资环境宣传力度、改善投资配套服务等方面付出了巨大努力，回报显著。这一年波兰共引资 236 亿美元，达到历史最高水平。

2008~2010 年，受国际金融危机的影响，外商在波兰投资连续 3 年下降：2008 年为 145.1 亿美元，2009 年为 93.43 亿欧元，2010 年为 66.96 亿欧元。不过，由于波兰整体经济保持良性增长，金融体系相对稳定，加之没有受到欧洲债务危机的直接冲击，波兰被国际资本看作欧洲的"安全岛"。波兰依然是中东欧地区吸引外商直接投资最多的国家。

2011年，波兰吸引外资强劲回升，为138亿美元，比2010年增加1倍。主要投资国为卢森堡、西班牙、德国和瑞典等。

根据2014年联合国贸易和发展会议关于2014~2016年投资吸引力方面的排名，波兰排名欧洲第5位，世界第13位。

同时，波兰的资金也开始走出国界。1995年，波兰公司在国外投资总额为1.5亿美元。此后，波兰投资国外的公司数量及其投资总额都有所增加。据波兰官方统计，到21世纪最初几年，波兰在国外的公司，即完全用波兰资金在国外开办的公司就已达5000~6000家，其中4000家在原苏联东欧地区。

根据波兰中央银行发布的《2015年外国对波兰直接投资报告》和《2015年波兰对外直接投资报告》，2015年，外国对波兰直接投资额为508亿兹罗提。其中，以股份及其他资本参与进行的投资约为155亿兹罗提，利润再投资约为304亿兹罗提，债务工具投资约为49亿兹罗提。荷兰是2015年对波兰投资最多的国家，投资额约为120亿兹罗提。其后为英国（106亿兹罗提）和德国（98亿兹罗提）。在对波兰直接投资领域方面，外国资本主要流向工业加工（118亿兹罗提）及管理咨询（103亿兹罗提）。同期，矿业与开采业领域的境外直接投资减少约3亿兹罗提。

同期，波兰对外直接投资额为121亿兹罗提。其中，以股份及其他资本参与进行的投资约为109亿兹罗提。波兰对外直接投资主要投向塞浦路斯和瑞士。从投资领域看，波兰直接投资首先流向金融、矿业与开采业以及保险业。

第四节　财政金融

一　货币

波兰官方货币是"兹罗提"（złoty），货币符号为"zł"，国际代码为

"PLN"（ISO 4217）。兹罗提以下的货币单位是格罗什（grosz），1 兹罗提 =100 格罗什。

兹罗提的本意为"黄金"，原指波兰流通的一切金币。16 世纪初，齐格蒙特一世进行货币改革，确定兹罗提为官方货币。在 19 世纪，波兰王国同时流通兹罗提和俄国卢布。1917 年德国占领波兰后，曾发行波兰马克（marka polska）。第二共和国时期，波兰重新启用兹罗提。

二战后初期，波兰流通的货币有 4 种：在被占领时期由克拉科夫发行银行（Bank Emisyjny w Polsce）发行的兹罗提、德国马克、苏联卢布和波兰国家银行发行的国库券。1945 年 10 月 1 日后，兹罗提成为波兰境内流通的唯一货币。

1947~1950 年，工农业迅速发展，物价上涨，货币发行量大增，引起通货膨胀。为了消除通货膨胀，波兰于 1950 年 10 月底进行了币制改革，发行新兹罗提，1 新兹罗提等值于 100 旧兹罗提，并规定 1 新兹罗提 =0.222168 克黄金。此次发行的兹罗提一直沿用至 1994 年底。1989 年之前，波兰兹罗提为不可自由兑换货币。

20 世纪 80~90 年代初，波兰通货膨胀严重，政府开始发行大面额兹罗提。1982 年发行 5000 面额，1987 年发行 1 万面额，1989 年发行 2 万、5 万面额，1990 年发行 10 万、50 万面额，1991 年发行 100 万面额，到了 1992 年，更是发行了 200 万面额的纸币。

剧变后，为逐步实现兹罗提与西方硬通货的自由兑换，波兰政府多次大幅降低汇率。从 1990 年 1 月 1 日起，兹罗提可以在国内兑换外币。1994~1995 年，波兰货币政策的主要目标为：限制通货膨胀，提高兹罗提的信誉，并确保一定的外汇储备。

1995 年 1 月 1 日，波兰国家银行发行新的兹罗提，以代替因高通胀而贬值的旧的兹罗提。新币面值为 10、20、50、100 和 200 兹罗提。按规定，1 新兹罗提等值于 10000 旧兹罗提；旧币流通至 1996 年 12 月 31 日；旧币兑换新币的最后期限是 2010 年 12 月 31 日。

同时，根据波兰外汇法和国际货币基金组织的标准，新的兹罗提即成为可兑换货币。波兰对全部经常项目和大部分资本项目的外汇实行自由流通，对资本项目的外汇管制限于短期资本的流通，如信贷交易、股市投资和金融衍生工具的投资等。根据波兰 1995 年 12 月 10 日开始实施的《外汇法》，在波兰注册的外国企业可以在波兰银行开设外汇账户，用于进出口结算。年度财务决算核准后的企业利润（包括外方股东红利）及有公司出具证明的个人合法收入在依法纳税后可以自由汇往国外。

波兰汇率制度改革经过了四个阶段。第一阶段（1990 年 1 月 ~1991 年 9 月），实行固定汇率制度。从盯住美元改为盯住一篮子货币，并对兹罗提实施大幅贬值：从 3100 兹罗提兑 1 美元贬值为 9500 兹罗提兑 1 美元（与黑市汇率持平）。第二阶段（1991 年 10 月 ~1995 年 4 月），实行爬行盯住汇率制度。对兹罗提实施分步贬值，中心汇率每月公布一次，每次贬值 1.8%。第三阶段（1995 年 5 月 ~1999 年），实行爬行区间浮动汇率制度。从 1995 年 5 月起，每月公布一次中心汇率，汇率浮动为 ±7%，银行间同业交易汇率完全由市场决定。1998 年，波兰中央银行宣布，将在两年后逐步过渡为自由浮动汇率。在这两年过渡期内，为使市场逐渐适应浮动汇率制度下汇率的急剧波动，波兰中央银行采取了提高汇率灵活性的过渡措施，逐步将爬行浮动区间由 ±7% 扩大为 ±15%。从 1999 年 7 月起，政府停止对外汇市场的干预，实行兹罗提与美元、欧元挂钩。第四阶段（2000~2004 年），将兹罗提与外币的比价完全放开，中央银行可以对外汇市场实行干预，实行完全自由浮动汇率。

剧变后，旧的兹罗提与美元的汇率变化大致是：1991 年，9500 兹罗提 =1 美元；1992 年,15500 兹罗提 =1 美元；1993 年,18145 兹罗提 =1 美元；1994 年，22727 兹罗提 =1 美元。新兹罗提与美元的汇率变化为：1995 年，2.4244 兹罗提 =1 美元；1996 年，2.6965 兹罗提 =1 美元；1997 年，3.2808 兹罗提 =1 美元；1998 年，3.4937 兹罗提 =1 美元；1999 年，3.9675 兹罗提 =1 美元。

2002 年 10 月 1 日，波兰开始实行新《外汇法》，取消了最后的外汇管制。根据新法，波兰公民可以自由地在国外开设银行账户，波兰企业可向其海外分支机构汇款，在海外市场购买短期债券等。这一切，都不需要获得波兰国家银行的特别许可。

自 2000 年起，波兰货币兹罗提持续坚挺。根据波兰国家银行公布的资料：2000 年，4.3464 兹罗提 =1 美元；2001 年，4.0939 兹罗提 =1 美元；2002 年，4.0795 兹罗提 =1 美元；2003 年，3.8889 兹罗提 =1 美元；2004 年，3.6540 兹罗提 =1 美元。2004 年，兹罗提同比升值 30%，成为全球升值幅度最大的货币之一。

2004 年加入欧盟后，波兰开始就加入欧元区做准备。

2005~2008 年，兹罗提继续升值：2005 年，3.2348 兹罗提 =1 美元；2006 年，3.1025 兹罗提 =1 美元；2007 年，2.7667 兹罗提 =1 美元；2008 年，2.4092 兹罗提 =1 美元。

2008 年 10 月，波兰政府制定了加入欧元区路线图。

根据欧盟规定，在加入欧元区前，波兰必须首先达到《马斯特里赫特条约》（Maastricht Treaty，即"欧盟条约"）确定的财政赤字水平和汇率稳定程度等"趋同标准"，进入欧洲汇率机制。此外，因为波兰宪法规定波兰国家银行是波兰唯一的货币发行机构和货币政策制定机构，修改宪法是波兰加入欧元区的另一前提。

2009 年 1 月，时任波兰总理图斯克表示，希望按照 2008 年路线图，使波兰在 2009 年上半年进入欧洲汇率机制（ERM Ⅱ），并寻求能够在 2012 年加入欧元区的方法。不过，如果世界经济和相关分析数据对波兰不利，波兰加入欧元区的时间也可能被推迟。

2009 年，受国际金融危机的影响，兹罗提开始贬值。2009 年平均汇率为 3.1162 兹罗提 =1 美元。

同年 2 月 16 日，波兰国家银行发布报告，认为从长远看，波兰加入欧元区是积极可行的，但进入欧洲汇率机制和加入欧元区需要满足一定的政治和经济条件，而波兰目前尚不具备相应的经济条件。原因是受金融危机影响，波兰距离加入欧元区的标准比此前相差更多，而此时失去货币政策自主权也会对波兰经济造成危险。

2010~2014 年，兹罗提对美元汇率较为平稳，波动幅度不大。2010 年，3.0157 兹罗提 =1 美元；2011 年，2.9634 兹罗提 =1 美元；2012 年，3.2570 兹罗提 =1 美元；2013 年，3.160 兹罗提 =1 美元；2014 年，3.1551 兹罗提

=1 美元。2015 年以来，兹罗提对美元汇率又开始走低。2015 年，3.7701
兹罗提 =1 美元；2016 年，3.943 兹罗提 =1 美元。

二 国家财政预算

社会主义时期，波兰国家财政预算体制基本上属中央集权型。国家预算
由中央预算和地方预算组成。国家预算收入主要来自商品流通税和所得税。

在二战后的 30 多年里，波兰国家财政预算收支基本保持平衡，还常
有结余。1946 年，国家预算恢复平衡。1947 年，国家预算收入为 2220
亿兹罗提，支出为 2140 亿兹罗提，财政结余为 80 亿兹罗提。1970 年国
家预算收入为 3921 亿兹罗提，支出为 3793 亿兹罗提，财政结余为 128
亿兹罗提。

从 20 世纪 80 年代初起，波兰出现财政赤字。1985 年，国家预算收
入为 40434 亿兹罗提，支出为 40786 亿兹罗提，财政赤字高达 352 亿兹
罗提。

1989 年剧变后，波兰实行财政制度改革，将国家财政预算工作逐步纳
入法制轨道。根据巴尔采洛维奇的《经济纲领》，波兰政府制订了财政改
革计划。其主要内容是：修订《预算法》；将预算外基金与国家预算结为
一体；使企业的预算经济原则适应市场经济原则。

1997 年《波兰共和国宪法》规定，国家预算草案由政府负责制定，
一般在预算年度开始前三个月（特殊情况下可推迟一个季度）将草案提交
众议院；草案还须经参议院审核，参议院在 20 日内做出接受或要求修改
的决议；预算通过后，众议院议长负责将预算交给总统签字生效。在预算
年度结束后的 5 个月内，政府应向众议院提交有关预算执行情况的工作
报告。

波兰国家预算只包括中央预算和为加强地方预算而提供的补贴。省、
县、乡的各级地方政府有权制定自己的财政预算。2010 年，波兰新增欧洲
基金预算，统筹欧盟预算在波兰的实施。

波兰国家预算收入主要来自各种税收、波兰国家银行的利润、罚款等，
而波兰国家预算支出主要用于支付工资、投资、国防、公共安全、教育、

医疗和文化等事项。为了获得外债减免待遇，波兰政府按照国际货币基金组织有关国家财政赤字不得超过 GDP5% 的要求，严格控制财政赤字。例如，1993~1995 年波兰预算赤字均为 GDP 的 2.5%。1996 年，波兰国家预算收入总额为 1021 亿兹罗提，支出总额为 1116 亿兹罗提，赤字为 95 亿兹罗提，占 GDP 的 2.9%。

然而，从 1998 年起，波兰国家财政赤字不断增加。1998 年收入为 1266 亿兹罗提，支出为 1398 亿兹罗提，赤字达 132 亿兹罗提。2000 年收入为 1357 亿兹罗提，支出为 1511 亿兹罗提，赤字达 154 亿兹罗提。截至 2000 年底，波兰欠外债 675 亿美元，而波兰银行外汇储备净额为 275 亿美元。

2000 年 11 月 27 日，波兰政府通过 2001 年预算草案。根据该草案，2001 年财政支出增至 1853.9 亿兹罗提，收入为 1524.7 亿兹罗提，财政赤字达 329.2 亿兹罗提，占 GDP 的 4.5%。

2002~2003 年，波兰政府着手解决财政赤字问题。这两年财政赤字有所减少，约占 GDP 的 4%。

根据 2004 年财政预算，财政收入将达 1545.42 亿兹罗提，财政支出为 1998.42 亿兹罗提，财政赤字为 453 亿兹罗提。而实际上，波兰 2004 年财政赤字为 408 亿兹罗提，比预算减少了 45 亿兹罗提。财政赤字减少的主要原因是经济复苏使税收收入增加。

加入欧盟后，波兰财政收入和支出呈增长趋势，财政赤字依然控制在 GDP 的 5% 以下。

然而，在"欧债危机"蔓延的这几年，波兰是欧盟国家中财政状况良好的少数国家之一，即其债务和赤字都未超过《马斯特里赫特条约》规定的"红线"（公共债务和预算赤字占 GDP 的比重分别为 60% 和 3%）。例如，2011 年，波兰公共债务占 GDP 的比重为 56.7%，2012 年降至 53.8%，预算赤字占 GDP 的 2.6%。

2013 年，波兰公共债务为 8822.98 亿兹罗提，约占 GDP 的 59%，低于欧盟平均水平；外债总额为 803 亿美元；财政赤字为 421.94 亿兹罗提，占 GDP 的 4.3%。

波兰政府新闻办公室 2015 年 9 月下旬透露，2016 年波兰公共债务占国内生产总值的比重将从 2015 年的 48.4% 提高到 49%。2017 年开始该比重将保持稳定，到 2019 年将逐步降低到 47.5%。2015 年和 2016 年波兰名义债务额分别增加 436 亿和 543 亿兹罗提，达到 8704 亿和 9247 亿兹罗提。其中，超过 90% 的公共债务是国债，这与往年相比变化不大。

三 税收

1. 税收制度

20 世纪 80 年代上半期，波兰简化税收种类，实行统一的周转税、工资税、不动产税和所得税。

1989 年政局剧变，波兰开始对税收制度进行改革，旨在建立符合市场经济的税收标准和更加透明的税收制度。在波兰，所有的赋税及其税率的出台都须经过议会批准。

从 1991 年起，税收制度改革全面启动，包括以下内容：对法人实行统一累进税；实行统一法人和自然人的周转税；改革地方税收；征收法人所得税；取消由厂矿单位缴纳的职工报酬税、工资税，高收入者缴纳的均衡税和部分农业税等，代之以自然人所得税。

1992 年 1 月 1 日出台的《自然人所得税法》规定：征收个人所得税，并以增值税取代周转税；外国的法人和自然人原则上与波兰的法人和自然人缴纳相同的所得税（避免双重征税协议另有说明的除外）。外国公司（不包括享受减免税待遇者）须将其利润的 40% 作为所得税缴纳。

1993 年，波兰开始征收消费税。

1994 年 10 月，波兰对《税收法》进行了若干修改：提高了法人和自然人所得税税率，尤其是高收入者所得税税率，最高税率达 45%（累进率）；扩大增值税的征收范围，将对公司营业额征收增值税的起征点从 12 亿兹罗提降至 10 亿兹罗提；征收股票发行税（一般为 0.5%）。

2001 年 11 月 13 日，波兰议会以 251 票赞成、188 票反对，通过了政府提出的 2002 年个人所得税法案。根据该法案，2002 年波兰个人所得税税率仍按 19%、30% 和 40% 征收，每一税率的起征标准也保持不变。同时，新法案取消了大部分针对住房及建筑材料的税收优惠政策。除此之外，新法案还规定，从 2002 年 3 月 1 日起，征收 20% 的利息税等。

加入欧盟后，为与欧盟税收制度和法律法规衔接，波兰不断完善税收制度和法律法规，合理调整税种及税率。

2. 税种

波兰税收分为国税和地方税两大部分。国税的税种有：法人所得税、个人所得税、增值税、消费税、印花税和交易税等。地方税的税种有：不动产税、养路税（只含卡车和大客车）、遗产和赠予税、农业税、林业税等。地方当局有权制定地方税的税率标准和减免范围，但地方税的税率不得超过议会确定的最高标准。原则上，外国法人和个人在波兰享受完全国民待遇，与波兰法人和个人缴纳相同的赋税。

法人所得税　所有在波兰境内的法人和具有法人身份的组织都要缴纳法人所得税。1999 年，法人所得税税率平均为 34%，2000 年为 30%，2001 年和 2002 年为 28%，2003 年为 24%，2004 年以后标准税率为 19%。

法人所得税法不适用于农业活动所取得的收入（从事农业生产的特别部门的所得除外），也不适用于依《森林法》应缴纳林业税的收入。

个人所得税　对自然人所得收入征收的税，采取递增税率。按 1992 年《自然人所得税法》规定，在一个税收年度中，凡在波兰境内居住或逗留 183 天以上的居民，不论国籍，都应按其收入缴纳个人所得税：年收入在 432 万兹罗提及以下者，免缴个人所得税；年收入在 432 万（不含）兹罗提以上者递增缴纳 20%~40% 的个人所得税。出售不动产和合作社住房所得的收入，缴纳 10% 的所得税。奖金、残疾人的抚恤金、各种赔偿金、补助金、银行储蓄利息和有价证券的利息等一律免税。外籍人员的收入须缴纳 20% 的所得税。

2000 年采用的税率是：年收入低于 32736 兹罗提，税率为 19%；年收入为 32736~65472 兹罗提，税率为 30%；年收入超过 65472 兹罗提，税率为 40%。2003 年，年收入低于 37024 兹罗提，税率为 19%；年收入为 37024~74048 兹罗提，税率为 30%；年收入超过 74048 兹罗提的采用最高税率 40%。

2007 年 9 月，波兰议会通过《个人所得税法》修订案。根据该法案，个人所得税税率仅设定 18% 和 32% 两档：如果居民年收入低于 85528 兹罗提，适用 18% 的税率，超过该标准的部分适用 32% 的税率。10 月，波兰总统签署了该修订案。新的《个人所得税法》自 2009 年 1 月 1 日起实行。

增值税 对在波兰境内销售商品和提供有偿服务及进口商品所征收的税。这个税种于 1993 年 7 月开始实施，替代了周转税，基本税率为 22%。每年的营业额超过 8 万兹罗提的公司和个人必须交纳增值税。特定的农业生产资料（肥料、农药、农机）、儿童用品、保健用品、建筑材料的销售，及一些服务如运输（出租车除外）等则享有 7% 的优惠税率，以上商品和服务的出口享受零税率。波兰对一些基本的食品和社会文化服务免征增值税，包括奶、蛋、鱼、教育、医疗和邮政服务等。纳税人需按月向税务部门报税。

出口货物可以退增值税。外国游客离境可以退税。外国游客购物超过 200 兹罗提（含增值税），只要海关证明货物已经完整地离开了波兰领土，或在货物购买后的三个月内退回，就符合退还增值税的条件。

2004 年 3 月，波兰议会通过新的《增值税法》，于 2004 年 5 月 1 日正式实施。该法对增值税的征税范围和幅度做了新的修改，包括：在波兰境内销售商品和提供服务都需要缴纳增值税，出口商品和服务免缴增值税；增值税纳税人之间进行交易必须提供增值税发票；年营业额超过 1 万欧元的经济实体，均应以正常增值税纳税人进行登记；销售给个人自用的商品金额超过 5000 欧元，必须进行大额现金登记备查；未以增值税纳税人在波兰登记的外国经济实体，在对等的条件下可申请增值税返还；对互联网服务商和作为商业用途的汽车免征增值税；对单独从事商业活动的个人按一定条件免征增值税等。波兰增值税分别有 22%、7%、3% 三种税率。其中，22% 为基本税率；7% 的税率适用于肥料、农药、药品、某些食品和儿童服装；3% 的税率适用于奶制品原料、水产品以及大部分养殖业、林业和狩猎业产品。

从 2004 年 5 月 1 日起，波兰政府开始对建筑用地征收 22% 的增值税。

这是波兰政府自将建筑材料增值税税率由 7% 提高到 22% 后，第二次调整建筑业税率。

自 2011 年起，为缓解财政赤字及负债压力，波兰将增值税税率上调至 23%、8% 和 5%。为减轻居民消费负担，波兰政府对简单加工食品（面包等）征收的增值税税率由 7% 降为 5%。

消费税　需缴纳消费税的产品主要有 21 类，如旅行车、猎枪、燃料和润滑油、塑料包装、盐、酒精饮料、烟草制品、音响设备、摄像机、游艇和摩托艇、香水等。消费税税率主要依据货物品种和产地确定。进口商品的税率较高，从 25% 到 1900% 不等。消费税税率的调整较为频繁，一年之内可能变动多次。

红利税　1996 年，波兰开始向作为股东的法人和自然人征税，税率平均为 20%，避免双重征税协议另有规定的除外。自 2001 年 1 月 1 日起，该税率降至 15%。

遗产和赠予税　征税的基础是通过继承、赠予和长期使用而得到的物品和财产权的市场价值。税率是递增的，其标准根据捐赠者和接受者之间的关系和特点确定。

印花税　在波兰，领受具有法律效力的凭证需纳印花税。征税范围包括销售合同、物和物权修订合同、租借租赁合同、贷款合同、担保合同等。印花税因合同的类别不同而税率不等。

交易税　在波兰进行某些业务交易时需纳交易税，其中不动产和动产交易税率为 2%，其他财产权的交易税率为 1%。

不动产税　自然人、法人和不具法人资格的组织均需缴纳不动产税。所有的不动产都在征收不动产税的范围内。根据类别，税率由地方政府自行决定，但年税率不能超过不动产价值的 0.1%，用于经营目的的不动产年税率不能超过不动产价值的 2%。由于波兰鼓励土地私有化，对私有土地征收的不动产税税率相对稳定，很少变动，即使变动，幅度也不大。对于国有土地，地方政府可依据当地经济状况、居民收入水平、物价总水平及通胀情况，不定期对不动产税税率进行调整。为鼓励居民在城市中心区以外居住和建房，地方政府多采用差别税率，郊区的不动产税税率一般远低于市中心。

农业税 从 2005 年起，拥有土地面积超过 1 公顷或农田面积超过 1 核算公顷的农场需缴纳农业税。农业税按公顷核算，兼顾土地等级，例如 1 公顷一级农用地一税务年度按 1.95 公顷标准折算，而最低等级的土地免征农业税。目前对 1 公顷土地的农业税按 2.5 公担黑麦上一年度前三季度的收购平均价核算。山区可获得 1~15 年减免农业税的优惠待遇。

林业税 林业税纳税人为森林所有人、占有人或者用益物权人，税额取决于森林面积和一定时期内木材的价格。2002 年 10 月 30 日颁布的《林业税法》规定，1 公顷森林的林业税相当于 0.22 立方米木材的价值。

波兰加紧制定新税法。2014 年 10 月 1 日，波兰总理科帕奇在施政演讲中责令财政部加快新税法制定工作。随后，波兰财政部成立税则委员会。该委员会由总理任命的 16 名委员组成，包括杰出的学者和专业人员。其任务主要是理顺现行税法，提出修正案。波兰政府称："新税法的目的主要是保护纳税人的权利，增加其安全感。新税法应该清晰、准确，易于使用，以保证有效地征税。"

2016 年 8 月 1 日，波兰第 1155 号法律公报公布了零售环节销售税法，从 2016 年 9 月 1 日起，对零售商和连锁店按月零售额（不含网络销售）计征：月零售额不超过 1.7 亿兹罗提的，税率为 0.8%；超过部分的税率为 1.4%；月销售额不超过 1700 万兹罗提的不用交税。

四 银行

1828 年建立的波兰银行（Bank Polski）是波兰最早的国家银行。1912 年以后，波兰地区出现了股份制银行，其中最大的股份制银行有华沙商业银行、华沙贴现银行、罗兹商业银行、罗兹商人银行等。与此同时，波兰也有了合资银行，如波兰银行与彼得堡银行和莫斯科银行合作，筹建了亚速 – 顿河银行（Azov-Don Bank）。

1945 年 1 月，社会主义政权建立了新的波兰国家银行（Narodowy Bank Polski）。波兰国家银行除了作为中央银行和发行银行外，同样经营存、贷款业务，并处于垄断地位。同时所有私有银行收归国有。

1982 年 2 月，波兰议会通过了新的《银行法》，对银行业进行改革。但是改革范围很小，仅涉及信贷制度。

自 1989 年以来，波兰银行业经历了深刻变革。1989 年 1 月，波兰颁布《银行法》，开始实行二级银行体制。波兰国家银行的职能被限于制定货币政策，发行货币，掌管国家外汇储备，发放银行经营许可证，监督商业银行，维护国家的金融秩序等，不再经营商业银行业务。波兰国家银行保持独立地位，不隶属于政府，但保持与政府的合作关系。波兰国家银行仅对议会负责；银行行长经议会批准，由总统任命；波兰国家银行每年须向议会提出工作报告，由议员讨论。波兰国家银行没有解决政府财政赤字的义务，政府不能要求银行发行货币填补赤字，只能通过银行发行国债或向银行贷款。其他商业银行的主要功能为有效发放贷款、从事各种储蓄和融资业务等。服务对象为所有企业、单位和个人。一些商业银行还开展金融市场业务和提供市场咨询等。1989 年，波兰开始允许外国人或外国资本在波兰建立外资银行或外国银行代表机构。外国人在波兰开办银行，注册资本至少为 600 万美元，银行外汇储备必须保持在波兰国家银行规定的水平上，必须在波兰国家银行存放一定数量的兹罗提并持有波兰财政部颁发的许可证。

1990~1991 年，波兰出现了 7 家外资银行。此后，波兰强化了外资银行开业的条件，将建立外资银行的股份资本提高到 700 万美元。1993 年起，外商不必达到筹建银行所需的股份金额即可接收波兰的破产银行，外资在波兰银行业中的比重逐渐增加。

1992 年，波兰集中处理银行不良资产。国家向银行注资，银行与债务企业签订合作协议，一方面允许银行参与企业的重大经营决策，另一方面由银行协助企业进行资产重组，增强企业的偿债能力。如果企业不履行其义务，银行有权终止协议，并起诉企业，强制其破产。

1993 年 3 月 15 日，波兰首先开始对波兹南大波兰信贷银行实行私有化。从 1996 年起，波兰普遍推行银行私有化，并放宽外资在本国银行中所占股份比重的限制，降低外国人在波兰建立银行的条件。于是，外资加速进入波兰银行业。1996 年，波兰共有 2 家国有银行、79 家股份制银行、

1394家合作银行、4家地方银行、20家外资银行和近20个外国银行代表机构。为防止私有化可能带来的风险，波兰对存款储蓄和储户实行了严格的保障制度。国有银行的储蓄由波兰国库部100%担保；私有银行储蓄则由1994年11月成立的储蓄保证基金予以保障。破产清算时，银行将首先保障储户利益。在波兰，95%的存款均能得到保障。

1997年，波兰对《银行法》进行了修订。1998年，波兰建立银行监管委员会（Komisja Nadzoru Bankowego）。

此后，波兰银行业发生了重大变化。

第一，允许建立股份制银行和私有银行。《银行法》规定，国有银行（包括国家－合作社联营银行）可以改变为股份制银行；3个法人或10个自然人即可建立私人银行，私人银行注册资本至少为700亿兹罗提。

股份制银行和私有银行的出现使波兰的银行所有制多元化。多种不同所有制形式的银行并存，包括国有银行、国家－合作社联营银行、合作银行、股份制银行、私有银行等。

第二，银行实行自负盈亏。《银行法》规定，银行是具有法人地位的自主机构，自负盈亏，根据《银行法》及其章程开展活动。银行可以自办公司或合作社，也可以成为外国银行的股东。因经营不善而出现严重亏损并无法挽救的银行可以宣告破产或被其他银行收购。

第三，银行业进一步对外开放，外资银行不断增多。据波兰外国投资事务管理局的统计数字，到1999年底，外国在波兰金融领域的投资达79亿美元，占整个国外投资的22.4%，其中对银行的直接投资为53亿美元，占金融投资的67%；外国控股银行共在波兰设立分行992家、支行1048家，这一数字比1998年增加了3倍。在外商投资波兰银行业的金额方面，德国居首位，达18亿美元；其次是意大利，为12亿美元；爱尔兰为7亿美元；荷兰为5亿美元；美国和奥地利分别为4亿美元。

根据波兰加入经济合作与发展组织时的承诺，1999年，波兰完全开放银行和金融市场。外国银行在波兰市场开展业务不再需要申请许可证。而根据"国民待遇"原则，在波兰的外国银行和波兰银行享受同等待遇，适用同样的法律。波兰政府既不能限制外国银行在波兰设立分行的数量，也不能限制外国银行收购波兰银行。

剧变 10 年后，尽管波兰银行业改革令波兰银行业竞争力不断提高，盈利及抵御风险的能力也有所增强，服务质量大大改善，但与欧盟国家相比还存在一定差距。

第一，法律制度不健全。波兰银行立法工作已基本结束，相关法律已完全符合欧盟标准，但资本投资还欠缺相关的法律。投资银行业务在波兰还属于新兴项目，还未真正形成投资银行市场。

第二，银行服务网点偏少。1998 年，每 100 万波兰居民只有 310 个银行服务点，远远少于欧盟国家。在德国或法国，每 100 万居民就拥有 1000 个银行服务点。

第三，银行服务自动化和现代化水平较低，自动提款机和支持信用卡支付的电子识别仪器数量少。

第四，尽管波兰银行的不良贷款比例已从剧变初期的约 35% 下降到 2000 年的 15%，但是这一比例仍然偏高。根据波兰国家银行的数据，2001 年波兰银行不良贷款比例上升为 18%。2002 年，波兰银行的不良贷款比例为 20%。

针对上述问题，波兰继续深化改革。例如，大幅增加银行营业网点。仅 2000 年，波兰就新建约 700 家银行营业所，比上年增加了 50%。

为建立中小企业贷款担保体系，波兰于 2003 年成立国有担保银行。国有担保银行的地位与一般商业银行一样，但不提供诸如开具信用证和接受存款等常规银行服务。国有担保银行成立后，又设立了 16 个地区担保基金。

从 2002 年 10 月 1 日起，波兰实行新《外汇法》，完全取消外汇管制。波兰公民可自由在国外开设银行账户，波兰企业可向其海外分部汇款，在海外市场购买短期债券，不再需要获得波兰国家银行的特别许可。

2001 年，波兰银行业净利润总额为 45.4 亿兹罗提，比 2000 年增长 7%；波兰银行总资产为 4774 亿兹罗提，同比增长 11.4%。

2002 年，波兰有银行 672 家，其中商业银行 64 家，合作银行 608 家；银行总资产 4768.61 亿兹罗提，比 1993 年增长 4.7 倍；注册资本 104.65 亿兹罗提。商业银行资产 4543.51 亿兹罗提，占总资产的 95.3%；注册资本 100.04 亿兹罗提，占总注册资本的 95.6%。合作银行资产 225.1 亿兹罗提，占总资产的 4.7%；注册资本 4.61 亿兹罗提，占注册资本的 4.4%。

2006 年，波兰制定并通过了《波兰金融市场监管法》，以对金融市场实行有效监管。根据《波兰金融市场监管法》，保险和养老基金监管委员会（Komisja Nadzoru Ubezpieczeń i Funduszy Emerytalnych）和证券交易委员会（Komisja Papierów Wartościowych i Giełd）被废除，由波兰金融监管局（Komisja Nadzoru Finansowego）取而代之。2008 年 1 月 1 日，波兰金融监管局又接管了银行监管委员会的权力。波兰金融监管局直接对波兰政府负责。其职责是：对银行、资本市场、保险、养老金计划、电子货币机构实行监管；采取恰当措施确保波兰金融市场的正常运行和发展，提升波兰金融市场的竞争力；开展培训活动，提供信息服务；参与起草有关金融市场监管的法律法案；解决金融市场的争端，创造友好协商与和平解决的机制等。

在国际金融危机和欧洲债务危机背景下，波兰银行业表现了稳定的盈利能力。2009 年，波兰银行业实现利润约 100 亿兹罗提，其股东权益回报率居欧洲之首。2010 年实现的净利润为 116.7 亿兹罗提，同比增长 40.9%，增幅大大高于预期。2010 年 11 月，穆迪（Moody's）发布报告，将波兰银行系统评级前景从"负面"调整为"稳定"。这表明波兰银行系统具有较强的恢复力，且具有更加稳定的运行环境。报告还认为，与该地区其他国家相比，波兰银行系统在金融危机爆发时具有相对健康的基本面，且在应对危机过程中也不需要巨额外部注资和政府主导的救助。

2013 年 7 月，波兰最大的银行波兰储蓄银行（PKO Bank Polski）联合其他银行，开始制定移动支付和手机银行标准。几家银行将共同在波兰储蓄银行的手机银行平台基础之上，共建移动支付系统。消费者通过该平台进行线上和线下支付、ATM 机提款和随时随地转账。

2014 年 4 月，欧洲银行管理局（European Banking Authority）对欧洲各国银行进行压力测试，以评估其应对经济危机的能力，如面临经济衰退、失业率上升、股市下跌、国债失信、拖欠持续攀升等问题时的应对能力。

有 6 家波兰银行参与了这一测试。此外有 15 家波兰银行根据欧洲中央银行（European Central Bank）对欧元区银行采取的检测方法进行了自我测试。测试结果表明，波兰银行系统稳健，具有相对较强的抗打击力，位居少数几个不需要国家支持的银行系统之列。

五 证券市场

波兰最早的有价证券交易可上溯到 15~16 世纪。1775 年，波兰议会制定了第一部涉及有价证券的法令。1782 年，斯坦尼斯瓦夫二世发行了波兰第一支国债。第二共和国时期，华沙货币交易所（Giełda Pieniężna w Warszawie）是波兰最大的证券交易机构，市值占全波兰的 95%，交易额占 65%~85%。二战中，波兰的证券交易系统被关闭。

在社会主义时期，波兰没有证券市场。

剧变后，波兰再度出现证券交易所。为活跃资本市场，1991 年 4 月，华沙证券交易所正式建立。交易所是按国际有价证券和国际清算组织制定的标准筹办的，并成立了专门的管理委员会，其成员主要来自银行部门。开市初期，交易所每周只交易一次，只有 5 家企业参加；尔后交易次数逐渐增多，2 年后又有 9 家企业通过交易所发行了股票。1992 年 5 月，波兰颁布《关于有价证券的公开流通和信托资金法》（简称《有价证券法》），为建立证券市场奠定了法律基础。除股票外，交易所还经营政府发行的国库券等有价证券。

到 1993 年，华沙证券交易所（Giełda Papierów Wartościowych w Warszawie）成为波兰唯一的证券交易市场，从事股票、期货、投资凭证、债券和衍生产品等交易，平均每个交易日的交易额为 2000 万美元，全年成交额达 38 亿美元。在波兰注册的外国公司参与证券市场交易与本土公司享受同等待遇。1993 年，波兰股民由 1991 年的 10 万人增加到 50 多万人。1994 年，波兰全国持证上岗的证券经纪人为 420 人，经纪人办事处达 45 个。

1994~1996 年，波兰证券市场一度徘徊，交易量下降。但波兰证券市场的高度透明性，使其赢得了投资者的极大信任，在 1998 年亚洲金融危机爆发时，波兰所受影响相对较小。从 1996 年末到 1998 年 8 月，波兰股票指数仅下跌 13.1%，比其他同样进行经济转轨的国家更成功地渡过了亚洲金融危机。1998 年末，共有 253 家公司在华沙证券交易所进行交易。

此后，波兰证券市场继续平稳发展，华沙证券交易所的日交易额及全年交易额持续增长。

《有价证券法》出台后几经修改，加强了有价证券委员会的权力。修改后的《有价证券法》规定：有价证券委员会全面负责对证券市场的竞争和有价证券的公开流通情况实行监管、提出建议、组织活动并采取行动，以确保证券交易合法性和维护投资者的利益；加大对证券市场上的违法犯罪者的惩罚力度——购买未经许可而上市的有价证券者可被判处最高 2 年监禁或罚款 100 亿兹罗提，在证券发行说明书中弄虚作假者可被判处 6 个月至 5 年监禁或最高罚款 500 亿兹罗提，泄露内幕信息、利用内幕信息、操纵证券交易价格可被处以 6 个月至 5 年监禁或罚款 100 亿~500 亿兹罗提不等。

截至 2010 年 6 月 5 日，共有 383 家企业在华沙证券交易所上市，市值约为 7404 亿兹罗提。华沙证券交易所也吸引了许多外国公司上市。2010年 10 月 9 日，中国培新国际公司正式在华沙证券交易所上市，成为首家在波兰上市的中国公司。培新国际公司在华沙公开发售 100 万股，其中 20 万股面向私人投资者，单股发行价格为 16 兹罗提。

在波兰证券市场交易的资金来源多样。根据华沙证券交易所公布的数据，2013 年上半年，在华沙证券交易所主板市场的交易额中，外国投资者占 49%，国内金融机构占 37%，个人投资者占 14%。外资中，来自英国的投资占 57%。在创业板市场，个人投资者占 72%，国内金融机构占 21%，外国投资者只占 7%。期货和期权市场主要由波兰本国投资者主导，外国投资者约占 16%。

截至 2016 年底，华沙证券交易所总市值约为 11157.19 亿兹罗提，上市公司达 487 家，其中波兰公司 434 家。华沙证券交易所指数（Warszawski Indeks Giełdowy，WIG）为 51754，较上一年增长 11.4%。华沙证券市场是中东欧地区规模最大的证券交易市场。

_____

第五章

社　　会

第一节　国民生活

在社会主义时期，波兰实行"社会－经济"政策，其总原则是：在加速发展国家经济的同时，不断提高居民的生活水平，改善社会保障条件。波兰居民的收入主要来自工资或其他劳动报酬。

20 世纪 50 年代，波兰经济快速发展，居民的收入不断增加，生活水平迅速提高。

60~70 年代，波兰经历了两次失败的经济改革。国内商品供应紧张，物价不断上涨，居民生活水平逐步下降。

80 年代初，波兰出现严重的社会和经济危机。工业生产持续下降，市场供应恶化，多数食品、日用品价格飞涨。至 1982 年 5 月，波兰居民实际收入同比下降了 40% 以上。在 1982 年到 1988 年间，波兰实行第四次经济改革，但依然未能扭转局面。1988 年，波兰职工工资同比增加 77.5%，而物价实际上涨 60% 以上，通货膨胀率上升到 67.5%。过高的通货膨胀率抵消了工资的上涨。当时的西德《时代》周报曾报道说，在实行"休克疗法"之前，波兰职工月平均工资按黑市汇价计算仅相当于 40~70 西德马克（约合 25~45 美元），而西德工人的平均月工资为 3850 西德马克。①

1989 年后波兰实行经济转轨。在转轨初期，由于出现恶性通货膨胀，

_____

① 　此时波兰兹罗提为不可自由兑换货币。

居民生活水平继续下降。1989~1990 年，居民生活水平平均下降了 1/3。但自 1991 年起，居民生活水平开始回升，其中退休居民的生活水平差不多恢复到了 1989 年以前的水准。1991 年，波兰职工月平均工资已达 300 德国马克（约合 150 美元）。

1993 年，波兰职工月平均收入为 3629094 兹罗提（约合 200 美元）。平均每 6 个波兰人拥有一辆小汽车（德国每 2 个人拥有一辆小汽车）。居民银行存款增加 20 万亿兹罗提（约合 11 亿美元），外汇储蓄则增长 9%。

1994 年 7 月 1 日，波兰全面提高公职人员（包括教师、医务人员等）的工资。职工税前月平均工资达到 670 新兹罗提，约合 295 美元。

1996 年，波兰全国职工月平均工资为 860 兹罗提（约合 318 美元），其中中产阶级（包括部分知识分子）月收入已达到 1618 兹罗提（约合 600 美元），退休人员养老金提高到相当于在职职工平均工资的 70%。1997 年职工平均工资和退休金也有了较大幅度的增加。但调查表明，这一时期波兰仍有 36%~40% 的居民生活在贫困线以下。

1999 年，波兰国民经济各部门的月平均工资为 1700 兹罗提（约合 428 美元），企业职工的月平均工资为 1834.82 兹罗提（约合 462 美元），退休金和抚恤金每月平均为 813.69 兹罗提（约合 205 美元），分别比上年增长 3.1%、3% 和 3.9%。同年 8 月波兰的一份民意调查显示，80% 以上的波兰人对目前的生活比较满意。

2000 年，波兰国民经济各部门的月平均工资为 1924 兹罗提（约合 443 美元），工业部门企业职工的月平均工资为 1984 兹罗提（约合 456 美元），比上年增长 13.2%。

进入 21 世纪，波兰居民的整体生活条件不断改善。2002 年，波兰职工月平均工资为 2040 兹罗提（约合 550 美元），已接近中东欧较发达的捷克、匈牙利的水平，而远远高于罗马尼亚、保加利亚和阿尔巴尼亚等国的水平。波兰法定的工作时间一周不超过 42 小时。从 2001 年 5 月 1 日起国家实行每周 5 天工作制，加班加点应有额外的报酬。工作一年后，根据工龄和职位不同，雇员享有 18~26 个工作日的带薪休假待遇。这一时期，波兰灰色经济规模约占其国内生产总值的 27%，灰色收入也是波兰居民收入中重要的一项。

波兰人居住条件不断改善。2011 年，城市人均居住面积 23.8 平方米，农村为 24 平方米，平均每套住房面积为 72.4 平方米。每 1000 个居民的平均住宅数量是 328 套，略低于欧洲的每 1000 个居民 400 套的平均水平。波兰自 20 世纪 90 年代初开始改造城镇住宅采暖系统，安装室内温控、计量等装置，并实行采暖计量收费，致使每户采暖使用的能源平均节约 20%。改造前波兰城镇居民家庭采暖费支出约占物业管理费用的 70%，改造后下降到 47% 以下。在波兰，如果连续 3 天气温在 10℃ 以下，就会开始（集中）供暖。因此，每年 9 月底或 10 月初室内就有暖气供应，一年的供暖时间可长达 7 个月。一般城镇的居民住宅均可 24 小时供应热水。

波兰农民收入相对偏低，相当于城镇居民收入的 40%。不过，波兰农村的基础设施较好，交通便利。各种公用设施基本由政府投资兴建，如天然气、自来水、电力均送至所有农户。波兰农民的税负比较轻，税种简单。农民一般只要缴纳土地税、资产税和资源税，在农业生产环节基本不用缴纳税费。此外，波兰农民早已加入了社会保障体系，享受养老和医疗保险，待遇与城镇居民完全相同。波兰农民子女的教育，从小学到大学，全部免费。波兰农民还享受政府在许多方面提供的无偿服务，如信息咨询、技能培训、争取贷款、引进新品种和新技术等。近年来，波兰为吸引更多的青年人从事农业生产，向 40 岁以下的青年农民提供优惠贷款，利率只有 1.9%，大大低于其他商业贷款 8%~10% 的利率水平。2004 年波兰加入欧盟后，波兰农民还每年从欧盟农业补贴中得到实惠。

波兰人的整体消费水平不断提高。全国小汽车销量以 40% 的速度递增，70% 的家庭拥有小轿车，其中 35% 的家庭拥有两辆以上。约有 170 万人口的华沙已拥有 80 多万辆小轿车，平均每户至少拥有一辆，且多数是进口车。2002 年，全国电脑销量从 2001 年的 91.6 万台增至 101.7 万台，同比增长 11%，占东欧地区电脑销售总量的 19%。

波兰通货膨胀率保持低水平。2002 年，波兰通货膨胀率为 1.9%，2003 年仅为 1%。

到 2007 年，波兰人均 GDP 已经由 1990 年的 1547 美元增至 16600 美元，已进入中等发达国家的行列。截至 2009 年 7 月，波兰 GDP 在世界各国中排名第 23 位，在欧盟内排名第 8 位；失业率长期稳定在 10% 以下；反映贫富差异的基尼系数为 0.35，在欧盟国家中排名突出。

2008 年，波兰人均月工资为 2944 兹罗提（约合 1222 美元）。其中，工业部门职工月平均工资为 2955 兹罗提；退休金和抚恤金每月平均为 1523 兹罗提和 1339 兹罗提，分别比 2007 年增长 9.0% 和 8.2%。同年，波兰平均每千人拥有小汽车 422 辆。

近些年来，波兰居民的生活水平大大提高。2011 年，由联合国开发计划署发布的主要反映社会经济发展水平的人类发展指数给波兰的评分为 0.813，在该指数所统计的 186 个国家中排名第 39 位；而 2013 年，这一指数上升到 0.834，全球排名也升至第 35 位（中国为第 91 位）。在反映贫富差异的基尼系数方面，波兰只有 0.309，比俄罗斯（0.417）要低得多。

2013 年，波兰职工月平均工资达 4221.5 兹罗提（约合 1336 美元），最低月工资标准为 395 欧元，高于捷克、爱沙尼亚等国家，是中东欧国家中最高的。

波兰中央统计局统计数据显示，2015 年前 3 季度，波兰职工月平均工资为 3933.5 兹罗提，同比增长 3.4%。根据欧盟统计局 2015 年下半年的统计数据，波兰职工月平均工资已增至 417.5 欧元。

2016 年第二季度，波兰职工月平均工资达到 4019.18 兹罗提，同比上升 4.3%。

2016 年 9 月，波兰总理希德沃签署法令，决定将 2017 年最低工资标准提升至 2000 兹罗提，增长幅度高达 8.1%，同时将每小时最低工资设为 13 兹罗提。

第二节　社会保障

一　概述

1924 年，波兰议会通过《社会保险法》，建立了第一套社会保障体制，当时保障对象只是工人，1927年保障范围扩展到职员。

社会主义时期，社会保障覆盖面逐步扩大。1972年开始对全国农民实行公费医疗，1978年正式对全国农民实行退休制度，农民作为最后一个社会团体被完全纳入社会保障体制。1980年，波兰享受社会保障的人数占全国总人口的99.7%。

可以说，到1989年，波兰全体公民已享受社会保障，包括医疗保险、养老保险、免费教育、残疾人的福利待遇以及各种形式的社会补助和社会救济等。然而，人口结构变化，尤其是老龄化使波兰现收现付的保险金体制越来越入不敷出。1985年，保险金领取人和支付人的比例是1∶2.63。到1989年，这个比例为1∶1.69。像苏联和东欧其他社会主义国家一样，波兰社会保障覆盖全部公民，但相对较低的退休年龄和较高的保险金领取额（全国平均工资的57%）、多种提前退休优惠补贴和对无工作能力者的广泛补贴（其金额占整个保险金支出的37.6%）等制度都使波兰社会保障体制变得过于"昂贵"，使国家财政雪上加霜。

1989年政局变化后，波兰开始改革社会保障制度。在经济转轨初期，波兰对社会保障制度进行了局部的改革，即规定企业主（雇主）将职工总工资的48%上缴国家社会保障管理局（Zakład Ubezpieczeń Społecznych），实行社会保障；对个体户实行社会保障；对失业者实行失业保险。失业保险发放相当于原来工资40%~70%的失业补助金，发放时间通常为18个月，企业破产时发放时间为24个月。职工个人暂不缴纳社会保险费，医疗费由国家完全负担，其他社会保险费用的不足部分主要由国家支付。1995年，波兰国家预算的有关补贴占全部开支的近20%。

1995年5月，波兰政府曾提出一项社会保障制度改革方案，计划在20~30年内建立起完整的社会保障体系，其中包括新建疾病保险基金和工伤事故保险基金，但该方案未获通过。波兰的社会保障开支仍主要由国家负担。

1996年，波兰保险监管局（Państwowy Urząd Nadzoru Ubezpieczeń）成立。

1998年10月13日，波兰议会通过了新的《社会保险法》，成立国家养老基金监管局（Urząd Nadzoru nad Funduszami Emerytalnymi）。从 1999 年 1 月 1 日起，波兰开始实行"多支柱"的社会保障体系。其主要特点包括以下四个方面。

第一，实行多渠道保障。波兰的社会保险分为 4 类：养老保险、病退（丧失劳动能力）保险、疾病保险（包括病休和产假）、事故保险（包括工伤事故和职业病）。养老和病退保险属于义务保险，所有人员都必须参加。参加这两种保险的人原则上都应参加疾病和事故保险，但失业人员、临时工、合同工和其他领取疾病保险金的人员可不参加事故保险。临时工、合同工、个体经营者、神职人员和服刑人员可自愿参加疾病保险。

第二，新的社会保险体制覆盖所有职业和社会群体，但农民、军警、安保人员等仍分别沿用原先单独的社会保险体制。《社会保险法》规定，所有波兰境内的职工、自由职业者、农业从业人员、短期合同雇员及一切公职人员均是社会保障金的缴纳主体。此外，在波兰工作的外国人还必须缴纳健康保险费（健康保险费 = 保险金基数 ×8%），保险金基数为基本工资减去已缴纳的社会保险所得的金额。非长期居住波兰的外国公民和外交机构或国际机构的工作人员不在波兰《社会保险法》管辖之内。

第三，实行"多缴多得"、"公平"和"安全"并重原则。

第四，保险种类增加，覆盖面扩大。社会保险金缴纳比例约占投保人（职工）工资总收入的 36.59%，其中：养老保险占 19.52%，由职工本人和所在单位分别负担 50%；病退保险占 13%，由职工本人和所在单位分别负担 50%；疾病保险占 2.45%，全部由职工本人负担；事故保险占 0.97%~3.86% 不等，全部由所在单位负担，所缴纳的比例根据投保人所从事职业的不同而不同，从事危险或事故频发的职业，所缴纳的事故保险金比例就高。残疾人在社会保险金费用上受到特别优待，本人只需缴纳病退保险费应由个人缴纳的部分，养老保险和其余保险费全部由国家财政或国家残疾人康复基金会负担。

参加社会保险人员及其所在单位所缴纳的社会保险金是社会保险基金的主要来源。社会保险基金由国家社会保障管理局统一管理。除了上述的养老保险基金、病退保险基金、疾病保险基金和事故保险基金等四项基金外，还设有病退保险、疾病保险和事故保险储备基金作为相应的保险储备资金。此外，还设有一项非常重要的人口储备基金，主要为养老保险提供储备金，其主要来源为国家财产私有化的部分收入、提取 1% 养老保险金的收入以及养老保险基金的结余资金。

国家为社会保险赔付提供担保。建立各种保险储备基金主要是为了保证今后社会保险基金有更大的支付能力，最终达到经费完全自理。

国家社会保障管理局拥有 51 家分部、213 个巡查点、74 个地方办事处、37 个数据加工点、16 个地方监控站以及 39721 名职员，其中总部职员为 1058 名。在波兰经营养老保险业务的国内外保险公司共有 21 家。国家社会保障管理局已同银行等机构合作，让其代收失业保险费、工伤保险费和医疗保险费。

1999 年社会保障体系改革之前，波兰社会保险采用的是完全现收现付方式，保险金拖欠严重，进而影响了保险金账户平衡。而实行新的社会保障制度后，波兰对各类社会保险和基金分别管理，并加大对违反《社会保险法》、拖欠保险费单位的处罚力度，对一些拖欠严重的企业可以提出破产清算或采取限制性制裁措施。如法律规定，在起诉拖欠保险费单位 3 个月后，如被起诉方仍未支付保险费，国家社会保障管理局可以拍卖其债权。这一系列的严厉措施已经奏效。例如，仅 2000 年上半年，国家社会保障管理局收缴的保险费就比 1999 年同期多出 69 亿，达应缴金额的 97%。

为更好地监管养老保险体系，2002 年，波兰政府将国家养老基金监管局与保险监管局合并，成立了保险和养老基金监管委员会。2006 年，保险和养老基金监管委员会被废除，其职能由波兰金融监管局行使。

2015 年，波兰注册失业人数为 156.33 万，失业率为 9.7%。其中有21.73 万人有权享受社会救济，实际领取救济人数为 3.33 万人。失业人员可以在各地的社会救济中心获得食宿、看护和再就业培训等福利。

二 主要保险

1. 养老保险

根据世界银行的建议，从 1991 年起波兰建立并开始实行新的"三支柱"养老保险制度，其中第一支柱和第二支柱是强制性的，第三支柱是自愿性的。

第一支柱即为所有职工必须参加的保险，又称强制性基本养老保险，它将相当于工资 12.22% 的缴费额（雇主和雇员各负担一半）划入个人账户，建立现收现付的养老保险。国家社会保障管理局负责管理个人账户，计算保险金数额，并根据有关法规予以增值。1999 年 1 月 1 日前年满 50 周岁的人只参加此种保险。

第二支柱即为 1999 年 1 月 1 日前未满 30 周岁的人员必须参加的保险，又称强制性补充养老保险，它将相当于工资 7.3% 的缴费额（雇主和雇员各负担一半）划入个人账户，建立完全积累的个人账户养老保险基金。国家社会保障管理局并不直接管理这部分养老保险基金，而是将它们分别转交经批准的 21 家私有养老保险基金管理公司管理。这些管理公司按法律规定将养老保险基金作为资本进行投资运作，赚取利润，从而达到增值的目的。

第三支柱即一种自愿参加的职工附加保险，又称自愿性补充养老保险，它主要由雇主缴费，建立完全积累的个人账户基金。国家社会保障管理局委托一个基金管理公司或保险公司管理这些基金，并将其作为资本进行投资运作。

养老和病退保险费由投保人和工作单位平均分摊的原则也适用于合同工和临时工。个体经营人员的退休、病退和其他保险费均由本人缴纳，缴纳比例与其他人员一样。

波兰法律规定，作为资本，养老保险基金的绝大部分只能在波兰境内投资，境外投资的部分不能超过 5%。波兰养老保险基金的境内投资中，约 40% 投入股票市场，其余资本用于购买国债等。

波兰规定了养老金的最低数额。养老金的最低数额将根据全国平均工资浮动和通胀情况而不断进行调整。例如，2003 年 4 月，养老金的最低数额为 552 兹罗提，相当于国家最低工资标准的 70% 左右。

2009 年以前，男性满 65 周岁，女性满 60 周岁，且工龄分别满 25 年和 20 年的，可以提出退休申请；特殊行业的退休年龄另有规定。退休的人员将按旧办法计算和发放养老金。养老金由三部分组成，即基础额、所缴纳养老保险的总金额和年限补贴。

波兰规定，从 2009 年 1 月 1 日起，只要达到退休年龄，就可以领取养老金。此外，波兰曾规定，从 2003 年 3 月起，领取养老金的退休者亦可应聘再工作，但其收入不得超过相应限额，如超过限额将扣除部分退休金，同时须缴纳除养老保险以外的各种保险金。

2012 年 5 月，波兰议会将男性 65 周岁、女性 60 周岁的退休年龄统一延长到 67 周岁。具体步骤是，从 2013 年起，职工退休年龄每年延长 3 个月，即男职工到 2020 年实现 67 周岁退休，女职工到 2040 年实现 67 周岁退休。同时，波兰政府规定，放宽现行《劳动法》，允许雇主增加每周工作时间等。这一举措引发了部分波兰民众的抗议。9 月 11~14 日，约 10 万人聚集到首都华沙，在波兰议会中心搭建临时帐篷，进行游行示威活动，反对延长退休年龄，要求提高工资待遇，获得更多生活保障等。

2014 年初，波兰政府缩减私人养老金体系，从 13 个私人养老基金管理公司征收 1530 亿兹罗提（约合 504 亿美元）的波兰国债。在征收债券后，波兰政府降低了公共债务。但经济合作与发展组织等机构表示，波兰政府的措施"很可能会损害社会对养老保险制度的信任，并更广泛地损害到未来的结构改革"。

2016 年 12 月，波兰政府最终通过降低退休年龄的法案，规定自 2017 年 10 月 1 日起，波兰人的退休年龄由 67 周岁降至女性 60 周岁、男性 65 周岁。该方案由波兰议会于 2016 年 12 月投票通过。

2. 失业保险

失业保险是义务保险，所有职工原则上都应参加。失业保险金占投保职工工资收入的 2.45%，保险金全部由职工所在单位支付。波兰设立国家劳动基金，该基金由劳动部统一调配至各县级劳动局，主要用于支付失业人员的失业救济金和支付失业人员的医疗保险金等。

波兰规定，职工失业后应到居住地县级劳动局登记。如果失业人员在失业前 18 个月内共计工作 365 天以上并且依法缴纳失业保险金和其他社会保险金，在登记 7 天后即可领取自登记之日起按天计算的失业救济金。失业救济金的标准由法律确定，并根据通货膨胀率每年进行相应调整。2003

年第一季度的失业救济金为 477 兹罗提（约合 123 美元），相当于全国平均工资（2225 兹罗提）的 21% 左右。

2004 年《就业和反失业行动法》规定：若失业人员居住地的失业率低于全国平均水平，失业救济金的领取时间为 6 个月；如果失业人员居住地的失业率高于全国平均水平，失业救济金的领取时间为 12 个月；若失业人员居住地的失业率高于全国平均失业率的 2 倍，失业救济金的领取时间为 18 个月；如果失业人员有一个以上不满 15 岁的子女，且失业人员的配偶已是无权领取失业救济金的失业人员，失业救济金的领取时间为 18 个月；如果妇女在领取失业救济金期间或在失去领取失业救济资格后一个月之内生育，产假期间可继续或重新领取失业救济金。该法还规定：如果工作时间总计不满 5 年，则失业人员只能领取 80% 的失业救济金；工作时间在 5~20 年的，可领取失业救济金的 100%；工作时间超过 20 年的，则可领取 120% 的失业救济金。

失业人员在领取失业救济金期间的医疗保险费和其他社会保险费全部由劳动局支付。失业人员在失去领取失业救济金资格后，劳动局只负责缴纳其医疗保险费。

2015 年，波兰注册失业人数为 156.33 万，失业率为 9.7%。其中有 21.73 万人有权享受社会救济，实际领取救济人数为 3.33 万人。失业人员可以在各地的社会救济中心获得现金、住宿、食物、衣物、看护和再就业培训等福利。2015 年 6 月的失业救济金为 831.1 兹罗提，其发放标准基本保持在全国职工平均工资的 19%~20%。

3. 医疗保险

1999 年以来，波兰规定所有职工都必须参加医疗保险。医疗保险费的缴纳比例为月工资收入的 6.5%，其中 40% 由职工个人缴纳，60% 由企业负责支付。

2003 年 1 月 23 日，波兰议会通过《国家医疗卫生基金及普遍医疗保险法》，简称"医疗保险法"。该法经总统批准于 2003 年 4 月 1 日正式生效。

根据医疗保险法，波兰彻底改革医疗保险体制。新医疗保险体制的核心是集中管理全国的医疗保险经费，使全体投保人员能得到平等的医疗待遇。具体做法如下。

第一，建立国家医疗卫生基金（Narodowy Fundusz Zdrowia）。国家医疗卫生基金是具有法人资格的国家机构。它取代原来的 17 个医疗保险管理机构，负责全国的医疗卫生保险工作。国家医疗卫生基金总部设在华沙，在各省设分部。基金董事会由 13 人组成，任期 5 年。其主要职责是：负责制订并监督实施国家医疗保险规划；确定并监督实施基金管委会的工作章程；审议基金的工作计划和经费使用报告。基金管委会由主席和 3 位副主席组成，主席由总理任命，副主席由基金董事会任命。管委会的主要职责是：协调基金与政府部门和其他医疗机构的合作；制订并实施国家年度医疗保险服务计划；管理和使用全国医疗保险基金。基金是非营利性机构，不从事经营活动，不开办医院和药店，不以任何形式拥有医疗单位的财产所有权。

第二，实行普遍医疗保险。普遍医疗保险的对象是所有波兰公民以及合法居住在波兰的外国人，不包括驻波兰的外交人员和国际组织的工作人员。普遍医疗保险分为义务保险和自愿保险两种。凡是参加职工社会保险和农民社会保险的人员以及所有军警司法人员都有义务参加医疗保险，其他人员可自愿申请参加保险。职工缴纳医疗保险金的比例为：2003 年为 8%，以后每年递增 0.25%，2007 年达到 9% 后保持不变。保险金按月一次性缴纳。农民的医疗保险金按其拥有的耕地面积计算，每公顷耕地需缴纳的保险金以 50 公斤黑麦的价格核算。职工和农民按规定缴纳保险金后，其家庭成员也享受医疗保险待遇。

医疗保险的范围包括各种疾病的预防、诊断和治疗服务，但不包括以下医疗服务：与治疗无关的健康体检，如驾驶证体检等；无医生处方的疗养院疗养；非基本的牙科治疗；非义务性的预防接种；患者自费的非常规性治疗；由国家财政支付的医疗服务和在国外进行的治疗等。

国家医疗卫生基金与医疗单位签订向患者提供医疗服务的合同并支付医疗费用，患者需支付 30%~50% 的购药费。参加医疗保险的人员在一年内有两次选择固定家庭医生的机会，家庭医生负责提供基本的医疗保健和治疗服务。参加医疗保险的患者还可选择专科医生和医院，就诊时必须有家庭医生开具的证明，但去妇科、牙科、皮肤科、眼科、精神病科（心理科）就诊以及患性病、肿瘤、结核和艾滋病的人员就诊时不需要家庭医生的证明。

波兰卫生部具体负责对国家医疗卫生基金以及医疗保险体制的监督与管理。

第三节　医疗卫生

一　概况

在社会主义时期，波兰非常重视对职工的劳动保护和医疗卫生保健，实行预防与治疗相结合的政策，同时对国家干部、企业职工及其家属、大学生实行公费医疗制度。从1977年起，波兰对农民及其家属也实行免费医疗制度。

1946年，波兰共有7732名医生和1581名牙科医生，平均每一万居民只有3.2名医生和0.7名牙科医生。1985年，全国共有73199名医生和17440名牙科医生，平均每一万居民有19.6名医生和4.7名牙科医生。1986年，全国共有26.2万张病床，平均每一万居民有69.7张病床。

1989年剧变后，随着整个社会保障制度的变革，波兰开始改革医疗卫生保健制度，颁布了一系列涉及医学制品、药品及其注册的法令。从20世纪90年代初起，随着国有企业的私有化，波兰医药部门也开始实行私有化。波兰医药企业的私有化主要采用了两种方法：在证券交易所出售股票，由国内外投资商一揽子收购股票；企业通过租赁变成职工合股公司。

但直到1994年，波兰还只是对医疗卫生保健制度进行了局部的改革。因此，在这段时间内，波兰国家干部、职工、农民及其家属等的医药费用仍由国家负担。

从1995年起，波兰逐步建立医疗保险制度，设立疾病保险基金（健康保险基金）和工伤事故保险基金。疾病保险基金来自雇员缴纳的保险金，工伤事故保险基金则由雇主出资建立。

疾病保险基金向参保人员提供医疗卫生服务费用，包括初级卫生保健、门诊专科医疗、住院服务、药品服务、长期医疗服务、健康教育和康复医疗等费用。政府预算资金主要用于高度专业化的技术和卫生政策项目、职业病防治、艾滋病和吸毒及酗酒的预防与控制等。医院不从药品获得收益，公立医院只对住院病人提供药品，其他病人凭处方到药店购药。疾病保险基金主要以两种方式控制费用。一是引入统一的医院服务分类标准，对单个疾病诊断的大概费用、专科基本检查和程序等做出明确的界定，对特殊服务做出准确的定义。二是利用自身的垄断地位制定价格标准和限定服务数量。在医疗卫生开支中，住院服务费用比重最大，超过40%；药品服务费用次之，约占20%；而用于初级卫生保健的费用则低于20%。这种疾病保险基金支出构成显然不尽合理，不利于疾病预防、公民保健和健康保障。

2003年1月，波兰通过《成立国家医疗卫生基金及普遍医疗保险法》，彻底改革医疗保险体制。新医疗保险体制根据市场调节费用开支，提高初级卫生保健的费用比重，更加符合波兰人的医疗需求。

进入21世纪以来，波兰的家庭医生数量迅速增多。2002年6月13日，部分波兰家庭医生聚集在首都华沙，庆祝自己的组织——家庭医生行业协会成立10周年。2015年，波兰共有家庭医生2万多人，至少每2000人就有一名家庭医生。

医院、医务人员、病床等数量大幅增长。1998年，平均每一万居民有病床53.1张，医生23.3名，牙医4.5名。全国有900多家药房，平均每个药房为4000名顾客服务。截至2004年底，波兰全国共有公立医院643家，病床175631张；非公立医院147家，病床7649张。平均每一万居民有床位48个。全国共有医生125053人，大多拥有硕士以上学历，懂外语，职业素质可以比肩其他西欧国家的医生。2012年，波兰全国有医生85025名，牙科医师12491名，药剂师26843名，护士和助产士236006名，每一万居民有病床49.2张。

根据2006~2009年的统计数据，波兰用于医疗卫生保健的费用支出占GDP的比重平均为7.1%，在世界183个国家和地区的排名中居72位。[①]

波兰在尖端医学和医疗技术研究与发展方面取得了许多重大成果。

---

① 最高为16.2%（美国），最低为2%（缅甸）。

2000 年 8 月，波兰首例近亲角膜移植手术获得成功。2001 年，波兰西南城市扎布热（Zabrze）的西里西亚心脏病中心进行了波兰首例心、肺同时移植手术。该中心被认为是欧洲从事心脏移植手术的最重要中心之一。2012年，华沙肿瘤中心研发出治疗卵巢肿瘤的新方法，即化疗和热疗相结合的方法。波兰已开始利用 3D 技术辅助医疗手术。

二 医疗保健品市场

波兰是高医疗福利国家。波兰人对医疗保健服务非常重视，波兰医疗卫生保健品的需求量逐步增加，消费量提升。

2012 年，波兰用于医疗卫生保健的费用支出占 GDP 的 7.6%，与西班牙和挪威的水平相当，接近欧盟国家 7.7% 的平均水平。

波兰医疗保健品按产品用途，可分为医疗设备、器械、敷料类和药品类两大类，并分属于不同的行业协会。

1. 医疗设备、器械和敷料

波兰具有较强的医疗设备、器械和敷料生产能力，性能较好，质量也较高，65% 的产品出口。

波兰过去一直采用国内生产标准和欧盟质量标准两种标准。进入 21 世纪以来，波兰政府要求企业强制执行欧盟质量标准，只有获得欧盟质量认证的产品才能出口，并强制要求企业对获得认证的产品进行一次性注册。之后，波兰参照欧盟法规，调整和修改波兰医疗产品管理条例，对医疗设备、器械和敷料的生产、销售和安全使用进行更为有效的管理。

2003 年，波兰共有 600 家医疗设备、器械和敷料的生产商，绝大多数为雇员不足 9 人的小企业，90% 以上已实现私有化，65% 的企业的产品拥有欧盟质量认证。医疗设备生产商有 245 家，其中 44 家为雇员超过 50 人的大型企业。如 "Famed" 公司主要生产医用床、药品橱、检验桌、牙科治疗设备等医院设备；"Famor" 公司主要生产手术设备等。其中 X 光诊断仪、心电图仪、麻醉器械、电脑监视仪、输液泵及便携式和固定式超声波仪等主要出口德国、美国和法国等国；整形外科设备、助听器主要出口荷兰、丹麦和法国等国；按摩器械和人工呼吸器械主要出口德国、丹麦和意大利等国。许多世界知名的医疗设备和器械公司在波兰均设有子公司或代表处。

在波兰，敷料因价格低、耗量大，市场需求甚旺。敷料主要包括一次性注射器、输液器、绷带、医用胶布、手术衣等。波兰生产的敷料在世界市场所占的份额为42%，美国和加拿大占26%，欧盟占29%，其他国家占3%。"Aesculap Chifa"和"Mifam"是较大的一次性注射器、针头和手术线生产商。"Tzmo"公司主要生产手术衣、口罩、手术帽、手套、床单、窗帘、绷带等。

波兰医疗设备、器械和敷料的生产能力虽强，但其中常用的简单医疗设备、器械所占比例较大，高新技术产品所占比例较低。因此波兰依然要进口大量高科技设备和器械。例如，技术含量较高的心电图仪、超声波仪和透析仪等的进口额是出口额的3.6倍。

2010年，波兰政府正式开始实行医疗体制改革，推行医疗机构私有化。政府为改善医疗设施已经增加投入50亿兹罗提（约合16.5亿美元）。波兰医疗市场的产品交易额达到了35亿兹罗提（约合11.6亿美元）。政府对医疗保健服务的重视使波兰医疗保健产品的需求量继续增加。

波兰鼓励医学发明创造，高科技医疗产品不断涌现。2012年，波兰科学家发明出多项高科技医疗产品：如波兰弗罗茨瓦夫理工大学、弗罗茨瓦夫医科大学和爱尔兰利默里克大学的科学家们联合研制出一种可以灭杀大部分"医院病菌"的纳米材料，以最大限度地减少医院内交叉感染的风险；在欧盟创新经济基金会的资助下，波兰布拉斯特尔公司的耶采克·斯特皮安博士及其团队成功研制出可以检测妇女乳房组织病变的液晶热敏成像仪，该仪器不使用X射线，对人体无害，为女性健康带来福音；波兰科学院化学物理研究所的研究人员成功研制出一种电极，可迅速、准确地诊断帕金森病。

2. 药品

在波兰，药品主要分为西药和草药两大类。截至2000年，波兰共有约100家医药企业，其中5家为主要的医药公司，另有10家草药厂、14家化学药品合作社、3家兽药制剂厂、3个疫苗和血清工厂、几十个生产非处方药的私营企业。职工超过50人的企业约有57家。"Lek Polska"、"Solco

Basel"、"Sanofi"和"Schwarz"等一些国际医药公司在波兰均设有子公司。此外，波兰还有2家医药科研机构。

波兰有100多年种植草药的历史，使用的草药达3000多种，如甘菊、金盏草、芦荟、人参、银杏叶等；草药提取物有几十种，如贯叶连翘、缬草提取物等。2001年，各类草药及其制品的销售量为4.1亿兹罗提（约合2.2亿美元），约占中东欧草药市场销售额的55%，约占世界草药市场销售额的1%。

此外，在波兰注册的外国药品约有3500个品种。

波兰出口的药品主要是西药。俄罗斯是波兰药品的最大进口国，占33.4%，其次是立陶宛，占10.5%，第三是乌克兰，占6.5%。瑞士和丹麦也是波兰药品的主要进口国。

波兰加入欧盟后，根据相关规定，波兰生产的药品只有通过波兰药品、医疗器械和生物制品注册总局的批准后才能在欧盟内使用。波兰卫生部门应在15年的过渡期内完成现有全部药品的注册程序。在波兰申请药品注册时，生产企业必须提供其产品的安全性、有效性和质量可控性的证明，包括临床前研究和临床研究的实验报告，药品的研究必须符合《药品非临床研究质量管理规范》和《药品生产质量认证管理规范》的有关规定。波兰政府要求新建的药厂，尤其是出口型企业，必须达到国际标准，如通过GMP认证；对原有的药品生产企业则采取逐步过渡的方法。

2008年，波兰药品市场规模为166亿兹罗提（约合69亿美元），同比增长11.5%。非处方药市场规模为50.6亿兹罗提（约合21亿美元），增长率接近14%，其中增长较快的主要是保健品和诊断试剂等。处方药市场规模为106亿兹罗提（约合44亿美元），同比增长10%。在处方药中，专利药占47.2%，仿制药占52.8%。在药品销售中，药店占据80%的份额，医院占15%，其他零售店铺占5%。波兰药品市场规模在世界排名第19位。波兰市场上销售的大部分药品是进口产品，从注册的药品数量和销售额来看，进口产品占60%左右。波兰进口的药品多为新药或高档西药，主要来自德国、法国、比利时和英国。但波兰政府一直在鼓励和支持本国药品生产企业，以保证市场稳定。受国际金融危机的影响，波兰国内高档药品的市场需求一度大幅下降。例如 2009 年 1~7 月，波兰进口药品 78 亿兹罗提（约合 25 亿美元），同比下降 31%。

到 2009 年底，波兰药品行业全面私有化改制基本完成。2010 年，波兰共有医药企业 120 多家，其中政府控制的企业仅有 3 家。波兰国产药品占其国内药品市场份额的 36.5%。

连锁药店已成为波兰药品零售业发展的主流，品牌连锁店占全部药店总数的 12%。药店销售的药品由全国 700 多家药品批发商提供。与此同时，波兰学习西欧的经营模式，逐步实现了药品批发的规模化与集约化。2010 年，波兰约有 1.2 万家药店，每家药店的月平均销售收入约为 15 万兹罗提（约合 5 万美元）。相比欧盟平均水平，波兰药品价格仍偏高，药店平均利润率超过 26%。

2012 年以来，波兰药品行业把目光更多地集中在生物医药上。在波兰的 70 家生物技术公司中，绝大多数为生物医药公司。波兰已拥有一批专长于生物技术研发的科研机构与大学，这些大学每年为波兰提供生物技术专业的毕业生，[①] 进而推动波兰生物医药的进一步发展。在波兰的生物医药领域中，实力较强的是"Mabion"、"Polpharma"和"Bioton"三大公司。其中"Polpharma"公司是波兰最大的药品生产企业。波兰政府希望通过发展生物医药加速建立依靠科技与知识的经济体系。欧盟也积极向波兰的生物技术项目提供资金扶持。

波兰重视医药领域的国际合作。例如，波兰与印度在医用草药、天然资源的生物勘探等领域广泛合作。1997 年，两国签署《印度－波兰科学和技术合作协议》，波兰在印度设立了草药研究、开发和销售中心。波兰与中国的医疗保健品贸易也在迅速发展。2001 年，波兰从中国进口各类医疗保健品 1023 万美元。2009 年 1~9 月，波兰从中国进口的医药产品价值 9500 万美元，主要是西药原料、一次性耗材和医院诊断与治疗设备；而波兰出口中国的主要是医药原料"6-己内酰胺"等。2012 年，同仁堂落户波

---

① 2012 年，波兰生物技术专业的大学毕业生约有 1300 人，在读学生约有 8000 人。有 21 所大学设立了生物技术学院，其中 7 所大学具有该学科的博士学位授权点。

兰，不仅向波兰人介绍中医药，而且向波兰人宣传中国传统文化。2014年12月，同仁堂在波兰的第二家分店开张，成为进一步向波兰民众传播中医药文化和中国传统文化的平台。

第四节　环境保护

波兰有上千年环境保护的传统。早在公元11世纪，波列斯瓦夫一世就曾颁布过保护河狸的法令。之后的卡齐米日三世和雅盖沃·瓦迪斯瓦夫二世均推行过限制猎捕野生动物的法律。齐格蒙特一世在1523年颁布的《立陶宛法典》（Statuty litewskie）中明确规定保护欧洲野牛、河狸、隼和天鹅等。除与保护野生动物相关的法律，波兰也制定了采矿、伐木、水源利用等方面的其他相关法律。

波兰近代的环境保护措施始于19世纪。那时波兰地区正经历工业革命和城镇化，大片森林被砍伐，土壤侵蚀和水体污染等问题加剧。第二共和国建立后，波兰政府设立国家环境保护临时委员会（Tymczasowa Pafistwowa Ochrony Przyroda），开始着手恢复自然植被和野生动物种群，建立了许多国家公园和自然保护区。至1939年，波兰共建立了211处自然保护区。波兰议会于1922年和1934年分别通过了波兰最早的《水法》（Prawo wodne）和《环境保护法》（Ustawa o ochronie przyrody），但这两部法律都没有得到有效的执行。

二战对波兰的自然环境造成了很大破坏。波兰在战争中损失了许多环境学者和环境保护运动的领导者。

二战后，波兰的电力、钢铁、煤炭和化学工业迅速发展，给环境带来了巨大的负面影响。尽管社会主义政权于1949年颁布了新的《环境保护法》，但波兰政府坚持对自然资源的开发利用应当优先于对其的保护。20世纪60年代，波兰议会加强了环境保护立法，分别制定了新的《水法》、《反空气污染法》（Ustawa o ochronie powietrza atmosferycznego przed zanieczyszczeniem）等法律，但依然存在严重的执行不力问题。

20 世纪 70 年代，波兰统一工人党开始将环境保护列为法律和政治上的优先目标。1971 年 12 月和 1975 年 12 月，波兰统一工人党第六次和第七次代表大会均通过决议表示，环境保护是波兰当前和长期社会经济政策必不可少的部分。1976 年 2 月 10 日通过的经修正的《波兰人民共和国宪法》第 12 条规定：波兰人民共和国保证保护和合理改造属于国家财产的自然环境。第 71 条规定：波兰人民共和国公民享有利用自然环境的权利，并且有保护它的义务。波兰环境保护的最高行政机构为 1975 年建立的行政、地方经济和环境保护部（Ministerstwo Administraci, Gospodarki Terenowy i Ochronygrodowiska）。其职责包括：制订环境保护的发展规划和计划；监督和控制有害污染源，防止对水、大气、植被和土壤的破坏，控制噪声；研究和评估环境质量；制定可允许污染浓度标准和环境质量标准；确定扩散于水、土壤和空气的污染的可允许值等。

1980 年 1 月 31 日，波兰议会通过《环境保护与发展法》（Ustawa o ochronie i ksztatowaniu grodowiska）。该法较旧法更加全面，不仅对经济实体和个人的环境保护义务做出了规定，明确行政和刑事的处罚标准，还首次增加了对政府经济计划的程序性限制，要求政府在开发自然资源的同时考虑环境保护问题。此外，《环境保护与发展法》允许和鼓励非政府组织和学术机构参与环境保护活动和相关技术研发。尽管《环境保护与发展法》是社会主义波兰时期最为完善的一部环境法，但执行效率却不佳。主要原因有二：一是行政部门的执法积极性不高，二是为经济政策设置的优先和例外条款过多。这一时期，波兰民众的环保意识开始增强，报纸和杂志上出现了非官方公布的环境数据，[①] 民众自发组织环境保护公共课堂。1981 年 7 月，波兰人民共和国首个独立的环保组织——波兰生态学俱乐部（Polski Klub Ekologiczne，PKE）成立。同时，波兰官方也放松了对环境信息的控制，并多次发表报告承认波兰正在经历严重的环境危机。从 20 世纪 80 年代起，波兰开始寻求经济转型，即从重工业主导转向服务业主导。波兰的能源结构特殊，其近 90% 的能源来自煤炭，煤炭工业及使用煤炭的诸

---

① 20 世纪 80 年代以前，环境数据属于国家机密，未经审查不得随意公开。

多重工业的发展导致严重的环境污染和温室气体排放。相比许多西欧国家，对煤炭过于依赖的历史传统使波兰在环保和减排上的任务更加艰巨。[1] 随着 1989 年政治形势的变化，计划经济下的环保体系终被市场经济下的环保体系取代。此后，波兰执政党和政府的经济政策对实施环保法律的影响被大幅削弱。同时，环境保护法规对私有经济的管理变得更加有效。

1991 年，新的《波兰环境保护法》取代了 1949 年的旧法。该法将环境保护作为最主要的目标，对环境的利用和改造不再与保护处于平等的地位。该法规定，经济主体有责任消除对环境的有害影响；经济主体必须登记排放物质的种类和数量，并每年向省环保监督部门提交环境影响报告；省环保监督部门可以责成经济主体向环保基金交纳环境保护费；对严重破坏、损毁自然保护区内自然景观、动植物资源等的个人可以处以最高两年监禁；对不同程度的环境违法行为，可处以 5000 万~5500 万兹罗提的罚金（约合 5000 美元）。同年颁布的《国家环境保护督查法》（Ustawa o Państwowej Inspekcji Ochrony Środowiska）设立了专门的环境督查机构，以监督国内超过 4.3 万家污染排放企业的生产活动。另外，为充分利用民众的环保积极性，波兰政府设立了由平民组成的环境保护卫队（Straż Ochrony Przyrody），负责监视各大保护区的环境。同年，波兰成立了环境保护银行（Bank Ochrony Środowiska），重点资助促进环境保护的项目。当年，波兰的环境污染较 1990 年下降了 40%。[2]

加入欧盟后，波兰不断修订和改革法律，以符合欧盟要求。

进入 21 世纪，波兰的能源利用率大大提升。与其他欧盟国家相比，波兰的 GDP 增长迅速，但其能源消耗的增长却维持在低水平。

2004 年，波兰通过现行的《环境保护法》，该法将环境保护区域划分为国家公园、自然保护区、地貌公园、自然遗址等 10 类，并对辐射、废物处理等诸多问题进行具体规范。

波兰的工业垃圾主要来自采矿业和制造业，近十年的排放量变化不大。

---

[1] 正因如此，在 2008 年的世界能源和气候谈判以及 2011 年的国际低碳路线图谈判过程中，波兰既积极参与，又表现出强硬态度，以保护自身利益。

[2] 工业产值的下降亦是原因之一。

2001 年修订的《波兰废料法》(Ustawa o odpadach)规定了生产通报制度、许可证制度以及更严格的排污标准。例如,年产生废料在 1 万 ~10 万吨的企业,必须于生产前两个月通知所在地乡长;年产生废料在 10 万吨以上的企业,必须于生产前两个月通知所在地县长;生产中会产生危险废料的项目,须获得县长颁发的许可证;对环境特别有害的项目,须获得省长颁发的许可证。此后,大批污染企业被迫关闭,特别是那些能源利用率低而垃圾排放量大的企业。

波兰在欧洲属于水资源相对匮乏的国家。随着 2002 年新《水法》的出台,波兰依据欧盟标准将国土按水体流域进行划分,对地表和地下水的利用实行严格计划,水资源压力逐渐减小。2000~2012 年,波兰污水处理厂的覆盖人口比例从 53% 提升至 68.5%,同时污水排放量减少了 12%。

相比 20 世纪 90 年代早期,如今波兰总体的空气质量已经得到很大改善,这主要得益于高效、环保的生产技术,以及高质量能源和排放限制设备的应用。目前,波兰政府着力推动绿色技术商业化,改变能源结构,加大其他能源如天然气的应用比例,并计划于 2025 年前建成一座核电站[①]。对于传统的煤炭行业,则大力发展清洁煤技术,并制定严格的法律法规限制排放。根据 2009 年《波兰国家可再生能源行动计划》,到 2020 年,波兰要将可再生能源在能源结构中的比重提升至 15%。2014 年,可再生能源比重已达到 9.4%。此外,波兰正在实行绿色城镇化和交通基础设施低碳化。在华沙等大城市,经过绿色认证的建筑物已经随处可见。

2000~2010 年,波兰的工业二氧化碳排放占比已从 32% 降至 25%,但交通行业的二氧化碳排放占比则从 17% 增至 22%。家庭二氧化碳排放占比为 32%。到 2013 年,波兰整体二氧化碳减排已达到 32%,即在 1990 年基础上减排 6%,实际减排量是既定目标的 5 倍,达到了《京都议定书》规定的标准。

值得注意的是,尽管煤炭在波兰能源中所占的比例已下降至约 55%,但其依然是波兰第一大能源,许多城市都面临夏季的臭氧排放和冬季的可

---

① 波兰曾于 20 世纪 80 年代兴建扎尔诺维耶茨核电站(Elektrownia Jądrowa Żarnowiec),但 1986 年切尔诺贝利核电站事故发生后,该项目受到波兰民众的强烈反对,未能完工。

吸入颗粒物以及苯并芘排放超标等问题。2015 年 11 月，克拉科夫曾创下当年最差空气纪录，空气中 PM10 含量达到 281.2 微克 / 立方米，而根据欧盟标准，空气中 PM10 含量不应高于 50 微克 / 立方米。为解决此问题，波兰政府采取新措施，如在各地设立空气监测站对空气质量进行严格监控，给予购买低排放取暖设备的居民经济补贴，对私自焚烧废弃物的行为处以最高 5000 兹罗提的罚款等。克拉科夫则针对雾霾出台专门方案：当空气污染指数超标，即 PM10 含量超过 150 微克 / 立方米时，城市立刻启动应急状态，机动车驾驶员可凭本人驾驶证免费乘坐市内公交，载重超过 3.5 吨的车辆禁止进入市中心，以减少交通污染排放量。而针对空气污染的最主要来源——家庭取暖，克拉科夫市议会已通过法律，规定自 2019 年起禁止居民使用煤炉和木柴取暖。

在今天的波兰，环境保护意识已深入人心，各种环保活动蔚然成风。波兰现有 1000 多个非官方的环保组织，它们对各地的生态和环境变化进行实时监测，并向有关政府部门提供咨询服务。

在环境保护的资金投入方面，波兰在欧洲处于领先位置。近年来，波兰政府在环保方面的投入占 GDP 的 0.6%~0.8%。2014 年，政府共投入 142 亿兹罗提，同比增长 31%。其中在污水处理及水资源保护方面的投入最大，约占总开支的 44%；在大气保护及降低噪声污染方面的投入约占总开支的 32%；在供水基础设施建设方面的投入约占 7.7%。截至 2014 年，环境保护银行为环境保护项目提供的总资助超过 132 亿兹罗提。

波兰已设立 23 座国家公园，覆盖国土面积的 1%；1400 余处自然保护区，覆盖国土面积的 0.5%；121 座地貌公园，覆盖国土面积的 8.3%；以及 6000 余个生态保护点。

第六章

军　事

第一节　军事简史

波兰最早的国家军队产生于公元 10 世纪。皮雅斯特王朝建立时，梅什科一世拥有一支达 3000 人的亲兵队（Drużyna）。进入 12 世纪，波兰王国的军队规模已相当可观，此时的军队主要由大公的亲兵队、骑士和征召的农民组成。这一时期，波兰处于冷兵器时代，武器以剑、矛为主，骑士多身披铁甲。波兰主要的军事敌人有神圣罗马帝国、波希米亚和条顿骑士团等。

在雅盖隆王朝鼎盛时期，波兰骑兵进一步发展，出现了轻、重骑兵之分。进入 16 世纪，波兰建立了著名的"翼骑兵"（Husaria）部队。"翼骑兵"装备有全身板甲和长矛，而最为醒目的是马背上竖立的两支"羽翼"，可以在冲锋时发出巨大声响，震慑敌人。在 1610 年克乌兹诺战役（Bitwa pod Kłuszynem）和 1683 年维也纳战役及其他战役中，波兰 – 立陶宛联邦的"翼骑兵"面对数倍于己的敌人，依然取得辉煌胜利。但随着火药武器在欧洲的发展，铁甲骑兵的优势越来越小。为争夺波罗的海，齐格蒙特三世建立了波兰第一支海军，并在 1627 年奥利瓦海战（Bitwa pod Oliwą）中击败瑞典舰队。1637 年，波兰海军被丹麦摧毁。之后，波兰海军的发展步履维艰，舰队规模一直很小。这一时期，波兰主要的军事敌人是南方的奥斯曼帝国、北方的瑞典和东面的俄罗斯。

整个中世纪，为防御外敌，波兰的边境布满了城堡（Gród），城堡从土木结构一直发展到砖石结构，许多城市也被改造成半要塞。17世纪，城堡的防御作用逐渐下降。

进入18世纪，波兰国力逐渐衰弱，军事实力也不比当年。在抗击俄、普、奥三国"瓜分"波兰的战斗中，波兰军队严重受损。1788年，"四年议会"曾通过建立一支10万人的波兰军队的决议。但随着波兰国家的消亡，波兰军队亦荡然无存（军人或离开军队，或流亡国外）。从1794年到20世纪初，为反对外国占领者，波兰多次爆发武装起义，出现许多武装组织，但未能重建国家军队。

1908年，毕苏茨基开始组建地下军事组织，后发展为"波兰军团"。第一次世界大战中，毕苏茨基率波兰军团与俄国作战。1918年，第二共和国成立后，波兰政府迅速开始了波兰军队的现代化建设，目标是拥有一支军兵种齐全的"现代军队"。

1918年9月28日，波兰共和国海军正式宣告成立，经过武装后的民船成为第一批"战舰"。1921年，波兰从德国获得了6艘旧鱼雷艇，不久又从芬兰和丹麦购买了4艘扫雷艇和几艘小舰艇。1930年，波兰从法国购买了驱逐舰"旋风"号（ORP Wicher）、"暴风雪"号（ORP Burza）和3艘潜艇。1936年，波兰从英国购买了驱逐舰"雷霆"号（ORP Grom）和"闪电"号（ORP Błyskawica），从荷兰购买了2艘潜艇。波兰还自建了数艘扫雷舰。波兰主要的海军基地设在格丁尼亚港。在二战爆发前，波兰海军共有4艘驱逐舰、2艘炮舰、5艘潜艇、1艘布雷舰、6艘扫雷艇和包括训练舰、水文测量船在内的若干辅助舰船，以及一支内河舰队。海军共拥有炮艇和其他辅助舰艇44艘。

由于与德国海军差距悬殊，波兰海军部长耶日·希维尔斯基（Jerzy Świrski）中将和海军司令约瑟夫·乌恩鲁格（Józef Unrug）少将秘密制订了"北京计划"（Plan Peking），即令波兰海军的主力舰前往英国和法国避难，以保存实力。1939年8月29日12时55分，"暴风雪"号、"雷霆"号和"闪电"号驱逐舰接到"北京、北京、北京、撤离北京"的命令。14时15分，3艘军舰冲出格丁尼亚基地，驶入波罗的海。9月1日，3艘军舰平安抵达苏格兰的利斯（Leith）海军基地。战争爆发后，波兰潜艇部队依据"口袋计划"（Plan Worek）在波罗的海伏击德军舰船，但战果不大，最终有 3 艘被瑞典扣留，2 艘撤往英国。9 月 15 日，留守格丁尼亚基地的大部分波兰战舰都被德军击沉，剩余舰艇撤往海尔（Hel）基地，一直坚持战斗到 10 月 2 日。幸存的波兰海军后来与盟国海军并肩作战，参与了挪威战役、敦刻尔克大撤退、击沉德国"俾斯麦"号战列舰、诺曼底登陆、韦桑岛海战等军事行动。其中"闪电"号因在战斗中表现英勇被授予波兰军事最高荣誉——"军事美德"（Virtuti Militari）勋章。退役后，"闪电"号被作为博物馆舰保存了下来，继续"守护"着格丁尼亚港。

截至 1939 年 8 月，波兰陆军共有 30 个步兵师，9 个预备师，11 个骑兵旅，2 个摩托化步兵旅和 3 个山地旅等。步兵和骑兵的主要装备是栓动式步枪，主要是 Kbk wz.29 和 Kb wz.98a，并配有反坦克步枪（Kb ppanc wz.35）。炮兵的主要装备是"波佛斯"37 毫米战防炮和从法国进口的多款榴弹炮等。装甲部队则主要由波兰制造的 TKS、7TP，从英国进口的"维克斯 E"和从法国进口的"雷诺 R35"等轻型坦克组成。但是，7TP 轻型坦克和反坦克步枪等较为先进的武器产量很小，没能大批量装备部队。

波兰空军分为 15 个飞行小队，飞机以国家飞机制造厂（Państwowe Zakłady Lotnicze）生产的 PZL 系列为主，共有战斗机 170 架，轰炸机 160 余架，以及其他种类的飞机 100 余架。其中有 5 个小队参与了保卫华沙的战斗。由于波兰政府对空军建设不够重视，尽管飞行员训练有素，但大部分飞机的性能落后于德国，战机数量也仅有德国的 1/10。在战局不利的情况下，部分飞行员被迫逃往国外，其中 145 名志愿加入了英国皇家空军并参与了不列颠战役，是人数最多的非英籍飞行员部队。

由于战略判断的失误，加之波兰在武器装备上落后于德、苏两国，1939 年 9 月底，波兰沦陷。随后在巴黎成立的波兰流亡政府号召波兰人民继续抵抗侵略者，宣布波兰政府及其军队将通过最有效的方式参与战争，解放波兰共和国的领土。1940 年 6 月 22 日，法国贝当政府向德国投降，波兰流亡政府被迫迁至英国伦敦。在这一年，波兰流亡政府开始在国外组建波兰军队，在国内组织反法西斯德国的地下活动并建立了武装组织，如"武装斗争同盟"（Związek Walki Zbrojnej）。1942 年 2 月，"武装斗争同盟"

改编为"家乡军"。至 1944 年,"家乡军"发展到 40 多万人。

1942 年 3 月,波兰工人党建立"人民军",在全国建立了 5 个战区,开展游击战。波兰各阶层也组织了自己的民兵抵抗力量,如"青年斗争联盟"(Związek Walki Młodych,ZWM)、"国家武装力量"(Narodowe Siły Zbrojne,NSZ)和"农民营"(Bataliony Chłopskie,BCh)等先后涌现。

1943 年 5 月,流亡苏联的波兰人组建了爱国者联盟(Związek Patriotów Polskich,ZPP)。在苏联的帮助下,波兰"塔德乌什·柯希丘什科"第一步兵师成立,与后来建立的第二步兵师、第三步兵师组成波兰第一军团。1944 年 4 月,波兰第一军团改名为波兰第一军。1944 年 4~7 月,第四步兵师、第五步兵师和第六步兵师相继建立,组成波兰第二军。此外,还建立了第一装甲旅、第一骑兵旅、5 个炮兵旅和 2 个空军中队等。1943 年 10 月 12 日,波兰第一步兵师在苏联列宁诺(Lenino)首次同德军交战。到 1944 年 3 月,在苏联的波兰军队已发展到 30 多万人。

1944 年 7 月初,波兰军队与苏联军队一道攻入波兰境内。7 月 22 日,波兰民族解放委员会宣布将人民军和在苏联境内组建的波兰军队合并成"波兰人民军"(Ludowe Wojsko Polskie,LWP)。其中波兰第一军参与了 1945 年 4 月的柏林战役。

从 1945 年起,波兰开始重建各军兵种、军区和地方军事管理体系。5 月,米哈乌·罗拉 – 日米尔斯基(Michał Rola–Żymierski)出任战后第一位国防部长,并建立了国内安全部队、边防军和防空部队。8 月,中央参谋部被改建为波兰人民军总参谋部。1947 年 12 月,以卡罗尔·希维尔柴夫斯基(Karol Świerczewski)命名的总参军事学院正式建立。1949 年 10 月,波裔苏联将军康斯坦丁·罗科索夫斯基(Konstantin Rokossovsky)出任波兰国防部长。

1949~1957 年,面对冷战及日趋紧张的国际局势,波兰制订了旨在增强武装力量的发展计划:在陆军方面,逐步实现摩托化和机械化;在空军方面,将国家防空部队和空军合并,引进雅克 –23 和米格 –15 等较先进的喷气式战斗机;在海军方面,以格丁尼亚港为中心,开始组建新舰队,其中包括苏联援助的 2 艘驱逐舰和 13 艘潜艇等；在军事教育方面，建立了以费利克斯·捷尔任斯基（Felix Dzerzhinsky）命名的军事政治学院、海军高等学院和军事医学院等。

1955 年 5 月，波兰加入华约，波兰武装力量的建设与发展进入一个新时期。

1962 年，波兰防空部队和空军分离。

人民共和国时期，波兰武装力量主要由两个相互衔接的系统组成：一是外部防务系统，即参加华约的作战部队，主要从事华约联合武装力量的军事活动；二是内部防务系统，即国土保卫部队，主要确保国家内部的安全防务。组成国内防务系统的主要有空防军、边防军、沿海防卫部队、领土防卫部队等。按照《波兰人民共和国宪法》规定，国防委员会主席为全国武装力量最高统帅。国防部下属 3 个军区：华沙军区、西里西亚军区和波莫瑞军区（即滨海军区）。波兰全国总兵力为 34.7 万人（也有报道称总兵力为 50 万人），其中陆军 21.7 万人，海军 2.5 万人，空军 10.5 万人。还有准军事部队（国内安全部队、边防军、防暴警察等）46.5 万人。波兰人民军成为华约成员国中最强大的武装力量之一。

此外，军事学院和军事科研机构以及群众性的民防力量也是波兰人民共和国国防力量的重要组成部分。隶属于波兰国防部的科研机构有：空军技术研究所、军事装备技术研究所、军事装甲坦克和汽车研究所、军事工程技术装备研究所、军事通信研究所、军事化学和辐射测量研究所。群众性的民防力量主要包括国家保卫协会、民警志愿后备队、波兰红十字会、志愿消防协会等。

波兰人民共和国实行义务兵役制。《波兰人民共和国宪法》规定，保卫祖国是每个公民应尽的义务；凡身体和年龄符合条件的公民，都应履行这一义务。此外，波兰公民平时也要参加军训，服预备役，在国家需要或在国家安全受到威胁、发布动员令以及发生战争时须服兵役。男性服役年龄一般为 18~50 周岁，女性为 18~40 周岁。

1990 年 1 月，"波兰人民军"更名为"波兰共和国军"，建军节被改为 8 月 15 日。波兰全国武装力量改由总统统率，总统主持国防委员会工作。

此后，波兰严格实行军队非政治化，禁止军队介入政治事务，军人尤其是军官不得参加任何政党或政治组织。

1991 年 7 月，华约解体，波兰开始着手改变其防务政策。首先是调整军事战略，重新部署部队，将防卫重点由西部边界转向东部边界，即把部队从波德边界调往波苏边界（现为波兰与乌克兰和白俄罗斯边界）。其次是增设军区，即在原有的西里西亚、华沙和波莫瑞三个军区外，设立第四个军区即克拉科夫军区。

1992 年 7 月 30 日，波兰政府公布一项军队改编计划，主要内容有：将军职位由 448 个减为 150 个；到 2000 年将波兰军队人数裁减到 25 万人；建立一支快速反应部队。

1992 年 10 月 22 日，波兰国防部转为文职机构，此后由文职官员负责制定军事政策，由军方负责贯彻执行。

1992 年 11 月 2 日，波兰国防委员会又通过《波兰安全政策要点》和《波兰共和国的安全政策和防御战略》两个文件，进一步确定了新的军事政策和防务方针。这两个文件称：波兰边界不可侵犯；波兰尊重国际法；波兰不把任何国家视为自己的敌人，对任何国家都没有领土要求并承认现有的欧洲边界；波兰尊重别国的主权，拒绝对邻国诉诸武力；波兰视北约为欧洲稳定的关键因素，美国军事力量在欧洲的存在对欧洲的稳定与和平至关重要；波兰将建立自己的防务体系，防止地区性冲突；波兰实行义务兵役制，职业军人将逐步增加，和平时期军队人数保持在 20 万上下，战时军队人数可增至 100 万；波兰将组建一支由 2 万人组成的快速反应部队和一支由 2 万人组成的国民近卫队；波兰的战略目标是，使自己在政治、经济和军事上加入西方体系；波兰将继续参与联合国维和部队的行动。

1992 年，波兰共和国军队总兵力为 35 万，主要装备有苏联产和波兰自产的苏制武器。其中，陆军主要装备有 T-55、T-72 主战坦克，BMP-1 步兵战车，OT-64 装甲运兵车，122 毫米 M-30 牵引榴弹炮，152 毫米 ML-20 牵引榴弹炮等；空军以米格 -21 战斗机为主；海军旗舰为"华沙"号（ORP Warszawa）驱逐舰，另有 5 艘护卫舰、3 艘潜艇和 13 艘导弹快艇等。

1993 年，波兰军队中有军官 68428 人（准尉 26066 人，中尉~将军 42362 人），士官 19531 人，还有约 100 名随军神甫（属职业军人）。波兰军官的平均年龄为 38 岁，其中准尉为 35 岁，将军为 51 岁。士官的平均年龄为 34 岁。96.4% 的波兰军官具有大学以上学历，其中 8.5% 拥有博士学位，约 5% 拥有教授职称。

在华约解散后不久，波兰便要求加入北约，并积极支持北约东扩计划。1994 年 2 月初，波兰同北约正式签署"和平伙伴关系框架"文件。1997 年 7 月，在北约马德里首脑会议上，波兰被确定为首批加入北约的中东欧国家之一。

从 1994 年起，波兰开始按北约标准改革本国武装力量。第一步，取消所谓的"基干部队"编制，将每两到三支"基干部队"合编成新部队；第二步，发展新的防空体系，使波兰空军在通信和电子侦察方面迅速达到北约的要求；第三步，加强海军力量，引进外国军舰；第四步，改革军队组织编制，压缩军队总人数和士兵服役期，以及优化管理结构，如削减第一军团并将它编入第三军团，取消 40 个将军职位等；第五步，将准军事部队改为执法机构，使其不再受国防部和总参谋部的领导。

与此同时，波兰加强与北约及其成员国的双边接触和军事合作。首先，波兰与北约制订了联合军事演习计划，与法国、希腊、荷兰、比利时、丹麦等国签署了军事合作协定；其次，波兰参与北约和东欧伙伴国于 1994 年 9 月举行的代号为"94 合作桥"的联合军事演习以及 1996 年 6 月举行的海军军事演习；第三，波兰还邀请北约技术人员到波兰讲学和提供技术咨询，并参与人员培训等。波兰部队也积极参与联合国在中东、西撒哈拉和波黑的维和行动。

1999 年 3 月 12 日，波兰成为北约正式成员国。1999 年 9 月 18 日，波兰、丹麦和德国代表在什切青签订协议，成立了"东北国际兵团"（Multinational Corps Northeast）。"东北国际兵团"由 3 个机械化师或装甲师组成，波兰、丹麦和德国各有一个机械化师或装甲师，共 4.8 万人。

加入北约后，波兰的国家安全政策和国防战略发生了明显变化。首先，波兰不把世界上任何国家看成自己的敌人。其次，波兰确信，现在已没有像"冷战"时期那种全球冲突的威胁，地区冲突的可能性也不大，最大的危险来自小规模局部冲突。

1999 年，波兰共和国军总人数为 18.81 万人，其中职业军人 8.06 万人。同年，波兰改革军事行政区，将 4 个军区减为 2 个军区——西里西亚军区和波莫瑞军区，分别负责国家南北防务。根据国防部的新规定，义务兵的服役期由原来的 18 个月减至 12 个月。

2002 年，波兰通过一项军事改革计划。根据这个计划，到 2008 年，波兰军队整编为 15 万人，并完成武器装备的更新，1/3 的军队将达到北约标准。计划决定逐步取消义务兵役制，届时军队中 80% 以上的士兵将由职业军人组成。

2002 年 9 月 12 日，波兰加入欧洲集团军（Eurocorps）。

截至 2005 年 12 月，波兰共和国军队总人数为 13.5 万人，其中职业军人 7.79 万人。

2009 年 9 月，波兰最后一批义务兵退役，波兰军队的职业化改造初步完成。此后，波兰军队开始根据自愿原则招收士兵。

截至 2010 年 12 月，波兰共和国军队总人数为 9.56 万人，其中职业军人 9.54 万人。

2011 年，波兰取消军区制度。

2013 年 7 月，波兰总统科莫罗夫斯基签署法令，对波军指挥系统进行改革。改革的主要目的是巩固波军指挥系统在战略规划、日常指挥和作战指挥三个方面的基本功能，保证在战时、危机、和平时期具有同等指挥水平。改革后，波兰军事指挥部将由原来的 4 个缩减为 2 个：总参谋部负责作战准备及和平时期军队的日常训练；作战指挥部专门管理波兰的海外驻军以及危机或战争时期的作战。总统可在总理的要求下指定战时总指挥。国防部长负责领导总参谋长（Sztab Generalny）和各军种司令。

截至 2014 年，波兰共和国军队总人数为 12 万人，其中包括职业军人 9.735 万人，半职业军人 2650 人，预备役 2 万人。

第二节　国防体制与国防预算

一　国防体制

1952 年《波兰人民共和国宪法》规定，波兰国防和武装力量由部长会议领导。而 1967 年《全民义务保卫法》规定，部长会议和国务委员会为波兰国防最高行政领导机关，国务委员会主席为波兰武装力量最高统帅，并根据国防部长的建议确定波兰武装力量发展的主要方针。

1990 年，波兰全国武装力量重新由总统统率。总统主持国防委员会工作。总统通过国防部和总参谋部对全国武装力量实施领导和指挥。

国防委员会隶属众议院，为最高国防决策机构，负责管理军队运行，管理国家安全防御系统和民防设施的运作，监督政府、国有企业、合作方和公民等国防义务的履行，处理国防工业相关事务等。国防委员会设主席、若干副主席和若干委员。总统任国防委员会主席，总理任第一副主席，内务部长任国防委员会国内安全事务副主席，财政部长任国防委员会经济事务副主席，国防部长任国防委员会武装力量及国防战略规划事务副主席。国防委员会委员包括：议会两院议长、外交部长、运输和海洋经济部长、总统办公厅主任、国务部长、国防部常务副部长、总参谋长、内务部第一副部长以及民防司令（兼任国防委员会秘书）。

国防部是最高军事行政机关，部长由文职人员担任。国防部负责在和平时期管理军队；制订并实施国防和军事建设计划，调整、完善军队体制；执行政府对国防事务的指导、命令等；监督政府部门、公共机构、企业等参与国防事务；管理因履行国际条约而与其他国家或国际组织合作参与国际维和、人道主义援助等军事行动的波兰部队等。

总参谋部为国防部领导下的最高军事指挥机构，为总统、总理及国防部长提供防务建议等。总参谋长和各军、兵种指挥官，负责军队的作战指挥、训练和管理。

战斗部队主要分为四个军种，分别是陆军、空军、海军和特种部队。

国防部下设宪兵（Żandarmeria Wojskowa），是独立于各军种的军事执法机构。

目前，总统杜达为波兰武装力量最高统帅，马切莱维奇任国防部长，米奇斯瓦夫·高促（Mieczysław Gocuł）中将任总参谋长。

二 国防预算

1989年之前，在中东欧国家中，波兰拥有的军队人数最多，因此军费开支也最大，甚至远超过捷克斯洛伐克、罗马尼亚和匈牙利三国军费开支的总和。根据波兰中央统计局的数字，1969年波兰国防预算为335.19亿兹罗提（约合13.9亿美元），约占国家总预算的9.5%，约占国民生产总值的1.8%。

剧变后，随着军队人数的变动和军事的现代化改造，波兰军费开支也发生了相应的变化。1992~1995年，各年军费分别为19亿美元、22亿美元、23亿美元和26亿美元，占当年国内生产总值的比重分别为2.29%、2.56%、2.51%和2.60%。

加入北约后，波兰需要承担北约成员国的军费，但波兰的国防预算都未超过其国内生产总值的2%。

1999年，波兰国防预算为94.48亿兹罗提（约合23.8亿美元），仅占其国内生产总值的1.7%。

2001年1月30日，波兰政府通过一项改编军队和使之现代化的6年计划。根据该计划，到2008年，尽管波兰军队人数会减少，但其国防预算仍将保持现有的水平，即每年的预算不超过国内生产总值的1.95%。后来，这一比例基本成为波兰国防预算的惯例。

2001年，波兰的国防预算为139亿兹罗提（约合34亿美元），占其国内生产总值的1.95%。

2003年，波兰的国防预算为155亿兹罗提（约合39.9亿美元），约占国内生产总值的1.98%，居中东欧国家之首。该预算几乎相当于捷克、匈牙利、罗马尼亚和克罗地亚四国国防预算的总和。

2008年，波兰的国防预算为138.12亿兹罗提（约合57.3亿美元），占国家总支出的 5%。

2011 年，波兰的国防预算为 246.9 亿兹罗提（约合 83.3 亿美元），占国内生产总值的 1.8%。

波兰财政部 2012 年 9 月 6 日公布的数据显示，2013 年波兰的国防预算为 311.7 亿兹罗提（约合 95.7 亿美元），比 2012 年增加近 20 亿兹罗提（约合 6.1 亿美元），增幅为 10.4%。其中，用于更新装备的支出为 81 亿兹罗提（约合 24.9 亿美元），比 2012 年增加 26.2%；用于陆军的军费为 28.8 亿兹罗提（约合 8.9 亿美元），增长 1.9%；用于海军的军费为 6.8 亿兹罗提（约合 2.1 亿美元），增长 6%；用于空军的军费为 15.3 亿兹罗提（约合 4.7 亿美元），增长 8%；用于特种部队的军费为 3.1 亿兹罗提（约合 0.95 亿美元），增长 4%。

2014 年波兰国防预算为 104 亿美元，比 2013 年国防预算增长 8.7%。其中，波兰军方用于基础建设的专项拨款为 25 亿美元。为给 2014 年的 14 个优先级武器和军事装备采购项目直接提供资金，军方决定设立 10.7 亿美元的特别准备金。

2015 年，波兰的国防预算达到 383.37 亿兹罗提（约合 120 亿美元），已超过国内生产总值的 2%，达到历史最高水平。其中，更新 F–16C/D 的费用就达到 53.63 亿兹罗提，其余款项被用于军事基础设施建设、装备现代化改造和支付军队开销。到 2022 年，波兰将投入约 281 亿美元用于重要武器项目开支，包括购买新型直升机、防空导弹系统、潜艇、无人机以及其他装备。

第三节　军种与武器装备

一　陆军

2001 年，波兰陆军共有 13.275 万人，由西里西亚和波莫瑞 2 个军区和 1 个航空机械化军组成，共辖 6 个摩托化步兵师（包括 1 个岸防师）、1 个装甲骑兵师、1 个航空骑兵师、5 个旅（包括 1 个装甲骑兵旅、1 个机械化旅、1个空降旅、2个摩托化步兵旅）、5个炮兵旅（含1个高炮旅）、2个工程旅和4个国土防御旅、1个侦察团、2个地地导弹团、3个防空团、2个武装直升机团、1个特种团、1个警卫团等。其武器装备为：苏联 T-55、苏联 T-72、波兰"PT-91坚韧"坦克共计1704辆；波兰 BRDM-2 装甲侦察车510辆；波兰 BWP-1 步兵战车1367辆，苏联 BRM-1 步兵战车38辆；波兰 OT-64 型装甲输送车33辆，其他型号装甲输送车693辆；122毫米 M-30牵引榴弹炮277门，152毫米 ML-20牵引榴弹炮135门；波兰122毫米"2S1石竹"自行榴弹炮539门；捷克斯洛伐克"Wz.1977达纳"152毫米自行加农炮111门；苏联203毫米"2S7牡丹"型自行炮8门；苏联122毫米"BM-21冰雹"自行多管火箭炮228门，捷克斯洛伐克"RM-70"122毫米自行多管火箭炮30门；120毫米 M120迫击炮214门，120毫米 2S12迫击炮16门；"蛙"式地地导弹32枚；苏联"9M14小家伙"反坦克导弹263枚，苏联"9K111巴松"反坦克导弹108枚，苏联"9M113比赛"反坦克导弹18枚，苏联"9K114风暴"反坦克导弹6枚；85毫米反坦克炮711门；23毫米和57毫米高射炮共871门；苏联"2K12立方"地空导弹、波兰"9K32箭"-2肩扛式地空导弹、波兰"9K33黄蜂"地空导弹、苏联"9K31箭-1"地空导弹和苏联"9K35箭-10"地空导弹共979枚；苏联米-24武装直升机46架，苏联米-2直升机42架，波兰"PZL W-3隼"多用途直升机28架，苏联米-8运输直升机29架，俄罗斯米-17运输直升机3架等。

2011年，波兰取消军区制度后，陆军编制发生了很大变化。

目前，波兰陆军包括第11"卢布斯"装甲骑兵师（11 Lubuska Dywizja Kawalerii Pancernej）、第12"什切青"机械化师（12 Szczecińska Dywizja Zmechanizowana）、第16"波莫瑞"机械化师（16 Pomorska Dywizja Piechoty）、第1陆军航空旅（1 Brygada Lotnictwa Wojsk Lądowych）、第6空降旅（6 Brygada Powietrznodesantowa）、第21山地步兵旅（21 Brygada Strzelców Podhalańskich）、第25航空骑兵旅（25 Brygada Kawalerii Powietrznej）、3个侦察团、3个工程团和后勤保障部队等。

波兰陆军主要有以下武器装备。

主战坦克：德国"豹2"坦克193辆，波兰"PT-91坚韧"坦克232辆，

T-72 坦克 600 余辆（将逐步退役）等。

轻型装甲车：波兰与芬兰合造的"KTO 狼獾"步兵战车 570 辆，波兰 BWP-1 步兵战车约 800 辆，波兰 BRDM-2 装甲侦察车约 1500 辆，其他型号装甲车近千辆等。

自行火炮：波兰 155 毫米"AHS 螃蟹"自行加农炮 8 门，波兰 122 毫米"2S1 石竹"自行榴弹炮 324 门，捷克斯洛伐克 152 毫米"Wz. 1977 达纳"自行加农炮 111 门，波兰 122 毫米"WR-40 龙虾"自行多管火箭炮 75 门，捷克斯洛伐克 122 毫米 RM-70 自行多管火箭炮 30 门等。

迫击炮：波兰"LM-60 冥王星"迫击炮 268 门，波兰 M-98 迫击炮 99 门等。

反坦克导弹：波兰与以色列合造的"长钉"反坦克导弹 264 枚，被"长钉"取代的苏联"9K115 混血"反坦克导弹 7 枚，苏联"9K114 风暴"反坦克导弹 6 枚，苏联"9M113 比赛"反坦克导弹 18 枚，苏联"9K111 巴松"反坦克导弹 100 枚，苏联"9M14 小家伙"反坦克导弹 132 枚等。

防空武器：波兰"PZA 罗拉"自行高射炮 2 门，波兰 ZSU-23-4 自行高射炮 28 门，波兰 ZU-23-2 双管高射炮 400 门；波兰"PZR 雷霆"肩扛式地空导弹 400 枚，即将被"雷霆"取代的波兰"9K32 箭"-2 肩扛式地空导弹 440 枚，苏联"S-200 维加"地空导弹 12 枚，波兰"S-125 涅瓦 SC"地空导弹 60 枚，波兰"9K33 黄蜂"地空导弹 64 枚，苏联"2K12 立方"地空导弹 30 枚等。

飞机：俄罗斯米 -17 运输直升机 11 架，苏联米 -8 运输直升机 27 架，波兰 PZL 米 -2 运输直升机 56 架，波兰"PZL W-3 隼"多用途直升机 39 架，苏联米 -24 武装直升机 29 架，"扫描鹰"无人机 10 架等。

截至 2014 年，波兰现役陆军士兵为 47317 人。

二 海军

2001 年，波兰海军有 16860 人，其中海军航空兵 2500 人，基本役士兵 9500 人。武器装备为 3 艘潜艇、1 艘驱逐舰、2 艘护卫舰、4 艘小型护卫舰、7 艘导弹快艇、14 艘近岸巡逻艇、24 艘扫雷舰、5 艘两栖舰、19

艘支援艇。此外，海军航空兵（编为 7 个飞行中队）还拥有 28 架苏联米格 –21 型战斗机、17 架波兰 "PZL TS–11 火花" 教练机、6 架苏联安 –2 运输机、6 架苏联安 –28 运输机、7 架波兰 "PZL W–3 隼" 多用途直升机、28 架苏联米 –2 直升机、14 架苏联米 –14 直升机。

波兰海军旗舰为 "卡辛" 改进型驱逐舰 "华沙" 号。该舰原为苏联军舰，名为 "勇敢者" 号，1968 年下水，1987 年租给波兰使用。为波兰服役以来，该舰先后到过英国、荷兰、德国、瑞典等国。波兰加入北约后，该舰频繁参与北约和波罗的海国家的海上军事演习。

20 世纪 90 年代，寻求与北约海军的相互协作是波兰海军面临的主要课题。为此，波兰做了以下工作：更新和改建通报、联络、战术计划和数据兼容等系统；解决火炮和导弹装备的兼容问题；解决干部问题。在波兰海军中，基本役士兵过半，他们多在后勤保障部队和不需要很多专业知识的岗位上工作，而舰艇上 2/3 的人员是按照合同服役的职业军人。波兰现有两所海军院校专门培养预备役军官，每年向舰队输送约 500 名官兵，它们还专门开办相应的强化训练班对按合同服役的水兵进行培训。根据计划，舰队的专业人员将达到 60%。

加入北约后，波兰海军编制也发生了一些变化。目前，根据北约的标准，波兰海军不再设团级，改为 "营 – 旅 – 师" 结构。

从 2001 年起，波兰海军通过购买和改造，陆续增添了一批新舰艇以取代旧舰艇。

目前，波兰海军包括两支舰队。第 3 舰队（3 Flotylla Okrętów）包括美国 "佩里" 级护卫舰 "卡齐米日·普瓦斯基将军" 号（ORP Gen. K. Pułaski）和 "塔德乌什·柯希丘什科将军" 号（ORP Gen. T. Kościuszko），波兰 "卡舒比" 级护卫舰 "卡舒比" 号（ORP Kaszub），民主德国 "飓风" 级（Orkan）导弹快艇 "飓风" 号（ORP Orkan）、"霹雳" 号（ORP Piorun）和 "雷霆" 号（ORP Grom），波兰 "基洛" 级柴电动力潜艇 "鹰" 号（ORP Orzeł），挪威 "海豹" 级（Kobben）柴电动力潜艇 "隼" 号（ORP Sokół）、"秃鹫" 号（ORP Sęp）、"美洲鹫" 号（ORP Kondor）和 "白尾海雕" 号（ORP Bielik），以及 2 艘侦察舰、4 艘救援舰和 1 艘训练舰等。

第 8 海岸防卫舰队（8 Flotylla Obrony Wybrzeża）包括 5 艘"卢布林"级（Lublin）登陆 - 布雷舰、3 艘"海鸥"级（Mewa）探雷艇、17 艘扫雷艇和 10 余艘支援舰等，其中后勤支援舰"科萨瓦里·切尔尼茨基海军少将"号（ORP Kontradmirał Xawery Czernicki）参与了 2001 年阿富汗战争和 2003 年伊拉克战争。

波兰海军配有一个航空兵旅（Brygada Lotnictwa Marynarki Wojennej），负责对舰队实施空中支援。航空兵旅拥有 14 架波兰"PZL M28B 微风"侦察机、5 架波兰 PZL 米 -2 运输直升机、2 架苏联米 -8 运输直升机、8 架波兰米 -14PŁ 反潜直升机、4 架美国"卡曼 SH-2 海妖"反潜直升机和 2 架波兰米 -14PŁ/R 救援直升机等。其中 2011 年开始服役的波兰米 -14PŁ/R 救援直升机是在波兰米 -14PŁ 反潜直升机的基础上改造而成的，加装了新型无线电导航设备、气象雷达、救生绞车、发电和液压设备以及探照灯等。

根据海军"2010~2018 发展计划"，波兰已经引进了 36 枚瑞典 RBS-15 反舰导弹和 48 枚挪威"海军打击"反舰导弹。波兰准备继续引进反潜和搜救直升机以及具有发射巡航导弹能力的潜艇，升级"佩里"级护卫舰以延长其服役期，此外还要改装和大修现有辅助舰艇。

截至 2014 年，波兰现役海军士兵为 7600 人。

三 空军

1990 年，波兰防空部队和空军再次合并。在组织上，波兰防空部队由 6 个导弹旅和 2 个自行火炮团组成，它们组成 2 个军（第二军和第三军），负责各自军区的防空任务，即第二军负责波莫瑞军区的防空任务，第三军负责西里西亚军区的防空任务。

2001 年，波兰空军共有 4.62 万人，其中基本役士兵为 1.97 万人。波兰空军编成 2 个军，下辖 2 个歼击机中队、9 个对地攻击战斗机中队、1 个侦察机中队、2 个运输机团、5 个防空导弹旅和 1 个独立防空团。武器装备有：苏联苏 -22 战斗机 99 架，苏联米格 -21 战斗机 114 架，苏联米格 -23 战斗机 25 架，苏联米格 -29 战斗机 22 架；苏联苏 -24 轰炸机 7 架；苏联安 -26

型运输机 10 架，波兰安 –28 型运输机 2 架，苏联安 –2 型运输机 23 架，苏联雅克 –40 型运输机 13 架，苏联图 –154 型运输机 2 架；波兰 PZL 米 –2 直升机 35 架，苏联米 –8 型直升机 5 架，波兰 "PZL W–3 隼" 直升机 10 架；波兰 "PZL TS–11 火花" 教练机 125 架，波兰 PZL I–22 教练机 11 架，波兰 PZL–130 教练机 34 架；"AA–2 环礁" "AA–3 阿纳布" "AA–8 蚜虫" "AA–11 射手" 空空导弹各若干枚；"AS–7 克雷牛" 空地导弹若干枚；"S–75 德维纳" "S–125 涅瓦" "2K11 圆圈" "S–200 维加" 地空导弹共 200 枚。

加入北约后，波兰引进了美国 F–16C/D 战斗机，逐步淘汰了苏联米格 –21、米格 –23 和苏 –22 等战斗机，改革了空军编制、飞行组织系统和训练程序。

波兰空军主要包括 4 支飞行部队和 1 支防空部队。

第一战术部队（1 Skrzydło Lotnictwa Taktycznego），下辖 4 个飞行中队和 1 个维修营，装备有 25 架米格 –29A、6 架米格 –29UB、26 架苏 –22M4 和 6 架苏 –22UM3K 等。

第二战术部队（2 Skrzydło Lotnictwa Taktycznego），下辖 3 个战斗中队和 1 个维修营，装备有 16 架 F–16C 和 12 架 F–16D 等。

第三运输部队（3 Skrzydło Lotnictwa Transportowego），下辖 4 个运输中队和 3 个搜救小组，装备的运输机有 5 架美国 C–130 "大力神"、16 架西班牙 CASA C–295、23 架波兰 PZL M28B 和 2 架波兰安 –28 等，装备的直升机有 2 架法国 Guimbal Cabri G2、24 架波兰 PZL SW–4、24 架波兰 "PZL W–3 隼"、54 架波兰 PZL 米 –2、10 架俄罗斯米 –17 和 10 架苏联米 –8 等。

第四训练部队（4 Skrzydło Lotnictwa Szkolnego），装备的教练机主要有 5 架奥地利 "钻石 DA20"、37 架波兰 "PZL–130 雏鹰" 和 38 架波兰 "PZL TS–11 火花" 等。

防空部队为第三 "华沙" 防空火箭旅（3 Warszawska Brygada Rakietowa Obrony Powietrznej），装备有 "S–200 维加" "S–125 涅瓦" "9K33 黄蜂" "2K12 立方" 等地空导弹。

2000 年后，波兰通过更新数字化部件提升了防空导弹系统的部分性能，延长了导弹的服役期。但从总体上看，波兰的苏制防空导弹系统已经过时，面临退役。

2014 年 5 月，由于乌克兰危机的爆发，波兰国防部决定引进新型武装直升机。12 月，波兰从美国购买了 44 枚 AGM–158 导弹用于更新 F–16C/D 战斗机的武器配置。

截至 2014 年，波兰现役空军士兵为 16425 人。

四　特种部队

波兰特种部队创建于 20 世纪 90 年代初。1990 年，波兰驻黎巴嫩贝鲁特的外交人员遭到阿拉伯武装分子袭击。此次袭击促使波兰建立了专门处理突发事件的特种部队，又被称为"机动反应特战群"。

波兰特种部队的组建得到了美国、英国、德国等国特战指挥部的大力援助。波兰特种部队在规模上与美国"三角洲"部队类似，采取大编制，但以小组（每组 4 人）为主体进行战斗。特种部队要求士兵具备超强的体能、战斗技能、野战救护技能和良好的心理素质。

特种部队的平时训练主要包括营救人质和伞降、水上及水下渗透等项目。在训练中，特种部队常与波兰其他部队和部门进行合作，如进行伞降、水上及水下渗透训练时，由空军和海军负责保障，而在反劫机训练时则由波兰航空公司提供协助。由于波兰境内港湾、河道甚多，船只、油井等水上目标的反劫持渗透突击也是特种部队的训练项目之一。波兰特种部队还要求士兵必须熟练掌握两种外语，以便执行情报侦察和反间谍任务。

波兰共有 5 支特种部队，分别是基地位于格利维采的"阿加特"（Agat）、基地位于格丁尼亚的"福尔摩沙"（Formoza）、基地位于格但斯克的"雷霆"（Grom）、基地位于卢布利涅茨的"突击"（Komandosów）和基地位于克拉科夫的"尼尔"（Nil）。

波兰特种部队主要装备有"Kbs wz. 1996 铍"突击步枪、HK USP 手枪、SWD–M 狙击步枪、HK MP5 冲锋枪、FN Minimi 轻机枪、Oshkosh M–ATV 军用汽车等。

1994 年 9~12 月，波兰特种部队参加了联合国在海地组织的代号为"支持民主行动"（Operation Uphold Democracy）的维和行动。在行动中，特种部队出色地完成了保护联合国官员、平息当地暴乱及营救人质等任务。

1997 年，"雷霆"部队执行联合国东斯拉沃尼亚、巴拉尼亚和西锡尔米乌姆过渡行政当局（United Nations Transitional Administration for Eastern Slavonia，Baranja and Western Sirmium）组织的"小花行动"（Operation Little Flower），成功逮捕涉嫌犯下"武科瓦尔屠杀"罪行的前武科瓦尔（Vukovar）市长斯拉夫科·多科马诺维奇（Slavko Dokmanović）等人。

2001~2004 年，"雷霆"部队在阿富汗执行侦察、护卫和基地防御等任务。

2003 年 3 月，约 200 名波兰特种部队士兵参加了美英联军攻打伊拉克南部城镇乌姆盖萨尔（Umm Qasr）的军事行动。

自 2007 年起，波兰特种部队开始在阿富汗执行任务。

截至 2014 年，波兰现役特种部队士兵为 2600 人。

五 国际维和部队（驻外军事人员）

2002 年，波兰向阿富汗派遣了约 2500 名士兵参与联合国驻阿富汗国际维和部队的行动。

2003 年，波兰向伊拉克派遣了约 2500 名士兵。9 月 3 日，由波兰领导的一支由来自波兰、保加利亚、西班牙和乌克兰等国共 9000 人组成的国际师正式从驻伊拉克美军手中接管中南幼发拉底河地区（中南战区）。这支部队主要负责维持地区安全和提供人道主义援助。为便于同当地居民沟通和进行医疗救助，波兰还派遣了熟悉阿拉伯文化的女性专家和士兵。

2008 年 10 月，波兰驻伊拉克军队全部撤出。

截至 2014 年，共有约 800 名波兰军人在国外执行任务，主要驻扎在阿富汗、巴尔干地区和部分非洲国家。他们参加的任务既有联合国组织的，也有欧盟和北约组织的。情况大致如下：驻西撒哈拉军事观察员 1 人；驻科索沃士兵约 200 人、军事观察员 1 人；驻阿富汗国际维和部队 500 人、军事观察员 1 人；驻科特迪瓦军事观察员 2 人；驻利比亚军事观察员 2 人；驻波斯尼亚和黑塞哥维那士兵 50 人；驻格鲁吉亚军事观察员 15 人；驻欧盟索马里海军警察 2 人；驻刚果民主共和国军事观察员 3 人；驻南苏丹共和国军事观察员 2 人；驻马里训练人员 20 人。

第四节 军事训练与军衔制度

一 军事训练

在波兰，军事训练主要由总参谋部负责。目前，波兰的军事训练已基本按北约标准进行。

职业士兵的训练基本上分为两部分：单兵训练和战术训练。士兵主要在新兵训练营里完成第一部分训练任务（时间为三个月至三个半月），然后在部队中学习掌握一门专业技术并完成第二部分训练任务。在通常情况下，一年服役期内，士兵都能成为 3 级专业人员。在此期间，士兵（通常为陆军）必须参加两次野外演练，每次野外演练时间大致为两周。

军事演习也是波兰军队训练的重要方式。波兰各军兵种每年都要分别举行几次军事演习，并经常参与国际联合军事演习，主要是北约或与周边国家共同举行的联合军事演习。

从 20 世纪 90 年代开始，波兰海军每年都要参加北约的"波罗的海行动"（Baltic Operations）联合军事演习。水面舰艇进行火炮实弹射击、掩护非战斗船只、反潜、雷达追踪和拦截、排除水雷、在困难条件下展开海上补给和海上搜救等训练；海军航空兵演习如何协同水面舰只采取行动；海军陆战部队进行包括指挥、通信和海岸观测系统的演习以及防空、防化和工程部队的训练等。演习旨在提高海军的海上防御水平，并检测海军各兵种协同作战的能力。

2005 年，波兰执行新的预备役训练系统，规定预备役的训练周期为 6年，每次训练持续 10 天。其中将担任军官等指挥人员的部队，每年训练一次；需在 30 日内动员完毕的部队，6 年内训练 4 次；需在 31~90 天内动员完毕的部队，6 年内训练 3 次；其余部队 6 年内训练 2 次。

从 2015 年开始，波兰允许普通公民自愿注册参与军事训练。

二 军衔制度

波兰现役部队军衔分为 22 级：第 1 级为元帅（为波兰最高军衔，现空缺），以下各级情况如下。

陆军：将军 4 级（上将、中将、少将、准将）、校官 3 级（上校、中校、少校）、尉官 3 级（上尉、中尉、少尉）、军士 7 级（高级指挥军士长、高级军士长、军士长、一等军士长、上士、中士、下士）、专家 1 级、士兵 3 级（一等兵、二等兵、三等兵）。

海军：将军 4 级（上将、中将、少将、准将）、校官 3 级（上校、中校、少校）、尉官 3 级（上尉、中尉、少尉）、军士 8 级（高级指挥军士长、高级军士长、军士长、一等军士长、一等上士、二等上士、三等上士、下士）、士兵 3 级（一等水兵、二等水兵、三等水兵）。

空军：将军 4 级（上将、中将、少将、准将）、校官 3 级（上校、中校、少校）、尉官 3 级（上尉、中尉、少尉）、军士 7 级（高级指挥军士长、高级军士长、军士长、一等军士长、技术上士、中士、下士）、士兵 4 级（高级飞行员、一等飞行员、二等飞行员、三等飞行员）。

波兰军人属于高薪阶层。2013 年，波兰现役职业士兵的月薪为 4247 兹罗提（约合 1344 美元），下级军官为 5470 兹罗提（约合 1731 美元），高级军官为 7640 兹罗提（约合 2417 美元），将军为 14294 兹罗提（约合 4522 美元）。此外，军人享有一系列公共福利，如可以半价乘坐公共交通工具等。

第五节 国防工业与武装力量现代化

二战后，波兰的国防工业主要集中在装甲车辆生产和轻武器生产方面。

20 世纪 50 年代初，波兰开始在卡托维兹（Katowice）生产苏制坦克。到 1956 年，波兰共生产 T-34-85 坦克约 1380 辆。从 1956 年起，波兰开始生产 T-54 坦克，1964 年后转产 T-55 坦克。波兰生产的坦克主要供本国和其他东欧国家使用。鉴于当时的国际形势，波兰统一工人党特别强调要加快重工业和国防工业的发展速度。

为尽快实现国防现代化，波兰也加强了军事技术研究以及军事人员的技能培训，建立了众多的军事科研机构和军事高等学院，如波兰国防部科学小组、国防部革新委员会、国防部社会科学委员会、军事技术与装备研究所、航空技术研究所、航空军事医学研究所、军事通信研究所、军事装甲和汽车研究所、军事历史研究所、高等军事教育委员会、军事技术学院、总参科学院、波兰空军学院、海军大学和 11 所军官培训院校等。

20 世纪 60 年代，经过测试，波兰没有接受 T-62 坦克，其经济建设重点也由武器生产转向其他重工业。

20 世纪 70 年代初，波兰开始生产 T-72 坦克，年产约 100 辆。此外，波兰还生产苏制 2S1 "石竹" 自行榴弹炮和 MT-LB 多用途两栖装甲车等。

从 20 世纪 70 年代起，波兰专业电子科学生产中心、拉德瓦公司（PIT-Radwar S.A.）和波兰工业电信研究所就开始研制 NUR 系列雷达系统，即波兰的第三代雷达系统。其中 NUR-21 雷达为低空监视雷达，专为使用履带车辆的高机动部队研制。后来，在 NUR-21 雷达的基础上，波兰又研制出 NUR-23 阵地式海岸监视雷达和带有稳定天线平台的舰载雷达，能够探测和跟踪海上目标。1975 年，波兰推出 NUR-31M/32M 二维监视雷达。它是一种机动式中程干涉合成孔径雷达，能探测 200 千米之外、距离地面 2.5 万米的目标，能同时自动跟踪 32 个目标。这些雷达能通过移动式局部指挥中心和移动式区域指挥中心与国家防空系统联通。20 世纪 80 年代，军事技术学院研发出激光测距仪和新型火控装置，用于改装 T-54/55 坦克。

1985 年，波兰军工业发展达到顶峰期。当时波兰国内有 150 家军工企业，职工达 25 万人。

1988 年后，波兰军工业开始衰退。

20 世纪 90 年代初，随着体制转型，大批波兰军工企业转为民用，波兰军事工业规模大幅缩小。此时，波兰军工领域尚未对外开放，军工领域中的私有和混合所有制企业比重也很小。

当然，此时的波兰国防工业也取得了一些成绩。例如，1992 年，在 T-72M1 坦克的基础上，波兰 "Bumar-Łabędy" 公司成功生产出 PT-91 主战坦克。与 T-72M1 相比，PT-91 采用了新型的发动机、火控系统和通信组件，在机动性能、防护性和瞄准精度等方面均有较大的提高。PT-91 主战坦克成为当时波兰装甲部队的主力坦克，坦克及其升级部件均出口到马来西亚、印度、格鲁吉亚等国。同年，拉德瓦公司成功研制 NUR-41 雷达，其与 NUR-31M/32M 雷达可以组成三维预警雷达系统。

1998 年，波兰国防工业总销售额为 30 亿兹罗提（约合 8.6 亿美元），而纯利润只有 2.4 亿兹罗提（约合 6870 万美元）。1999 年，波兰军工企业只剩下 31 家，职工 6.42 万人。

2000 年，波兰军事财产局将价值超过 10 亿兹罗提（约合 2.3 亿美元）的 1 万公顷土地及 3000 栋建筑物，以及超过 7 万件动产转给波兰国防部出售，并将出售所得的款项用于 2001~2006 年波兰军事装备的更新与重建。国防部也通过销售军事执照（包括销售武器类）等获得约 2000 万兹罗提（约合 460 万美元）的收入。

2000 年，波兰海军从美国引进 2 艘退役"佩里"级护卫舰。

2002 年 11 月，波兰陆军用购买的 128 辆德国"豹 2"坦克装备第 10 装甲骑兵旅（10 Brygada Kawalerii Pancernej）。

2002~2003 年，波兰海军从挪威引进 4 艘退役"海豹"级柴电动力潜艇。

从 2003 年起，波兰开始从芬兰进口步兵战车。截至 2013 年，波兰从芬兰累计进口了 570 辆搭载意大利 Hitfist-30P 炮塔的"KTO 狼獾"步兵战车。2013 年，波兰又将合同延期 10 年，续订 307 辆"KTO 狼獾"步兵战车，花费达 16.5 亿兹罗提（约合 5.2 亿美元）。

2003 年 6 月，波兰陆军接收了首批代号为"雪花莲"（Przebiśnieg）的新一代电子战系统。新系统由东布罗夫斯基军事技术大学和军事电子公司（WZE）共同研制。该系统的主要任务是为旅 – 师级指挥员提供综合电子战支持。每个"雪花莲"系统都包括 7 辆 MT-LB 多用途两栖装甲车的改造车，其中 3 辆为数据分析车，3 辆为信号干扰车，1 辆为指挥车。指挥车内又设有 3 个工作站：一个工作站用于电子战指挥，一个工作站用来协调各分系统的运作，另一个工作站用于监控整个"雪花莲"系统。

同年 7 月，波兰军队通过了一项军购和装备改进计划。根据该计划，波兰将在 10 年内购买 2700 枚反坦克导弹，合同总价值为 17 亿兹罗提。

同年 12 月 29 日，波兰和以色列两国签署了有关以色列向波兰授权生产"长钉"反坦克导弹的协议。根据该协议，波兰军队将在 10 年内逐步装备这种当时号称世界上最先进的反坦克导弹。

2013 年 9 月，波兰和英国合作研制的世界第一辆 PL-01"隐形"坦克亮相凯尔采（Kielce）国际国防工业展，引起世界瞩目。

2014 年 7 月 8 日，波兰陆军正式启动"乌鸦"武装直升机采购计划，斥资 38 亿美元购买约 30 架新型武装直升机，以替换老旧的米 -24 武装直升机。它们分别是美国贝尔直升机公司（Bell Helicopter）的"AH-1Z 蝰蛇"、美国波音公司的"AH-64 阿帕奇"、意大利阿古斯塔韦斯特兰（Agusta Westland）公司的"A129 猫鼬"和空中客车公司的"Eurocopter 虎"。

2014 年，波兰政府组建波兰军工集团（Polska Grupa Zbrojeniowa），集团麾下集合了"Huta Stalowa Wola""WSK PZL Kalisz""FB Łucznik Radom""Nano Carbon""MS TFI"等 17 家波兰一线军工企业，成为波兰规模最大的军工生产集团。国库部负责监督波兰军工集团的运行。此举大大提升了波兰国防工业的发展潜力。

目前，波兰的军工企业主要分为航空、造船、装甲车辆制造、防空武器制造、枪炮制造、弹药制造和无线电等七大部门。

航空企业的主要代表有"PZL-Świdnik S.A."和"PZL Mielec"公司。"PZL-Świdnik S.A."公司主要生产、组装各种直升机，如 PZL 米 -2、PZL SW-4、"PZL W-3 隼"等。2010 年，"PZL Mielec"公司得到许可，开始批量生产美国"S-70i 黑鹰"多用途直升机。从 2013 年起，该公司每年向国际市场提供约 20 架"S-70i 黑鹰"直升机。2007 年，"PZL Mielec"被美国西科斯基飞机公司（Sikorsky Aircraft Corporation）收购。2010 年，"PZL-Świdnik S.A."公司被意大利阿古斯塔韦斯特兰公司收购。

波兰的大部分舰船都出自格但斯克造船厂（Stocznia Gdańsk a ）和格丁尼亚波兰海军造船厂（Stocznia Marynarki Wojennej）。20 世纪 90 年代以来，波兰的造船业陷入低谷。由于海军预算紧张，波兰自产军舰的发展步伐十分缓慢。2013 年，格丁尼亚波兰海军造船厂原计划建造的"白嘴鸦"（Gawron）轻型护卫舰也因经费不足而被改造为巡逻舰。

装甲车辆制造企业主要有"Bumar-Łabędy"、"WZM S.A."和"Huta Stalowa Wola"等。"Bumar-Łabędy"公司主要生产 PT-91 主战坦克，利用 T-72 的底盘生产 WZT-3M、WZT-4 装甲回收车和 PMC-90 装甲架桥车等，并负责研制"LC-08 安德斯"通用装甲车。"WZM S.A."公司主要负责组装"KTO 狼獾"步兵战车，改进"BRDM-2M-97 野猫 -B"和"BRDM-2M-96ik 胡狼"两栖装甲侦察车。"Huta Stalowa Wola"公司主要生产使用苏制 MT-LB 底盘的装甲战车，包括遥控排雷车、侦察车、装甲回收车、工程车、救护车等。此外，它还负责以下任务：生产波兰军队的大部分火炮武器，如"AHS 螃蟹"自行加农炮、"2S1 石竹"自行榴弹炮、35 毫米"厄利孔 KDA"高射炮、"LM-60 冥王星"迫击炮、M-98 迫击炮；将"BM-21 冰雹"自行多管火箭炮改造为"WR-40 龙虾"自行多管火箭炮；研制"Moździerz RAK"自行迫击炮和"AHS 磷虾"自行火炮等。

防空武器制造企业的主要代表是梅斯科（Mesko）公司，该公司生产"PZR 雷霆"肩扛式地空导弹、"波普拉德"（Poprad）防空导弹系统、ZU-23-2KG/MR 弹炮结合防空系统、"长钉 -LR"反坦克导弹、S-5MO 和 S-5KO 非制导火箭等。另外，"PZR 雷霆"肩扛式地空导弹的改进型——"PZR 霹雳"已研制成功，于 2014~2017 年列装。

在枪炮制造企业中，卢奇尼克（FB Łucznik Radom）公司主要生产"Kbs wz. 1996 铍"突击步枪、PM-98 和 PM-06 冲锋枪，以及 P-99、PPS 半自动手枪等。塔尔努夫机械公司（Zakłady Mechaniczne Tarnów）主要生产"钯"榴弹发射器、UKM-2000 机枪、"硼"狙击步枪、"WKW 狼"反器材步枪等。

弹药制造企业主要有德扎梅特（Dezamet）、"ZPS"和贝尔马（Belma）公司。德扎梅特公司生产 GSBO-40 榴弹发射器，GNPO 枪榴弹，RGO-88 防御手榴弹，RGZ-89 进攻手榴弹，60 毫米、98 毫米和 120 毫米迫击炮弹，155 毫米榴弹等。"ZPS"公司生产 120 毫米和 125 毫米坦克炮弹、信号弹和排雷设备等。贝尔马公司生产 MPD 反登陆地雷、MN-123 反坦克地雷、

MN-111 和 MN-121 空投反坦克地雷以及探雷器等。

波兰无线电工业也拥有很强的生产和科研能力，如拉德瓦公司、拉德莫尔（Radmor）公司、"WSK PZL-WARSZAWA II"公司、拉米纳（Lamina）公司都能生产现代化无线电电子设备、雷达、指挥、通信和航空导航设备等。

波兰的武器已从过去单一的苏制逐渐向美制、德制、俄制、英制等多样化发展，最终由美欧式武器完全替代苏式武器。

第六节　对外军事关系

二战后，特别是1955年成为华约成员国之后，波兰与华约的军事合作一度十分紧密。

华约解散后，波兰在要求加入北约的同时，积极加强与西方国家，特别是与北约成员国的军事联系。1996年2月，波兰、法国和德国三国国防部长在华沙会晤并签署一份文件。该文件确定：波、法、德三国的特种部队将每年进行一次联合军事演习，开展军事人员间的交往，并就军事政策展开对话。

与此同时，波兰努力加强与周边国家的军事合作。

1991年2月，波兰、匈牙利和捷克斯洛伐克在匈牙利维谢格拉德签订协议，结成维谢格拉德集团，以强化三国在军事、经济和能源方面的合作。1993年1月，捷克斯洛伐克解体，分立后的捷克与斯洛伐克均表示承认维谢格拉德协议，维谢格拉德集团遂成为四国集团。

自1993年起，波兰与乌克兰开展军事合作。起初，双方的合作以培训军事干部、互相提供军事技术和装备为主。1997年，波兰与乌克兰共同组建维和营，在科索沃执行维和使命。此后，波兰与乌克兰两国曾多次举行联合军事演习，两国军事关系在北约和平伙伴关系框架内不断加强。

1996年之后，波兰与俄罗斯的军事合作关系也开始逐步恢复。2003年4月，波兰与俄罗斯签署了有关两国军事技术合作的协议，即《波兰和俄罗斯军事技术合作政府间协议》。俄罗斯称，这项协议的签署表明，波兰和俄罗斯两国在"军事技术方面的合作将达到崭新水平",俄罗斯在向波兰提供武器、军事装备、配件及维修服务等方面存在的大部分问题已经得到解决。根据协议,俄罗斯将协助波兰维修和更新波兰仍在使用的苏制武器和军事装备,如波兰空军使用的苏 –22 和米格 –29 战斗机等。

1999 年加入北约后,波兰与北约及其成员国的军事合作增多,尤其是积极参加北约和北约部分成员国及其和平伙伴关系计划参加国的联合军事演习。

2001 年 11 月 20 日,北约在波兰西北重镇什切青举行军事演习。波兰军队与来自北约 24 个成员国及和平伙伴关系计划参加国的军队一同参加了此次演习。

2002 年 3 月,波兰参加了北约在挪威和波兰举行的"坚强决心 2002"军事演习。该演习为期近半个月。参加演习的有来自北约 15 个成员国和 11 个和平伙伴关系计划参加国的约 3 万名士兵,海、陆、空三军各兵种均参与了演习。

2002 年 5 月 30 日,维谢格拉德集团四国国防部长在斯洛伐克皮耶什佳尼(Piešťany)签署了关于共同改进米 –24 武装直升机的协议。协议包括:四国合作,按照北约标准改进仍在四国服役的米 –24 武装直升机的性能;具体工作由波兰负责协调,样机在 18 个月之内完成,2004 年开始批量生产;四国军队中需要改进的直升机共有上百架,费用总额约 1000 万美元,每个国家将承担费用开支的 1/4;四国将派武器专家讨论合作改进装甲运兵车和中型卡车等事宜。这是维谢格拉德集团首次在武器改进方面开展合作。

2002 年 10 月 21 日,波兰总统克瓦希涅夫斯基访问乌兹别克斯坦。两国元首一致表示将加强在军事领域的合作关系。波兰同乌兹别克斯坦的军事合作主要涉及反恐和交换军事信息等。波兰还将帮助乌兹别克斯坦培训军官。

2002 年 11 月 4 日,波兰、丹麦、德国和拉脱维亚四国在波罗的海南部海域进行了为期一周的联合海上军事演习。这次演习代号为"波罗的海雨燕 2002"。波兰海军派出两艘军舰、一架反潜直升机和一架救援直升机参加了此次演习。

2003 年 2 月 4 日，波兰海军参加了在波罗的海举行的北约海军快速反应演习。这次演习由北约常驻大西洋海军和波兰海军等 9 个军事单位参加。波兰海军的潜艇、护卫舰和救援船等参加了演习。

2003 年 6 月 9 日，代号为"琥珀希望 2003"的联合军事演习在立陶宛举行。波兰、丹麦、英国、德国、拉脱维亚、立陶宛、加拿大、芬兰和爱沙尼亚等 9 个国家的 2000 余名官兵参加了这次为期 11 天的联合军事演习。代号为"琥珀希望"的军事演习始于 1995 年，每两年举行一次。这次演习是根据北约标准进行的，目的是解决危机处理行动中各部队之间的协调问题。

2003 年 9 月 6 日，由北约空军司令部组织的"北约空军迎接 2003"军事演习在波兰克日西恩（Krzesiny）的第 31 空军基地举行，来自北约 15 个成员国的 96 架战斗机和近 1700 名士兵参加了演习。这是波兰加入北约后最大的一次空中军事演习。

积极加强与美国的军事关系，是波兰对外军事关系的重要方面。2002 年，波兰与美国开始就在波兰部署战略导弹防御系统举行会谈。波兰希望能在美国的帮助下建立一个名为"欧洲拦截站"（European Interceptor Site）的导弹防御基地。2009 年，该计划被取消。随后，美国与波兰达成协议，将在 2018 年为波兰部署岸基"宙斯盾弹道导弹防御系统"（Aegis BMD），以取代"欧洲拦截站"计划。

2009 年 12 月 11 日，波兰政府与美国政府签署《关于美国在波兰驻军地位问题的协定》。协定为今后美军向波兰派遣部队和部署包括"宙斯盾弹道导弹防御系统"在内的武器装备，并与波兰军队开展联合训练、演习等事宜铺平了道路。

2012 年 11 月 9 日，美国一支 10 人的空军分队正式进驻波兰中部瓦斯克（Łask）的第 32 空军基地。这是美国首次在波兰长期驻军。

2015 年 3 月 18 日，美国第 17 防空炮团下属第五营的约 100 名士兵和 30 辆军车从德国基地前往波兰，与波兰第 3 "华沙"防空火箭旅指挥部及下属的第 37 防空火箭中队、第 38 支援中队开展训练。训练内容包括：保护重要目标、地面部队、人口密集地区等免受弹道导弹和空袭的威胁；美军向波军演示最新的爱国者地对空导弹系统。

2015 年 3 月 24 日，美国空军第 355 战斗机中队的 4 架 "A-10C 疣猪" 攻击机从德国施庞达莱姆空军基地起飞，抵达波兰波维兹（Powidz）空军基地进行临时部署。同时抵达的还有运载地勤人员和物资的 C-130 "大力神" 运输机。

波兰也非常重视并加强与世界其他国家的军事贸易合作，包括出口和引进军事装备。例如，2002 年 3 月，波兰政府决定向印度出口大批武器装备，其中包括：250 套供 T-72 坦克使用的火控系统（价值 7200 万美元），80 辆技术供应车（价值 7500 万美元），供特种部队专用的降落伞、雷达等。双方还就波兰向印度出售供 T-72 坦克使用的 1000 马力发动机举行了商谈。2003 年 6 月 24 日，波兰与德国达成协议，德国将向波兰无偿转让 23 架米格-29G/GT 战斗机（包括发动机、零配件和数百枚导弹），以帮助波兰空军更快达到北约的标准。2003 年 10 月，波兰与越南达成一项协议，向越南出口 11 架 "PZL M28 空中卡车" 短距起降飞机。2007~2009 年，波兰向马来西亚出口了包括 48 辆 "PT-91 坚韧" 坦克、15 辆支援装甲车在内的价值约 3.7 亿美元的武器装备。此外，波兰还为马来西亚培训坦克手和维修人员，以便马来西亚建立自己的维修工厂。

第七章

文 化

第一节 教育

　　波兰的首批学校建于 12 世纪末。这些学校主要由教会创办，其主要目的是培养神职人员。1364 年，卡齐米日三世在克拉科夫建立波兰第一所高等学府——克拉科夫大学，后改称雅盖隆大学。雅盖隆大学不仅是继布拉格查理大学之后的中东欧第二所大学，也是世界最古老的大学之一。据统计，在 1433~1510 年间，雅盖隆大学共培养了 17263 名学生，其中外国留学生有 7611 人。

　　1773 年，波兰成立国家教育委员会。这是欧洲历史上第一个国家教育主管机构。

　　在波兰被三次瓜分期间，其教育资源也被瓜分，如雅盖隆大学被划入哈布斯堡君主国。许多学校遭到关闭，仅存学校的发展也受到限制。1816 年，波兰王国建立华沙大学，但华沙大学依然被沙皇当作控制波兰人和推行俄国化的工具。1864 年"一月起义"失败后，沙皇宣布华沙大学实行俄语教学，并禁止在波兰王国开展波兰语教学活动。此举使大批波兰学生放弃学业或前往西欧国家求学。到第一次世界大战爆发前，华沙大学的波兰学生不足千人。

　　1918 年，波兰重获独立，重建了全国的教育制度，并颁布了义务教育法令，规定 7 岁至 14 岁的儿童可免费享受七年制小学教育。随后波兰的教育事业进入快速发展时期。到 1929 年，波兰国内共有高等学校 27 所。到

1936年，波兰共有717所中等职业学校。根据1938年的统计，波兰全国小学生人数为495.3万人，中学生为234万人，大学生为4.8万人。由于教育的普及，波兰的文盲人数不断减少，许多高等学校的教学水平也已与西欧国家不相上下。

第二次世界大战期间，纳粹德国禁止波兰人接受教育，关闭了波兰所有的学校，大学的藏书不是被焚毁就是被运往德国，60%的校舍和90%的教学设备被炮火炸毁。纳粹德国同时迫害波兰知识分子，使波兰失去了30%的师资力量。尽管教育事业受到严重破坏，但是波兰人依然冒着生命危险坚持开展地下教学，如组织了著名的"秘密华沙大学"（Tajny Uniwersytet Warszawski）等。

人民民主政权建立后，波兰迅速恢复教育工作，并进行改革。1945年，波兰召开全国教育大会，决定实行小学义务教育，各类学校教育均免费，增加国家奖学金预算以资助贫困学生，并统一教材，建立全国统一的教育体系。1945~1946年，波兰学龄儿童的入学率达到93.6%。1949~1950年，该比例提高到96.7%，小学生总人数为335万，而中学生和其他各类职业学校的学生人数分别为22万和53万。同时，波兰恢复了原有的高等学校，并创办了22所高等学校，大学生总数由战后初期的5.6万人增加到11.6万人。20世纪40年代末，波兰开始实行斯大林模式，当局强化了对书籍和教材的审查，许多教师受到秘密警察的调查并遭到逮捕，对教育产生了一定的负面影响。

波兰人民共和国时期的教育主要分为幼儿教育、小学教育、中等（普通、职业和技术）教育、高等教育和成人教育：首先对3~6岁儿童开展幼儿教育，其后是7年小学教育，紧接着是4年普通中学教育、2~3年职业学校教育或3~5年技术学校教育，最后是4~6年高等学校教育。成人教育的主要目的是扫盲，并使学生获得各种专业文化知识。社会主义政权建立初期，波兰共有约300万文盲。而后通过举办各种读书识字班，到"六年计划"时期（1950~1955年），波兰已基本消除了文盲。

1961年，波兰议会通过《发展教育法》。该法的主要目标是建立一套完整有效的教育体制，规范并加大教育投入，培养国民经济和科学发展所需要的人才。《发展教育法》规定，教育由国家主持，学校为世俗学校。《发展教育法》将小学由 7 年制改为 8 年制，即义务教育年龄为 7~15 岁。此后，波兰又进行了一系列教育改革，比如引入两年的义务职业教育，为残疾人设立专门学校等。至 20 世纪 60 年代末，波兰的教育水平在东欧国家中位列前茅。

1985 年，波兰全国共设有幼儿园 26476 所，其中城市 9956 所，农村 16520 所，入园率为 50.7%；小学有 17013 所，在校生为 489.76 万人；中等学校有 5932 所，其中普通中学 1131 所，在校生 38.29 万人，中等职业学校和技术学校 4801 所，在校生 63.48 万人；高等院校 92 所，在校生 34.07 万人。教师共 38.39 万人，其中高等院校教师共 57280 人，其中教授 3341 人，副教授 5769 人。尽管当时的波兰面临严重的经济困难，但教育经费并未缩减，反而由 1981 年占国民收入的 4.07% 增至 4.53%。

1989 年，波兰公有经济部门在职人员共有 1006.3 万人。其中，受过高等教育的为 99.91 万人，约占 10%；受过中等职业教育的为 249.88 万人，占 25% 左右。

1989 年，波兰制定了新的《教育制度法》，确定小学为义务教育，学制 8 年，普通中学为 4 年制，中等职业学校为 3 年制，大学为 4~6 年制。

新《教育制度法》允许开设非公立学校（私立学校）。每个公民都有权兴办非公立学校，并自行编制教学大纲。创办和经营非公立学校无须征得批准，只要办理注册登记即可。而对于非公立学校来说，只要保证专业团队（包括师资力量）质量，并能完成教学大纲计划，即可获得与公立学校同等的地位和国家教育经费补贴，国家将负担每个学生教育费用的 50%。两类大学的教学可以遵循同样的原则，可以开设相同的学科领域（医学例外，只在公立大学设立），使用相同的学习周期和学习内容，提供相同类型的文凭和同等的学术学位。两类大学也都可根据专业定位分为综合大学 / 学院、理工大学和专科大学等。

根据波兰中央统计局的数据，1990~1991 学年，波兰共有高等院校 89 所，大学生 41 万人，比上一学年增加 5% 左右；普通中学 1177 所，在校学生 49.36 万人；中等职业学校 4888 所，在校学生 175.13 万人；小学

18283所，在校学生527.64万人。其中非公立中学92所，非公立小学85所。

1995年，波兰高等教育支出为27.15亿兹罗提，占国家财政支出总额的2.4%。

1997年宪法对教育做出了以下规定：18岁以下的波兰公民拥有享受义务教育的权利；公立学校实行免费教育，但允许公立高等院校对一些特定教育服务收费。

1997年，波兰普通和高等教育经费分别为64.77亿兹罗提和37.52亿兹罗提。1998年，波兰普通和高等教育经费分别增至69.87亿兹罗提和42.72亿兹罗提。

1999年，为使教育水平赶上西欧国家，波兰开始实行中小学教育体制改革，并通过了新的《中小学教育法》。这次改革涉及中小学学校结构、教学大纲和教学方法等。从该年9月1日起，新的教育体制开始实施。按照《中小学教育法》，新的教育体制分为学前、小学、初级中学、高级中学和高等院校教育。3~6岁的儿童可以上幼儿园。6岁开始可以参加一年的学前教育，即"零级班"。从7岁开始的8年制小学义务教育改为由6年制小学和3年制初级中学两部分组成的9年义务教育。义务教育结束后，学生可以通过考试升入高级中学。高级中学分为普通高中、中等职业学校和技术学校。普通高中一般为3年制，中等职业学校一般为2~3年制，技术学校为4年制。普通高中学生通过毕业考试（Matura）后可以获得进入大学学习的资格。中等职业学校的学生毕业后可获得技术工人职称，也可通过修习2年的辅助课程取得参加高中毕业考试的资格，通过后一样可以进入大学学习。

改革小学和初中教学大纲和教学方法也是此次教育体制改革的重点。其中，6年制小学被划分为1~3年级和4~6年级两个阶段。1~3年级为小学第一阶段，由传统的45分钟课堂教学法改为由老师自行安排教学时间，向学生教授波兰语和算术等。学生在第一阶段每周至少要参加3个小时的实践课。4~6年级为小学第二阶段，开始实行45分钟课堂教学法。该阶段侧重培养学生的想象力、创造力和适应现代生活的能力，实行以学生学习为主、老师指导为辅的教学方法。除了保留各项传统课程外，还增加了健康、生态、媒体等课程，并设一门外语必修课，每周另安排 3~5 个小时的自由教学时间，校长可视情况增加或调整课时计划。小学学业结束后，独立于学校的地区考试委员会将对毕业生进行考查，考查范围包括读、写、计算和社会生活方面的知识等，考查仅供教育研究和统计参考，对学生升入初中没有任何影响。初中阶段重点提高学生对波兰传统文化的认识，要求老师采用讨论和模拟情景的教学方式，引导学生积极参与社会和家庭生活。新增"人与环境""人与现代社会"等课程，引导学生自主思考和解释各种社会现象。

2000~2001 学年，波兰共有高等院校 310 所，在校学生 158.48 万人，教师 7.99 万人；普通高中 2292 所，在校学生 92.4 万人，教师 4.56 万人；中等职业与技术学校 8281 所，在校学生 152.79 万人，教师 8.97 万人；小学 16766 所，在校学生 322 万人，教师 22.64 万人。

2001 年 12 月 17 日，波兰政府举行私立高等院校创办 10 周年纪念大会。时任国家教育与体育部部长克里斯蒂娜·维巴茨卡（Krystyna Łybacka）在纪念大会上致辞，肯定私立高等院校是对波兰教育体制的重要补充，也是公立高等院校的重要竞争对手和伙伴。它们为更多青年人提供了学习的机会。私立高等院校的特点在于，能够时刻关注国内外劳动力市场的需求变化，并迅速做出反应。今后国家应向私立高等院校提供必要的帮助，让公立和私立高等院校的学生在享受国家奖学金、补助金和贷款方面享有同等机会。当时的波兰共有 225 所私立高等院校，在校学生约为 50 万人。

2002 年，波兰有约 90 万名高中毕业生涌入劳动力市场。为缓解就业压力，波兰政府于 6 月 4 日启动了鼓励毕业生就业计划。根据该计划，雇用应届毕业生的业主可以从政府获得支付毕业生一年工资和社会保障费用的补助；计划自己创业的高中毕业生则可以免费获得相应的培训和咨询服务。

加入欧盟后，波兰高等院校的学制基本与其他欧盟国家保持一致。本科的学习年限一般为 3 年（理工科多为 3 年半），硕士的学习年限一般为 2 年（药剂学为 5 年，医学为 6 年），博士的学习年限一般为 3~4 年。

进入 21 世纪，波兰人口老龄化程度加重，享受义务教育的学生和学龄前儿童的人数开始逐年减少。2005~2006 学年，波兰的初中数量为 7031 所，学生数量为 159.68 万；小学数量为 14572 所，学生数量为 260.2 万。

2007~2008 学年，波兰共有高等院校 455 所，在校学生 193.74 万人，教师 10.07 万人；普通高中 2471 所，在校学生 71.53 万人，教师 5.26 万人；中等职业与技术学校 3631 所，在校学生 65.99 万人，教师 6.19 万人；初等职业学校 2139 所，在校学生 24.35 万人，教师 1.65 万人；初中 7142 所，在校学生 145.32 万人，教师 11.3 万人；小学 14330 所，在校学生 237.52 万人，教师 18.39 万人。

2010~2011 学年，波兰共有高等院校 460 所，在校学生 176.41 万人，教师 10.07 万人；普通高中 2433 所，在校学生 60.85 万人，教师 4.78 万人；中等职业与技术学校 2517 所，在校学生 55.84 万人，教师 4.68 万人；初等职业学校 2202 所，在校学生 22.13 万人，教师 1.65 万人；初中 7331 所，在校学生 121 万人，教师 10.68 万人；小学 13772 所，在校学生 218.72 万人，教师 17.33 万人。

2011 年，波兰的普通和高等教育经费支出分别为 16.97 亿兹罗提（约合 5.73 亿美元）和 120.09 亿兹罗提（约合 40.52 亿美元），分别约占财政总预算的 0.54% 和 3.8%。

2012~2013 学年，波兰小学教育的最低年龄从 7 岁降至 6 岁。

同年，波兰高等院校学生数量由 2007~2008 学年的近 200 万减至 167.69 万。随着学生数量的减少，波兰高等教育产业也发生了变化。比如，由于越来越多的学生倾向于选择公立高等院校的免费全日制专业，各高等院校的非全日制专业陆续停办。公立高等院校开始逐步精简无法盈利的收费项目，私立高等院校则为了吸引生源而降低学费和开设特色课程。统计数据显示，2012 年，波兰的 338 所私立高等院校中有 27 所关闭，2013 年则有 22 所关闭。

截至 2013~2014 学年，波兰共有高等院校 438 所，其中公立院校 132 所，私立院校 306 所，学生数量为 154.99 万。

值得注意的是，尽管本国学生数量在减少，波兰高等院校的外国留学生数量却一直呈上升趋势。2013~2014 学年，波兰高等院校的在读外国留学生为 35983 人，是 2005~2006 学年的 3.6 倍。

波兰的高等院校多集中在华沙、克拉科夫、波兹南和弗罗茨瓦夫等大中城市。其中，传统综合大学有华沙大学、雅盖隆大学、亚当·密茨凯维奇大学（Uniwersytet Adama Mickiewicza w Poznaniu）、弗罗茨瓦夫大学（Uniwersytet Wrocławski）和尼古拉·哥白尼大学（Uniwersytet Mikołaja Kopernika w Toruniu）等；理工大学有华沙理工大学、格但斯克理工大学（Politechnika Gdańska）、波兹南理工大学（Politechnika Poznańska）、弗罗茨瓦夫理工大学（Politechnika Wrocławska）和西里西亚理工大学（Politechnika Śląska）等；医科大学有华沙医科大学、卢布林医科大学（Uniwersytet Medyczny w Lublinie）和罗兹医科大学（Uniwersytet Medyczny w Łodzi）等；其他的著名学府有华沙生命科学大学、华沙国防大学（Akademia Obrony Narodowej）、弗里德里克·肖邦音乐大学、克拉科夫经济大学（Uniwersytet Ekonomiczny w Krakowie）、克拉科夫师范大学（Uniwersytet Pedagogiczny im. Komisji Edukacji Narodowej w Krakowie）、罗兹国家电影学院（Państwowa Wyższa Szkoła Filmowa, Telewizyjna i Teatralna im. Leona Schillera w Łodzi）和约翰·保罗二世卢布林天主教大学等。

第二节　科技

波兰历史上科学技术发达，人才辈出。

公元 12 世纪以前，掌握科学文化知识的主要是皇室成员和上层僧侣。

维特隆（Witelon）是 13 世纪波兰著名的修士、哲学家和光学家，其著作《透视》（Perspectiva）为以后的光学发展奠定了基础。

到 14 世纪，随着雅盖隆大学等国家教育机构的兴建，科学文化知识开始在贵族和市民中得到普及。此时的雅盖隆大学是波兰最重要的科研中心。

16 世纪，波兰诞生了天文学泰斗——哥白尼。哥白尼对天体的观测和他的《天体运行论》动摇了旧的天文学基础，使人类对宇宙的认识进入一个新时期。

17 世纪，波兰的科学发展开始对欧洲产生广泛的影响。该时期的著名学者有数学家扬·布罗谢克（Jan Brożek）、哲学家巴特沃米耶·凯克曼（Bartłomiej Keckermann）和医学家约瑟夫·斯图希（Józef Struś）等。

波兰的启蒙运动稍晚于西欧，开始于 18 世纪中叶，其间涌现出许多哲学家、作家、诗人、法学家、教育家等。波兰启蒙运动的领袖人物当数斯坦尼斯瓦夫·斯塔斯茨（Stanisław Staszic），他既是神学家、哲学家、地质学家、翻译家和诗人，也是波兰著名的政治家，对"四年议会"的召开和"五三宪法"的出台起到了决定性作用。斯塔斯茨还创办了华沙科学伙伴社（Towarzystwo Warszawskie Przyjaciół Nauk）。这一时期，华沙开始成为波兰科学文化发展的中心。

在被瓜分的一个多世纪中，波兰依然涌现出无数科学家。1853 年，波兰药剂师、化学家伊格纳齐·武卡谢维奇（Ignacy Łukasiewicz）发明了从石油中提炼煤油的技术和现代煤油灯。他又在 1854 年和 1856 年分别建立了世界上第一座油田和炼油厂。1883 年，波兰科学家齐格蒙特·乌洛布罗夫斯基（Zygmunt Wróblewski）和卡罗尔·奥尔谢夫斯基（Karol Olszewski）首次在实验室成功取得稳定的液态氧气、氮气和二氧化碳。

同时，许多波兰科学家流亡或定居国外从事科研工作。定居法国的玛丽·居里是放射性研究的先驱，她发明了分离放射性同位素的技术，并发现了新元素钋（Po）和镭（Ra），成为第一位获得诺贝尔奖的女性和唯一一位获得两项科学类诺贝尔奖（物理学奖和化学奖）的人。定居智利的地质学家、矿物学家伊格纳齐·多米耶科（Ignacy Domeyko）为智利绘制了第一张地质学地图，改进了当地的采矿技术，并发现了大量新化石和史前遗物。探险家、地质学家帕维尔·斯采列茨基（Paweł Strzelecki）也是该时期波兰学者的杰出代表。

1872 年，波兰教育学院（Polska Akademia Umiejętności）在克拉科夫成立，成为波兰第二所自然科学研究机构。

1918 年波兰重获独立后，许多流亡国外的波兰裔科学家纷纷回国。经过约 20 年的努力，波兰建立了一批新的大学和科研机构，恢复并发展了科研能力。到 1939 年，波兰全国共有 15 家科研机构和 800 多名科研人员，另有 32 所高等院校，教师有 3000 多人。

当时，波兰的数学、逻辑学、物理学、天文学、化学、生物学、医学和经济学等学科在世界上均享有一定的声誉。例如，在数学方面，华沙大学的瓦茨瓦夫·谢尔宾斯基（Wacław Sierpiński）、齐格蒙特·雅尼舍夫斯基（Zygmunt Janiszewski）和斯特凡·马祖尔凯维奇（Stefan Mazurkiewicz）三位教授对集合论、数论、函数论和拓扑学的研究达到了世界先进水平。扬·卡齐米日大学（Uniwersytet Jana Kazimierza）即后来的利沃夫大学（Lwowski Uniwersytet Narodowy im. Iwana Franki））的尤利乌斯·桑德尔（Juliusz Schauder）是泛函分析领域的专家，1938 年与法国数学家让·勒雷（Jean Leray）共同获得马拉克斯国际数学奖（międzynarodowej nagrody Malaxa）。

在物理学方面，波兰实验物理学的奠基人之一，斯特凡·平克夫斯基（Stefan Pieńkowski）教授在华沙大学建立了实验物理研究所，该所在放射性和光激发光上的研究处于国际领先地位。1936 年，第一届国际光激发光学术会议便是在华沙召开的。华沙理工大学的米切斯瓦夫·沃尔夫科（Mieczysław Wolfke）教授在 X 光显微技术上的研究为后世的全息摄影奠定了基础。该大学的理论物理学教授沃伊切赫·鲁宾诺维奇（Wojciech Rubinowicz）在量子力学、数学物理和多极辐射理论方面均有所建树。

在天文与大地测量学方面，雅盖隆大学的塔德乌什·巴纳显微奇（Tadeusz Banachiewicz）教授发明了"克拉科夫算法"（Krakowian），该算法日后被广泛应用于天文学、大地测量学和工程学。

在化学方面，被称为"现代热化学之父"的华沙理工大学的沃伊切赫·希文托斯瓦夫斯基（Wojciech Świętosławski）教授发明了新的低温测量方法和多种量热器。

第二次世界大战中，波兰的科研事业遭到严重破坏，约 40% 的科研工作者惨遭杀害，66% 的研究书籍和资料被焚毁或遗失。

二战结束后，波兰开始恢复高等院校和科研机构的工作。1951 年，波兰科学院（Polska Akademia Nauk）在华沙建立。波兰科学院由华沙科学伙伴社、波兰教育学院等科研组织合并而成，在克拉科夫、波兹南、弗罗茨瓦夫、罗兹和卡托维兹等地均设有分院。此时，波兰全国共有 67 所高等院校，54 个专业科研机构，教授、副教授 2500 人，其他科研和科技人员约 4 万人。同年，波兰举行了第一届科学大会。

20 世纪 50、60 年代是波兰科学发展的重要时期。为了加强科研工作，进一步扩大科研机构网，尤其是为明确科研方向和任务，波兰于 1958 年、1960 年和 1961 年分别制定了《高等教育法》、《波兰科学院法》和《专业（部门）研究所法》。《高等教育法》规定，高等院校应将教学与科研相结合。《波兰科学院法》规定，波兰科学院既从事基础科学研究，又从事应用科学研究，同时协调全国的科研工作。《专业（部门）研究所法》规定，专业研究所的工作重点是应用科学研究。1951~1960 年，波兰政府对科学研究的投入每年约为 200 万兹罗提，约占国民收入的 0.7%。

为了实行对全国科研工作的统一领导和管理，更合理地分配科研基金，确保科研成果得到实际应用，波兰议会于 1963 年批准成立波兰科学技术委员会。作为波兰科技发展的最高国家行政管理机关，科学技术委员会还负责制订并协调对国民经济发展具有重要意义的应用科学研究计划。

到 1970 年，波兰已建立起比较健全的科研管理体制，科研力量进一步壮大。全国有 80 所高等院校，约有 2.5 万名科研人员；波兰科学院下属有 64 个科研单位，有 2274 名科研人员；其他专业（部门）研究所达 210 个，有约 1.2 万名科研人员；工厂、企业所属的科研单位有上千个。国家对科研的投入也有所增加，达 147.4 亿兹罗提，约占国民收入的 1.9%。

20 世纪 70、80 年代，为集中力量攻克国家重点课题，加速科研成果的应用，波兰对科研管理体制进行了调整。1972 年，波兰成立教育和教养部（Ministrowie Oświaty i Wychowania），以取代教育和高等教育部以及科学技术委员会。1985 年又建立了科学和技术进步委员会及其执行机构科学技术进步应用局。为了总结科研工作的经验教训和成就，确定科学发展的新任务，波兰于 1973 年和 1986 年分别召开了第二次和第三次科学大会。

这一时期，波兰科学发展的战略性任务是：持续跟踪和学习世界领先科学与技术；力求进口合理化，扩大出口能力；提高国民经济发展水平和企业的效益，开展材料与能源节约、原料和废料二次利用的技术革新，更合理地利用劳动力和固定资产，提高产品质量；选择国民经济发展特别需要的研究方向，并按重点集中使用资金；进行有助于文明、技术和经济进步的研究，开展科学前景预测和规划方面的工作；发展更有效的经济管理方式和方法；提高干部素质，健全科研组织管理系统和法律制度；积极参加国际合作，尤其是经互会内的合作。

优先发展的科学领域为：生产自动化、机器人化；常规能源和核能技术；新材料和新工艺；原料开发新技术；生物工程；运输体系与技术；食品经济现代化；卫生保健、劳动保护和环境保护；国民经济电子化等。

社会主义时期，波兰在自然科学领域，如理论物理、实验物理、地质学、地理学、生物学、医学等方面达到世界先进水平。1971 年，计算机工程学家雅采克·卡尔平斯基（Jacek Karpiński）发明了波兰第一台微型计算机 K-202。而在医学领域，免疫学、血液学、遗传学、矫形学、药理学等的研究也获得了举世瞩目的突破。

波兰在社会科学领域，如社会学、经济学、历史学、考古学、法学等方面的研究也取得了重大成就，出现了一大批世界知名学者，其中有逻辑学家、哲学家塔德乌什·科塔尔宾斯基（Tadeusz Kotarbiński）和卡齐米日·艾杜凯维奇（Kazimierz Ajdukiewicz），经济学家奥斯卡·兰格（Oskar Lange）和米哈乌·卡莱茨基（Michał Kalecki），历史学家耶日·托波尔斯基（Jerzy Topolski）和亚历山大·盖什托尔（Aleksander Gieysztor）等。

波兰十分重视国际科学合作与交流。除加强同苏联和经互会其他成员国的科学合作之外，波兰也在一定程度上开展与西方国家的交流，先后同美国、联邦德国、英国、法国、意大利、加拿大、奥地利、瑞典等 36 个国家建立了双边和多边科学合作关系。合作主要有三个层次，即政府间合作、科研部门间合作以及基层科研单位间的合作。随着与美国关系的进一步正常化，波兰和美国政府于 1987 年 9 月正式签订了《波兰－美国科学技术合作协议》。

根据联合国教科文组织的统计，1975 年，波兰科学工作者在全国人口中所占的比重居世界前 10 位，平均每万人中有 90 名科学工作者。1985 年，波兰共有科学工作者 18.1 万人，其中科学家与工程师为 5.7 万人。1987 年，波兰的科研开发总经费约为 9.71 亿美元，占国民生产总值的 1.52%。1989年，波兰的科研人员已超过 5 万人。其中，政府机构有 4600 人，约占9.2%；高等教育部门有 1.68 万人，约占 33.6%；企业部门有 1.1 万人，约占22%。科研开发总经费的分配比例为：政府机构占 13.7%，高等教育部门占18.7%，企业部门占 67.6%。同年，波兰国内共发表科学论文 9047 篇，申请专利 6137 项。

1989 年后，随着政治、经济制度的转轨，波兰对科研制度也实行了改革：将科研工作与社会市场经济结合起来；科研开发项目直接同国家当前的经济发展挂钩；科研经费的分配采用竞争原则；提高科学家的社会地位，重视并发挥科学家的创造性。

波兰的科研机构被分为四大类，即波兰科学院、波兰高等院校研究所、波兰政府各部委科研开发机构和科研协会或基金会所属科研单位。科研机构的研究经费原则上由国家全部或部分承担，而高等院校发展基金和用于自选开发项目、国际学术交流以及其他技术援助等方面的资金则完全由国家从中央预算中单独拨款。全国科研工作由波兰国家科学研究委员会（Komitet Badań Naukowych）管理并协调；科研经费由波兰国家科学研究委员会与基础研究委员会、应用研究委员会共同管理，并由它们分配给四类科研机构。与社会主义时期相比，波兰科学发展的战略性任务和优先发展领域变化不大。1995 年，波兰把 71% 的科研经费用于农业、食品工业、机械工业、采掘业、运输业、建筑业，以及环保、卫生、地质、电力、电子和电信等经济发展部门。

总体上看，波兰的科研开发总经费较过去大幅减少，仅占国内生产总值的不足 0.5%，在欧洲排在最后几位。为了减少国家的财政负担，波兰鼓励科研单位自己解决科研项目的经费问题。同时，波兰开始实行新的科研人事制度，即对一定数量的科研骨干实行终身聘任制，但只为其提供与其工作能力相对应的待遇；其他的科研人员则与科研单位签订定期劳动合同，在合同期内享受工资等待遇。

这一时期，波兰科研工作取得了很多重要成果。1992 年，华沙大学的光学重力透镜实验项目，发现了首个太阳系外行星，为人类寻找暗物质和地外生命迈出了重要的一步。1999 年 3 月，波兰科学家参与了欧洲航天局的"火星快车号"火星探测计划的实施，承担了探测卫星的分光光度计的研制任务。2001 年 4 月，分光光度计顺利通过所有测试。2003 年，"火星快车"号顺利发射，依靠波兰科学家设计的新型分光光度计，卫星传回了大量火星地表影像和资料，帮助科学家先后发现了火星极冠存在干冰，火星大气成分中含有氨和甲烷等，火星地表存在水合硫酸盐、硅酸盐等矿物。

进入 21 世纪以来，波兰的科学技术步入高速发展期。

2001 年，波兰科学家研究并掌握了从碲镉化合物中获取高质量半导体材料的新方法；波兰使用了新型磁场制造设备，其制造的磁场比地球磁场强百万倍；波兰科学家为俄罗斯的太阳探测卫星"日冕 – 光子"（Koronas-Foton）号制作了两套日冕跟踪设备；波兰物理学家塞尔维斯特·普罗夫斯基（Sylwester Porowski）及其团队成功研制出能释放蓝色激光的半导体装置；波兰考古学家在埃及的萨卡拉（Saqqara）发现了环绕埃及最古老的金字塔——左塞尔金字塔（Pyramid of Djoser，又称阶梯金字塔）的城郭遗迹。

2002 年 2 月，雅盖隆大学地质研究所宣布，在波兰南部苏台德山区发现了 3.9 亿~4.2 亿年前的海藻化石，并认为这些海藻化石将有助于对古生代早期海洋的研究。这一发现立即引发了国际地质和古生物学界的广泛讨论。

2002 年 9 月，波兰科学家宣布用脐血干细胞成功培育出了脑细胞，这将有助于修复脑部损伤，治疗脑震荡和帕金森氏症等。脐血干细胞一般被用来治疗白血病和淋巴癌，但波兰科学家的研究证明，脐血干细胞也具有和骨髓干细胞相似的功能，将来还可能用脐血干细胞培育出其他类型的细胞，甚至制造出需要的组织和器官，或者使病人肌体中的内脏器官受控再生。

值得一提的是，为普及科学知识，波兰建立了众多的博物馆。到 2002 年底，波兰全国各类科学博物馆达 661 家。

加入欧盟后，波兰的科研政策开始与欧盟发达国家接轨。2005 年，波兰国家科学研究委员会被科学与高等教育部和科学委员会（Rada Nauki）取代。2007 年，波兰成立国家研究与发展中心（Narodowe Centrum Badań i Rozwoju）。

自 2005 年起，波兰开始逐渐加大对科研活动的投入。2005~2010 年，波兰全国科研开发总经费以每年 10.3% 的速度增长。2010 年，波兰科研开发总经费为 104.16 亿兹罗提（约合 34.5 亿美元），占国内生产总值的 0.74%。其中，政府科研投入占 61%，企业投入占 24%，外资投入占 12%。预计到 2020 年，科研开发总经费将占国内生产总值的 1.7%。

2010 年，波兰再次改革科研管理方式，建立决策与执行相分离的运行机制，以提高管理效率，促进公私部门的合作，提高私营部门的研发投入。此后，科学与高等教育部负责科学政策设计，经济部负责创新政策设计，国家研究与发展中心、国家科学中心（Narodowe Centrum Nauki）和波兰企业发展局（Polska Agencja Rozwoju Przedsiębiorczości）等负责政策的实施。

2011 年，为解决波兰存在的科研机构和产业联系不够紧密、应用研发投入低、科研机构分散、科研国际化程度低等问题，波兰科学与高等教育部通过了《国家研究计划》。其主要内容有：确定国家中长期科研战略方向和目标；提高科研机构和产业的结合度，根据产业需要确定研发领域；整合分散的科研机构，提高技术转化能力；增加专利的申报数量等。《国家研究计划》支持的优先发展领域包括：能源技术；新型疾病、新药、再生医学的研究；信息、电信、机电一体化；现代材料技术；环境、农业、林业技术；全球化下的波兰社会、经济发展研究；国防和国家安全研究等。

同时，波兰政府通过了由经济部和环境部共同制订的《国家低碳经济发展计划》。该计划是波兰为了执行欧盟能源－气候一揽子计划，并完成所担负的节能减排义务而制订的若干计划中的一个。该计划旨在通过实施节能减排使波兰的社会、经济和环境受益，如创造新的工作岗位，提高经济竞争能力，保持社会可持续发展等。该计划的主要内容包括：节能技术研发；提高废弃物管理效率和水平；低碳能源研发和应用；推广新型消费模式等。

2012 年 2 月，波兰成功发射首颗人造卫星 PW-Sat，其主要任务是测试伸缩太阳能电池板和轨道衰减技术。

波兰是《保护工业产权巴黎公约》和《专利合作条约》的签约国。波兰重视并保护发明者的权益。根据波兰 2001 年《工业产权法》，波兰国家专利局是负责专利注册的主管部门；专利的保护期为 20 年，实用新型专利的保护期为 5 年，可申请延长 5 年；保护期内需每年向专利局缴纳费用。但新动植物种类、动物饲料及其生化过程、医药、动物和植物的病害疗法、计算机软件（由著作权法保护）、核能转换产品和科学理论及发现均不能获得专利。

2013 年 7 月，波兰在世界知识产权组织公布的全球创新指数排名中名列第 46 位，但在欧盟国家中依然排名靠后。

波兰科学基金奖（Nagroda Fundacji na rzecz Nauki Polskiej）是波兰最高科学荣誉，用来表彰那些在科学领域取得巨大成就，扩展了人类知识疆界，并对波兰文明进步做出杰出贡献的人士。该奖自 1992 年开始颁发，共设四个门类：生命科学；化学和材料学；数学、物理学和工程学；人类和社会学。

2013 年，为培养和支持青年科学家，波兰国家研究与发展中心设立了"领袖项目"。"领袖项目"旨在激励 35 岁以下的从事尖端领域研究的波兰青年科学家与企业开展合作研发，培养青年学者在独立制订研究计划、加强研究基金管理及领导科研团队等方面的才能，并促进科学界与产业界的结合和科研成果的及时转化。参与"领袖项目"的每位青年科学家可获得约 100 万兹罗提的资助。截至 2014 年 1 月，"领袖项目"资助了 4 批共 141 位青年科学家，资助总额达 1.41 亿兹罗提（约合 4600 万美元）。

近年来，波兰取得了一系列令人瞩目的科技创新成果。例如，2014 年 8 月，第二颗科研卫星赫维留斯由中国长征四号火箭搭载升空；波兰电子材料技术研究所（ITME）在石墨烯的制备方法方面取得突破；弗罗茨瓦夫理工大学成功研发具有国际领先水平的光纤激光器；华沙大学动物研究所对哺乳动物胚胎早期发育机理有了独特发现；波兰科学院高压物理研究所研发出获得氮化镓单晶体的高压方法；格但斯克大学在研究导致信息因果相关性的多光子纠缠状态方面做出了突出贡献。

波兰积极参与欧盟有关科技合作的计划，如 X 射线自由电子激光装置（XFEL）等科学项目，重视加强与世界主要国家的双边科技合作，已有 58 名波兰科学家当选欧洲科学院院士。此外，波兰政府将参与欧盟新的科技合作计划"地平线 2020"（Horizon 2020）看作促进波兰科技发展的难得机遇。

第三节　新闻出版

一　概述

1944 年之前，波兰的报纸、杂志、书籍等均由私人、教会、政党或其他社会团体出版，国家实行新闻自由。

人民民主政权建立后，文化方面的私有财产也逐步收归国有或公有，许多"企业"或"公司"被撤销。波兰的报纸、杂志、广播、电视、书籍出版等机构主要由国家和机关单位创办和掌握，并实行书刊检查制度。

1956 年"波兹南事件"之后，波兰统一工人党强调，从社会主义的立场出发，在报纸上开展自由的、大胆的和实事求是的批评，是国家生活民主化不可缺少的条件，是同缺点、错误和官僚主义进行斗争的最有效的方法。但从 1959 年到整个 20 世纪 60 年代，哥穆尔卡实行"一长制"，虽提出任何形式批评自由的基本原则，但同时强调批评应该有助于克服困难，而不是使困难增加，更不能以煽动人心的方法来处理某些现象和问题。

20 世纪 70 年代，波兰统一工人党强调，报刊、电台和电视等舆论工具应在社会生活中、在社会主义民主发展方面起重要作用。它承认新闻工作者的政治态度及其执行党的政策对波兰统一工人党、对人民民主政权有很大帮助，但要求扩大新闻报道的范围，使宣传具有政治性、思想性。新闻媒体应成为对社会和经济发展问题发表意见和交流观点的阵地。报刊、书籍、电影、广播和电视等的重要任务在于传播政治知识，宣传现实主义思想和国家观念，以及人类的美德。

1984 年，波兰统一工人党强调，继续协商和公开讨论的制度，强调媒体从业者应为传播社会主义制度和思想而奋斗。

1989 年剧变后，波兰重新实行新闻自由制度，并对新闻媒体逐步实行市场化、私有化。1990 年 4 月 11 日，波兰议会通过法令，取消书刊检查制度，波兰出版和演出管理局随之撤销。议会对《新闻法》也做了相应修改，新闻报刊的注册登记工作由（省）法院办理。

二　报纸杂志

在社会主义时期，波兰最重要的、发行量最大的报纸杂志有3种：《人民论坛报》，为波兰统一工人党机关报；《新路》月刊，为波兰统一工人党中央政治理论刊物；《党的生活》，为波兰统一工人党机关刊物。根据1988年的统计资料，波兰全国公开发行的报纸和杂志共有3128种（其中报纸97种，杂志为3031种），年均发行量为5464.4万份（其中报纸为1004.5万份，杂志为4459.9万份）。

剧变后，随着市场化和私有化的推进，报纸杂志的发行量快速增加。1990年，波兰报纸和杂志共有2800种（报纸130种，杂志2670种）；总发行量为28.63亿份（报纸为19.16亿份，杂志为9.47亿份）；每人平均拥有报纸50份，杂志24份。1999年底，波兰全国出版发行的报纸杂志共有5518种。2000年底，全国出版发行的报纸杂志共有5385种。

根据2000年的有关统计，波兰发行量最大的日报是《选举报》（Gazeta Wyborcza），平日发行量近50万份，节假日发行量为70多万份；第二大的日报为《共和国报》（Rzeczpospolita），平日发行量为25万份左右，节假日发行量超过27万份。

截至2013年，波兰共发行报纸44种，杂志7243种，其中全国发行的报刊有《选举报》、《共和国报》、《波兰日报》（Gazeta Polska Codziennie）、《事实报》（Fakt）、《超级快讯》（Super Express）、《论坛报》、《政治》（Polityka）周刊、《直言》（Wprost）周刊、《波兰新闻》（Gazeta Polska）周刊等，此外还有《华沙生活报》（Życie Warszawy）等地区报刊。

三　广播、电视、通讯社

波兰主要的广播电台、电视台和通讯社分别为波兰广播电台（Polskie Radio）、波兰电视台（Telewizja Polska）和波兰通讯社（Polska Agencja Prasowa）。

1990年10月，波兰众议院通过关于允许开办私营广播电台和电视台的法令。1991年，波兰通讯社完成股份制改造，并与海外的波兰新闻社

（Polska Agencja Telegraficzna）合并。1992 年 12 月 29 日通过的《波兰广播电视法》规定，私人创办广播电台和电视台等仅须到省级法院办理登记注册即可。新闻媒体可以创办自己的经营实体，包括经营出版发行、广告业务、进出口贸易以及提供各种形式的有偿新闻和信息服务等的机构。波兰广播电台、电视台等新闻媒体实行股份制或私有化的方式主要有：个人（法人）开办私营广播电台、电视台，或参与控股；波兰人（法人）与外国人（法人）合办或合资经营广播电台、电视台等；外国新闻媒体进入波兰，设立分支机构或直接投资创办信息咨询公司等。

同年，独立于政府的国家广播委员会（Krajowa Rada Radiofonii i Telewizji）成立，负责监管广播电台、电视台等的运营。此后，主要的电视台和广播电台仍受到国内政治的影响，或同政府关系密切，或为主要政党控制。

截至 2013 年，波兰共有 4 个国家广播频道、17 个地区频道和 1 个海外广播频道，另有 16 家电视台和 1 个海外电视频道。这些广播电台和电视台绝大部分为私营。

四　图书出版

1. 图书印刷与出版

15 世纪末，波兰出现了第一批印刷所。到 16 世纪，波兰印刷业快速发展。据统计，在波兰出版的书籍约达 7000 种，所涉语种包括波兰语、拉丁语、德语、白俄罗斯语、乌克兰语等。当时的印刷所主要掌握在天主教会手中，而新教徒印刷所的存在体现了波兰书籍的多样性。

18 世纪，波兰书籍发行和印刷业在华沙等大城市繁荣发展，印刷所也不再为教会所垄断。在华沙出现了许多世俗化的、由市民阶层建立和掌握的印刷所（相当于集出版和发行于一身的私人企业）。这些印刷所的印刷技术大大提高，印刷的图书也不再局限于布道演说、圣徒生平、颂词等，而是更多地出版政治性著作、教科书、诗集、技术书籍等。

社会主义政权建立初期，波兰约有 264 家私有出版公司。到 20 世纪 40 年代末，这些公司或被撤销或被国有化。1956 年，波兰仅剩下 30 家出版公司。到 1987 年，出版公司数量翻了一番。全国的出版工作均由国家控制。1988 年，波兰的出版公司减少至 25 家。与此同时，地下出版公司或独立出版公司发展迅猛。20 世纪 80 年代中期，波兰有 400~500 家地下独立出版公司，主要出版一些政府禁止出版的非法图书、小册子等。到 1989 年，注册的出版公司增至 300 家，一年后又翻了一番。新的出版公司一般为小型公司，仅有几个雇员，图书品种也较少，主要发行一些以前不允许出版的图书，涉及宗教、政治、历史题材，包括各类爱情、侦探、恐怖小说等。这些新图书在波兰大受欢迎。

随着经济的转型，波兰出版业发生了很大变化。一方面新办私有小型出版公司大量涌现，另一方面大多数国有出版公司开始实行私有化。例如，以出版经典文学作品而闻名的奇泰尔尼克（Wydawnictwo "Czytelnik"）出版公司于 1989 年开始合资经营，著名的科技图书出版公司——波兰科学出版社（Wydawnictwo Naukowe PWN）于 1991 年实现私有化。1992 年，波兰最大的国有图书出版发行公司"Skladnica Ksiegarska"因缺乏资金和经营不善等原因而倒闭；其他国有出版公司也因种种原因而出现业绩大滑坡。尽管政府补贴不断减少，但一些国有出版公司出版的图书品种依然较新办私有小型出版公司高出 10 倍或更多。不过，其质量和销量并不理想。1996 年，学者安杰伊·罗斯托茨基（Andrzej Rostocki）按照质量、销量和影响将所有出版物分成 4 个类别，分别是外国文学、波兰文学、非小说类和工具书，并加以排名。结果只有一家国有出版公司出版的 1 种图书被排入 4 个类别的前 10 名，而 24 家新办私有小型出版公司出版的 39 种图书被排入 4 个类别的前 10 名。在这种形势下，一些较大的国有出版公司只好通过与西方出版公司合资经营或裁减雇员来渡过危机。

尽管外商投资波兰出版业相对便利，但 20 世纪 90 年代末的市场准入费用已经没有市场开放初期那么优惠。所以，外资多倾向于独资，而波兰国内有潜力的出版公司也不热衷于合资。在波兰投资的外国出版公司主要有德国贝塔斯曼出版公司、贝克法律出版公司、乌尔班医学出版公司和施瓦茨博格医学出版公司。荷兰的沃尔特斯·克鲁维尔集团投资了两家小型法律出版公司。英荷合资的里德-埃尔塞维尔的巴特沃斯出版公司与波兰科学出版社合作出版刊物。英语教学图书的出版则为多家英国出版公司，如朗文出版公司、牛津大学出版社、剑桥大学出版社、海涅曼出版公司、英国广播公司等所控制。

1990 年之后，波兰已没有专门统计出版和出版社数量的机构，只能依靠国家图书馆基金会公布的出版社目录来估计出版和出版社数量。按照该目录，1995 年波兰共有出版公司 1829 家，一年后增至 3149 家。[①] 而波兰图书信息中心发布的《波兰图书》一共只收录出版公司 1800 家，其中 1000 家公司年出版图书少于 5 种。

1999 年波兰图书市场的销售总额为 16.8 亿兹罗提（约合 4.23 亿美元），出版新图书约 2.45 万种。在全部销售图书中，教材占 27%，小说占 26%，专业和科技类图书占 20%，其余是画册、指南、儿童和宗教图书。

2003 年，在波兰图书市场上有影响的出版公司或出版社约为 100 家，其中规模较大的有 30 家。这 30 家出版公司中，只有少数是老公司，如教材出版公司（Wydawnictwa Szkolne i Pedagogiczne）、波兰科学出版社、贝罗纳出版社（Wydawnictwo Bellona）和阿卡迪出版社（Arkady）；大多数出版公司，如 "Muza"、"Prószyński i S–ka"、"Amber" 和 "Swiat Ksiazki" 等，经营出版仅有 10 年左右，属于新公司。占有主导地位的前五大出版公司依次是：教材出版公司，主要出版教材，控制了波兰 90% 的教材市场份额；波兰科学出版社，主要出版百科、字典、专著和大学教材；"Muza"，创建于 1991 年，为最成功的私人出版公司；"Harlequin"，由其加拿大母公司全资创建，主要出版言情小说；"Swiat Ksiazki"，由德国的贝塔斯曼出版公司投资创办。这五大出版公司控制了波兰图书市场 40% 的份额。

根据波兰国家图书馆的统计，2005 年波兰约有 2.2 万家出版社，2006 年则有 2.5 万家。2007 年，申请过国际标准书号（ISBN）的出版社约有 2.7 万家。

2007 年，教材出版公司成为波兰最大的出版商，其年营业额为 5900 万美元，年出书 899 种；其次为读者文摘集团（Reader's Digest），年销

---

① 据说还有一些出版公司未被收入该目录。

售额为 5330 万美元，年出书 48 种；波兰科学出版社位居第三。这一年，波兰出版图书达 21810 种，与上年相比增长近 10%。其中，出版新书达 13260 种，与上年相比增长 10.6%。不过，出版图书平均印数由 2006 年的 6727 册略微下滑至 6713 册。

2012 年，波兰出版各类图书 34147 种，共 7900 万册。截至 2013 年中期，波兰国家图书馆的 ISBN 数据库中，注册的出版机构数量在 40500 家左右，其中的 300 家大型出版社掌控着 98% 的市场。值得一提的是，波兰实体书店的数量持续减少，而电子书和有声书则不断增长。2014 年，波兰的电子书市场总估值为 5600 万兹罗提，同比增长 16.5%。调查显示，约 480 万波兰人购买过有声书。

波兰文学被翻译成外文出版的历史可以追溯到 16 世纪，当时，波兰文艺复兴诗人的作品被翻译成多种语言。到 17~18 世纪，一些经典的波兰小说在海外受到欢迎。2004~2014 年，波兰文学主要被翻译成俄语（1169 种）、英语（538 种）、德语（466 种）、意大利语（381 种）、西班牙语（341 种）、法语（332 种）和捷克语（298 种）。在引进方面，翻译文学占波兰图书市场的很大一部分。2013 年，波兰合计出版图书 32716 种，其中翻译作品占到了 20.5%。

波兰保护著作权。1926 年，波兰通过第一部《著作权法》，后经 1952 年修订一次。现行法律为 1994 年波兰议会通过的《著作权法》。

2. 图书馆

波兰一直极为重视图书馆事业的发展。1747 年，安杰伊·斯坦尼斯瓦夫·扎乌斯基（Andrzej Stanisław Załuski）和约瑟夫·安杰伊·扎乌斯基（Józef Andrzej Załuski）兄弟在华沙建立了波兰第一座公共图书馆——扎乌斯基图书馆（Biblioteka Załuskich）。这也是欧洲最早的公共图书馆之一。扎乌斯基兄弟逝世后，该图书馆由国家接管。"第三次瓜分波兰"后，俄罗斯人将该馆的藏书全部运往圣彼得堡。1920 年后，根据《里加条约》，苏俄返还了一部分藏书。1928 年 2 月 24 日，华沙设立波兰国家图书馆（Biblioteka Narodowa），并颁发了相关法规对图书馆活动进行规范。波兰国家图书馆重点收集资料，编辑国家书目，编辑文献联合目录，开展标准化活动，将价值较高的收藏及从其他波兰图书馆精选的资料缩微化，开展社会公益事业和阅读活动。可惜的是，1944 年，扎乌斯基图书馆和波兰国家图书馆均遭到德国纳粹的疯狂破坏，大量珍贵藏书和历史文献被付之一炬。

二战后，波兰国家图书馆恢复运作。除了收集、存储文献外，波兰国家图书馆还负责对古旧资料，如手稿、印本书、宣传品、绘画、地图、明信片、乐谱、照片等进行保护与修复。

波兰国家图书馆对国内作品的收集始于 1927 年。根据法律，波兰国家图书馆可免费得到国内出版物法定缴送本一册。然而在 1976~1989 年的书报审查时期，许多地下出版物因未进入正常发行渠道而未被收集。随着修订后的《图书馆法定缴送本法》于 1996 年 11 月 7 日生效，波兰国家图书馆有权获得两册波兰国内的出版物，一册供阅览使用，另一册作为档案收藏。

波兰国家图书馆每年能收到 12 万件新出版物。其中 75% 是法定缴送本，其他则通过购买、捐赠或国内外馆际交换而获得。特别是通过购买古旧的波兰文献，波兰国家图书馆逐步重建了因历史原因而毁坏和散落的旧书馆藏。

1997 年 6 月 27 日，波兰颁布《图书馆法》，最终确立了波兰国家图书馆在全国图书馆系统中作为国家总书库的职能。波兰国家图书馆隶属于文化艺术部，它既是国家中央图书馆又是国家最重要的文化机构之一，还是国家文献的主要档案馆、国家图书书目信息中心、主要的图书馆学和情报学研究机构。

2013 年，波兰共有公共图书馆 8100 座，其中 5400 座位于农村地区，总藏书达到 1.31 亿卷。

除一般的公共图书馆外，波兰还建立了其他类型的图书馆，如科学图书馆、教育图书馆、工会图书馆、学校图书馆、专业图书馆及军事图书馆等。

截至 2014 年，波兰国家图书馆馆藏总计 9887831 卷（件），包括专著 3284005 卷，1801 年前印刷的书籍 162223 卷，手稿 29764 万件，乐谱印刷品约 125967 件，绘画 516368 件，地图和地图集 132531 件，声音和音像制品 193219 件，电子文献 59578 件，微缩胶片 274794 件等。

第四节 文学艺术

一 文学

波兰文学始于公元 966 年。从 10 世纪到 13 世纪，波兰的文献大多用拉丁文书写。12 世纪，历史学家加尔·阿诺宁（Gall Anonim）的《波兰王侯传》（Gesta principum Polonorum）是波兰的第一部编年史，也是波兰的第一部文学作品。这部作品记载了波兰众多民间神话和传说，反映了 10~12 世纪波兰的历史、政治和社会面貌。13 世纪初，克拉科夫主教、历史学家文森泰·卡德乌贝克（Wincenty Kadłubek）追随阿诺宁的脚步，撰写了波兰第二部编年史，即四卷本的《波兰王侯编年史》（Chronica seu originale regum et principum Poloniae，又称"卡德乌贝克编年史"）。这部编年史具有鲜明的传奇和宗教色彩，它综合了神话传说、《波兰王侯传》和卡德乌贝克的亲身经历，使读者能够领略波兰王国早期历史的全貌。卡德乌贝克在编年史中表达了自己的教权主义和民主思想，对波兰后来的贵族民主制产生很大影响。

尽管本身属于斯拉夫语族，波兰语的文字表达却受到拉丁语的深刻影响。而波兰文字最初的使用者和推广者是天主教会。13 世纪前后，天主教会开始将拉丁文的天主教祈祷词等翻译为波兰文，以方便人们阅读。其中最早且最著名的波兰文赞美诗是《圣母颂》，该诗在被谱曲后的数百年间一直被波兰人当作国歌传唱。

14~15 世纪，拉丁文在波兰文学界继续占支配地位。除编年史外，也出现了早期的政论文学和世俗文学作品。卡齐米日四世的顾问，扬·奥斯特罗鲁格（Jan Ostroróg）是波兰第一位政论作家，他的《治国纪事》（Memoriał o urządzeniu Rzeczypospolitej）开波兰政论文学之先河。世俗文学作品主要有基于真实历史事件改编的《安杰伊·泰钦斯基被杀之歌》

（Pieśń o zabiciu Andrzeja Tęczyńskiego）和《对懒惰农民的讽刺》（Satyra na leniwych chłopów）等，这些作品站在波兰贵族的立场上，对农民和城市贫民颇多诬蔑和攻击。1440 年，克拉科夫大学校长、语言学家雅库布·帕尔科什维奇（Jakub Parkoszowic）撰写了第一部波兰语法书，即《波兰语拼写法》（Traktat o ortografii polskiej）。15 世纪下半叶，神甫扬·德乌戈什（Jan Długosz）著《波兰通史十二章》（Historiae polonicae libri XII），该著作讲述了从上古到 1480 年的波兰历史。德乌戈什被后世称为中世纪最优秀的历史学家之一。

在雅盖隆王朝的统治下，波兰的经济、文化发展进入"黄金时代"。随着平民接受教育机会的增加，他们要求阅读波兰文作品的愿望也愈来愈强烈。

16 世纪，文艺复兴运动推动了波兰书面语的普及，使波兰文在文学领域获得了与拉丁文一样的地位。波兰先后涌现了一批杰出的文学家、思想家和人文主义活动家，他们的作品开始脱离宗教的束缚，着重表现普通人的生活和思想感情。

卢布林的别尔纳特（Biernat z Lublina）是最早使用波兰文写作的作家之一，他在 1513 年出版了第一部波兰文祈祷书——《灵魂的伊甸园》（Raj duszny）。大诗人扬·科哈诺夫斯基（Jan Kochanowski）的寓言诗与讽刺诗揭露了教会和贵族的贪婪，反映了农民的疾苦，批判了封建等级制度的不公，他的颂诗则歌颂了祖国的强大与繁荣。别尔纳特、科哈诺夫斯基与同时期的另一位大作家米科瓦伊·雷伊（Mikołaj Rej）一并被称为波兰书面语言和文学的奠基人。西蒙·西莫诺维奇（Szymon Szymonowic）被称为波兰文艺复兴时期的最后一位大诗人，他用波兰文写就的《田园诗集》（Sielanki）在波兰文学史上享有很高的地位。

17 世纪，崇尚浮华、绮丽和多样化的巴洛克文化在欧洲盛行。波兰贵族便将自己推崇的萨尔马特文化（Sarmatyzm）① 与巴洛克文化融合，生成了波兰独特的萨尔马特－巴洛克文化。受到这一文化影响，萨尔马特－巴

---

① 萨尔马特人是上古中亚的一支游牧民族，于公元 1 世纪左右迁徙至中东欧地区，并与当地民族融合。波兰贵族相信其祖先是萨尔马特人，故将自己的文化称为萨尔马特文化。

洛克文学应运而生。萨尔马特 - 巴洛克文学主要记述了波兰贵族的议会斗争、法庭辩论、日常生活、宴会、狩猎、决斗等,反映了17世纪波兰贵族的生活方式、风俗习惯和思想意识。早期的萨尔马特 - 巴洛克诗人有约瑟夫·巴特沃缪·齐莫罗维奇(Józef Bartłomiej Zimorowic)和西蒙·齐莫罗维奇(Szymon Zimorowic)兄弟,他们的抒情诗、爱情诗和田园诗等依然保留了文艺复兴末期文学的特色,但已具有强烈的萨尔马特 - 巴洛克风格。维斯帕西安·科霍夫斯基(Wespazjan Kochowski)是最富代表性的萨尔马特 - 巴洛克诗人,他的《波兰赞美诗》(Psalmodia polska)脱离了旧赞美诗的模式,将重点移到波兰当时的民俗、政治、经济等方面,可以说是包揽波兰贵族生活的百科全书式的作品。

瓦茨瓦夫·波托茨基(Wacław Potocki)是17世纪晚期的多产作家,他的作品《霍齐姆之战》(Wojna chocimska)和《诙谐诗园地》(Ogród fraszek)等记录了波兰"黄金时代"的最后时光。

从17世纪后期至18世纪初期,由于政治腐败和连年战争,波兰社会矛盾尖锐,文学也出现衰落。萨尔马特 - 巴洛克文学变得过于宫廷化和追求形式,内容日渐贫乏。

18世纪30、40年代,波兰开始进入启蒙运动时期,并在斯坦尼斯瓦夫二世统治时期达到顶峰。启蒙运动时期的波兰文学在内容和形式上较过去都大为丰富,加上出版事业和戏剧表演活动的发展,文学作品在民间得到更广泛的流传。这一时期,波兰文学出现了新古典主义、洛可可主义和感伤主义风格:新古典主义主张回归古希腊和古罗马风格,并模仿古典主义诗歌的形式;洛可可主义起源于法国,代表作品多为笔调浮美的短诗;感伤主义则侧重于个人感受的表达,长于抒情。

波兰文坛出现了许多支持改革和宪政的贵族和教会出身的诗人和作家,如亚当·纳鲁谢维奇(Adam Naruszewicz)、伊格纳齐·克拉西茨基(Ignacy Krasicki)和托马斯·文格尔斯基(Tomasz Węgierski)等。尽管拥护皇权,他们的作品依然对皇室的软弱、教会的伪善、豪强的专横、贵族的愚蠢行为等进行了无情的揭露。剧作家弗朗西斯科·扎布沃茨基(Franciszek Zabłocki)等人的作品则反映了当时波兰贵族内部改革派和保守派之间的斗争，歌颂了波兰人民的团结。

在保卫"五三宪法"的过程中，波兰将军雅库布·雅辛斯基（Jakub Jasiński）创作了许多诗歌，号召人民反抗沙俄入侵，保卫祖国。

1795 年，伴随国家的灭亡，波兰文学也遭到毁灭性打击。流亡国外的波兰知识分子创作了大批歌颂民族独立斗争的作品，其中影响最为深远的是维比茨基创作的《意大利波兰军团之歌》，这首歌后来成为波兰的国歌。

19 世纪 20 年代，波兰兴起浪漫主义文学潮流，许多浪漫主义文学作品被翻译成外国文字传播至欧洲各地，波兰文学开始对他国的文学发展产生影响。这一时期，诗歌创作十分兴盛，其中以亚当·密茨凯维奇、尤利乌斯·斯沃瓦茨基（Juliusz Słowacki）和齐格蒙特·克拉辛斯基（Zygmunt Krasiński）最为杰出，他们被后世合称为"三大吟游诗人"（Trzej wieszcze）。密茨凯维奇又是三人之中成就最高的一位，是波兰浪漫主义文学运动的领袖。1822 年，密茨凯维奇的第一部诗集《歌谣与传奇》（Ballady i romanse）出版，标志着波兰浪漫主义文学的开始。他随后又出版了叙事诗《格拉日娜》（Grażyna）、《克里米亚十四行诗集》（Sonety krymskie）、叙事诗《康拉德·华伦洛德》（Konrad Wallenrod）、诗剧《先人祭》[①] 和长诗《塔杜施先生》（Pan Tadeusz）等。在密茨凯维奇的笔下，波兰民间故事与诗人及国家的境遇生动地结合在一起，表现了波兰人民在外国统治者压迫下的悲惨命运和顽强的反抗精神。丹麦著名文学评论家、文学史家格奥尔格·勃兰兑斯（Georg Brandes）在《十九世纪波兰浪漫主义文学》一书中赞誉《塔杜施先生》是"十九世纪所产生的唯一成功的史诗"。

安东尼·马尔切夫斯基（Antoni Malczewski）、约瑟夫·扎莱斯基（Józef Zaleski）和塞维任·戈什琴斯基（Seweryn Goszczyński）也是当时较有影响力的浪漫主义诗人，他们善于运用波兰民间故事和口语进行创作。在浪漫主义诗人中还出现了带有强烈民族主义风格的"激进派"，如理查德·贝尔文斯基（Ryszard Berwiński）、古斯塔夫·艾伦伯格（Gustaw

---

① 该剧被沙俄当局认定为反俄诗剧，直到 1901 年才获准公演。1968 年，该剧再次被波兰政府禁演，引发学生抗议活动。

Ehrenberg）和提奥多·托马斯·耶什（Teodor Tomasz Jeż），他们同时也是积极投身于民族独立运动的政治活动家。

19 世纪 40 年代，波兰出现了"茨冈派"^① 诗人。他们思想激进，过着"流浪"生活，常去农村搜集和整理民间文学作品。他们的作品反映了社会的贫富对立和对外族压迫的痛恨。代表人物有沃基米耶日·沃尔斯基（Włodzimierz Wolski）。

随着浪漫主义文学的发展，小说创作也有长足的进步。这些小说既有当代题材，也有历史题材，创作手法开始趋向现实主义。该时期小说家的代表人物有约瑟夫·伊格纳齐·克拉舍夫斯基（Józef Ignacy Kraszewski），他的历史小说以文献为素材，忠实于时代的原貌，《尼禄时代的罗马》（Rzym za Nerona）就是一部出色的欧洲历史小说。他花费十余年的时间完成了 29 部波兰历史系列小说——从描写上古波兰的《古老的传说》（Stara baśń）一直到记录 18 世纪斯坦尼斯瓦夫二世统治的《萨克森的末代》（Saskie ostatki）。克拉舍夫斯基也是一位极其多产的作家，他一生留下各类作品 500 余部，其中仅长篇小说就有 223 部。纳齐扎·日米霍夫斯卡（Narcyza Żmichowska）是波兰第一位女权主义作家，她的代表作有《女异教徒》（Poganka）、《白玫瑰》（Biała róża）等。

1863 年"一月起义"后，波兰的资产阶级文学界提出了实证主义的口号，主张科学与理性。代表作家有亚历山大·希文托霍夫斯基（Aleksander Świętochowski）、艾丽扎·奥热什科娃（Eliza Orzeszkowa）、马利亚·科诺普尼茨卡（Maria Konopnicka）和波列斯瓦夫·普鲁斯（Bolesław Prus）等。其中希文托霍夫斯基是华沙实证主义派的领军人物，他于 1871 年发表的《我们和你们》（My i wy）成为波兰实证主义的纲领性宣言。他的《伏尔泰》（Wolter）、《人和公民的权利》（O prawach człowieka i obywatela）、《历史发展中的乌托邦》（Utopie w rozwoju historycznym）等论著对波兰的科学教育产生深远影响。希文托霍夫斯基被后人称为"华沙进步力量的教皇"。

---

① 茨冈人，即俄罗斯人对罗姆人的称呼。

　　19 世纪 90 年代到 1918 年，波兰掀起现代主义文学运动，又称"青年波兰运动"。这个时期的文学创作既受到实证主义的影响，又吸收了当时流行的自然主义、象征主义及印象主义的表现手法，从新的视角观察社会，以新的观点思考民族生活中的重大问题，使波兰小说在人物形象塑造、作品结构和语言的精练等方面都达到了更高的水平。

　　"青年波兰运动"中涌现了许多有才华的作家，他们主要分为两大派别：第一个派别反对过于功利化的实证主义，主张"为艺术而艺术"，其代表人物有象征主义诗人、剧作家斯坦尼斯瓦夫·普日贝谢夫斯基（Stanisław Przybyszewski）和扬·卡斯普罗维奇（Jan Kasprowicz）等；第二个派别被称为新浪漫主义，提倡写作与现实社会的结合，代表人物有显克微支、斯特凡·热罗姆斯基（Stefan Żeromski）和瓦迪斯瓦夫·莱蒙特（Władysław Reymont）等。新浪漫主义对后世的影响更为显著。

　　显克微支跨越了波兰文学实证主义和现实主义两个时期，是爱国主义文学的集大成者。他最著名的作品当数波兰历史小说三部曲——《火与剑》、《洪流》和《伏沃迪约夫斯基先生》。三部曲是现实主义与浪漫主义的结合，实现了历史真实同艺术虚构的和谐，把波兰的历史小说创作推到了前所未有的审美高度。1905 年，瑞典学院授予显克微支诺贝尔文学奖。

　　热罗姆斯基被誉为"波兰文学的良心"。他的《彼得博士》（Doktor Piotr）、《乌鸦麻雀要啄碎我们》（Rozdzióbią nas kruki, wrony）等作品反映了深受压迫的波兰人民的生活，《玫瑰》（Róża）和《罪恶史》（Dzieje grzechu）则赞颂了波兰人争取独立的顽强斗争，并流露出作者在革命失败后内心的悲愤和失望。热罗姆斯基在他的最后一部小说《早春》（Przedwiośnie）中讨论了在波兰实行改革与布尔什维克式革命的可能，并认为缓慢渐进的改革更加适合波兰。

　　莱蒙特的代表作有长篇小说《福地》（Ziemia obiecana）和《农民》（Chłopi）等。其中《农民》分为《秋》《冬》《春》《夏》四卷，用季节的更迭来阐释人与自然的关系，描绘了一幅波兰农村与农民生活的全景画卷。正因创作了这一史诗般的伟大作品，莱蒙特于 1924 年获得诺贝尔文学奖，成为继显克微支之后获得该奖的第二位波兰作家。

这一时期波兰也开始出现社会主义革命诗，热情地歌颂了波兰的无产阶级运动和抗俄民族解放斗争，其中影响最大的是瓦茨瓦夫·希文齐茨基（Wacław Święcicki）的《华沙之歌》（Warszawianka）和波列斯瓦夫·切尔文斯基（Bolesław Czerwieński）的《红旗歌》（Czerwony Sztandar），后者成为波兰社会党党歌。

得益于以上多位语言大师的贡献，"青年波兰运动"把波兰文学推上了世界文学的高峰。

1918 年，波兰重获独立，波兰文学也迎来一段和平发展期，诞生了诸多文学流派。1918 年 11 月，青年诗人安东尼·斯沃尼姆斯基（Antoni Słonimski）、尤里安·杜维姆（Julian Tuwim）、雅罗斯瓦夫·伊瓦什凯维奇（Jarosław Iwaszkiewicz）、卡奇米日·维尔任斯基（Kazimierz Wierzyński）和扬·莱霍恩（Jan Lechoń）在华沙成立斯卡曼德尔诗社（Skamander），主张文学应回归浪漫主义传统，更多地表现普通人的生活与自然之美。

1922 年，一向被认为思想保守的克拉科夫出现了先锋派诗人，他们反对斯卡曼德尔诗社的主张，认为诗歌的题材应当更加自由，并高度赞扬工业化和城市化。他们的活动阵地是塔德乌什·佩伊佩尔（Tadeusz Peiper）创办的《道岔》（Zwrotnica）杂志，故而也称"道岔派"，其中最具代表性且最著名的诗人是尤里安·普日博希（Julian Przyboś）。

1925 年，波苏战争中的战斗英雄瓦迪斯瓦夫·布罗涅夫斯基（Władysław Broniewski）和两位波兰共产党党员斯坦尼斯瓦夫·理查德·斯坦德（Stanisław Ryszard Stande）、维多尔德·万杜尔斯基（Witold Wandurski）联合出版了诗集《三声排炮》（Trzy salwy），该诗集被认为是波兰最早的无产阶级宣言诗。

1926 年，华沙出现了战车诗社（Kwadryga），其成员是一批思想激进的青年，他们强调诗人的道义责任和社会作用，并在诗歌中反映下层人民的劳作和生活。该社的代表人物有康斯坦丁·伊尔德丰斯·加乌琴斯基（Konstanty Ildefons Gałczyński），他的荒诞讽刺故事集——《绿鹅剧院》（Teatrzyk Zielona Gęś）最为著名。

1933 年，波兰政府建立波兰文学院（Polska Akademia Literatury），旨

在提高波兰的文学和出版水平。波兰文学院颁发的"金月桂"奖，是波兰文学的最高奖。

该时期杰出的现实主义作家有佐菲亚·纳乌科夫斯卡（Zofia Nałkowska）、马利亚·东布罗夫斯卡（Maria Dąbrowska）、波拉·戈亚维琴斯卡（Pola Gojawiczyńska）和旺达·华西列夫斯卡（Wanda Wasilewska）等。其中纳乌科夫斯卡是女作家中的开路先锋和心理小说大家。她一生发表过近20部长篇小说和大量中短篇小说集，塑造了形形色色的波兰妇女形象。东布罗夫斯卡的长篇小说《夜与昼》（Noce i dnie）描述了一个破落贵族家庭三代人的颠沛流离和喜怒哀乐，真实地展现了从1863年"一月起义"至第一次世界大战近半个世纪的波兰社会，被称为"波兰的《飘》"。她的短篇小说集有《祖国的孩子们》（Dzieci ojczyzny）、《樱桃枝》（Gałąź czereśni）、《童年的微笑》（Uśmiech dzieciństwa）、《从别处来的人们》（Ludzie stamtąd）、《生活的特征》（Znaki życia）等。1935年，东布罗夫斯卡获得波兰文学院颁发的"金月桂"奖。该时期重要的作家还有海伦娜·博古舍夫斯卡（Helena Boguszewska）、马利亚·昆采维卓娃（Maria Kuncewiczowa）、扬·维克托尔（Jan Wiktor）、古斯塔夫·莫尔茨内克（Gustaw Morcinek）和哈莉娜·古尔斯卡（Halina Górska）等。

第二次世界大战期间，许多波兰作家流亡国外。其中流亡阿根廷的维多尔德·贡布罗维奇（Witold Gombrowicz）被西方评论界称为继普鲁斯特之后欧洲意识流文学的四大代表人物之一。而另外一部分作家则在国内参加了游击战争，并创办地下刊物，发表反映他们反法西斯战斗生活的作品。但也有许多的波兰作家没能逃过侵略者的魔爪，曾获得"金月桂"奖的杰出犹太裔小说家布鲁诺·舒尔茨（Bruno Schulz）于1942年被德国纳粹分子枪杀。

二战期间波兰人民反法西斯斗争的事迹，成为20世纪40年代波兰文坛的主要题材。这一时期的著名作品有耶日·安德热耶夫斯基（Jerzy Andrzejewski）的短篇小说集《夜》（Noc）和长篇小说《灰烬与钻石》（Popiół i diament）、塔德乌什·博罗夫斯基（Tadeusz Borowski）的短篇小说集《和玛利亚告别》（Pożegnanie z Marią）和耶日·普特拉门特（Jerzy

Putrament）的长篇小说《现实》（Rzeczywistość）等，分别反映了波兰人民在战争前夕、战争中和战后初期的生活状态。

卡齐米日·布兰迪斯（Kazimierz Brandys）的长篇小说《不可征服的城市》（Miasto niepokonane）和小说四部曲《两次大战之间》（Między wojnami），描写了波兰知识分子在战前的怀疑和探索、在德国入侵以及华沙起义期间经受的考验和在战后重建祖国的热情。1950 年，布兰迪斯获得波兰国家文学奖。长篇小说《公民们》（Obywatele）则着重反映波兰 1951~1952 年间的经济和文化建设。1956 年后，布兰迪斯又发表了短篇小说集《红帽子》（Czerwona czapeczka）和长篇小说《克罗尔们的母亲》（Matka Królów）等。

战后波兰文坛的另一个突出特点是出现了大量揭露波兰社会阴暗面和意识形态领域问题的文学作品，主要针砭二战时与战后初期的社会弊病。1956 年后，许多文学家把矛头指向了"斯大林时期"的错误。可以说，在东欧社会主义国家文学中，波兰文学是批判苏联模式的先锋。该时期，波兰文坛出现了一批新人，他们的创作带有冲破苏联思想禁锢的"反叛"性质。代表人物有小说家马雷克·赫瓦斯科（Marek Hłasko）、诗人兹比格涅夫·比亚科夫斯基（Zbigniew Bieńkowski）和斯坦尼斯瓦夫·格罗霍维亚克（Stanisław Grochowiak）等。

也有不少作家回避现实问题，热衷历史题材创作。一时间，历史剧风行，一批古代帝王将相、英雄美女相继出现在文学舞台上。在这些作家中最具代表性的是路德维克·希罗尼姆·莫尔斯廷（Ludwik Hieronim Morstin），他于 1955 年出版的《古代三部曲》（Tetralogia antyczna：Penelopa，Obrona Ksantypy，Kleopatra），分别讲述了希腊神话中奥德修斯之妻佩涅罗珀、古希腊哲学家苏格拉底与赞西佩夫妇和古埃及托勒密王朝最后一位女王克莱奥帕特拉的故事。

到 20 世纪 60 年代末和 70 年代初，波兰文学作品的题材和风格日益多元化。在表现手法上，除现实主义外，超现实主义、魔幻现实主义、表现主义、心理分析、意识流、荒诞和黑色幽默等都得到广泛的运用。

同时，波兰出现了新浪潮派诗人，又称"68 一代"（Nowa Fala/

Pokolenie 68），他们自称是"不妥协、不信任、不客气"的一群人，主张解放语言，以诗歌反映现实。其代表人物有斯坦尼斯瓦夫·巴兰恰克（Stanisław Barańczak）、亚当·扎加耶夫斯基（Adam Zagajewski）等，他们日后都成为波兰文坛的主将。

20世纪70年代下半叶，波兰政局动荡，一再爆发工潮，出现了保卫工人委员会，而许多作家都是这个委员会的活跃成员。由于当局禁止出版机构出版他们的作品，便出现了地下出版业。从此，波兰文学分成了官方文学和非官方文学两大类。文学创作带上了浓重的政治色彩。作家们强调文学要追求真理，要有敏感性，在对社会和历史、人和事件做出评判时要敢于讲真话。但他们在对待真理、讲真话和道德评价方面的态度是很不相同的。因此，出现了肯定社会现实、要求维护社会现存秩序的作品和否定社会现实、鼓励造反精神的作品。但即便是那些主张维护社会主义制度的作家，也对社会上的不良现象及国家不合理政策造成的种种悲剧进行了揭露和批判。

20世纪中后期，波兰最伟大的文学家当数切斯瓦夫·米沃什（Czesław Miłosz）。米沃什一生始终坚持用波兰语写作。他的诗集《拯救》（Ocalenie）是二战后波兰出版的第一批书籍之一。米沃什的长诗《道德诗篇》（Traktat moralny）和散文集《被禁锢的头脑》（Zniewolony umysł）对战后出现的种种道德问题进行了思考，表现出维护基本道德价值的愿望。米沃什常扮演目击者和艺术家的双重角色。他的《诗论》（Traktat poetycki）是以十一音节的自由体诗形式写成的，充满了暗语和影射，被认为是波兰20世纪的一部诗歌概论。由于反对斯大林主义，米沃什于1951年离开波兰，成为"叛逃者"。1960年，米沃什移居美国，他随后出版了《波别尔王及其他诗》（Król Popiel i inne wiersze）、《没有名字的城市》（Miasto bez imienia）、《太阳从何方升起，在何处沉落》（Gdzie słońce wschodzi i kedy zapada）、《珍珠颂》（Hymn o Perle）、《莫名其妙的土地》（Nieobjęta ziemia）、《从我住过的街道开始》（Zaczynając od moich ulic）等多部作品。米沃什的诗作内容丰富，体裁多样，涉及政治、哲学、历史、文化各个方面。他还写过两部长篇小说《权力的攫取》（Zdobycie władzy）和《伊斯塞谷》（Dolina Issy），以及大量的随笔、杂文、回忆录、文学评论和文学史著作。在文学翻译方面，他也颇有建树。后人称米沃什是"以毫不妥协的敏锐洞察力，描述了人类在剧烈冲突世界中的赤裸状态"。米沃什于1980年获得了诺贝尔文学奖，成为第三位获得该奖的波兰人。

20世纪80年代，随着团结工会的兴起，波兰文学反对官方审查和管制的倾向愈来愈明显，即便在团结工会被取缔时期，地下出版活动仍然十分活跃，大批直接反映工潮和战时状态的作品在社会上广泛流传，在读者中赢得了声誉，如塔德乌什·孔维茨基（Tadeusz Konwicki）的《小启示录》（Mała apokalipsa）等。到80年代末，波兰文坛对战后40年的历史展开了集中讨论和批判。

20世纪90年代，波兰文学开始淡化政治，疏离历史，神话和怀旧成为主题。不少作家努力改变自己在社会主义时期作为"积极参与政治的作家"的形象，如卡齐米日·奥尔沃希（Kazimierz Orłoś）的《蓝色的玻璃匠》（Niebieski szklarz）和尤里安·科恩豪塞尔（Julian Kornhauser）的《房子、梦和儿童游戏》（Dom，sen i gry dziecięce）都是关于童年、成长和人生体验等作品。马雷克·诺瓦科夫斯基（Marek Nowakowski）的自传体小说《视觉暂留》（Powidoki）也少了一些辛辣，而多了一些幽默和调侃。

这一时期也涌现出一批新作家和作品。他们的诗歌创作偏重于个人抒怀，反映出一种对物质至上时代的厌弃；小说创作则主张批判那些居功自傲、追求特权和物质利益的人。不少作品表现了在自由市场经济冲击下，社会纽带的断裂、各阶层的分化和党派迭出的乱象。在一些作家笔下出现了许多反面的新兴资产阶级形象。

维斯瓦娃·席姆博尔斯卡（Wisława Szymborska）是其中的主要代表。席姆博尔斯卡的作品有诗集《我们为此而活》（Dlatego żyjemy）、《向自己提出的问题》（Pytania zadawane sobie）、《呼唤雪人》（Wołanie do Yeti）、《盐》（Sól）等。她的诗多涉及宇宙、人生等重大问题，伴以幽默、机智和俏皮，以讽刺和自嘲来感叹自己与所描写的文学世界的精神距离。1996年，席姆博尔斯卡获得诺贝尔文学奖，成为波兰第四位获得该奖的作家，也是世界上第三位获得该奖的女诗人。此外，她还获得过歌德奖（1991年）、赫尔德奖（1995 年）和波兰笔会奖（1996 年）等。席姆博尔斯卡的许多作品已被译成英语、德语、阿拉伯语、汉语、日语等几十种语言。

如今，波兰的文学创作更加自由。许多作家开始重新梳理历史，对一些过去被掩藏或被视为耻辱的历史问题展开讨论，特别是第二次世界大战、犹太人大屠杀、战后国界划定和强制人口迁移等问题。文学作品中的波兰人不仅有英雄和受害者，而且有残酷伤害犹太人的行凶者。

波兰的文学作品早已闻名于中国。鲁迅在 1907 年向国人介绍过密茨凯维奇的诗。1909 年，鲁迅编辑的《域外小说集》最早收录了显克微支的四篇作品。茅盾等作家也参与推广波兰文学作品。许多波兰文学大师的名著已被翻译成中文并在中国出版发行，如密茨凯维奇的《先人祭》和《塔杜施先生》、显克微支的《洪流》和莱蒙特的《农民》等。

2013 年 3 月，米沃什的名作——《被禁锢的头脑》中文版出版，中国读者可以借此进一步领略波兰文学的魅力。

二　戏剧

中世纪，波兰的戏剧主要以宗教神秘剧、劝世剧和人文主义的校园喜剧为主。1578 年，扬·科哈诺夫斯基（Jan Kochanowski）的戏剧《拒绝希腊使者》（Odprawa posłów greckich）首次演出，它也是波兰文艺史上的第一部悲剧。这部戏剧取材于荷马的史诗《伊利亚特》。科哈诺夫斯基在剧中第一次采用了自由韵音节诗，剧中共出现了 7 种不同的韵律，其中 4 种为他独创。

塞缪尔·特瓦尔多夫斯基（Samuuel Twardowski）于 1636 年创作的《达佛涅变成月桂树》（Daphnis drzewem bobkowym）是波兰早期神话诗剧的杰作。诗人用 14 个场景讲述了坠入情网的太阳神阿波罗苦苦追求神女达佛涅的故事。达佛涅苦于阿波罗的追逐，请求众神援助，结果被变成了一株月桂树。这部作品结构别致，场景多变，画面充满动感，尤其是对清晨、黄昏、月夜光线变化的表现，变幻莫测。

1752 年，弗朗西斯科·博霍莫莱茨（Franciszek Bohomolec）在《话说波兰语》（De lingua Polonica colloquium）一书中提出整顿国家、复兴文

化必须从规范语言开始。自此，他对耶稣会学校剧院进行了彻底改造，打破宗教神秘剧的垄断地位，改编上演了莫里哀（Molière）和其他法国喜剧作家的作品，并创作了其他爱情题材和妇女题材的世俗喜剧，揭开了波兰现代剧院的历史新篇。1756 年，斯坦尼斯瓦夫·科纳尔斯基（Stanisław Konarski）创作了取材于古希腊底比斯统帅伊巴密浓达生平的宣扬爱国思想的五幕诗剧《伊巴密浓达的悲剧》（Tragedia Epaminondy），开创了波兰新古典主义戏剧的先河。科纳尔斯基的作品很受皇室和恰尔托雷斯基家族的赏识，曾获得斯坦尼斯瓦夫二世授予的奖章。新古典主义流派的代表人物还有卡耶坦·科什米安（Kajetan Koźmian）和阿洛伊齐·费林斯基（Alojzy Feliński）等。

1765 年，波兰的第一座大众剧院——国家剧院（Teatr Narodowy）在华沙落成。18 世纪 80~90 年代，剧作家、演员沃伊切赫·博古斯瓦夫斯基（Wojciech Bogusławski）曾三度出任国家剧院院长，他的歌剧《克拉科夫人和山地人》（Krakowiacy i Górale）等在此长演不衰。博古斯瓦夫斯基还在波兹南、维尔纽斯、利沃夫等地建立剧院，在他的影响下，更多的城市拥有了自己的剧院，波兰的剧院体系初具规模。1811 年，博古斯瓦夫斯基在华沙创办了波兰第一所戏剧学校，并为其编写教材。后世称博古斯瓦夫斯基为"波兰戏剧院之父"和"不倦的民族戏剧宣传员"。

18 世纪末，波兰戏剧的创作和表演逐渐多样化，出现了政治喜剧。1791 年，改革派领袖人物尤里安·聂姆策维奇（Julian Niemcewicz）创作了政治喜剧《议员还乡》（Powrót posła），对贵族的保守、愚昧无知、无所事事等进行了讽刺，该剧上演后引起轰动。

"十一月起义"失败后，沙皇加强了对波兰王国的文化控制，波兰文学家运用机智和幽默创作了一系列的喜剧作品。代表作家是亚历山大·弗雷德罗（Aleksander Fredro）。弗雷德罗的作品多用韵文写就，继承了 18 世纪波兰喜剧的传统。他一生写过近 30 部喜剧，其中最著名的有闹剧《贵妇和骑兵》（Damy i Huzary）、《新堂吉诃德》（Nowy Don Kiszot）和多幕喜剧《小姐们的誓言》（Śluby panieńskie）等。

1833 年，华沙大剧院建成，首演剧目是焦阿基诺·罗西尼（Gioachino

Rossini）的名作《塞尔维亚的理发师》（The Barber of Seville）。

19世纪40年代，沃基米耶日·沃尔斯基的长诗《哈尔卡》（Halka）被作曲家、"波兰歌剧之父"斯坦尼斯瓦夫·莫纽什科（Stanisław Moniuszko）谱上曲，成为波兰最著名的歌剧之一。莫纽什科的作品充分继承和发展了波兰传统民族音乐，除《哈尔卡》外，他的《伯爵夫人》（Hrabina）、《凶宅》（Straszny Dwór）等也是当时深受欢迎的歌剧作品。

20世纪二三十年代是荒诞派戏剧的兴盛时期。其代表人物是斯坦尼斯瓦夫·伊格纳齐·维特凯维奇（Stanisław Ignacy Witkiewicz）。维特凯维奇出版了《绘画的新形式》（Nowe formy w malarstwie）、《美学杂谈》（Szkice estetyczne）、《戏剧中的纯形式概念》（Teatr. Wstęp do teorii Czystej Formy w teatrze）等理论著作，提出崭新的哲学和美学观点。在他看来，艺术作品的价值在于"表现形式"，只有"纯形式"戏剧才能使艺术的鉴赏者体验到"异常的超感觉"。他创作的戏剧《疯狂的火车头》（Szalona lokomotywa）、《鞋匠们》（Szewcy）等，均借助怪诞的艺术手法表现出一幕幕违反常理的极端事件。维特凯维奇对荒诞派戏剧的贡献得到世界公认，他的戏剧理论至今仍是艺术领域的热门话题。

耶日·沙尼亚夫斯基（Jerzy Szaniawski）也是该时期的著名剧作家，他擅长将喜剧形式同细微的心理分析、反讽和荒诞的手法相结合，以表现尖锐的戏剧冲突。他在这一时期的代表作包括喜剧《鸟》（Ptak）、《航海家》（Żeglarz）、《律师与玫瑰花》（Adwokat i róże）等。

二战后初期，波兰戏剧的主要内容是揭露德国法西斯的暴行，但形成了一定程度的类型化：剧中出现的德国人形象都是穷凶极恶的、杀人不眨眼的恶魔。1949年，现实主义剧作家莱昂·克鲁奇科夫斯基（Leon Kruczkowski）的戏剧《德国人》（Niemcy）突破了谴责与控诉的简单框架，展示了各阶层德国人的不同心理，尝试分析纳粹思想在德国传播和扩张的原因，在当时具有世界性的影响。《德国人》的地理跨度很大，从波兰到挪威、法国，再到德国本土，既揭示了被占领国人民的苦难和对法西斯的憎恨，又把广阔的时代背景同个人家庭的悲剧结合在一起，在细节安排上也颇具匠心，作品的艺术感染力极强。克鲁奇科夫斯基还著有长篇小说

《科尔迪安和乡下佬》（Kordian i cham）、《孔雀翎》（Pawie pióra）、《陷阱》（Sidła）等。

沙尼亚夫斯基于 1946 年创作的《两个剧院》（Dwa teatry）和 1948 年创作的《铁匠、金币和星宿》（Kowal，pieniądze i gwiazdy）因结构独特而赢得赞誉。作家采用戏中戏的表现手法来展示其对戏剧的两种理解：一种是戏剧只能忠实地再现现实生活中已经或可能发生的事；另一种理解是戏剧不能只立足于摹写现实，而要创造一个深层的、具有诗意的世界。

1955 年，耶日·卢托夫斯基（Jerzy Lutowski）创作了现实主义戏剧《急诊室值班》，刻画了一个为人正直、医术高超的医生的令人唏嘘的故事。这位医生因为在二战时期参加过家乡军，而在战后被投入监狱。后来当局在是否让医生为领导人诊病的问题上发生了争执，令医生的精神备受折磨。

20 世纪 50 年代末，波兰剧作家开始探求新的戏剧题材和表现形式。他们在吸收西欧和美国的戏剧理论和导演风格的同时，也大力发掘本国的戏剧传统。维特凯维奇和贡布罗维奇的荒诞讽刺剧再度受到重视。

斯瓦沃米尔·姆罗热克（Sławomir Mrożek）是该时期的著名荒诞派剧作家，被称为二战后波兰最别出心裁、最敏锐、最俏皮的剧作家。怪诞和黑色幽默是姆罗热克作品的特征。他善于高度概括地表现人的荒唐和虚伪，笔下人物的种种可悲可笑的劣行使观众感同身受，从而深刻地认识这些人类的通病。姆罗热克的戏剧风格极端夸张，剧情不完全取自生活，更多依靠作家的虚构。1958 年的三幕剧《警察》（Policja）和 1964 年的《探戈舞》（Tango）都是姆罗热克很有代表性的早期作品，其中《探戈舞》融合了喜剧、滑稽剧、音乐剧、悲剧的成分，而该剧结尾幽灵的舞蹈又带有强烈的象征主义特色。独幕讽刺剧《在公海上》（Na pełnym morzu）揭露了社会上弱肉强食的现象，并勾画出吃人者试图让被吃者心服口服的伪善嘴脸。

耶日·布罗什凯维奇（Jerzy Broszkiewicz）的《政权的名义》（Imiona władzy）是部三幕历史剧，再现了三种截然不同的争夺政治权力的斗争。他的另一部历史剧《榅桲的历史作用》（Dziejowa rola Pigwy）则出现了更多包含怪诞成分的寓言情节。

此外，诗人塔德乌什·鲁热维奇（Tadeusz Różewicz）也创作过不少荒诞剧，他的代表作《卡片集》（Kartoteka）描写了一个与作者同时代的人物，他对自己所接受的各种互不相连甚至互相矛盾的"教育"感到困惑，这也是作者这一代波兰人的集体困惑。

20世纪60年代末和70年代初，诗歌对戏剧的影响力增强，不仅戏剧对白出现韵文化，而且诗歌中的隐喻、讽喻等手法也被运用到戏剧创作中。其中新古典主义剧作家雅罗斯瓦夫·马雷克·雷姆凯维奇（Jarosław Marek Rymkiewicz）是韵文戏剧的理论家和实践家，他曾将托马斯·斯特恩斯·艾略特（Thomas Stearns Eliot）、华莱士·史蒂文斯（Wallace Stevens）、费德里戈·加西亚·洛尔卡（Federico García Lorca）等人的作品译为波兰文。最具有代表性的是其翻译的佩德罗·卡尔德隆·德·拉·巴尔卡（Pedro Calderón de la Barca）的诗剧《浮生若梦》（imitacja Życie snem），波兰译本不仅回到了三一律，而且极为抒情。

欧内斯特·布雷尔（Ernest Bryll）是新浪漫主义派的代表，他的《十一月事件》（Rzecz Listopadowa）因具有现代剧和历史剧的双重特点而受到重视。

20世纪70年代和80年代，传统意义上的分幕分场的"正剧"逐渐减少，戏剧舞台上出现了披上历史或神话的外衣来反映现实的"伪历史剧"。一度还出现了社会习俗讽刺喜剧，如雅努什·格沃瓦茨基（Janusz Głowacki）的《通奸严惩不贷》（Cudzołóstwo ukarane）对现实生活中的各种丑恶现象进行了辛辣的讽刺，耶日·耶肖诺夫斯基（Jerzy Jesionowski）的《起死回生》（Krótka historia Jezusa Odnowiciela）就借助耶稣复活来揭露当时社会上各种政治利益的明争暗斗。

这一时期，戏剧中的喜剧色彩日趋淡化，戏剧越来越多地反映了严肃的生存问题。姆罗热克在20世纪70年代发表的作品有《幸运事件》（Szczęśliwe wydarzenie）、《侨民》（Emigranci）、《驼背人》（Garbus）和《瓦茨拉夫》（Vatzlav）等。他在《屠宰场》（Rzeźnia）中对"艺术的价值在于返璞归真"这一命题进行了尖刻的讽刺。姆罗热克的后期作品如《步行》（Pieszo）、《大使》（Ambassador）、《夏日》（Letni dzień）、《契约》（Kontrakt）和《肖像》（Portret）等与他前期的荒诞剧大不相同，剧情多直接反映社会现实问题。姆罗热克是波兰人民共和国时期最后一位重量级荒诞派剧作家，他不仅把波兰荒诞派戏剧创作推向高潮，而且将其推向了国际舞台。

塔德乌什·康托尔（Tadeusz Kantor）既是画家，又是著名的编剧和戏剧导演。他的《死亡班级》（Umarła klasa）被称为"一场哲学诗的演出"。《让艺术家们完蛋吧》（Niech sczezną artyści）、《我再也不会回来》（Nigdy już tu nie powrócę）、《今天是我的生日》（Dziś są moje urodziny）等作品以独创性的视角展示了艺术家本人的记忆，是具有革命性的作品。

耶日·格罗托夫斯基（Jerzy Grotowski）在戏剧表演、演员训练和戏剧创作等方面开展的工作对后来的波兰戏剧产生了深远影响。1959年，他与路德维克·法拉森（Ludwik Flaszen）创立"十三排剧院"（Teatr 13 Rzędów），并任导演。1965年，"十三排剧院"更名为"波兰戏剧实验室"（Teatr Laboratorium），致力于实验戏剧的创作。实验戏剧的剧本常把不同作家作品的情节组合在一起，以强化导演意图表现的中心主题。如《启示录》（Apocalypsis cum figuris）一剧就将《圣经》中的片段、俄国作家陀思妥耶夫斯基的小说《卡拉马佐夫兄弟》中的一些情节、英国诗人艾略特的诗和法国女作家韦伊的《等待上帝》的片断，按照诗歌创作的规则组合成一部戏剧。格罗托夫斯基强调，剧院属于高级文化圈，戏剧则是演员同观众之间的哲学对话。他认为，演出的最终效果应该是演员和观众双方在艺术的感召下共同经历一次精神净化。他的前卫理论和实践在西欧和美国戏剧界引起很大震动。

20世纪90年代后半期，波兰戏剧界涌现出了一批新导演，如克日什托夫·瓦尔力科夫斯基（Krzysztof Warlikowski）、戈日格什·亚日纳（Grzegorz Jarzyna）、马娅·克勒彻夫斯卡（Maja Kleczewska）和扬·卡拉塔（Jan Klata）等。他们通过风格各异的戏剧，大胆地表现1989年后波兰社会的转型，公开讲述性、情欲、病态的家庭关系、种族歧视、精神病、自杀等在波兰一度被禁忌的话题，如瓦尔力科夫斯基排演的《驯悍记》（Poskromienie złośnicy）、《清洗》（Oczyszczeni）和亚日纳的《家庭聚会》（Uroczystość）等。

进入 21 世纪，波兰的剧院已从传统集中地华沙和克拉科夫发展到弗罗茨瓦夫、波兹南、格但斯克和罗兹等城市，各地的剧院都活跃着艺术大师和年轻导演的身影。国际戏剧节已经成为波兰戏剧生活的一大特色，为东西方艺术家提供了合作交流的机会。其中有托伦 5 月举行的"联系"（Kontakt）艺术节、弗罗茨瓦夫秋季举行的"对话"（Dialog）艺术节、波兹南 6 月举行的"马耳他"（Malta）艺术节、卢布林 10 月举行的"对抗"（Konfrontacje）艺术节等。

三　音乐

波兰民族自古便能歌善舞。

13 世纪，在复活节、圣诞节等宗教节日上，波兰人开始演唱波兰语的宗教歌曲，尤以歌颂圣母玛利亚的歌曲艺术水平为高。15 世纪上半叶，拉多姆的米科瓦伊（Mikołaj z Radomia）成为波兰历史上最早的知名音乐家，代表作有《赞美诗》（Magnificat）等。

16~17 世纪，波兰王室邀请一批意大利音乐家做客波兰，如卢卡·马伦齐奥（Luca Marenzio）、乔瓦尼·弗朗西斯科·安内里欧（Giovanni Francesco Anerio）等。在他们的影响下，波兰音乐家开始探索巴洛克风格。这一时期作曲家的代表是以器乐见长的亚当·雅尔泽布斯基（Adam Jarzębski）。1628 年，波兰首次引进意大利歌剧《加拉泰亚》（Galatea），演出引起轰动，一时华沙成为波兰的歌剧中心。

17 世纪末至 18 世纪，随着波兰国力的衰微，波兰的音乐发展也受到限制。这一时期波兰音乐取得的最大成就是波兰舞曲（polonez，又称"波洛奈兹"）的发展。波兰舞曲是一种 3/4 拍子、速度中等或偏慢的舞曲，许多波兰作曲家和演奏家都擅长波兰舞曲。

19 世纪是波兰音乐的繁荣时期，声乐和器乐演奏都达到了很高水平，而肖邦是集大成者。肖邦擅长以玛祖卡舞和波兰舞曲的节奏创作乐曲，一些作品描绘了往昔封建时代繁华的波兰，另一些则反映了当时在俄国控制下饱受苦难的波兰。

与肖邦同时期的莫纽什科·斯塔尼斯瓦夫（Moniuszko Stanislaw）继

承和发展了波兰的民歌和舞蹈音乐，并投身音乐教育事业，被后世称为"波兰歌剧之父"。此外，亨里克·韦尼亚夫斯基（Henryk Wieniawski）和约瑟夫·韦尼亚夫斯基（Józef Wieniawski）兄弟、瓦迪斯瓦夫·热伦斯基（Władysław Zeleński）、齐格蒙特·诺斯科夫斯基（Zygmunt Noskowski）、伊格纳齐·扬·帕德列夫斯基（Ignacy Jan Paderewski）和阿瑟·鲁宾斯坦（Arthur Rubinstein）等也是当时音乐界出类拔萃的人物。

二战后，波兰的音乐事业逐步复苏，人才辈出。20世纪60年代出现了著名的"波兰学派"，代表人物有塔德乌什·巴伊尔德（Tadeusz Baird）、博古斯瓦夫·谢弗尔（Bogusław Schaeffer）等。

波兰最有名的古典乐团当数建于1901年的华沙国家爱乐乐团（Orkiestra Filharmonii Narodowej w Warszawie）。其他著名乐团还有波兰室内交响乐团、别尔斯科–比亚瓦室内合唱团等。

波兰有着很多优美动人的民歌。19世纪波兰作曲家奥斯卡·科尔伯格（Oskar Kolberg）曾对各地民歌进行了搜集和系统的整理。但在两次世界大战中，波兰民歌受到压制。其后的社会主义政权采取统一政策，将许多民歌改编为大合唱，主要有马佐夫舍（Mazowsze）和西里西亚（Śląsk）等形式。20世纪后半叶，传统的波兰民歌逐渐在城市消失，而波兰南部的广大乡村地区却依然保存了演唱民歌的习俗。

随着传统音乐的衰落，各种现代音乐流派进入波兰，摇滚乐、金属乐、爵士乐和电子乐等逐渐流行。如今，波兰的音乐变得更加多元化和国际化，奥波莱国际音乐节和索波特国际音乐节成为波兰最著名的现代音乐节。

波兰音乐机构众多。全国共有8所音乐学院及大批初中级音乐学校，还有许多歌剧院、音乐厅和交响乐团，并设有众多相关音乐机构，如波兰作曲家协会、波兰音乐协会、肖邦协会、波兰现代音乐协会、华沙音乐协会、波兰爵士音乐协会、波兰合唱和乐队协会以及音乐出版社等。

四　舞蹈

波兰的传统舞蹈种类很多，其中有5种舞蹈最为常见，被称为"波兰五大国舞"。尽管大致风格相似，但各个地区的国舞在动作细节和服饰上均有不同之处。

勇士舞（Krakowiak）起源于克拉科夫和小波兰地区[①]，后发展到整个波兰南方地区。可以说，波兰南方最具代表性的民间舞蹈就是勇士舞。该舞模仿骑马和马匹的姿势，配合侧踏、击鞋的动作，舞者的手部动作犹如勒马，还抬手旋转并画"8"字形图案，代表鞭子的挥舞。

寻梦舞（Kujawiak）起源于库亚维地区，是五大国舞中最浪漫的舞蹈。舞曲为 3/4 拍，速度较慢，一般为男女双人舞，舞者四目相对，伴随屈膝、摆臂和旋转，动作轻快而优雅，舞蹈充满浓情蜜意。

奥贝雷克舞（Oberek）起源于波兰中部地区。舞曲为 3/8 拍，速度是五大国舞中最快的，舞蹈动作激烈，常有大跨步和连续旋转。女舞者为舞蹈的中心，男舞者则负责在旋转、腾空时做出各种特技般的高难度动作。

玛祖卡舞（Mazurek）起源于马佐夫舍地区，由寻梦舞和奥贝雷克舞演化而来。玛祖卡舞的音乐带有独特的波兰民族特色，节奏平稳，为中速的三拍，第二拍和第三拍为重拍。波兰的国歌便源于玛祖卡舞曲。19 世纪，玛祖卡舞开始在欧洲流行。如今，玛祖卡舞曲经世界各地的作曲家改编，出现了许多融入了当地风格的玛祖卡舞曲，如法国玛祖卡、爱尔兰玛祖卡等。

波洛奈兹舞（Polonez）源于 15 世纪西里西亚和大波兰地区的"行列进行舞"（Chodzony），曲调稳重，舞蹈庄严。16 世纪后半叶，波洛奈兹舞开始进入宫廷，从农民舞蹈转变为贵族舞蹈。19 世纪初，随着波兰市民阶级的发展和民族运动的高涨，波洛奈兹舞曲渐渐进入市民阶层，而且它的题材和内容也与社会政治生活发生联系，出现了许多用波洛奈兹曲调写成的应时歌曲及爱国歌曲。肖邦也创作了大量波洛奈兹舞曲。

除国舞外，在波德哈尔、热舒夫（Rzeszów）、贝斯基德（Beskids）和卢布林等许多地方依然可以欣赏到特殊的地区传统舞蹈。

波兰全国有众多的舞蹈学校、学院及舞蹈团体。2002 年底，波兰有 3个大型国家歌舞团、2 个国家民间歌舞团即西里西亚民间歌舞团和马佐夫

[①] 此地至今仍保存着许多传统的牧人文化。

舍歌舞团，它们从 20 世纪 50 年代起就活跃在国内外舞台上。

近些年来，现代舞成为波兰舞蹈的新亮点。现代舞致力于情感的抒发而不是故事的讲述，侧重于形体、动静、光影变化的使用，擅于设置悬念。

2013 年，波兰老酒厂剧团以现代舞《春之祭》（Święto wiosny）、波兰马尔泽娜舞蹈工作室以现代舞《5-7-5 俳句》（HAIKU-5-7-5）登上"2013 北京青年戏剧节"的舞台。《春之祭》以新颖的舞蹈形式、独特的艺术创新给中国观众带来了视觉的震撼。

五 美术

波兰最早的美术作品是古代乌日茨文明遗物，如刻画着人面的尸骨瓮。

公元 966 年基督教传入后，西欧的建筑、雕刻和绘画也传入波兰。教会建筑得到发展，建筑风格深受拜占庭文化的影响。从 11 世纪开始，教堂和修道院以及王室的宫殿都按当时西欧盛行的罗马风格设计。斯切尔诺（Strzelno）的圣普罗科普圆顶教堂（Rotunda sw. Prokopa）是波兰保存最完好的 12 世纪早期的圆顶式建筑。12 世纪的罗马式建筑还有克拉科夫的瓦维尔城堡以及波兹南的圣伯多禄和圣保禄圣殿总主教座堂等。从 13 世纪中叶起，波兰艺术发生了重大变化，建筑式样由罗马式向哥特式过渡，克拉科夫成为哥特式艺术的中心。波兰著名的哥特式建筑物有很多，如华沙的圣约翰教堂、克拉科夫的圣玛利亚教堂和格但斯克的圣玛利亚教堂等。

雕塑艺术也随着建筑艺术的发展达到新的高度。12 世纪，雕塑艺术的最高成就是格涅兹诺总主教座堂（Katedra Gnieźnieńska）描绘圣霍耶华生平故事的青铜浮雕门——"格涅兹诺门"。14 世纪，雕塑艺术扩展到石雕和木雕领域。雕塑被大量用于装饰陵墓，例如在雅盖沃·瓦迪斯瓦夫二世的陵墓上可以看到精美的高浮雕人像。同时，波兰的壁画和细密画也有了一定的发展。首饰制造工艺取得很大进步，出现了金银制造的礼拜用具、餐具和各种饰品，设计精美，民族风格浓郁。

15 世纪，波兰的建筑式样仍以哥特式为主。波兰国宝——克拉科夫圣玛利亚教堂的圣玛利亚祭坛便完成于这一时期。圣玛利亚祭坛是雕塑家维特·斯特沃什（Wit Stwosz）的杰作。斯特沃什生于德国，后迁居波兰，是文艺复兴时期最著名的雕刻家之一。他创作的雕像活泼生动，带有世俗情趣和人文主义色彩，对中世纪晚期波兰的雕塑艺术产生了重大影响。

受文艺复兴的影响，克拉科夫的瓦维尔城堡在 16 世纪初进行了改建和扩建，加入了大量文艺复兴元素。瓦维尔城堡成为一座混合了罗马、哥特和文艺复兴风格的重要艺术建筑，使节大厅里雕有 194 个头像的彩色天花板是城堡内的艺术精品之一。

文艺复兴时期的波兰绘画开始走出教堂，出现了宗教主题外的世俗内容，它们画风写实，具有北欧艺术的特点。其中最为著名的是克拉科夫画派，擅长描绘生动的自然风景和质朴的人物。

17 世纪和 18 世纪前半期是教堂建筑的繁荣时期，巴洛克式建筑在克拉科夫、华沙等地大量出现。1605 年在克拉科夫开始建造的圣伯多禄和圣保禄教堂（Kościół ŚŚ Piotra i Pawła）是波兰最早的巴洛克建筑之一，它是由皇家建筑师乔瓦尼·特列瓦诺（Giovanni Trevano）设计建造的。这一时期，波兰国王齐格蒙特三世不惜巨资，从罗马、那不勒斯、威尼斯、佛罗伦萨等地购买大批名画，并聘请了许多意大利名画家，在王宫建立了画廊。

18 世纪末、19 世纪初，新古典主义兴起，画家兼艺术教育家弗朗西斯科·斯穆格莱维奇（Franciszek Smuglewicz）和扬·彼得·诺尔布林（Jan Piotr Norblin）是其中的杰出代表。在绘画方面，肖像画成就比较突出。著名的肖像画家有亚历山大·库哈尔斯基（Aleksander Kucharski）和卡齐米日·沃伊尼亚科夫斯基（Kazimierz Wojniakowski）等。

19 世纪上半期，浪漫主义绘画风格为一时之盛，其主要代表是彼得·米哈沃夫斯基（Piotr Michałowski）。米哈沃夫斯基的军事题材画、肖像画洋溢着爱国激情，被称为浪漫民族主义艺术。随着民族解放运动的高涨和农奴制的解体，出现了更多表现社会底层生活的美术作品。现实主义的肖像画、风俗画、风景画也达到了很高的艺术水平。当时颇为著名的作品有瓦伦提·万科维奇（Walenty Wańkowicz）的《亚当·密茨凯维奇肖像》（Portret Adama Mickiewicza na Judahu skale，全名应译为"亚当·

密茨凯维奇在犹大石上的画像"），以及扬·菲利克斯·皮瓦尔斯基（Jan Feliks Piwarski）的《华沙的"一格罗希"酒店》（Karczma „Ostatni grosz" pod Warszawą）和菲利克斯·彭恰尔斯基（Feliks Pęczarski）的《赌徒》（Szulerzy）等。1863年的"一月起义"对波兰的绘画艺术产生了很大影响。宣扬爱国主义的历史画和揭露社会黑暗的风俗画得到了进一步的发展。著名画家有亨里克·罗达科夫斯基（Henryk Rodakowski）、马克希米利安·盖雷姆斯基（Maksymilian Gierymski）、亚历山大·盖雷姆斯基（Aleksander Gierymski）和扬·马泰伊科（Jan Matejko）等。马泰伊科以历史画和军事画而著名，其绘画艺术有着鲜明的时代特征和民族特色，代表作有《格伦瓦德战役》（Bitwa pod Grunwaldem）、《卢布林联盟》（Unia lubelska）和《雷耶坦》（Rejtan，又名"波兰的灭亡"）。

20世纪初，波兰美术流派纷呈：印象主义、象征主义、野兽主义、现实主义，不一而足。其中属于印象主义的画家有瓦迪斯瓦夫·波德科温斯基（Władysław Podkowiński）、利昂·维埃祖科夫斯基（Leon Wyczółkowski）和扬·斯坦尼斯瓦夫斯基（Jan Stanisławski）等。象征主义最主要的代表是斯坦尼斯瓦夫·维斯皮安斯基（Stanisław Wyspiański）等人。

20世纪40年代后，西方风格在波兰仍影响颇大。不过，已有不少艺术家开始走向社会现实主义的道路，如菲利西安·科瓦尔斯基（Felicjan Kowarski）创作的《无产者》（Proletariatczycy）一画就生动地描绘了工人运动领袖们的形象，画家沃伊切赫·维斯（Wojciech Weiss）于1950年创作的《宣言》（Manifest）一画成功地刻画了现代工人阶级的形象。这一时期的代表人物还有版画家塔德乌什·库利塞维奇（Tadeusz Kulisiewicz）。

20世纪的波兰雕塑艺术也很出色。克萨瓦里·杜尼科夫斯基（Xawery Dunikowski）是其中首屈一指的人物。卡齐米日·古斯塔夫·泽姆瓦（Kazimierz Gustaw Zemła）于1967年创作的《西里西亚纺织工起义纪念碑》（Pomnik Powstańców Śląskich w Katowicach）气魄宏大，构思新颖，极富动感。

波兰的"皮画"距今已有200多年的制作历史，其品位独特，像波兰的水晶一样久负盛名。波兰技师们精选上等的牛皮、羊皮等，使用特殊的脱水加工工艺，保留动物皮的柔软、细韧，锻造出独特外形，并将其作为"画纸"，然后用油画颜料在上面作画。皮画题材多样，技师们可以创造出人物、动物、风景、花卉、乐器等。"皮画"作品凹凸感强烈，堪称浮雕艺术的延续。此外，还可将宝石镶嵌其中，制成多种艺术品。皮画雅俗共赏，既可以是波兰家庭的点缀饰物，也可以是各种高雅场所的独特装饰。

2013 年，波兰全国共有 337 家美术馆，年均接待游客 452.8 万人。其中促进国立美术馆（Zachęta Narodowa Galeria Sztuki）是波兰最大的现代美术馆。该馆于 1898 年 9 月破土动工，1900 年 12 月 15 日落成并正式开馆。在这里，收藏了许多波兰和世界艺术大师的美术作品和其他艺术品，其中有外国艺术家保罗·塞尚（Paul Cézanne）、亨利·德·图卢兹–罗特列克（Henri de Toulouse–Lautrec）、巴勃罗·毕加索（Pablo Picasso）等的作品。1949 年，"鼓励"国立美术馆成为波兰文化艺术部的办公大楼。1989 年剧变后，"鼓励"国立美术馆恢复其最初的用途。2000 年 12 月，波兰邮政特别发行纪念邮票，纪念该馆建立 100 周年。

六　电影

波兰电影历史悠久。早在法国的卢米埃尔兄弟发明电影放映机之前，波兰发明家彼得·莱比得津斯基（Piotr Lebiedziński）、波普瓦夫斯基兄弟（Jan oraz Józef Popławski）和卡齐米日·普罗津斯基（Kazimierz Prószyński）就开始设计能"使照片活动起来"的机械装置。其中最为成功的是普罗津斯基于 1894 年发明的"多向摄影器"（Pleograf）。1896 年，克拉科夫、华沙和罗兹等地举行了最早的电影放映会，随后便建起第一批电影院。1897 年 5 月，波兰电影摄影师波列斯瓦夫·马佐齐斯基（Bolesław Matuszewski）在圣彼得堡和华沙的医院里拍摄了世界第一部医学影片。1902 年，波兰第一家电影制片厂成立，拍摄和发行短纪录片、文化片和故事片。1908 年，波兰第一部真正的故事片《安东首次到华沙》（Antoś pierwszy raz w Warszawie）问世。

从 1918 年起，波兰电影迅速发展，每年生产约 20 部故事片和 60 部短片，全国有 100 多家电影院。到"默片"时代后期，波兰每年能生产短片

300 部，故事片仍维持在 20 部左右，电影院已增至 700 家。

20 世纪 30 年代，波兰影坛出现了不同政治倾向和艺术主张的电影派别。有些电影倾向于宣传社会党或共产党等左派政党的政治理念，代表之一为亚历山大·福特（Aleksander Ford）拍摄的《街头伙伴》（Legion ulicy）。另一些电影试图表现更具根本性的问题，如人类的命运、伦理道德和社会问题等。这类影片有约瑟夫·莱伊台斯（Józef Lejtes）的《年轻的森林》（Młody las）、《罗莎》（Róża）、《诺沃利普基大街的姑娘们》（Dziewczęta z Nowolipek）等。而拍摄规模最大的是商业片，包括喜剧片、历史片、惊险片等。到 30 年代末至 40 年代初，波兰电影业的技术设备实现了现代化，电影拍摄水平大大提高。此时，每年可生产故事片 30 部，电影院达到 800 家。波兰影片在莫斯科电影节和威尼斯电影节上相继获奖。遗憾的是，波兰电影业在二战中遭到了严重破坏。到 1944 年，800 家电影院中只有 5 家还能放映电影，电影从业者不是战死沙场便是惨死在纳粹的屠刀下。

二战后，波兰电影业开始恢复。1945 年 11 月，社会主义政权创立波兰国家电影公司（Przedsiębiorstwo Państwowe Film Polski）全权管理波兰电影产业，亚历山大·福特任主管。此时的电影制作团队主要是在苏联重建的波兰军队中的几个制片小组，电影产量很低。这一时期的优秀影片，如旺达·雅库波夫斯卡（Wanda Jakubowska）导演的《最后阶段》（Ostatni etap）和福特导演的《边界上的街》（Ulica Graniczna），主要描写了战争的残酷和集中营里骇人听闻的遭遇。1950 年，波兰已有 1200 家电影院和 1000 个流动放映队，并在罗兹建立了两三个摄影棚。1952 年，波兰国家电影公司被中央电影办公室（Centralny Urząd Kinematografii）取代。6 年间，波兰国家电影公司共拍摄长片 13 部，另有几十部短片和纪录片。

20 世纪 50 年代中期，波兰导演利用相对自由的创作环境，创作了一些针砭时弊的、艺术形式较新颖的影片。安杰伊·蒙克（Andrzej Munk）导演的《铁轨上的男人》（Człowiek na torze）便是这类影片的代表。

l955~1963 年是波兰电影艺术史上最重要的时期。在此期间，安杰伊·蒙克、安杰伊·瓦伊达（Andrzej Wajda）和耶日·卡瓦莱罗维奇

（Jerzy Kawalerowicz）等几位导演组成了"波兰学派"①，他们的作品赢得了世界声誉。当时特别受到西方称赞的波兰影片有蒙克的《英雄》（Eroica）、瓦伊达的《灰烬与钻石》（Popiół i diament）、维托尔特·列谢维奇（Witold Lesiewicz）的《逃兵》（Dezerter）等。这些影片格调阴郁而冷酷，提出了社会道德与民族同一性等问题。

在"波兰学派"的影响下，波兰涌现出新一代享誉世界影坛的导演，其中最杰出的代表有罗曼·波兰斯基（Roman Polanski）、耶日·斯科利莫夫斯基（Jerzy Skolimowski）、克什日托夫·扎努西（Krzysztof Zanussi）和克什日托夫·基耶斯洛夫斯基（Krzysztof Kieślowski）等。扎努西被称作"波兰电影在欧洲和世界的形象大使"。

从 20 世纪 60 年代初开始，波兰加强了对电影事业的控制。日益增加的政治压力缩小了导演们的自由空间，各电影摄制组的自由管理权也受到限制。许多导演的影片被禁映，有的导演离开了波兰。但是，在东欧国家中，波兰仍是仅次于苏联的重要的电影生产国，到 80 年代初，波兰拥有 9 个不同规模的电影制片厂、11 个创作集体、400 多位导演，年产故事片达 40 部。

随着 80 年代中期波兰经济的衰退，波兰电影业也陷入困境，特别是在 80 年代末政局剧变初期，电影业的衰退日益显现。一方面，国家对电影业的拨款逐渐减少；另一方面，外国影片尤其是美国好莱坞影片大举进入波兰，波兰本国电影遭到挤压。

虽然波兰电影的发展十分艰辛，但仍不断有佳作诞生，像瓦伊达导演的《大理石人》（Człowiek z marmuru）、《铁人》（Człowiek z żelaza），和基耶斯洛夫斯基导演的《十诫》（Dekalog）等。

进入 90 年代之后，经过波兰政府和电影界的努力，电影事业有了新发展，出现了一批观众超过 500 万的受欢迎的国产影片。其中导演尤利乌斯·马胡尔斯基（Juliusz Machulski）的《杀手》不仅在国内保持了长达一年的高上座率，而且被好莱坞作为创作样板买走。基耶斯洛夫斯基在法国

———————————

① "波兰学派"是具有反官方和反社会现实主义倾向的波兰电影人的总称。

制作的电影《蓝》《白》《红》"颜色三部曲"赢得世界的赞誉，在各大电影节获得大奖。然而，随着电视产业的飞速发展，传统电影开始在竞争中处于劣势。1997 年，由于奥得河发生洪灾，政府取消了对格丁尼亚电影节的资助，电影节依靠私营电视台的资助才得以举办。1998 年，格丁尼亚电影节 17 部参赛影视片中就有 15 部是纯电视片。

虽然整个产业的发展面临不少困难，波兰电影的产量和艺术水平依然很高。1995 年，多洛塔·肯吉扎夫斯卡（Dorota Kędzierzawska）的《乌鸦》（Wrony）在柏林电影节获得成功。1998 年，瓦伊达将密茨凯维奇的巨著《塔杜施先生》改编并拍摄成电影。同年，扬·雅库布·科尔斯基（Jan Jakub Kolski）创作了《波皮耶拉韦电影院的故事》（Historia kina w Popielawach），用童话般的手法表现了几代波兰人的命运。维托尔特·阿达梅克（Witold Adamek）导演的影片《星期一》（Poniedziałek），讲述一个青年男子为讨薪而替老板充当暴力索债人的故事。纳塔莉亚·科伦卡 - 格鲁兹（Natalia Koryncka–Gruz）拍摄的《疯狂》（Amok），讲述了一个青年人从很有抱负的新闻记者突然变成疯狂的股票投机者，不顾一切道德约束，肆无忌惮地聚敛财富的故事。雅采克·博朗姆斯基（Jacek Bromski）导演的《在天堂，在地球》（U Pana Boga za piecem）包揽了格丁尼亚电影节最佳导演、最佳编剧、最佳女演员、最佳男演员、最佳喜剧和最受观众喜爱的电影等众多奖项。翌年，博朗姆斯基导演的《我是小偷》（To ja, złodziej）获得阿根廷马德普拉塔国际电影节大奖和最佳编剧奖。

1999 年，耶日·霍夫曼（Jerzy Hoffman）将显克微支的波兰史三部曲搬上银幕，片名为"火与剑"。2000 年，曾获得四次奥斯卡最佳外语片提名的"波兰电影之王"瓦伊达，获得奥斯卡终身成就奖。

2003 年，罗曼·波兰斯基执导的《钢琴师》（Pianista）获得第 75 届奥斯卡最佳导演、最佳影片和最佳男主角等三项殊荣。《钢琴师》讲述了二战中一个波兰犹太裔钢琴师在纳粹占领下艰难生存的故事。9 月，扬·雅库布·科尔斯基的《色情》（Pornografia）成为第 60 届威尼斯国际电影节竞赛片。

波兰主要的电影厂有罗兹电影制片厂、罗兹科教片厂、弗罗茨瓦夫电影制片厂、华沙纪录电影制片厂、华沙乔鲁夫卡电影制片厂和克拉科夫美术电影制片厂等。

波兰拥有约 400 个电影俱乐部，出版《电影》、《银幕》、《世界电影》和《电影技术》等刊物。成立于 1948 年的罗兹国家电影学院主要培养电影电视人才，设有电影导演、表演、摄影、电视、制片等专业。波兰科学院艺术研究所设有电影史与电影理论研究部，一些科研机构和大学也设有电影理论研究部门。

2013 年，波兰共生产电影长片 21 部，共有电影院 474 座，观影人数达 3700 多万。

波兰与中国的电影交流使中国观众欣赏到波兰电影艺术的精彩。1999年 12 月，波兰在中国举办波兰电影周。波兰故事片《波皮耶拉韦电影院的故事》、《杀手》和《复活节的一周》（Wielki tydzień）等分别在北京、上海、西安三地放映。这些影片风格各异，制作精良，是当时波兰影坛的优秀作品。2004 年 10 月 11 日，由中国电影家协会和波兰电影家协会主办的波兰电影周在北京拉开帷幕。该次活动集中展映 7 部不同风格的优秀波兰影片：由耶日·安特查克（Jerzy Antczak）导演的《肖邦——爱的渴望》（Chopin. Pragnienie miłości），由瓦伊达导演、波兰斯基主演的《复仇》（Zemsta），根据斯特凡·热罗姆斯基的小说改编、由菲利普·巴永（Filip Bajon）导演的同名电影《早春》，在捷克卡罗维发利国际电影节上荣获费比西影评人特别奖的《嗨！泰瑞斯卡》（Czesc Tereska），曾在 2004 年戛纳国际电影节回顾展上放映的《心灵之汤》（Zurek），获得格丁尼亚电影节大奖、波兰电影金鹰奖、芝加哥第十五届波兰电影节观众奖的《克拉科夫的天使》（Aniol w Krakowie），以及荣获第五十三届柏林国际电影节堂吉诃德奖、费比西影评人和天主教人道精神奖的《艾迪》（Edi）。

第五节　体育

波兰人酷爱体育运动。

马术是波兰的传统运动之一。1924 年，波兰马术选手在第八届夏季奥林匹克运动会上为波兰夺得第一块奥运奖牌。

足球是最受波兰人喜爱的运动。1921 年，波兰便成立了国家足球队，并出战 1938 年法国世界杯。第二次世界大战中，波兰的足球运动乃至整个体育事业一蹶不振。

二战后，波兰积极恢复和发展体育事业，并迅速成为世界体育强国之一。1972 年，波兰国家足球队获得奥运会冠军，1976 年和 1992 年均获得奥运会亚军。从 1974 年到 1986 年，波兰足球队连续 4 次打进世界杯决赛圈，其中 1974 年和 1982 年获得季军。波兰青少年足球队在比赛中也屡创佳绩。在其他运动项目，如篮球、排球、拳击等的国际比赛中，波兰运动员也发挥了很好的水平，捷报频传。例如，20 世纪 70 年代，自行车运动员米齐斯瓦夫·诺维茨基（Mieczysław Nowicki）获得过两枚奥运会奖牌和两枚世界杯赛团体奖牌。

剧变后，波兰的体育事业出现过短暂的下滑。但自 20 世纪 90 年代初起，波兰开始改变原来由国家包揽一切的体育管理和运动员培养体制，实行由各类体育运动协会和俱乐部直接负责的新体制。为了发展体育事业，波兰采取了许多促进措施，包括物质激励措施和精神鼓励措施。例如，波兰政府给予在 1996 年亚特兰大奥运会上获得金牌的运动员 6 万兹罗提（约合 2 万美元）和一辆（菲亚特牌）小轿车的奖励。2000 年，波兰政府又拨款 400 万兹罗提（约合 100 万美元），奖励在悉尼奥运会上获得奖牌的波兰运动员。具体规定是：波兰运动员如果获得一枚个人金牌，可获得 9 万兹罗提奖金和一辆（菲亚特牌）小轿车；如果获得银牌，则可获得 6 万兹罗提；获得铜牌，则可获得 4.5 万兹罗提；如果获得团体金牌，除个人奖金外，整个团队还可获得 50 万兹罗提奖金和一辆小轿车。2001 年 6 月，波兰足球协会决定，参加波兰甲级联赛的各俱乐部只有在财政、基础设施和管理等方面达标并领取执照后，才能参赛。波兰足球协会还制定了参赛标准，涉及法律、财政、设施、俱乐部管理等诸多方面，甚至包括看台的设置，力求与国际接轨。

在新的体育管理和运动员培训体制下，再加上有效的促进措施，波兰的体育事业迅速发展，优秀运动员不断涌现，成果累累。

奥运会是全球体育竞技的大舞台，波兰运动员在多届奥运会上取得优异成绩。在 1996 年亚特兰大奥运会上，波兰运动健儿一举夺得 7 枚金牌，银牌和铜牌各 5 枚，位于奖牌榜第 11 位。2000 年，波兰运动员在悉尼奥运会上共获得 14 枚奖牌，其中有 6 枚金牌。在 2008 年北京奥运会上，波兰铅球选手托马什·马耶夫斯基（Tomasz Majewski）夺得波兰奥运会代表团首枚金牌。8 月 17 日，波兰赛艇队在男子轻量级四人双桨比赛中摘金，在男子轻量级四人单桨决赛中获得一枚银牌；希蒙·科莱茨基（Szymon Kołecki）获得男子举重94公斤级亚军；阿格涅什卡·维斯切克（Agnieszka Wieszczek）在女子自由式摔跤 72 公斤级比赛中获得并列第三的成绩。这是波兰代表团在北京表现最出色的一天，也是继 1996 年 7 月 22 日波兰运动员在亚特兰大奥运会上夺得 2 枚金牌之后，在奥运会赛场上最为辉煌的一天。波兰体育代表团在北京奥运会上共获得 3 金、6 银、1 铜。2012 年，波兰代表团在伦敦奥运会上获得 2 金、2 银、6 铜，共 10 枚奖牌，其中，名将马耶夫斯基以 21.89 米的成绩成功卫冕铅球冠军。

足球运动也重新焕发光彩。波兰从 1996 年开始向海外"输出"足球运动员。波兰的足球运动设施和管理水平提高很快，已有多家俱乐部的足球场地达到了欧洲先进水准。2002 年，时隔 16 年后，波兰足球重新打进世界杯决赛。2008 年，波兰足球队则第一次打进欧洲足球锦标赛决赛。2012 年，波兰和乌克兰成功联合承办欧洲足球锦标赛，这是波兰历史上规模最大的一次体育盛会。同时，年青一代的优秀足球运动员大量涌现，如罗伯特·莱万多夫斯基（Robert Lewandowski）、雅库布·布拉什奇科夫斯基（Jakub Blaszczykowski）、乌卡什·皮什切克（Łukasz Piszczek）、沃伊切赫·什琴斯内（Wojciech Szczęsny）等。

波兰的许多田径运动项目已达到并保持世界领先水平。波兰著名跳高运动员阿尔图·帕尔蒂卡（Artur Partyka）连续几年保持世界领先水平：1995 年 8 月，在瑞典哥德堡举行的第 5 届世界田径锦标赛中，以 2.35 米的成绩获得男子跳高第 3 名；1996 年 7 月 28 日，在美国亚特兰大举行的第 26 届奥运会上，以 2.37 米的成绩获得男子跳高亚军；1997 年 8 月 6 日，在希腊雅典举行的第 6 届世界田径锦标赛上，以 2.35 米的成绩获得男子跳高亚军；1998 年 8 月 21 日，在匈牙利布达佩斯举行的第 17 届欧洲田径锦标赛上，以 2.34 米的成绩获得男子跳高冠军。2002 年 6 月 6 日，波兰名将尤斯蒂娜·邦克（Justyna Bąk）在意大利米兰举行的国际田联田径大奖赛女子 3000 米障碍跑比赛中，以 9 分 22 秒 29 的成绩刷新了由她本人保持的世界纪录。2002 年 8 月 8 日，在德国慕尼黑举行的第 18 届欧洲田径锦标赛男子 50 公里竞走比赛中，波兰选手罗伯特·科热日尼奥夫斯基（Robert Korzeniowski）以 3 小时 36 分 39 秒的成绩夺冠，并创造了新的世界纪录。

波兰的篮球、举重、拳击、游泳、排球等运动项目同样成绩不俗。2000 年，波兰女子篮球队成为欧洲冠军。在 2000 年悉尼奥运会上，波兰举重运动员获得两块银牌。2002 年欧洲乒乓球锦标赛上，波兰选手卢茨扬·布瓦什奇克（Lucjan Błaszczyk）和卢森堡选手倪夏莲获得混双冠军。2000 年 2 月 17 日，波兰波兹南航空俱乐部飞行员在世界级滑翔机比赛中，创造了一项百公里三角形路线速度滑翔世界纪录，速度为每小时 110.1 公里。2002 年 4 月 20 日，绰号"老虎"的波兰拳击手达利乌什·米哈尔切夫斯基（Dariusz Michalczewski）在格但斯克只用两个回合便击败美国挑战者，轻松卫冕世界拳击次重量级拳王称号。这是米哈尔切夫斯基第 21 次卫冕拳王称号。2002 年 8 月 4 日，在欧洲游泳锦标赛中，波兰选手奥蒂利娅·捷德雷茨扎克（Otylia Jedrejczak）以 2 分 5 秒 78 的成绩打破了女子 200 米蝶泳的世界纪录，夺得欧洲冠军。与此同时，巴尔托什·基杰罗夫斯基（Bartosz Kizierowski）以 22 秒 18 夺得男子 50 米自由泳金牌。2002 年 11 月 24 日，在第 15 届世界举重锦标赛 75 公斤以上级的比赛中，波兰名将阿加塔·弗罗贝尔（Agata Wróbel）夺得两枚金牌和一枚银牌。2003 年 7 月 24 日，在巴塞罗那世界游泳锦标赛上，捷德雷茨扎克又在女子 200 米蝶泳中技压群芳，以 2 分 7 秒 56 的成绩夺得世界冠军。2000~2008 年，波兰选手马里乌什·普齐亚诺夫斯基（Mariusz Pudzianowski）共获得 5 次世界大力士冠军赛冠军。

2003 年，波兰女子排球队成为第 23 届欧洲女子排球锦标赛冠军。在 2003 年 11 月的世界杯上，波兰女子排球队战胜了前世界杯冠军（世界锦标赛亚军）美国队，最终名列世界第 8 位。波兰男子排球队表现也很出色。

2003 年 10 月，波兰男排夺得欧洲锦标赛第 5 名。自 2001 年以来，波兰男排两次取得欧洲锦标赛第 5 名，并闯入 2002 年世界男排联赛决赛阶段。2005 年和 2007 年世界男排联赛中，波兰男子排球队排名第 4，并在 2006 年日本世锦赛中夺得亚军。2008 年 6 月 1 日，波兰男子排球队在葡萄牙埃斯皮纽举行的奥运会男排落选赛中击败东道主球队，从而获得了北京奥运会的参赛资格。

近年来，武术运动在波兰大受青睐，已成为爱好者人数仅次于足球的第二大体育项目。波兰已组建起波兰武术协会、功夫和武术协会等数十家武术协会、学校和俱乐部。在华沙、克拉科夫、格但斯克、什切青、波兹南、卢布林、别尔斯科－比亚瓦、奥尔什丁、西里西亚等城市和地区均设有武术学校或俱乐部，教授空手道、柔道、跆拳道、中国功夫等。2002 年 4 月 14 日，在华沙"科沃"体育与娱乐中心举行的第六届波兰杯国际武术（长拳、南拳、棍术、刀术、剑术、太极拳和散打等）比赛中，波兰选手雷博蒂茨基和托普采夫斯基并列全能第一名。

集健身、娱乐、艺术于一体的体育舞蹈已成为波兰一项极富文化韵味的新兴体育项目。在众多的体育舞蹈团中，由波兰体育舞蹈明星组成的"达科特"体育舞蹈团是波兰著名的体育舞蹈团体。该体育舞蹈团成绩斐然，1997 年获得波兰体育舞蹈团体赛冠军，1998 年和 1999 年分别进入欧洲和世界体育舞蹈赛的前 6 名，2000 年在波兰体育舞蹈团体赛中获拉丁舞冠军。"达科特"体育舞蹈团曾两次访问中国，其表演火爆热烈，洋溢着浓郁的波兰情调，给中国观众以美的享受。

波兰残疾人体育事业同样蓬勃发展，涌现出许多优秀运动员。波兰乒乓球队在 1999 年获得欧洲残疾人乒乓球赛团体金牌。波兰射箭队也曾获得过残疾人奥运会团体银牌。2000 年 10 月，波兰派出大型体育代表团参加第 11 届悉尼残疾人奥运会，并参加游泳、举重、射箭、射击、乒乓球、田径、排球、篮球、击剑等 9 个项目的比赛。

第八章

外　交

第一节　概述

10~15 世纪，波兰推行向外扩张政策，与周边国家多有军事冲突。波兰与神圣罗马帝国、波西米亚、条顿骑士团等常年交战，与匈牙利和立陶宛的关系则较为亲密。16~17 世纪，波兰的领土面积达到历史最大，与奥斯曼帝国、瑞典和俄罗斯等国爆发多次战争。18 世纪，波兰王室的更迭开始被邻国控制，外交主动权逐渐丧失。1772 年、1793 年和 1795 年，波兰被欧洲列强 3 次瓜分，失去独立 100 多年。

1918 年波兰重获独立后，波兰政府奉行"冒险主义的对外政策"，亲近英法，疏远俄国和捷克斯洛伐克，二战爆发前甚至参与纳粹德国瓜分捷克斯洛伐克的军事行动。二战爆发后，波兰流亡政府迁往英国，坚持抵抗，部分波兰人流亡苏联，形成亲西方和亲苏两派势力。

1945 年，波兰获得"解放"，在苏联的支持下废除了流亡政府，建立了社会主义政权，成为苏联的"卫星国"。但是随之而来的是苏联和西方盟国对欧洲的争夺。华约和北约两大军事集团在欧洲大陆直接对峙，波兰成为东西方冷战的"前沿阵地"。

二战后的波兰对国家的独立和主权极为敏感。作为一个遭受战火严重破坏的国家，波兰更是急需发展经济。而发展经济，不仅需要一个和平与安全的国际环境，而且需要开展广泛的国际交流与合作。在这样的背景下，波兰设定了对外政策的主要目标：维护国家的独立、主权与安全，努力争取和维护欧洲持久和平。对外关系的发展顺序和基本原则是：重视和加强同苏联及其他社会主义国家的友好、互助与密切合作；保持与发展中国家的良好关系，支持和团结一切进步力量；在和平共处原则基础上建立和发展与资本主义国家的正常关系。

随着国际局势的变化，波兰的外交政策在各个时期也有所不同：1944~1949年，社会主义政权建立初期，波兰外交政策的重点是争取外交承认和国际支持，积极同欧洲社会主义国家建立双边联盟关系；1950~1956年，由于东西方冷战升级，波兰着重加强与社会主义国家的结盟关系；1957~1969年，随着东西方关系缓和，波兰在加强与社会主义国家合作的同时，开始发展与西方国家的关系，并扩大与第三世界国家的交往与联系；1970~1979年，波兰进一步改善与西方国家的关系，并实现了与西方国家关系的正常化；1980~1984年，针对西方的对抗政策和经济制裁，波兰加强与社会主义阵营和第三世界国家的联合以共同对付西方，使波兰与西方国家的关系日趋恶化；1985~1989年，随着苏联对欧政策和波兰国内局势的变化，波兰努力恢复和发展与西方国家的政治、经济和文化合作关系。

1989年波兰剧变后，对外政策的重心由东方转向西方，并加紧接近欧共体和北约等西方组织以及其他国际组织。波兰的基本外交政策是：遵守波兰所签署的所有国际条约，把同苏联的关系建立在主权平等的原则基础上，缩短同美国的距离，争取早日"回归欧洲"。

从1990年起，波兰开始淡化与苏联的政治、军事和经济关系，积极扩大同西方国家的交往与合作。同年6月，波兰政府明确宣布，波兰与苏联的关系不再具有意识形态性质或"卫星"性质。1991年上半年，波兰正式退出华约和经互会，并积极要求加入西方体系，特别是加入欧共体和北约。同年11月，波兰被接纳为欧洲委员会成员国，12月与欧共体签署了联系国协议。1992年，苏联驻波兰军队全部撤离波兰国土。到1993年初，波兰已参加了欧洲所有地区性合作组织或机构。1994年，波兰加入了北约"和平伙伴关系计划"，开始与北约在政治、军事和经济等领域进行全面的合作。1996 年 7 月，波兰成为经合组织成员国。

与此同时，波兰努力发展与其他邻国的关系，并加强同世界各国的接触与往来。可以说，到 1996 年，波兰侧重西方的多元外交格局已初步形成。

1997 年 11 月 10 日，波兰总理布泽克在施政纲领中强调指出，波兰对外政策的主要方向不变——波兰现在和将来都属西欧之列；要把同美国的伙伴关系提到"最高水平"，进一步加强同德国和法国的关系；改革法律体制，使之尽快与西欧接轨；努力争取于 1999 年加入北约和 2002 年加入欧盟；继续贯彻侧重西方的多元外交方针，加强与地区性组织的合作；进一步改善同东方邻国的关系，特别是努力使波兰与俄罗斯成为良好伙伴。他还指出，波兰今后的外交政策应该更加突出地为经济服务。

2002 年 3 月 14 日，波兰外长沃齐米日·齐莫谢维奇（Włodzimierz Cimoszewicz）在波兰议会作外交政策报告时称，波兰外交政策的主要目标是在 2004 年成为欧盟成员国，而保障波兰国家安全和在欧盟的应有地位是波兰外交政策最优先的基本任务。美国是波兰的主要伙伴和盟友。波兰将继续加强自己作为"美国在中东欧的主要伙伴和在欧洲的最重要伙伴之一"的形象，同时"波兰也把同欧盟国家的关系放到最重要地位"；波兰支持全世界反恐联盟继续联合行动，将继续同美国等一道参加反恐行动。

2004 年 5 月 1 日，波兰正式加入欧盟。2007 年 12 月，波兰加入申根协定。波兰主张并支持欧盟和北约东扩，坚持理性务实的外交路线。

2007 年 10 月，公民纲领党在议会提前选举中获胜，执政 4 年。在这 4 年里，公民纲领党主席图斯克作为总理，在延续前政府部分外交政策（将国家安全置于外交首位、重视发展与美关系、防范俄潜在威胁）的基础上，适时调整对外政策，即在波美关系中凸显国家利益的现实性，放弃疑欧立场而亲近欧盟，加强与俄对话合作。

2012 年，波兰政府延续理性务实的外交路线：对外政策以"服务波兰、构建欧洲、了解世界"为使命，更加注重现实利益和战略平衡；政治和经济上立足欧盟，安全和防务上倚靠北约和美国，睦邻周边，积极构建全方位外交格局，提升波兰在地区和国际事务中的影响力。

2015 年 5 月 1 日是波兰加入欧盟 10 周年纪念日，波兰各界纷纷组织研讨会，总结"入盟"10 年来的得失。波兰的民意调查显示，有八成多波兰人认为加入欧盟的选择是正确的，波兰由此获益良多。

波兰始终重视并积极参与联合国等国际组织的事务，现同 189 个国家保持外交关系。波兰是联合国、经济合作与发展组织、世贸组织、欧盟和北约的成员。2015 年 10 月 9 日，波兰成为《亚洲基础设施投资银行协定》第 53 个签署方。

第二节　同德、英、法等西欧国家和欧盟的关系

一　同德、英、法等西欧国家的关系

在波兰被瓜分时期，法国和英国一直支持波兰独立。例如，在 1863 年上半年，法国和英国竭力建议召开国际会议，解决"波兰问题"。1917 年 6 月，法国总统发布了关于建立一支波兰军队的法令，并同其他一些西方国家一道承认在德国和奥地利（1867~1918 年为"奥匈帝国"）占领下的波兰成立的波兰王国摄政委员会为"波兰官方组织"。1918 年 6 月，法国和英国政府发表声明，认为有必要建立波兰国家。后来，法国又给予波兰财政和军事物资援助，英国也向波兰提供贷款。这些援助加速了波兰第二共和国的诞生。

波兰第二共和国成立后，法国和英国一直与波兰保持盟友的关系。在第二次世界大战中，法国和英国与波兰结成反法西斯同盟，共同对德作战。

社会主义政权建立后，波兰希望同英、法等西欧国家重新建立正常的国家间关系，但因东西方冷战的爆发和加剧而未能完全实现。特别值得一提的是，波兰与民主德国同为社会主义阵营国家，交往较为频繁，而与联邦德国未建立外交关系。

20 世纪 60 年代，东西方关系日趋缓和，波兰同除联邦德国以外的所有西欧国家的关系都得到进一步发展。1970 年 12 月 7 日，波兰同联邦德国正式建交，但交往仍十分有限。

20 世纪 80 年代初，由于波兰政府取缔团结工会并实行战时状态，西欧国家参与了美国对波兰实行的经济制裁行动。波兰与联邦德国、英、法等西欧国家关系因此恶化。1983 年取消战时状态后，波兰与西欧国家关系逐步恢复正常。

1989 年剧变后，特别是团结工会执政后，波兰立即加强与西欧国家的关系。

从 1990 年起，波兰国家领导人开始对西欧各国进行访问，先后同西欧所有邻国和主要国家都签订了双边友好合作条约。同年 10~12 月，波兰已邀请了几乎所有的西欧国家领导人访问波兰，波兰总理马佐维耶茨基也访问了意大利。

与此同时，波兰努力加强与西欧国家（尤其是同北约和欧盟成员国）的友好合作关系。从 20 世纪 90 年代中期起，西欧国家已成为波兰经贸、军事、科技和文化合作最主要的伙伴。其中，波兰同德国和法国的关系尤为密切，波兰、德国和法国被称作"魏玛三角"[①]：波兰为实现欧洲一体化与两国采取联合行动；德国一直积极支持波兰加入欧盟和北约组织；法国也公开支持波兰加入欧盟并视波兰为北约组织的"重要政治伙伴"。波兰、法国、德国的"魏玛三角"合作关系不断发展。1994 年 3 月，波兰、法国、德国将三国外长会晤扩大到三国国防部长的定期会晤机制。1996 年 2 月，波兰、法国和德国三国国防部长在华沙会晤后签署的最后文件确定，波兰、法国、德国三国特种部队每年进行一次联合军事演习，开展军事人员间的交往，并就军事政策展开对话。

从 1998 年起，波兰、法国、德国三国首脑开始频繁会晤，以进一步加强友好与合作关系，并在重大国际问题上相互协调立场。1998 年 2 月，波兰总统克瓦希涅夫斯基、法国总统雅克·希拉克（Jacques Chirac）和德国总理赫尔穆特·科尔（Helmut Kohl）在波兹南举行了"魏玛三角"第一次高峰会晤，并一致表示：除政治和经济合作外，"魏玛三角"还应加强文化交流。法国和德国表示愿意为波兰加入北约和欧盟提供帮助。

---

① 1991 年 8 月，波、德、法三国外长在德国魏玛举行会晤，决定建立每年定期举行三国外长会晤的合作机制，"魏玛三角"由此得名。

波兰

1999 年 5 月，波兰总统克瓦希涅夫斯基、法国总统希拉克和德国总理格哈德·施罗德（Gerhard Schröder）在法国东部城市南锡会晤，对西方七国集团与俄罗斯外长参加的八国外长会议就政治解决科索沃危机达成的协议给予肯定。2001 年 2 月，波兰总统克瓦希涅夫斯基、法国总统希拉克和德国总理施罗德在德国会晤。三方着重就欧洲防务政策、欧盟东扩方针、各国与俄罗斯的关系等问题交换了意见，并同意今后进一步加强在欧洲政策问题上的相互协调。2003 年 12 月 1 日，法国总理让－皮埃尔·拉法兰（Jean-Pierre Raffarin）访问波兰，与波兰总理米莱尔举行会谈，表示要加强"魏玛三角"的合作。两国总理同意每年轮流在波兰和法国举行波法政府间磋商，以提高两国经济合作的水平，提升欧盟的运行效率。

在波兰、法国、德国的"魏玛三角"关系中，波兰与德国的关系更近一些。波兰剧变和德国统一后，波德关系飞速发展。德国成为波兰重要的贸易伙伴，德国在波兰的投资占波兰所有外资的近 1/5。自 1997 年两国政府首脑定期会晤机制启动以来，两国总统、总理、外长之间的会晤和互访频繁。20 世纪 90 年代，波德先后签署《波兰共和国和德意志联邦共和国关于确认两国目前边界的条约》、《睦邻友好合作条约》、《波德两国边界协定》、《边界通道协议》和《边境小规模人员流动协议》等文件。

21 世纪初，波兰最主要的出口国和最大净出资国是德国。2000 年 12 月，施罗德总理访问华沙，表示德国坚决支持波兰作为第一批候选国尽早加入欧盟，波兰亦将德国视为其"入盟"的主要推动者。此外，波兰与德国不断加强边境合作。2002 年 2 月 18 日，波兰和德国签署了扩大两国警方合作的协定。根据双方签署的协议，波德两国警方将在信息交流和提供司法援助方面加强合作。此后，两国的警务人员尽可能共同值勤并一起执行某些缉捕和侦破任务。

波兰与英国的关系也得到进一步的发展。2001 年 11 月 2 日，波兰总理米莱尔对英国进行工作访问，同英国首相托尼·布莱尔（Tony Blair）就波兰加入欧盟和双边经贸合作等问题举行会谈。2002 年 3 月 26 日，波兰总统克瓦希涅夫斯基访问英国，与英国首相布莱尔举行会谈。双方主要讨论了波兰加入欧盟和欧盟的前景等问题，英国重申支持波兰 2004 年加入欧盟。

2004 年加入欧盟后，波兰充分利用"魏玛三角"合作机制，深化波、法、德三国合作。2008 年 5 月，法国总统尼古拉·萨科齐（Nicolas Sarkozy）访问波兰，与波兰总统卡钦斯基签署了建立战略伙伴关系的宣言。双方表示将在政治、经济、文化和社会等方面继续保持密切合作。2009 年 11 月 5 日，波兰与法国就能源合作、国防建设和文化交流等签署了合作协议，法国承诺将帮助波兰发展核能项目。2012 年，法国总统弗朗索瓦·奥朗德（François Hollande）在大选前后两次访问波兰，德国总统约阿希姆·高克（Joachim Gauck）就任后首站便出访波兰。2013 年，波兰总统科莫罗夫斯基、总理图斯克先后访问法国；波兰总理图斯克和德国总理安格拉·默克尔（Angela Merkel）共同出席汉诺威电子信息及通信技术博览会开幕式；波兰总统科莫罗夫斯基与外交部长西科尔斯基分别与到访的德国新任外交部长弗兰克 – 瓦尔特·施泰因迈尔（Frank–Walter Steinmeier）会晤，一致认为双方的关系处于历史最好时期。

但近期波兰政府与德国政府间出现了裂痕。2017 年 7 月，法律与公正党主席、波兰政坛的实际掌权者卡钦斯基在党内大会中表态称："波兰从来没有放弃过二战赔款，那些认为波兰已经放弃的人是错误的。"卡钦斯基还将波兰有权获得欧盟发展基金与波兰至今没有获得二战战争赔款联系起来。随着卡钦斯基的表态，波兰政府部分官员也纷纷对此表达了支持的态度。而波兰国内对该议题的意见并不统一。在向德国诉求战争赔款的议题上，波兰总统杜达表现得更为克制。波兰总统府方面表示，波兰是否要向德国提出战争赔款要求，并不能只由公众讨论决定，必须为此寻找更有力的法律支持。波兰外交部副部长马耶洛斯基最初表示，波兰应遵循 1953 年波兰政府放弃赔款的决定。但接着，他又调整了立场，称若要有效索取战争赔款，得做进一步分析调查；并称波兰政府应该继续与德国进行谈判，要求其继续增加对纳粹受害者的"人道补偿"。随后，波兰执政党法律与公正党声明称，波兰有权正式要求德国支付二战期间其侵略波兰的战争赔款。波兰反对党则指责波兰执政党掀起关于向德国诉求战争赔款的讨论是毫无意义的政治动员。而德国方面则表示，德国在二战中有自己在政治、道德和经济上的责任，德国已经对包括波兰在内的受害国进行了大量赔偿，并且一直在持续。德国政府认为，这个问题"早已在过去不容置疑地解决了"。①

在此之前，波兰取消订购 50 架"狞猫"直升机合同，在华沙与巴黎之间也引发了外交危机。波兰新政府于 2015 年 11 月上台后，立即对前政府达成的关于波兰购买空客集团 50 架直升机的合约提出质疑。2016 年 10 月，波兰正式取消这一合同。波兰此举是有意在国防方面与美国建立单一关系。法国总统奥朗德随即推迟了访问波兰的计划。同时，奥朗德对只购买美国军火的欧盟成员国发出警告，呼吁欧盟所有国家为加强欧盟整体国防做出努力。出于同一原因，国防部长勒德里昂和外长埃罗也取消了之前宣布的访问波兰的计划。法国外交部门的消息称，波兰取消合同将使两国的关系严重受损，法国将"全面研究"与波兰的军事合作。不过，波兰外长试图淡化紧张气氛，他在声明中强调法波关系具有的重大"战略特征"。他说，华沙方面深信，取消合同并不能对法国与波兰的整体合作与双边关系产生影响。鉴于此，波兰总统杜达呼吁重振 20 多年前建立的法德波"魏玛三角"。

在英国退出欧盟后，波兰称将与英国建立更紧密的关系。波兰总统杜达表示，英国政府很清楚，波兰人在英国的经济与社会发展中做出了卓越的贡献。波兰政府将竭尽所能，保证在英国的波兰人所拥有的权利不会缩减。杜达强调，英国的脱欧公投是英国社会的民主选择，波兰对英国人的选择表示尊重。英国人永远是波兰人的朋友，两国在文化上可被归为一宗，欧洲将永远是统一的整体。波兰将继续在经济、军事、政治领域与英国保持最为密切的联系，两国的关系不会受到公投的影响。波兰总理希德沃表

---

① 1953 年，在苏联的"压力"下，波兰人民共和国政府宣布放弃对同属社会主义阵营的东德索取战争赔款；而西德政府则向希腊、以色列和南斯拉夫等国支付了赔款。在两德于 1990 年统一之后，波兰政府和统一后的德国政府签订友好邻邦合约，两国达成了战争补偿的初步协定。依据该协定，德国要对波兰的一个专项基金会捐款 5 亿德国马克，另外还要向波兰受害者赔偿 20 亿德国马克。据《纽约时报》报道，到 2012 年为止，德国已经向波兰等多个二战受害国家，支付了总额为 890 亿美元的补偿金。2004 年，波兰加入欧盟时，波兰也确认，将不会再寻求二战的战争赔款。

示，尽管英国脱欧不是一件让所有人感到高兴的事情，但这依然是英国在主权范围之内做出的决定，波兰尊重英国的决定。

二 同欧盟的关系

剧变后，波兰确立的战略目标是：尽快加入西欧体系，并完全融入欧洲。加入北约与欧共体（欧盟）成为波兰外交工作的重中之重。

1991年12月，波兰与欧共体签署了联系国协议。1994年4月，波兰正式提出加入欧盟的申请。此后，波兰同西欧国家，尤其是欧盟成员国的合作关系不断加强。在此基础上，波兰加入欧盟的进程不断加快。1997年7月，波兰被确定为欧盟东扩的首选国。1998年3月，波兰与欧盟就波兰加入欧盟问题正式举行谈判。

为了尽快加入欧盟，波兰致力于政治经济改革，并使其政治、经济、文化、科技、教育、金融等各领域的法律和政策接近或达到欧盟的标准。为此，波兰政府专门成立了欧洲一体化委员会，不断出台改革方案，加快私有化进程，进一步开放市场，并为此每年投入约20亿欧元。

自20世纪90年代起，波兰就已经与欧盟及其成员国保持了良好的合作关系，但与欧盟的"入盟"谈判并非一帆风顺。客观上讲，波兰在"入盟"问题上有着许多不利因素，例如波兰经济仍远远落后于欧盟国家等。但在波兰政府坚持不懈的努力下，"入盟"谈判不断取得进展。到2002年6月10日，随着与欧盟在运输和渔业领域的谈判结束，波兰已完成了25个领域的"入盟"谈判，处于"入盟"候选国前列。与此同时，波兰民众对"入盟"的支持率也开始上升。根据波兰CBOS调查公司2002年5月的民意测验，波兰民众对"入盟"的支持率大大上升,75%的波兰人支持"入盟"，而反对率则由25%下降到了19%。

2002年10月9日，欧盟委员会批准了关于欧盟扩大的战略文件，其中包括对13个候选国的评估报告，确定波兰等10个候选国于年底前结束"入盟"谈判。

2002年12月13日，波兰结束了与欧盟有关"入盟"问题的所有谈判，欧盟基本同意了波兰最后提出的全部4项要求：获得更多的财政补偿

（2004~2006 年间波兰将总共获得 15 亿欧元的补偿）；2004~2006 年波兰农民从欧盟获得更多的补贴；每年牛奶批发销售量的限额增加 150 万吨；至 2007 年成品房增值税保持在 7% 的税率水平上。

2003 年 4 月 16 日，欧洲 10 个国家加入欧盟的签字仪式在雅典举行，波兰在"入盟"条约上签字。6 月 8 日，波兰举行有关加入欧盟的全民公决。统计结果显示，这次全民公决的投票率为 58.8%，其中赞成加入欧盟的占 81.7%，反对者占 18.3%。在 10 个候选国中，波兰是第 6 个通过全民公决表示支持加入欧盟的国家。波兰总统克瓦希涅夫斯基在得悉这一结果后说，"波兰回到了欧洲大家庭"。欧盟委员会主席普罗迪致电克瓦希涅夫斯基和米莱尔表示祝贺。欧盟委员会发表特别声明称，波兰人民的这一决定是"欧洲历史上的转折点"。

2003 年 7 月 23 日，波兰总统克瓦希涅夫斯基正式签署了波兰"入盟"条约，进而完成了波兰入盟的国内法律程序。克瓦希涅夫斯基表示，加入欧盟"实现了波兰数代人的梦想"。

在条约得到波兰和欧盟现有成员国批准后，波兰于 2004 年 5 月 1 日正式成为欧盟成员国。波兰继续以"依托欧盟促进经济与社会发展、加强在欧盟内的地位与作用"为外交重点，积极发挥在"魏玛三角"机制内的作用。

波兰主张加强欧盟内部团结和共同行动；高度重视欧盟单一市场建设及能源安全，提倡建设更有竞争力的、开放和安全的欧盟；主张强化欧盟机构，提高决策效率；提升欧盟的国际地位和影响力。2013 年，欧洲理事会主席范龙佩、欧洲议会议长舒尔茨和欧盟委员会主席巴罗佐先后访问波兰。2014 年 8 月，时任波兰总理图斯克被推选为欧洲理事会主席，于 2014 年 12 月 1 日就任，任期两年半。

近年来，波兰与欧盟关系趋于紧张。波兰现政府上台之后推行的一系列扩权行动，在批评者看来是背离了欧盟的主流共同价值。2017 年，波兰执政党试图推动两项涉及波兰最高法院法官任命方式变更的法案，被认为会对波兰的司法独立造成严重威胁。波兰、匈牙利和捷克等 3 个欧盟成员国，拒绝承担欧盟决定由各成员国分摊的难民和移民份额，也让波兰与欧盟之间的矛盾变得更加尖锐。

尤其针对英国脱欧事件，波兰对欧盟提出了严厉批评。波兰总理希德沃认为，之所以会出现英国脱欧，是因为欧盟并没有在根本上解决欧盟中存在的危机，而只是将其掩盖。她强调，当前欧洲需要能够考虑到欧洲人命运的充满智慧、具有实用性的政策。波兰法律与公正党主席卡钦斯基表示，欧盟应该对条约进行修改，使欧盟的条例变得更加精确，使欧盟能够真正在法律的基础上运行，而不是随意地运行。欧盟与其成员国的职权范围应当被明确区分，欧盟法所包含的"辅助性原则"更应当被仔细梳理，以便得到更好的遵守。此外，他认为，应当改革欧盟机构的投票制度，扩大"一致通过"的应用范围。他强调，欧盟联邦化的想法必然会导致不幸的发生，欧盟缺少实现联邦化的社会前提。波兰外交部认为，必须对欧盟进行改革，去除官僚主义，使欧盟决策更加民主，并提高欧盟适应新挑战的能力。

2017年7月，欧盟委员会向波兰发出"正式通知函"，称波兰违反了欧盟相关条约，欧盟委员会将就此启动法律程序，对波兰进行制裁。波兰可能面临的最高级别制裁是剥夺其在欧盟最高决策机构——欧洲理事会中的投票权。

第三节　同美国的关系

美国是最早支持波兰独立的国家之一。在1918年6月，美国政府发表声明，认为有必要建立波兰国家。同年10月18日，美国总统伍德罗·威尔逊（Woodrow Wilson）发表咨文，专门提出应当建立独立的波兰国家。后来，美国给予波兰大量的财政和军事物资等援助，以支持波兰独立。在二战中，美国也对波兰给予了很大帮助。

1945年7月5日，美国正式承认波兰社会主义政权。但随后两国关系陷入低谷。1956年后，波美关系有所改善。

20世纪80年代初，波兰政府对团结工会的镇压遭到美国的反对。美国遂对波兰实行经济制裁，两国关系恶化。1983年7月，波兰取消战时状态，波兰与美国的关系逐步缓和。

1989年后，波美关系正常化。波兰在强调回归欧洲的同时，主张保持美国在欧洲的存在，力求在政治和外交上同美国保持一致。1991年3月，波兰总统瓦文萨正式访问美国。其间，美国宣布减免波兰38亿美元债务的70%。1992年7月5日，美国总统乔治·布什（George Bush）访问波兰，表示将帮助波兰向市场经济转轨。1994年1月，美国总统比尔·克林顿（Bill Clinton）在参加布鲁塞尔北约首脑会议之后同波兰领导人会晤，讨论波兰加入北约问题。同年7月，克林顿在出席那不勒斯7国集团首脑会议之后再次访问波兰，强调波兰是美国的特殊伙伴，美国关心波兰的安全和独立，并给予波兰2亿美元的经济援助。

剧变后，波美贸易额连年增长，特别是双方的经济合作不断加强。到1996年8月，美国在波兰的投资达21亿美元，远远领先于德国（8.85亿美元）和法国（5.74亿美元）。

1999年3月12日，波兰外长向美国政府递交加入北约批准文件，波兰正式加入北约。同年4月，波兰总统、总理、外长、国防部长和军队总参谋长出席了在美国首都华盛顿举行的北约成立50周年庆祝活动。

2000年9月20日，波兰同美国签订经济合作协议。美国众议院以绝对多数票批准了一项对波兰、匈牙利提供8.37亿美元的一揽子援助计划。11月14日，前波兰团结工会主席瓦文萨应美国劳工联合会–产业工会联合会的邀请访美，美国总统乔治·W.布什（George W. Bush）举行隆重欢迎仪式，并授予瓦文萨费城"自由勋章"。同年12月4日，美国之音电台在华沙设立分支机构，这是美国电台在中东欧国家设立的第一个分支机构。

随后，波兰与美国的关系一直处于上升态势。2001年6月，美国总统乔治·W.布什对波兰进行访问，阐述了美波间的友好外交政策。2002年7月，波兰总统克瓦希涅夫斯基正式访问美国。9月19日，克瓦希涅夫斯基和布什通电话，双方讨论了反恐和北约东扩等问题。布什感谢波兰在反恐问题上采取的立场，并强调波兰是美国"忠诚的和真正的盟友"。

2003年1月13日，波兰总统克瓦希涅夫斯基访美，这是他半年内第二次访问美国。3月17日，波兰宣布支持美国对伊拉克的战争，并向海湾地区派出由200人组成的"雷霆"突击队。这是波兰与美国在军事和国际问题上进行的重大合作。伊拉克战争结束后，波兰又宣布参加以美国和英国为首的驻伊拉克多国维和部队及伊拉克重建工作。5月31日，美国总统乔治·W.布什对波兰进行工作访问。

2009年12月11日，波兰和美国签署《关于美国在波兰驻军地位问题的协定》，为美国在波兰领土上派驻军队创造了必要的法律条件。

随着美国战略重心的转移，波兰对美政策更趋理性、务实。波兰认为波美关系具有特殊意义，视美国为欧洲之外最主要的伙伴和波兰国家安全的重要支柱。2011年5月，美国总统贝拉克·奥巴马（Barack Obama）访问波兰。奥巴马表示，美国支持波兰担任欧盟轮值主席国的工作，对波兰参与北约军事行动表示感谢。美国愿意放宽对波兰人入境美国的签证审查。

2012年，波美两国继续保持高层接触。11月9日，美国一支空军分队正式进驻波兰中部的瓦斯克军事基地。

2014年克里米亚归属发生重大变化后，波兰要求并允许以美国为首的北约军队在本国长期驻扎。

2014年6月初，奥巴马访问波兰，并宣布"欧洲再担保倡议"（European Reassurance Initiative）。12月，美国国会批准2015财年为"欧洲再担保倡议"拨款9.85亿美元，2016财年为"欧洲再担保倡议"拨款7.893亿美元。

2015年6月，鉴于欧洲安全形势的恶化，美国决定在波兰等国预存250辆装甲车辆（包括M1主战坦克、布拉德利战车和M109火炮）、1750辆轮式战车及其相关设备。这是北约东扩之后首次在其新成员国储存这类装备。2016年3月14~15日，美国12架F-16从意大利飞抵波兰，以加强美国空军在波兰的航空分遣队的力量。

第四节 同俄罗斯和其他独联体国家的关系

一 同俄罗斯的关系

中世纪，波兰作为中欧大国，长期与俄罗斯处于敌对状态。17世纪前，波兰处于攻势，一度与立陶宛联合抗俄，曾进军莫斯科并扶植傀儡政权。彼得大帝执政以后，俄国迅速崛起并入侵波兰，在18世纪末与其他欧洲列强三次瓜分波兰。

一战结束后,波兰和苏俄因边界问题爆发战争。1921年3月,波兰与苏联签订了《里加和约》,双边关系暂时得以缓和。

1939年8月23日,苏联和德国签订互不侵犯条约及秘密协定,计划瓜分波兰。同年9月17日,苏联入侵波兰。当时,波兰流亡政府认为,波兰面临着德国和苏联"两个敌人"。

1941年6月,德国突然进攻苏联,苏德战争爆发。随后,波兰流亡政府表示波兰支持苏联抗击德国,并建议恢复波苏两国的外交关系。7月,波苏两国签署了一项协定,恢复两国外交关系。11月,波兰流亡政府总理西科尔斯基访问苏联,波苏两国签署了友好互助宣言。1943年4月,苏联宣布断绝与波兰流亡政府的外交关系,转而支持波兰在苏流亡人士和波兰工人党。1944年7月20日,苏联军队跨过布格河,开始了"解放"波兰的战争。1944年7月22日,波兰民族解放委员会宣告成立,立即得到苏联政府的承认。

1945年1月,波兰社会主义政权与苏联建立外交关系。同年4月,波兰与苏联签订为期20年的友好互助合作条约。随后波兰加入以苏联为首的华约和经互会,成为苏联的"卫星国"。

此后40多年里,波兰同苏联的关系非常紧密,始终强调波苏牢不可破的联盟和友谊是波兰外交政策的基石。但在外交关系上,苏联一直居于主导地位。为了巩固社会主义阵营,苏联严格控制波兰的发展道路,频繁干预波兰的内政外交,在波兰建立起中央集权的政治体制。在经济方面,苏联是波兰最重要的经济、贸易伙伴,波苏贸易占波兰全部对外贸易的1/3。在军事安全方面,苏联长期在波兰驻军,波兰把波苏结盟视作波兰国家安全的重要保证。1985年后,波兰积极支持戈尔巴乔夫在苏联的改革。

1989年,波兰团结工会执政后,波苏关系一度冷淡。1990年4月,波兰总统雅鲁泽尔斯基访问苏联,重申波苏两国之间睦邻关系的重大意义和构成两国关系基础的各项原则,强调要革新波苏关系的形式与内容,建立平等的外交关系。4月13日,苏联正式承认对"卡廷惨案"负全部责任。4月24日,苏联国防部长德米特里·亚佐夫(Dmitry Yazov)访问波兰。经会谈,苏联同意从1990年开始撤出一部分驻波苏军,1992年底以前全部撤走驻波苏军。到 1992 年 10 月底，驻波苏军已经全部撤离波兰国土。

苏联解体后，波兰开始注重改善与俄罗斯联邦（简称俄罗斯）的关系。

1992 年 5 月，波兰总统瓦文萨对俄罗斯进行访问，并签署了《波俄睦邻友好条约》。同年 10 月，俄罗斯代总理叶戈尔·盖达尔（Yegor Gaidar）访问波兰，两国签署了《过境运输合作协定》和《相互保护和支持投资协定》。1993 年 8 月，俄罗斯总统鲍里斯·叶利钦（Boris Yeltsin）正式访问波兰，两国关系明显好转。

但是，自 1994 年第一次车臣战争爆发后，由于波兰政府一度公开声援车臣武装分子，波俄关系出现一些波折。

1996 年 4 月，波兰总统克瓦希涅夫斯基访问俄罗斯，强调进一步改善与俄罗斯的关系。

波兰是中东欧国家中积极支持欧盟和北约东扩计划的国家之一，而俄罗斯反对欧盟和北约东扩。1999 年 3 月波兰加入北约后，波俄关系又有恶化的迹象。2000 年初，波兰和俄罗斯分别以从事间谍活动为名，相互驱逐对方的 9 名外交官，引发了两国间的一场外交风波。与此同时又发生了俄驻波总领事馆遭袭击的事件。

上述一系列严重事件使两国政治关系跌入谷底。而政治关系的恶化又严重影响了双方的经贸往来，尤其给波兰造成重大经济损失。首先，这给波兰从俄罗斯进口天然气、石油等能源带来麻烦。由于历史的原因，波兰在天然气、石油等能源进口上严重依赖俄罗斯。其次，波兰向俄罗斯的农畜产品出口受阻，两国边境贸易不断萎缩。1995 年俄罗斯仍为波兰的第三大贸易伙伴，而此后两国贸易额大幅下滑，一度下降到只有十几亿美元。

2000 年 3 月弗拉基米尔·普京（Vladimir Putin）当选俄罗斯总统后，两国关系逐步走向缓和。2000 年 7 月，波兰总统克瓦希涅夫斯基再次访问俄罗斯。双方强调保持良好的睦邻关系符合两国人民的利益，愿意为加强两国在政治、经济、文化等各领域的交往与合作而努力。下半年，俄罗斯经济部长、国防部长和外交部长等先后访问了波兰。

2000 年，波兰与俄罗斯的经贸合作关系有所加强，两国贸易额开始逐步回升。这一年，两国贸易额达 51.1 亿美元，比 1999 年增长 59.2%。俄罗斯成为波兰十大贸易伙伴国之一。波兰企业积极参加在俄举办的各类展览会和交易会，如在莫斯科举办的第八届国际食品及生产原料交易会等。

2001年5月，俄罗斯总理米哈伊尔·卡西亚诺夫（Mikhail Kasyanov）对波兰进行了正式访问，他是俄罗斯近7年来对波兰进行访问的最高级别的领导人。在这次访波期间，俄总理同波兰总统、议长和总理进行了多次会谈。波兰最终同意俄修筑一条从白俄罗斯穿越波兰东部领土抵达斯洛伐克的天然气输送管道。这条管道修通后，将成为俄向西欧输送油气的另一条重要管道，俄罗斯将得以避开乌克兰向南欧输送天然气和石油。此外，两国领导人还就加强俄"飞地"加里宁格勒州与波兰的合作、波兰加入欧盟后两国如何开展经贸合作、欧洲安全特别是巴尔干问题以及普京访问波兰等进行了广泛的交谈。在结束会谈后的记者招待会上，卡西亚诺夫表示，俄波两国间没有解决不了的问题，现在到了应该结束两国间"多少有些冷淡的关系"的时候了。他还表示，与波兰领导人的会谈表明，俄罗斯同波兰在很多问题上的立场都很接近，目前要做的就是尽快落实两国间已达成的协议。波兰总理则称，俄总理的访问是"两国关系的政治转折点"，波兰愿意"发展与俄罗斯的伙伴关系"，特别是希望加强与俄罗斯的经济合作。

2001年12月，波兰总理米莱尔对俄罗斯进行了正式访问，这是5年来波兰总理对俄罗斯的首次访问。访问期间，米莱尔同俄罗斯总统普京和总理卡西亚诺夫举行了会谈。除了俄罗斯向波兰出口天然气及修建第二条天然气管道等问题之外，双方还着重讨论了双边经贸关系发展问题。当时，波俄年贸易额已超过55亿美元，但波兰的贸易逆差达到30亿美元。为了改变这种状况，米莱尔表示，波兰将尽全力扩大出口，为波兰企业参加俄罗斯建设项目创造条件。普京在会谈中也表示，双方应寻求经贸合作的多样化，在保持现有俄向波燃料和能源出口高水平的同时，寻找减少波兰逆差的各种可能性。双方还签署了两国关于经贸合作的声明。

2002年1月，俄罗斯总统普京对波兰进行正式访问。这是时隔8年之后俄罗斯总统首次正式访问波兰。访问期间，普京同波兰总统克瓦希涅夫斯基就双边关系、地区形势和全球问题进行了多次会晤，并同波兰总理米莱尔就增进两国经济合作举行了会谈。双方草签了一系列协议和合作议定书，其中包括一项航空协议、银行间提供信息和划拨服务协议、波兰投资4000万美元在俄加里宁格勒州生产汽车的合作协议、造船工业合作协议、经济仲裁合作议定书，以及两国省际经贸、科技、文化合作议定书。双方还决定建立波俄战略和经济常设委员会和两国总理每年至少举行两次会晤的机制。普京出席了在波兹南举行的第二届波兰－俄罗斯经济论坛。此外，普京还凭吊了二战时期的波兰地下政府和家乡军纪念碑，并向"波兹南事件"纪念碑献花。克瓦希涅夫斯基高度评价普京的来访，称"这是波兰第一次有机会同俄罗斯建立史无前例的关系，同普京总统的会谈打开了发展这种关系的大门"。他还认为，普京的访问为今后两国关系的发展创造了更好的氛围。

随着2002年5月下旬北约－俄罗斯理事会的成立和俄罗斯与北约"20机制"新型关系的确立，波俄关系进一步改善。同年6月6日，克瓦希涅夫斯基又一次访问俄罗斯。

2002年6月20日，波俄战略合作委员会首次会议召开。这是波俄关系进一步改善的具体表现。波俄战略合作委员会由两国政府和总统下辖行政机构代表出任，每年召开两次会议，主要协调两国在重大问题上的立场。俄罗斯外长伊戈尔·伊万诺夫和波兰外长齐莫谢维奇共同主持了波俄战略合作委员会首次会议，讨论了俄罗斯同北约建立真正伙伴关系、双边经贸合作和加里宁格勒州居民过境等问题。加里宁格勒州是波俄关系中最敏感的地区。加里宁格勒州居民过境签证问题自然成为波俄战略合作委员会首次会议的主要议题。在欧洲，只有欧盟的申根协定成员国之间的人员往来（居民过境）才实行互免签证制度。因为波兰在2004年5月1日加入欧盟，而根据欧盟有关规定，波兰从2003年7月1日起应对包括加里宁格勒州居民在内的俄罗斯公民实行签证制度，这将给加里宁格勒州居民出入境带来不便。因此，俄罗斯政府曾多次同欧盟代表就此问题举行会谈，希望欧盟在签证问题上网开一面，但一直未达成协议。在这次会议上，伊万诺夫建议，为解决加里宁格勒州居民过境问题，成立俄罗斯、波兰、立陶宛和欧盟四方委员会，并尽快通过会谈找到符合各方利益的解决方案。伊万诺夫的建议得到波方的赞成。此外，伊万诺夫同波方还就波兰要求减少天然气供应问题进行了会谈。波兰与俄罗斯曾于1996年签署了俄罗斯向波兰提供天然气的协议。该协议规定，到 2010 年，波兰每年要从俄罗斯进口 200 亿立方米的天然气，占波兰天然气总进口量的 80% 以上。然而，波兰希望改变其天然气消费严重依赖俄罗斯的局面，并同挪威等国谈判进口天然气问题。在双方的努力下，2003 年 2 月 12 日，波兰终于同俄罗斯签署了新的天然气进口协议，规定到 2010 年波兰每年仅从俄罗斯进口天然气 80 亿立方米。

2003 年 10 月 31 日，波兰发表声明称，同俄罗斯现有的经济贸易合作协议到 2004 年 4 月 30 日废止。从 2004 年 5 月 1 日波兰加入欧盟起，波俄双边关系协议将由欧盟 - 俄罗斯伙伴关系与合作协定替代。俄罗斯不同意波兰的这一决定。2003 年 11 月 26 日，俄罗斯外长伊万诺夫访问波兰，同波兰外长齐莫谢维奇举行会谈，再次"梳理"两国关系中存在的经贸合作问题。两国外长虽然没有就上述分歧达成协议，但已商定通过政府级会谈来讨论今后的双边经贸合作计划。波兰建议双方签署新的经济合作协议。2003 年，波俄双边贸易额约达 60 亿美元。

2007 年波兰决定将每年 4 月 13 日定为"卡廷惨案"遇难者纪念日。2011 年 4 月 11 日，俄罗斯总统德米特里·梅德韦杰夫（Dmitry Medvedev）表示，俄罗斯将把涉及"卡廷惨案"的所有档案移交给波兰。

2010 年 12 月 6 日，俄罗斯总统梅德韦杰夫抵达华沙。这是自 2002 年 1 月普京访问波兰以来首位访问波兰的俄罗斯领导人。在会谈中，双方承诺，超越历史阴影，开辟两国关系合作新篇章。梅德韦杰夫承诺将继续调查"卡廷惨案"和"斯摩棱斯克坠机事件"。

2012 年，波俄关系继续回暖。3 月，波兰总统科莫罗夫斯基祝贺普京再次当选俄总统；波俄两国对话与和解中心在莫斯科正式成立；科技和学术等领域交流日益频繁。波兰支持欧俄对话及双方建立现代化伙伴关系，在欧盟对俄关系中发挥了积极作用。5 月，俄罗斯联邦委员会主席瓦莲金娜·马特维延科（Valentina Matvienko）访问波兰。8 月，莫斯科和全俄罗斯东正教大牧首基里尔一世（Kyrill Ⅰ）首次访问波兰。

2014 年 3 月 1 日，波兰总统科莫罗夫斯基发表电视声明称，俄罗斯总统普京当天向俄议会上院提议在乌克兰领土上动用军事力量，"使（乌克兰）局势变得前所未有的严重和悲剧性"，"俄罗斯在乌克兰领土上动用军事力量，让作为乌克兰邻国的波兰感受到威胁"。同时，波兰总统科莫罗夫斯基召集总理图斯克、外交部长西科尔斯基和国防部长谢莫亚克等举行紧急会议。科莫罗夫斯基在会议后称，会议已经做出了相应的决定。鉴于乌克兰当前局势，根据北约章程，波兰已经提议召开北约理事会紧急会议。波兰反对俄罗斯"吞并"克里米亚。3 月 18 日，波兰外长图斯克称，国际社会将不会接受俄罗斯"吞并"克里米亚。自克里米亚归属发生重大变化以来，波兰与俄罗斯的关系变得更加脆弱：波兰一直谴责俄罗斯干预乌东部冲突，并积极参与西方国家对俄罗斯采取的经济制裁等一系列行动。

二 同其他独联体国家的关系

自苏联解体以来，波兰一直保持着同其他独联体国家的正常关系。

波兰尤其将与乌克兰的关系视为国家安全保障不可或缺的因素。1992 年5 月，波兰邀请乌克兰总统列昂尼德·克拉夫丘克（Leonid Kravchuk）访波，并与乌签署了《友好合作条约》；1996 年 6 月，乌克兰总统列昂尼德·库奇马（Leonid Kuchma）访波，双方签署了"战略伙伴关系"宣言以及 6 项合作协议；1996 年波兰与乌克兰双边贸易在 1995 年 7 亿美元的基础上大幅增长。

波兰强调波乌为战略伙伴，积极支持乌克兰加入北约和欧盟。为使两国在一体化进程中协调看法和交流经验，波兰和乌克兰早在 1999 年就建立了双边会晤机制，即波乌欧洲一体化常设会议。2000 年 3 月，波兰外长访问乌克兰；4 月和 10 月，乌克兰总理维克多·尤先科（Viktor Yushchenko）两次对波兰进行工作访问；12 月，波兰总统克瓦希涅夫斯基访问乌克兰。

2002 年 4 月 29 日，波乌欧洲一体化常设会议第 5 次大会在华沙召开。此次大会总结了波乌两国在欧洲一体化进程中的合作情况，讨论了波兰加入欧盟后的移民签证政策以及波乌两国经贸合作的前景和问题。大会结束后，两国政府签署了一项议定书，决定在基础设施、能源运输以及劳动和社会政策等领域加强合作。

2003 年 1 月 8 日，乌克兰总理维克多·亚努科维奇（Viktor Yanukovich）访问波兰。波兰总理米莱尔高度评价波乌关系，认为发展两国关系具有战略意义。他表示波兰支持乌克兰的市场转型和民主进程。在加入欧盟前，波兰于 2003 年 7 月 1 日对乌克兰等东部邻国实行签证制度。不过，波兰已决定，将通过发放廉价、多次有效签证的办法使这一制度具有最大弹性。

2003 年 11 月 7 日，波兰国防部长对乌克兰进行为期 3 天的工作访问。双方就波兰购买乌克兰制造的安 –70 军用运输机、地区安全、两国军事合作进程与前景、伊拉克和巴尔干地区合作维和及乌克兰与欧盟一体化等问题进行了讨论。波方强调，波兰准备与乌克兰在乌武装力量改革方面加强合作。波兰和乌克兰两国国防部之间的合作是根据波兰和乌克兰关系全面发展的政治方针进行的，波乌两国军事合作的协议基础是此前签署的 8 个国际法律文件，主要为 1993 年 2 月 3 日签署的《波兰与乌克兰两国国防部军事合作协议》及 2002 年 11 月 14 日签署的《波兰与乌克兰国防部军事合作补充协议》（有效期为 5 年）。乌克兰于 2003 年 7 月向伊拉克派遣了 1800 名军人，参加由波兰领导的多国维和部队行动。

波兰与立陶宛的历史关系非常紧密，中世纪时曾共同组成一个联邦国家，故波兰非常重视发展与立陶宛的关系。2000 年 4 月、7 月和 12 月，立陶宛总统瓦尔达斯·阿达姆库斯（Valdas Adamkus）、总理安德留斯·库比柳斯（Andrius Kubilius）、总理罗兰达斯·帕克萨斯（Rolandas Paksas）先后访问了波兰。同年 8 月 2 日，波兰总统克瓦希涅夫斯基出席立陶宛港口城市克莱佩达建城 750 周年庆典。其间，克瓦希涅夫斯基与立陶宛总统阿达姆库斯举行会谈，他表示支持波罗的海三国加入北约，并提出组建维尔纽斯集团与维谢格拉德集团地区合作论坛以及对俄罗斯加里宁格勒州居民实行签证制度的问题。2003 年 1 月 3 日，波兰总统克瓦希涅夫斯基与来访的立陶宛总统阿达姆库斯就发展两国关系等问题进行了会谈。两国总统认为，两国关系目前处于良好的状态，这一关系可以在中东欧地区产生积极影响。克瓦希涅夫斯基认为，立陶宛加入北约将有助于波兰的安全，使两国可以更好地在政治、军事等领域进行合作。两国总统还达成共识，将加快两国之间的交通等基础设施建设，首先将修建连接两国首都的高速公路和快速铁路，以加强两国的经贸关系。立陶宛于 2004 年 3 月正式加入北约。

波兰注意与白俄罗斯保持对话和合作。2002 年 11 月 20 日，针对欧盟 14 个国家因认为白俄罗斯当局侵犯人权而于 19 日做出关于禁止向白俄罗斯总统亚历山大·卢卡申科（Alexander Lukashenko）和其他 7 名重要官员发放进入欧盟国家签证的决定，波兰总统克瓦希涅夫斯基则表示：作为白俄罗斯的邻居，波兰在很多问题上必须同白俄罗斯保持合作，因此波兰同白俄罗斯保持对话十分重要。他强调：尽管波兰赞同欧盟的决定，但波兰必须同白俄罗斯保持对话；在诸如保卫边境、打击犯罪、控制毒品走私、防止武器扩散、过境运输、白俄罗斯境内的波兰少数民族等问题上，波兰必须同白俄罗斯合作。

波兰积极发展与塔吉克斯坦和吉尔吉斯斯坦等中亚国家的关系。2002年 10 月下旬，波兰总统克瓦希涅夫斯基先后访问塔吉克斯坦和吉尔吉斯斯坦。克瓦希涅夫斯基和吉尔吉斯斯坦总统阿斯卡尔·阿卡耶夫（Askar Akayev）一致表示将加强两国经贸领域的合作。阿卡耶夫表示，波兰帮助吉尔吉斯斯坦开采煤矿以及向吉尔吉斯斯坦提供棉花加工设备的经济合作项目具有良好前景；这些项目一旦实施，将大大提高两国经济合作的水平。克瓦希涅夫斯基对吉尔吉斯斯坦政府同意波兰军队在必要时进驻吉首都马纳斯国际机场表示感谢。克瓦希涅夫斯基指出："我不排除将来在特殊形势下波军使用马纳斯机场的可能性。"在访问期间，双方签署了两国加强合作的联合声明及两国政府间关于公路运输合作的协定等文件。

加入欧盟后，波兰高度重视欧盟"东部伙伴计划"，视乌克兰为重要战略伙伴，大力支持乌克兰融入欧洲进程。2012 年，波乌共同举办欧洲足球锦标赛，并以此为契机开展系列对话。与此同时，波兰积极发展与爱沙尼亚、拉脱维亚、立陶宛的全面友好合作关系。2006 年，立陶宛总统、总理访问波兰，波兰总统、总理分别访问立陶宛，波兰外长访问爱沙尼亚。波兰与波罗的海三国就跨大西洋关系、欧盟事务等多次展开对话，并就能源合作等积极交换意见。

2014 年以来，波兰始终反对俄罗斯"吞并"克里米亚，与国际社会一道积极采取相应措施稳定乌克兰局势，明确支持乌克兰为维护领土完整所做出的一切努力。

第五节 同其他中东欧国家的关系

在 1989 年之前的 40 多年中，由于共同的意识形态和相同的发展目标，波兰与民主德国、捷克斯洛伐克、匈牙利、保加利亚、罗马尼亚、南斯拉夫和阿尔巴尼亚等国基本上保持着兄弟般的友好与合作关系。但其间也有波折，如 1968 年波兰、民主德国、匈牙利和保加利亚追随苏联入侵捷克斯洛伐克，一度为中东欧国家关系蒙上阴影。

1989 年剧变后，波兰开始与其他中东欧国家建立新型的友好睦邻和合作关系。

从 1990 年起，波兰与匈牙利、捷克斯洛伐克、保加利亚和罗马尼亚相继签订了一系列双边条约和协定，其内容包括经贸合作、文化交流、政治谅解和军事合作等。1990 年 7 月，波兰加入"中欧倡议组织"，与匈牙利、捷克斯洛伐克、斯洛文尼亚、克罗地亚、波斯尼亚和黑塞哥维那（简称"波黑"）、马其顿、保加利亚、罗马尼亚等"中欧倡议组织"正式成员国在交通、通信、能源、旅游、环保、文化、教育和信息、中小企业发展、农业、灾难预防等方面开展合作。到 1993 年底，"中欧倡议组织"共制定了 119 个合作项目，其中绝大部分为经济合作项目和与经济有关的科技合作项目，15 个项目已经完成，其他的仍在实施或准备实施之中。

1991 年 2 月 15 日，波兰、匈牙利和捷克斯洛伐克三国在匈牙利的维谢格拉德签署合作协定，组成"维谢格拉德集团"，确定三国在政治、经济和社会转型方面加强合作。1992 年 12 月，波兰、匈牙利、捷克和斯洛伐克四国又签订了《中欧自由贸易协定》，并决定建立"中欧自由贸易区"。《中欧自由贸易协定》于 1993 年 3 月 1 日正式生效。根据该协定，"中欧自由贸易区"的经济合作主要包括资金、劳动力的自由流动，交通运输、能源、通信和环保以及其他基础设施建设等领域的合作。至此，波兰与上述中东欧国家已在政治、安全、经贸等领域进行全面的合作，并在处理政治、军事、经济等问题时密切协调各自的立场和行动。此外，波兰还同捷克共同开发与建设西西里西亚工业区。

进入 21 世纪以来，波兰领导人与捷克、斯洛伐克、匈牙利、罗马尼亚等国领导人频繁接触，进一步发展友好合作关系。2000 年 2 月，波兰、捷克、匈牙利三国外长在伦敦会晤，并与英国外长讨论欧洲安全问题。同月，波兰总统克瓦希涅夫斯基访问克罗地亚、捷克，马其顿总统鲍里斯·特拉伊科夫斯基（Boris Trajkovski）访问波兰。5月，波兰领导人出席在匈牙利举行的中东欧11国首脑峰会。6月，维谢格拉德集团四国总理在捷克会晤，签署了建立维谢格拉德集团国际基金的共同声明。7月4日，波兰总理米莱尔在会见来访的罗马尼亚总理阿德里安·讷斯塔塞（Adrian Năstase）时表示，波兰支持罗马尼亚加入北约和欧盟，两国加强经贸合作大有可为；而讷斯塔塞则指出，罗马尼亚希望两国在运输、能源、采矿和食品工业等领域拓展合作。11月，中欧自由贸易协定七个成员国的总理在华沙会晤，就农产品自由贸易问题进行讨论。12月，维谢格拉德集团四国总理在斯洛伐克首都布拉迪斯拉发会晤；克罗地亚总统斯捷潘·梅西奇（Stjepan Mesić）访问波兰，波兰表示支持克罗地亚加入北约和欧盟。

2001年1月，维谢格拉德集团在波兰召开会议，强调四国在加入欧盟问题上要密切配合，发表了普什契纳宣言。6月，维谢格拉德集团四国又发表了有关在北约框架内成立维谢格拉德集团部队和共同筹备2002年布拉格北约峰会等问题的宣言；波兰、奥地利、捷克、匈牙利、斯洛伐克、斯洛文尼亚六国外长在维也纳达成协议，同意建立"战略伙伴关系"，并就联合打击走私、有组织犯罪和处理避难等问题达成协议。9月，维谢格拉德集团四国总理在华沙就共同提高科技水平等问题签署了联合声明。10月，斯洛文尼亚总统访问波兰。11月，波兰领导人与波罗的海三国及乌克兰和摩尔多瓦的总统和政府领导人聚会，通过了反恐政治宣言。同月，波兰领导人出席在华沙召开的以欧盟东扩为主题的"欧洲－2002论坛"国际会议，波兰领导人还参加了在布加勒斯特举行的中欧自由贸易区峰会。12月17日，波兰总统克瓦希涅夫斯基访问捷克。这是他1995年底就任波兰总统以来第四次出访捷克。

2002年12月6~7日，维谢格拉德集团领导人在斯洛伐克会晤，重申：在加入欧盟谈判的最后阶段，四国团结一致，联合行动，争取在加入欧盟前获取最有利的条件。四国总理还探讨了在各自的国家成为欧盟成员国后，如何加强区域合作的问题。

从2001年起，波兰开始加强与东南欧国家的关系。1月，波兰总统克瓦希涅夫斯基访问南斯拉夫联盟共和国（简称"南联盟"），就巴尔干局势和双方合作前景等交换了意见。2月，克罗地亚总理访问波兰。波兰表示支持克罗地亚加入北约和欧盟。3月，克瓦希涅夫斯基访问斯洛文尼亚，与斯洛文尼亚总统、总理就欧洲一体化和斯洛文尼亚加入北约问题交换了意见。4月，克瓦希涅夫斯基访问克罗地亚，双方讨论了自由贸易问题。12月，波兰总理米莱尔访问南联盟时表示，波兰支持南联盟的民主改革并准备向其提供5000万美元的贷款。2003年1月18日，克瓦希涅夫斯基与到访的克罗地亚总统梅西奇举行会谈，就双边关系、地区问题与国际局势展开讨论。克瓦希涅夫斯基认为欧洲一体化进程应该加快，波兰支持克罗地亚加入欧盟和北约。双方一致同意，维谢格拉德集团应该与巴尔干半岛国家加强合作。

加入欧盟后，波兰视成员国中的中东欧国家为波兰在欧盟内的战略依托，特别重视与维谢格拉德集团成员国的合作。2005年，中东欧各国领导人继续保持频繁接触与互访；维谢格拉德集团总会晤在布达佩斯举行，就欧盟2007~2013年度财政预算进行深入讨论。

2009年是波兰与罗马尼亚建交90周年。10月7日，波兰总统卡钦斯基访问罗马尼亚，并与罗马尼亚总统特拉扬·伯塞斯库（Traian Băsescu）签署两国战略伙伴关系协议，以进一步推动两国在安全、能源、可持续发展、农业、地区开发等领域的合作。2010年10月，波兰与罗马尼亚签署两国战略伙伴关系框架内行动计划，该行动计划涉及安全政策、欧洲事务、邻国安全、军事合作、国防工业、能源安全等，将全面推动两国之间的战略伙伴关系。

2012年7月至2013年6月，波兰担任维谢格拉德集团轮值主席国，强调积极加强维谢格拉德集团内部的经贸合作，协调对欧盟政策，并加强能源安全和防务合作。

第六节　同中国的关系

一　政治关系

20世纪20年代，波兰就同中国建立了外交关系。当时，波兰政府在侨民聚居的中国主要城市哈尔滨和上海设立了领事代表处。1933年，波兰第二共和国同中华民国建立正式的公使级外交关系，波兰首任全权公使为耶日·巴特尔·德·维登塔尔（Jerzy Barthel de Weydenthal）。

1949 年 10 月 5 日，波兰宣布承认中华人民共和国，10 月 7 日与中华人民共和国建立大使级外交关系。1949 年 11 月，波兰大使馆在北京开馆。中国驻华沙大使馆于 1950 年上半年开馆。20 世纪 50 年代，波中关系处于全面发展时期，两国相互支持，密切合作，高层互访频繁。中国领导人周恩来、朱德、彭德怀、贺龙等先后访问波兰，波兰领导人贝鲁特、奥哈布、西伦凯维奇等也先后访问中国，极大地增进了两国和两国人民之间的相互了解和友谊。波兰支持中国抗美援朝、争取国家统一及恢复联合国合法席位的斗争。中国支持波兰的中欧无核区倡议。1955 年 5 月 9 日波兰驻广州总领事馆正式办公。1955 年 6 月，波兰在上海开设总领事馆（此前该馆设在天津）。1956 年，中国明确表示反对苏联出兵干预波兰内政的计划，坚决主张波兰走独立自主的道路。1958 年 12 月，中华人民共和国驻格但斯克总领事馆开馆。

从 20 世纪 50 年代末到 60 年代末，随着中苏关系恶化，中波关系也日渐疏远，高层往来逐步中断。但在此期间，波兰仍坚持"一个中国"原则，支持中华人民共和国在联合国拥有合法席位，中国仍关心波兰维护主权的斗争并支持波兰反对修改奥得 – 尼斯河边界的立场。

70 年代初，中波关系有所缓和。1971 年，波兰隆重庆祝中波航运公司成立 20 周年。与此同时，波兰航运部长和中国交通部长互访，首次恢复了两国政府官员的往来。

80 年代伊始，波兰发生团结工会运动，国内政局动荡，中国严正主张波兰问题应在符合波兰国家和人民利益的基础上由波兰人民自己和平解决，坚决反对外来干涉。中波两国都表现出改善彼此关系的良好愿望。

1983 年，中波关系开始走向正常化，两国在政治领域的合作明显恢复和发展。中波副总理进行互访。两国外长在联大会晤，就双边关系和国际问题进行磋商。1984 年，中波签订领事条约。20 世纪 80 年代后半叶，双方交往重新活跃，高层互访频繁。

1989 年之后，虽然国际形势和中波两国情况都发生了很大变化，但中波关系依然保持稳定。双方在许多国际问题上相互谅解，相互支持。

1993 年，中波两国副总理互访。1994 年 9 月，波兰总理瓦尔德马·帕夫拉克（Waldemar Pawlak）访华。此后，中波双方各种级别的官员互访不断，进一步加深了彼此之间的了解，拓宽了两国合作的领域。

1997 年 11 月中旬，波兰总统克瓦希涅夫斯基正式访问中国。这是中波建交以来波兰国家元首第一次正式访问中国。两国元首就进一步发展两国友好合作关系以及共同关心的国际问题达成了广泛的共识，签署了《中华人民共和国和波兰共和国联合公报》，公报称：双方将在相互尊重独立、主权和领土完整，平等互利和互不干涉内政及其他公认的国际法准则的基础上发展长期、稳定的合作关系；双方愿加强政治对话，支持两国政府、议会间的交往，加强民间组织及地方政府间的互利合作；双方将积极发展经贸合作并共同努力使贸易额逐步扩大并达到基本平衡，支持和鼓励两国的公司或企业在所有经济领域开展合作，继续支持两国在金融、科技、文化、教育、新闻、旅行等方面的相互交流与合作；两国重申相互尊重各自对经济和社会发展道路的选择；双方将加强对共同感兴趣的国际问题的磋商，并在同国际恐怖主义及各种犯罪所进行的斗争中积极配合；双方主张在公认的国际法原则基础上，根据各国人民争取和平、安全、发展、民主和繁荣的愿望，与世界各国开展广泛的合作。

2002 年 7 月，波兰总统克瓦希涅夫斯基表示，波兰十分重视发展对华关系，看重中国在国际事务中的地位和作用；波兰在积极发展与西方国家关系的同时，同样重视同中国的关系，并将中国视为在亚洲最大的贸易伙伴。克瓦希涅夫斯基还说，加大投资是一种良好的合作方式，可以有效扩大两国的贸易；波兰绝不想通过限制进口的方式来解决波兰的贸易逆差问题，而是要通过扩大对华出口达到两国贸易平衡。克瓦希涅夫斯基总统称，波兰的大门永远向中国朋友敞开。

2003 年 5 月 30 日，波兰总统克瓦希涅夫斯基在参加圣彼得堡建市 300 周年庆典时，会见了中国国家主席胡锦涛。克瓦希涅夫斯基表示，波中两国人民有着传统的友好情谊；两国目前都处在发展的关键时期，波兰非常希望加强同中国在政治、经贸、文化等领域的合作；波兰重视中国在国际事务中的影响，愿进一步密切双方的磋商和协调。胡锦涛表示，中波之间既无悬而未决的问题，也无根本利益冲突，保持和发展双边关系符合两国人民的共同愿望和根本利益。中国将一如既往地致力于巩固和发展同波兰的友好合作关系，加强双方各领域的互利合作。

2003 年 9 月，波兰国家安全局（Biuro Bezpieczeństwa Narodowego）局长马雷克·西维耶茨（Marek Siwiec）访华。波兰表示愿进一步加强与中国在国际安全和军控领域的交流与合作。双方就全球安全与军控形势、防扩散、中东问题、伊拉克局势、朝鲜半岛核问题等深入地交换了意见。

2004 年是中波建交 55 周年。6 月 8 日，中波两国元首签署《中华人民共和国和波兰共和国联合声明》，宣布建立波中友好合作伙伴关系。6 月 8~10 日，中国国家主席胡锦涛应邀对波兰进行国事访问。这是中波两国建交 55 年以来，中国国家主席首次访问波兰，是中波关系史上具有里程碑意义的大事。访问期间，胡锦涛与波兰总统克瓦希涅夫斯基举行了会谈，会见了波兰总理贝尔卡、众议院议长奥莱克塞和参议院议长隆京·帕斯图夏克（Longin Pastusiak）。在会谈中，两国元首就进一步加强波中友好合作等共同关心的问题交换了看法并达成广泛共识。双方就以下几点达成了共识。第一，进一步密切两国政治关系，继续开展多种形式的高层交往与接触，加强政府和党派间的对话与交流，拓宽各级别、各层次的磋商与协调。第二，充分挖掘经贸潜力，切实促进相互投资，积极探索经贸合作的新形式和新途径，充分发挥经济主管部门的协调作用。第三，拓展人文、科技及其他领域的交流。中国与欧盟签署的中国公民赴欧盟国家旅游备忘录适用于已加入欧盟的波兰，两国在这一领域的合作前景广阔。第四，面对复杂多变的国际形势，加强双方在国际事务中的协调和配合，维护共同利益。波兰重申，坚持一个中国政策，反对任何旨在改变台湾地位、导致台海局势紧张的做法，支持中国和平统一。

2006 年 9 月，中国国务院总理温家宝在出席第六届亚欧首脑会议期间会晤波总理卡钦斯基；同月，中国国家汉办和北京外国语大学分别与波兰雅盖隆大学签署协议，在克拉科夫市合办波兰首家孔子学院。2007 年 2 月，波总统特使、文化与国家遗产部部长乌雅兹多夫斯基访华。5 月 24~26 日，全国人大常委会委员长吴邦国对波兰进行正式友好访问，分别会见了波兰总统莱赫·卡钦斯基、参议院议长博格丹·博鲁塞维奇和众议院议长路德维克·多恩，双方就进一步发展两国关系、加强议会合作等问题深入交换意见，达成广泛共识。

2008年8月，波兰奥委会主席彼得·努罗夫斯基（Piotr Nurowski）率波奥运代表团参加北京奥运会。波兰体育和旅游部长米罗斯瓦夫·德热维茨基（Mirosław Drzewiecki）、副总理兼内务行政部长戈日格什·斯海蒂纳分别出席北京奥运会开、闭幕式，副总理兼经济部长瓦尔德马·帕夫拉克来华出席中国厦门国际投资贸易洽谈会并出席北京残奥会开幕式。

2008年10月21~25日，波总理图斯克对华进行正式访问并出席第七届亚欧首脑会议，中国国家主席胡锦涛、国务院总理温家宝分别会见、会谈。

2009年是中华人民共和国与波兰共和国建交60周年。10月6日，中国国家主席胡锦涛、全国人大常委会委员长吴邦国、国务院总理温家宝和外交部长杨洁篪分别同波兰总统莱赫·卡钦斯基、众议院议长博罗尼斯瓦夫·科莫罗夫斯基、总理多纳德·图斯克、外长拉多斯瓦夫·西科尔斯基就两国建交60周年互致贺电。双方积极评价中波传统友好关系，强调要以建交60周年为契机，全面推进中波友好合作伙伴关系。全国政协副主席李兆焯出席中国人民对外友好协会与波兰驻华使馆共同举办的庆祝两国建交60周年招待会，波兰外长拉多斯瓦夫·西科尔斯基出席了波兰外交部在华沙举办的庆祝两国建交招待会。

2011年12月18~22日，波兰总统科莫罗夫斯基应邀访问中国。访问期间，中波两国元首签署《中华人民共和国和波兰共和国关于建立战略伙伴关系的联合声明》，宣布两国关系提升为战略伙伴关系。两国元首就深化双边关系及共同关心的国际和地区问题坦诚、深入地交换了意见，达成广泛共识。双方积极评价波中传统友谊，指出建交62年以来，特别是2004年确立友好合作伙伴关系后，中波在政治、经济、人文和国际事务等各领域的合作稳步扩大，成果丰富。双方一致认为，拓展和深化中波关系符合两国人民的共同愿望和根本利益，有助于维护世界和平与发展，促进各国和谐共处。双方将继续秉持 1997 年《中华人民共和国和波兰共和国联合公报》和 2004 年《中华人民共和国和波兰共和国联合声明》的精神，以战略眼光把握双边关系大局，本着相互尊重、平等相待的原则，超越社会制度、意识形态的差异，尊重和支持彼此根据本国国情选择的发展道路和内外政策以及为维护国家主权和领土完整所做的努力，照顾彼此核心利益，确保两国关系长期稳定发展。

2012 年，中波双边关系发展势头良好，从国家元首到部长级官员互访频繁，外交对话全面拓展。4 月，国务院总理温家宝访问波兰。这是 25 年来中国总理首次对波兰进行正式访问，也是中波建立战略伙伴关系后中国领导人的首次访问。访问期间，温家宝同波兰总统、总理和参众两院议长会晤，并签署了一系列双边合作协议。截至 2012 年 2 月，中波两国结好省市达 21 对。同年，双方决定建立总理定期会晤机制和中波政府间合作委员会，为中波关系未来发展提供了机制化保障。

2013 年 6 月，波兰众议院议长科帕奇应邀率波兰议会代表团访问中国，与中国国家领导人举行了一系列会见、会谈，进一步推动了两国高层交流和务实合作。

2014 年 3 月，中波两国总理、外长还分别就双边关系等问题通电话。此外，两国在文化、教育、农业、科技等领域建有对话机制，地方省市交往也更加频繁。

2015 年 11 月 23~27 日，波兰总统杜达对中国进行国事访问，并出席第四次中国－中东欧国家领导人会晤。24 日，国务院总理李克强在苏州东山宾馆会见波兰总统杜达。李克强表示，杜达担任总统后不久就来华访问，也是首次访华，这是一个良好开端，体现了对中波关系的重视，将为两国关系发展带来新的生机和动力。中波战略伙伴关系发展迅速，高层交往密切，政治互信增强，务实合作不断推进。中方高度重视发展同波兰的关系，愿同波方不断充实两国战略伙伴关系内涵，希望波兰新一届政府继续奉行对华友好政策，共同推动中波关系走在中国同中东欧乃至欧洲国家关系的前列。李克强强调，中方愿同波方对接发展战略，扩大经贸投资，开展产能合作，拓展在基础设施建设、交通物流、清洁能源等领域的合作。中方提出开展"三海港区合作"的新倡议，希望波方支持并积极参与。波兰是中东欧地区重要国家，中方愿同波方一道，推动"16+1合作"做大做强，使其成为中国和中东欧关系以及中欧关系发展的重要引擎。

杜达表示，很高兴首次来到中国，对中国经济社会发展成就表示钦佩，希望波兰乃至整个中东欧都能从中国的发展中受益。波兰新政府高度重视发展对华关系，愿成为中国与中东欧合作的重要伙伴，推动双方在波兰交通、能源等基础设施建设方面的合作，助力波兰再工业化进程；进一步加强经贸、科技、文化、教育等领域的合作，扩大农产品贸易。波方愿为中国企业投资提供便利，相信此次中国－中东欧国家领导人会晤将推动双方关系取得更多成果。

2015年11月25日，中国国家主席习近平在人民大会堂同波兰总统杜达举行会谈。两国元首一致同意，努力提高中波战略伙伴关系发展水平，为中欧关系以及中国和中东欧国家的"16+1合作"增添新动力。习近平指出，波兰是最早承认并同新中国建交的国家之一。2011年两国建立战略伙伴关系以来，双边各领域务实合作不断取得新进展。双方要进一步提高政治互信水平，继续保持高层交往，密切政府、立法机构、政党等交流合作，加强在国际事务中的沟通和协调。双方要夯实务实合作基础，加快"一带一路"倡议同波兰国家发展战略对接。中方鼓励有实力的中国企业继续赴波兰开拓市场，欢迎波兰企业来华发展。双方可进一步探讨以波兰为枢纽，规划打造新的物流线，建设辐射中东欧的物流中心。中方愿同波方拓展在金融、装备制造、环保、新能源、信息通信技术、农业、科技、电子商务、基础设施建设等领域的合作。双方要扩大人文交流，加强在旅游、教育、体育等领域合作，增进两国人民相互了解。习近平强调，中国从战略高度和长远角度看待和发展同欧盟的关系。中欧双方正以建交40周年为契机，全面推进和平、增长、改革、文明四大伙伴关系落地生根，推动"一带一路"倡议同欧盟发展战略对接。习近平希望波方在欧盟内部发挥积极影响力，推动中欧全面战略伙伴关系向前发展，希望波方继续关注和支持"16+1合作"。

波兰总统杜达表示，中国是国际社会重要成员，深化波中传统友好关系符合波方利益。波方赞同加强两国高层交往和经贸、人文等各领域合作，愿为积极推动欧中关系发展，包括"16+1合作"做出自己的努力。波兰地处欧洲交通物流枢纽，愿意在"一带一路"建设合作中发挥重要作用，并积极参与亚洲基础设施投资银行的工作。

会谈后，中波两国元首共同见证了旅游、金融、贸易、产能合作等领域双边合作文件的签署。

2016年6月19~20日，应波兰总统杜达邀请，中国国家主席习近平抵达华沙，对波兰进行国事访问。在访问期间，两国元首举行会谈，达成多项重要共识，一致决定建立中波全面战略伙伴关系，深化各领域务实合作。双方同意互尊互信、平等相待；同意加强各自发展战略对接，全面推动人文领域交往；同意中国－中东欧国家合作对接欧盟重大倡议。会谈之后，两国元首共同签署《中华人民共和国和波兰共和国关于建立全面战略伙伴关系的联合声明》，并见证了40多项合作协议和谅解备忘录的签署。

二 经济关系

1950年3月1日，中波政府间的第一个贸易支付协定签订。1951年1月29日，中波航运公司（Chipolbrok，现名为"中波轮船股份公司"）成立，它是新中国建立以后成立的第一家合资企业。

20世纪80年代，中波签订了多项协定。1984年，中波签订了为期10年的经济技术合作协定，并决定成立两国政府经济、贸易和科技合作委员会。1985年上半年，中波签订了两国1986~1990年长期贸易协定。1986年，两国签订了民航协定。两国贸易额创下近10亿美元的历史最高纪录。1988年5月，中波签署了经济、科学技术长期合作发展纲要，相互鼓励和保护投资协定，避免双重征税和防止偷税漏税协定等。

1950~1990年，中波两国贸易一直采用政府协议项下记账方式。自1990年开始，中波贸易方式由记账贸易改为现汇贸易后，两国贸易额一度大幅度下降。1991年两国贸易额由1990年的3.22亿美元降至1.44亿美元。但从1992年起，中波贸易开始回升。1993年，两国签署新的中波经贸关系协定。双方在经济领域的合作不断扩大。1994年9月，中波双方签署9项合作协议和意向书。1996年，中波贸易额增至6.2亿美元。

1997~2001 年，中波贸易额持续增长。1997 年中波贸易额为 7.05 亿美元，1998 年为 8.15 亿美元，1999 年为 8.6 亿美元。2000 年，中波贸易额为 9.6 亿美元，中国的顺差达 7.6 亿美元。根据中国海关总署统计，2001年中波贸易额为 12.42 亿美元，同比增长 29.4%。其中中方出口额为 10.16亿美元，同比增长 18.1%；进口额为 2.26 亿美元，同比增长 127.3%。波兰已成为中国在中东欧地区最大的贸易伙伴。

与此同时，中波经济合作进一步加强。特别是，随着中波两国贸易方式的改变，双方间企业的投资明显活跃。1979~1999 年底，波兰在中国协议投资金额 3921 万美元，实际投资金额为 3504 万美元，项目达 69 个，在对中国投资国中排名第 42 位，实际投资额居中东欧国家之首。波兰在中国的投资项目大多是小型项目。主要项目有：北京波罗努斯喷涂设备厂（现为"北京波罗努斯涂装设备有限公司"），由波兰私人企业"波罗努斯"（Polonus）与北京起重机厂于 1990 年合资建立，生产金属喷涂设备；张家口三北 – 拉法克锅炉有限公司（Sanbei–rafako），于 1995 年由波兰拉法克锅炉厂、张家口三北动力起重机械责任公司（原张家口市工业锅炉厂）、中国外经贸部驻华沙贸易分拨中心三方合资建立，波方占 45% 的股份。截至 2000 年 6 月，中国在波兰设立的独资、合资企业为 107 家，投资总额约达 5000 万美元。中国在波兰的投资绝大部分为规模较小的贸易公司。

继续加强和扩大经贸合作，是 21 世纪波中两国关系发展的重中之重。2003 年，双边贸易额达到 19.8 亿美元，比 2002 年增长 43.1%，创历史最高纪录。

2004 年 3 月 15 日，中波经贸混委会在北京召开第 11 次例会，商讨进一步加强双方在经贸领域的合作与交流等问题。双方一致同意，鼓励企业加强交流与沟通，扩大相互投资等多种形式的合作。6 月，两国签署中波经济合作协定及铜矿开发合作框架协议。

加入欧盟后，波兰继续积极发展与中国的经济关系。2006 年，双边贸易额达 46.7 亿美元，同比增长 48.2%，其中中方出口额为 40 亿美元，进口额为 6.7 亿美元。截至 2006 年，中国在波直接投资额为 1.5 亿美元；波在华协议投资金额为 1.3 亿美元，实际投资 6958 万美元。中国向波兰出口的主要商品有：粮油、土畜产品、纺织品、电子产品、鞋类、电信器材和金属制品等。中国自波兰进口的商品有：饲料用鱼粉、化工产品、船舶、钢材、铜、机械及运输设备等。

2007 年 5 月，中波签署《中华人民共和国国家质量监督检验检疫总局和波兰共和国农业及乡村发展部关于中国从波兰进口禽肉的检验检疫和兽医卫生条件议定书》。截至 2007 年，中国对波兰的直接投资约为 9300 万美元，2008 年达 1.4 亿美元，增长 51%。

2008 年，中波双方签署了《五矿集团与波兰铜业公司 2008 年电解铜采购合同》和《关于购买 150 架飞机散件的合同》。截至 2009 年，中国对波兰的直接投资累计约 3.75 亿美元，在波兰的中国公司达 392 家，其中 348 家为微型公司（员工为 9 人或 9 人以下）。

2010 年 5 月，中波签署《中华人民共和国国家质量监督检验检疫总局和波兰共和国农业及农村发展部关于中国从波兰输入猪肉的检验检疫和兽医条件议定书》。

2012 年，中波经贸合作继续深化。年初，广西柳工正式收购波兰 HSW 公司工程机械事业部，中国银行、中国工商银行在波兰开设分行；3 月，波兰经济部启动"走向中国"计划，旨在吸引中国投资，促进波中两国企业特别是中小企业在矿业、环保、生物技术、化工、信息通信等多领域进行合作。

同年，中波签署了《中华人民共和国政府和波兰共和国政府关于加强基础设施领域合作协定》和《中华人民共和国商务部和波兰共和国经济部关于促进中小企业交流与合作的谅解备忘录》。根据中国海关总署统计，2012 年，波中贸易额为 143.85 亿美元，同比增长 10.7%。其中，中方出口额为 123.88 亿美元，同比增长 13.2%；进口额为 19.97 亿美元，同比下降 2.6%。截至 2012 年 12 月，波兰对中国投资累计约 1.73 亿美元；中国企业在波兰累计签订的承包工程合同额约为 2.7 亿美元。

2013 年中波贸易额为 148.13 亿美元，比 2008 年增长近 50%，是 2005 年贸易额的近 5 倍。其中，波兰出口额为 22.37 亿美元，同比增长 12%；进口额为 125.76 亿美元，同比增长 1.5%。波兰成为中国在中东欧地区最大的贸易伙伴及欧盟成员国中的第 9 大贸易伙伴；而中国成为波兰在亚洲最大的贸易伙伴。同年，中国成都至罗兹的集装箱列车开通。两国企业的联系日趋频繁。截至 2013 年，中国对波兰非金融类直接投资约为 4 亿美元。

2014 年 9 月 24 日，波兰信息与外国投资局局长斯瓦沃米尔·马伊曼（Sławomir Majman）在接受中国记者采访时说，波中互为战略伙伴，中国倡导的中国 – 中东欧（16+1）模式就是在波兰率先实行的。中国的银行、制造和能源企业已经进入波兰。中国基础设施领域的公司已经开始参与竞标波兰的铁路和港口建设项目。中国与波兰已建成一些铁道运输路线，如波兰罗兹市哈特兰斯（Hatrans）物流公司自 2013 年运营的中国成都至波兰罗兹的定期货列、波兰国铁货运物流公司自 2013 年运营的中国苏州集装箱物流基地至波兰华沙物流基地的定期货列。此外，自中国武汉开往捷克帕尔杜比采、自中国重庆开往德国杜伊斯堡、自中国郑州开往德国汉堡、自中国呼和浩特开往德国法兰克福等的多次货列都会经过波兰领土，波兰成为欧洲骨干运输线必不可少的组成部分。波兰的电子、信息科技、食品加工业以及采矿业的重建项目也希望吸引更多来自中国的投资。波兰欢迎中国公司开拓波兰市场。根据联合国贸易与发展会议报告，波兰是全球排名前 20 的外国直接投资目的地国。波兰亦是欧洲最强有力的吸引外国投资的国家之一。

2014 年，中波双边货物进出口额达 162 亿美元，增长 21.0%。其中，波兰对中国出口 22.3 亿美元，增长 5.2%，占波兰出口总额的 1%，基本上与 2013 年持平；波兰自中国进口 139.7 亿美元，增长 24%，占波兰进口总额的 6.4%，同比增长 0.9%；波兰的贸易逆差为 117.4 亿美元，增长 28.4%。中国是波兰第 2 大贸易逆差来源国，也是波兰第 21 大出口市场和第 3 大进口来源地。

2015 年前 8 个月，波兰对中国的出口贸易总额达 11.6 亿欧元，同比增长了 10%，而从中国的进口总额为 127.7 亿欧元，同比增长了 16%。2015 年全年，中波双边贸易额为 171 亿美元，比 2004 年增长了 6 倍。

据欧盟统计局统计，2016 年，中波双边货物进出口额达 174.7 亿美元，增长 5.7%。其中，波兰对中国出口 19 亿美元，减少 5.6%，占波兰出口总额的 0.9%；波兰自中国进口 155.7 亿美元，增长 7.2%，占波兰进口总额的 7.9%；波兰的贸易逆差为 136.7 亿美元，增长 9.3%。中国为波兰第 22 大出口市场和第 2 大进口来源地。

近几年来，两国经贸合作领域也不断拓宽：除了农业、科技、铜业等传统领域外，双方在高新技术、清洁能源、基础设施建设等新领域也展开了积极的合作。多个中国采购团、投资贸易促进团相继赴波兰考察，寻求合作机会。目前，包括华为在内的多家中企已在波兰设立了分公司，且成长迅速。波兰的企业也在不断开拓中国的市场，波兰的肉制品、奶制品开始出现在中国人的餐桌上。2015 年 10 月 9 日，波兰驻华大使林誉平作为政府全权代表在北京签署《亚洲基础设施投资银行协定》，波兰成为亚投行的第 53 个签署方。同年 11 月，波中政府签署共同推进"一带一路"建设谅解备忘录。

三 科技文化交流

波兰和中华人民共和国建交后不久，即开始互派留学生。1950 年 3 月，两国签订波中新闻交换合同。1951 年 4 月，两国签订文化合作协定。这是中国与东欧国家签订的第一个文化协定。按此协定，每年双方轮流派出文化代表团到对方国家商谈并签订文化合同（年度）执行计划。

1954 年，中波两国在华沙签订《波中技术与技术科学合作协定》，并成立中波科技合作联合委员会。该委员会每年举行一次会议，确定双方合作项目。

从 1959 年起，两国文化合作执行计划改为两年签订一次，此后又陆续签订了有关科学、宗教、广播、电影、卫生等合作协定及议定书等。

20 世纪 80 年代，两国关系正常化以后，中波在文化等方面的合作也得到恢复和发展，每年文化交流、文艺团体互访不断，双方再次启动互派留学生机制。1997 年，中国国家教委主任朱开轩访问波兰，中波签署两国文化和科学合作协定 1998~2000 年执行计划。1999 年，波兰教育部长汉得凯回访中国。2001 年 4 月，中共中央政治局委员、中国社会科学院院长李铁映访波。2002 年，波兰文化部长采林斯基访华，中国文化部副部长陈晓光访波，并签署了《两国文化部副部长会谈纪要》。

与此同时，中波文化等方面的交流活动日益增多，双方代表团互访频繁。2002 年 5 月 15 日，中国广东文化周活动在波兰什切青举行，展示了包括广乐合奏、唢呐独奏、木偶戏表演、佛山剪纸、陶艺等在内的广东民间艺术。在世界上享有盛誉的波兰华沙国家爱乐乐团等先后来华访问演出。2003 年，中国残疾人艺术代表团应波兰总统克瓦希涅夫斯基的夫人、波兰残疾人组织"无障碍交流基金会"主席约兰塔的邀请访波演出，在波兰引起强烈反响。

2004 年 6 月，中波两国签署了文化合作备忘录和教育合作协议。同年，中国文化部副部长常克仁率政府文化代表团访波。中国在波举办"中国音乐周"，包括中国古代乐器展、中国民乐表演及相关讲座等。中国京剧院赴波演出《图兰朵公主》和《杨门女将》。波兰玛佐夫舍歌舞团来华访演。"波兰电影周"在华举行。

2005 年，波文化部副部长克利姆查克来华出席"波兰文化日"活动。2006 年，"中国文化日"活动在波兰成功举办。9 月，中国国家汉办和北京外国语大学分别与波兰雅盖隆大学签署协议，在克拉科夫市合办波兰首家孔子学院。

2007 年 2 月，波兰文化和民族遗产部部长卡奇米日·乌雅兹多夫斯基访华。11 月，中国文化部长孙家正访问波兰。两国文艺演出团体相互访演趋于活跃。

2008 年，波奥委会主席彼得·努罗夫斯基率波奥运代表团参加北京奥运会。波体育和旅游部长米罗斯瓦夫·德热维茨基、副总理兼内务行政部长戈日格什·斯海蒂纳分别出席北京奥运会开、闭幕式，副总理兼经济部长帕夫拉克来华出席中国厦门国际投资贸易洽谈会并出席北京残奥会开幕式。

2011 年，波兰"中国文化节"和中国"波兰文化节"分别在两国举办，增进了两国人民对彼此文化、历史的认识和了解。

2012 年，中波文化交流全面展开。11 月，波兰家园公民协会、中国国务院新闻办公室、西藏自治区政府和中国驻波兰使馆共同在波兰举办"2012 波兰 – 中国西藏文化周"。

近几年来，中波两国在人文领域合作发展势头良好，成果显著，由两国政府、民间团体和个人自发组织的中波文化交流活动越来越多。例如，2013 年，中波文化团组交流达 39 次、462 人次。其中中方访波文化团组达 18 次、200 人次，波兰访华文化团组达 21 次、262 人次。中国在波兰举办各类文化活动达 28 次，约有 11235 人次参与。2014 年，为庆祝中波建交 65 周年，中国在波兰举办"中国民族文化周"、"中国园"落户瓦津基公园、第四次"欢乐春节－波兰行"、"中国文化日"等活动。在中波政府间科技合作协定的推动下，两国科研机构等也建立了直接的对口合作关系。

同时，华沙—北京直航恢复后，通过这条航线去波兰和其他中东欧国家旅游的中国游客明显增加。在波兰的中国留学生人数几乎翻了一倍。波兰共有 4 所孔子学院，孔子课堂的数量也不断增加，学习汉语的波兰人越来越多。

截至 2015 年 6 月，中波科技合作委员会已经举行了 36 次会议。

大事纪年

公元约 963 年	梅什科一世建立波兰封建国家，定都格涅兹诺，称皮雅斯特王朝。
966 年	梅什科一世接受基督教洗礼，带领波兰皈依基督教。
992 年	梅什科一世病故，其子波列斯瓦夫一世继位。
1025 年	波列斯瓦夫一世被加冕为波兰国王，建立了波兰封建王国，早期封建波兰进入鼎盛时期。波列斯瓦夫一世去世，其子梅什科二世继位。
1034 年	梅什科二世逝世。"异教叛乱"爆发，皮雅斯特第一王朝结束。
1039 年	卡齐米日一世迁都克拉科夫。
1040 年	卡齐米日一世继公爵位。
1058 年	卡齐米日一世逝世，其子波列斯瓦夫二世继任。
1076 年	波列斯瓦夫二世被加冕为波兰国王。
1079 年	波列斯瓦夫二世被逐出波兰。其弟瓦迪斯瓦夫一世继位。
1102 年	瓦迪斯瓦夫一世逝世。
1107 年	波列斯瓦夫三世成为波兰大公。
1138 年	波列斯瓦夫三世去世，瓦迪斯瓦夫二世继位，波兰进入封建割据时期。
1146 年	波兰爆发内战，波列斯瓦夫四世继位。
1157 年	神圣罗马帝国皇帝腓特烈一世率军入侵波兰，波列

	斯瓦夫四世宣誓效忠皇帝。
1226 年	康拉德一世邀请条顿骑士团进入波兰。
1231 年	条顿骑士团取得海乌姆诺地区。
1241 年	蒙古于 4 月入侵波兰，杀死亨里克二世。12 月，蒙古军队撤退。
1295 年	普热梅斯乌二世被加冕为波兰国王。
1320 年	瓦迪斯瓦夫一世被加冕为波兰国王，封建割据结束。
1325 年	瓦迪斯瓦夫一世建立波兰－匈牙利与波兰－立陶宛同盟。
1333 年	瓦迪斯瓦夫一世去世，其子卡齐米日三世继位。
1346~1362 年	卡齐米日三世编成《维希利查－皮奥特尔库夫法典》。
1364 年	卡齐米日三世创建克拉科夫大学，即后来的雅盖隆大学。
1370 年	卡齐米日三世病逝，皮雅斯特家族的王统中断。匈牙利国王路易一世被加冕为波兰国王，波兰和匈牙利联合王朝开始。
1374 年	路易一世颁布"科希策特权"。
1382 年	路易一世去世。
1386 年	雅盖沃·瓦迪斯瓦夫二世被加冕为波兰国王，"波兰－立陶宛联盟"结成，雅盖隆王朝开始。
1410 年	波兰－立陶宛联军击败条顿骑士团，取得格伦瓦德战役的胜利。
1411 年	波兰－立陶宛联盟同条顿骑士团签订《托伦和约》。
1422 年 9 月	波兰同条顿骑士团签订《梅乌诺和约》。
1434 年	雅盖沃·瓦迪斯瓦夫二世去世，其子瓦迪斯瓦夫三世继位。
1444 年	瓦迪斯瓦夫三世在瓦尔纳战役中阵亡。
1447 年 6 月	雅盖隆契克·卡齐米日四世被加冕为波兰国王。
1454 年 3 月	波兰和条顿骑士团爆发"十三年战争"。

1466 年	波兰和条顿骑士团二次签订《托伦和约》。
1492 年	雅盖隆契克·卡齐米日四世逝世，其子扬一世继任波兰国王。
1501 年	扬一世去世，亚历山大一世继任波兰国王。
1505 年	拉多姆议会决议通过，开启波兰贵族民主制时期。
1506 年	齐格蒙特一世继位，建立兹罗提货币制度。
1543 年 5 月	哥白尼的《天体运行论》出版发行。
1548 年	齐格蒙特一世逝世，其子齐格蒙特二世继位。
1558 年	"立沃尼亚战争"爆发。
1569 年	波兰和立陶宛签订"卢布林联盟条约"，合并为波兰 - 立陶宛联邦。
1573 年	法国人亨利被选举为波兰国王。
1575 年	亨利放弃王位。
1576 年	安娜·雅盖隆卡与斯特凡·巴托里结婚，共治波兰。
1583 年	"立沃尼亚战争"结束，波兰获胜。
1586 年	斯特凡·巴托里逝世，齐格蒙特三世继位。
1596 年	齐格蒙特三世迁都华沙。
1620 年	波兰与奥斯曼帝国爆发战争（波奥战争）。
1632 年	瓦迪斯瓦夫四世继位。
1634 年	波兰领土面积增至 99 万平方公里。
1648 年	扬二世继位。博格丹·赫梅尔尼茨基联合克里米亚汗国和当地农民，发动"哥萨克暴动"。
1652 年	波兰议会授予议员"自由否决权"。
1655 年	瑞典入侵波兰。
1669 年	米哈乌·科雷布特·维希尼奥维茨基当选为波兰国王。
1674 年	扬三世继位。
1697 年	萨克森韦廷家族的奥古斯特二世开始统治波兰。
1699 年	波奥战争结束。
1700 年	"大北方战争"爆发。

1704 年	瑞典国王查理十二世率军侵入波兰，废黜奥古斯特二世。
1709 年	沙皇彼得一世率军在波尔塔瓦彻底打败瑞典军队，奥古斯特二世在俄国的帮助下夺回王位。
1733 年	奥古斯特二世病逝，其子奥古斯特三世被选为波兰国王。
1747 年	波兰在华沙建立波兰第一座公共图书馆——扎乌斯基图书馆。
1764 年 11 月	斯坦尼斯瓦夫二世被加冕为波兰国王。
1765 年	波兰第一座大众剧院——国家剧院在华沙落成。
1772 年	俄国、普鲁士和哈布斯堡君主国"第一次瓜分波兰"。
1791 年 5 月 3 日	"四年议会"通过波兰第一部宪法——"五三宪法"。
1793 年	俄国与普鲁士"第二次瓜分波兰"。
1794 年	波兰将领塔德乌什·柯希丘什科在克拉科夫发动了反抗俄国和普鲁士的起义，史称"柯希丘什科起义"。
1795 年	俄国、普鲁士和哈布斯堡君主国"第三次瓜分波兰"，斯坦尼斯瓦夫二世退位，波兰从欧洲版图上消失。
1807 年	华沙公国建立。
1815 年	俄国、普鲁士和奥地利三国瓜分华沙公国。俄国建立波兰王国，沙皇亚历山大一世在华沙被加冕为波兰国王。
1830 年 11 月	在华沙爆发武装起义，史称"十一月起义"。
1846 年	波兰贵族在俄、普、奥共管的克拉科夫发动武装起义，史称"克拉科夫起义"。
1848 年	以波兹南为中心，波兰人在普鲁士占领区展开武装斗争，即"大波兰起义"。
1863 年 1 月 22 日	中央民族委员会成立波兰临时政府，发动起义，史称"一月起义"。

1864 年	波兰王国被并入俄国，并更名为"维斯瓦边区"。
1882 年	波兰历史上第一个社会主义政党——无产阶级党诞生。
1901 年	华沙国家爱乐乐团成立。
1905 年	显克微支获得诺贝尔文学奖，成为波兰第一个获得该奖的作家。
1905 年 6 月 23 日	罗兹工人发动武装起义，史称"罗兹六月起义"。
1911 年	玛丽·居里荣获诺贝尔化学奖（1903 年与其丈夫共同获得诺贝尔物理学奖）。
1914 年	第一次世界大战爆发。
1916 年	德国和奥匈帝国在占领区建立波兰摄政王国。
1918 年 8 月	苏俄政府通过法令，废除沙皇俄国政府同德国和奥匈等国政府签订的关于瓜分波兰的一切条约和文件。
1918 年 11 月	波兰王国摄政委员会宣布波兰共和国成立。
1919 年 12 月	波苏战争爆发。
1921 年 3 月	波兰与苏俄签订《里加和约》。
1921 年 3 月 17 日	波兰立宪议会通过"三月宪法"。
1922 年 11 月 16 日	波兰共和国首届总统加布里埃尔·纳鲁托维奇遇刺。
1923 年	波兰政府与右派政党签订了《兰茨克罗纳条约》。
1924 年	波兰马术选手在第八届夏季奥林匹克运动会上为波兰夺得第一块奥运奖牌。莱蒙特获得诺贝尔文学奖，成为获得该奖的第二位波兰作家。
1926 年 5 月 12 日	约瑟夫·毕苏茨基发动军事政变，建立独裁政府。
1932 年	波兰与苏联签订《波苏互不侵犯条约》。
1934 年	波兰与德国签订《波德互不侵犯条约》。
1935 年 4 月 23 日	波兰议会通过"四月宪法"。
1938 年 9 月	波兰出兵占领扎奥尔捷。
1939 年 9 月 1 日	纳粹德国入侵波兰。
1939 年 9 月 17 日	苏联入侵波兰。
1939 年 9 月 28 日	华沙陷落。

1939 年 9 月 30 日	波兰流亡政府在巴黎成立。
1940 年 3~5 月	有超过两万名波兰人在卡廷森林等地被苏联秘密处决，史称"卡廷惨案"。
1943 年 4 月	"华沙犹太区起义"爆发。
1943 年 5 月	"波兰爱国者联盟"组建塔德乌什·柯希丘什科波兰第一步兵师。
1944 年 7 月 22 日	波兰民族解放委员会成立，发表《波兰民族解放委员会宣言》，亦称"七月宣言"。
1944 年 8 月 1 日	"华沙起义"爆发。
1944 年 9 月	波兰实行土地改革。
1944 年 12 月	波兰民族解放委员会改组为波兰共和国临时政府（"人民波兰"诞生）。
1945 年 2 月	雅尔塔会议上，苏、美、英三国首脑确定波兰东部的边界。
1945 年 3 月	波兰光复。
1945 年 8 月 2 日	波茨坦会议上，苏、美、英三国首脑商定波兰西部的边界。
1945 年 8 月 16 日	波兰共和国临时政府与苏联缔结"波苏边界条约"。
1946 年 1 月	波兰对国民经济主要部门实行国有化。
1946 年 6 月	波兰举行公投，取消参议院，成立一院制议会。
1947 年 1 月	波兰举行了二战后的首次议会选举。
1947 年 2 月	贝鲁特当选为"人民波兰"总统。
1948 年 12 月	波兰工人党和波兰社会党合并为波兰统一工人党。
1949 年 10 月 7 日	波兰与中华人民共和国正式建立大使级外交关系。
1952 年 7 月	波兰议会通过《波兰人民共和国宪法》。
1952 年 11 月	波兰举行第二届议会选举。
1955 年	波兰加入《友好合作互助条约》，即"华沙条约"。
1956 年 3 月	奥哈布出任波兰统一工人党中央第一书记。
1956 年 6 月	"波兹南事件"爆发，哥穆尔卡出任波兰统一工人党

中央第一书记。

1968 年 3 月初	波兰政府下令禁演《先人祭》，导致"三月事件"。
1968 年 8 月 20 日	波兰作为华约成员国追随苏联入侵捷克斯洛伐克。
1970 年 12 月 12 日	"十二月事件"爆发，哥穆尔卡下台。
1970 年 12 月 20 日	盖莱克出任波兰统一工人党中央第一书记。
1976 年 6 月	"六月事件"爆发。
1978 年	前克拉科夫主教当选教皇，即约翰·保罗二世。
1980 年 9 月	格但斯克列宁造船厂罢工工人与波兰政府达成"格但斯克协议"，波兰团结工会成立。
1980 年 9 月 5 日	卡尼亚继任波兰统一工人党中央第一书记。
1980 年	米沃什获得诺贝尔文学奖，成为第三位获得该奖的波兰人。
1981 年 10 月	卡尼亚被迫辞去第一书记职务，雅鲁泽尔斯基上台。
1981 年 12 月 13 日	波兰国务委员会宣布波兰进入战时状态，实施"军管"，并取缔了团结工会。
1983 年 7 月 22 日	波兰政府取消战时状态。
1989 年 1 月 18 日	波兰统一工人党第十届十中全会通过《党内改革是革新和改革战略取得成功的条件》和《关于政治多元化和工会多元化问题的立场》两个文件。
1989 年 2 月 6 日	"圆桌会议"顺利召开。
1989 年 6 月	波兰举行了剧变后的第一届议会选举。
1989 年 7 月 19 日	雅鲁泽尔斯基当选波兰总统。
1989 年 8 月 24 日	第一届团结工会政府成立。
1989 年 10 月	波兰政府通过"巴尔采洛维奇计划"，实行"休克疗法"。
1989 年 12 月 29 日	波兰议会通过宪法修正案，将波兰人民共和国更名为波兰共和国，又称"波兰第三共和国"。
1990 年 1 月 16 日	波兰正式通过《政党法》。
1990 年 1 月 29 日	波兰统一工人党解散。
1990 年 7 月	波兰加入"中欧倡议组织"，与匈牙利、捷克和斯

洛伐克结成"维谢格拉德集团"。

1990 年 11 月	波兰提前举行总统选举,团结工会领导人瓦文萨当选为波兰总统。
1991 年 10 月	波兰举行第二届议会选举,团结工会获胜。
1992 年 8 月 1 日	波兰众议院通过《关于波兰共和国立法当局和执法当局之间相互关系以及关于地方自治问题的宪法法令》,即"1992 年小宪法"。
1993 年 9 月 19 日	波兰举行第三届议会选举,以波兰共和国社会民主党为主体的民主左派联盟和波兰农民党获胜,二者组成联合政府。
1995 年 11 月 15 日	波兰举行总统大选,波兰社会民主党主席亚历山大·克瓦希涅夫斯基当选波兰总统。
1996 年	波兰成为经合组织成员国。席姆博尔斯卡获得诺贝尔文学奖,成为波兰第四位获得该奖的作家,也是世界上第三位获得该奖的女诗人。
1997 年 4 月	波兰议会通过《波兰共和国宪法》,即现行宪法。
1997 年 9 月 21 日	波兰议会举行第四届选举。以团结工会为核心的团结选举行动联盟获胜。
1997 年 11 月中旬	波兰总统克瓦希涅夫斯基正式访问中国。这是中波建交以来波兰国家元首第一次正式访问中国。
1998 年 7 月	波兰将 49 个省调整为 16 个省,同时重新设立县制,由省、乡两级改为省、县、乡三级。
1999 年	波兰加入北约。
2000 年 10 月 8 日	克瓦希涅夫斯基在总统选举中获胜,得以连任。
2001 年 9 月 23 日	波兰举行第五届议会选举。民主左派联盟 – 劳动联盟获胜。
2004 年 5 月 1 日	波兰加入欧盟。
2004 年 6 月	中国国家主席胡锦涛应邀对波兰进行国事访问。这是中波两国建交 55 年以来,中国国家主席首次访问

波兰。

2005 年 9 月	波兰举行第六届议会选举，公民纲领党获胜。
2005 年 10 月	莱赫·卡钦斯基当选波兰总统。
2007 年 10 月	波兰提前举行议会选举。
2007 年 12 月 21 日	波兰加入申根协定。
2010 年 4 月 10 日	波兰总统莱赫·卡钦斯基死于空难。
2010 年 6 月	布罗尼斯瓦夫·科莫罗夫斯基当选波兰总统。
2011 年	公民纲领党在第八届议会选举中获胜，为剧变后波兰第一个连续执政的政党。
2011 年 10 月	图斯克当选总理，为剧变后波兰连任总理的第一人。
2011 年 12 月	波兰总统科莫罗夫斯基访问中国，中波两国关系提升为战略伙伴关系。
2012 年 2 月	波兰成功发射首颗人造卫星 PW-Sat。
2012 年 4 月	中国总理温家宝访问波兰。这是 25 年来中国总理首次对波兰进行正式访问，也是中波建立战略伙伴关系后中国领导人的首次访问。
2012 年 8 月 4 日	波兰名将马耶夫斯基在伦敦奥运会以 21.89 米的成绩成功卫冕铅球冠军。
2012 年 11 月 9 日	美国首次在波兰长期驻军。
2015 年 5 月 24 日	杜达当选为波兰新总统。
2015 年 9 月 17 日	卡廷纪念馆在华沙开放。
2015 年 10 月	波兰成为《亚洲基础设施投资银行协定》第 53 个签署方。波兰举行第九届议会选举，法律与公正党获胜，并获得独立组阁权。
2015 年 11 月	法律与公正党二号人物希德沃出任波兰总理。波兰总统杜达访问中国。
2016 年 6 月	中国国家主席习近平访问波兰。

参考文献

中文文献

［波］格泽戈尔兹·W.科勒德克:《从休克到治疗》,上海远东出版社,2000。

［波］斯坦尼斯瓦夫·阿尔诺耳德、马里安·瑞霍夫斯基:《波兰简史》,商务印书馆,1974。

蔡祖焱等编写《苏联东欧国家政治体制及改革》,求实出版社,1987。

龚佳佳编译《北约改造波兰军队》,环球时报2002年12月2日。

郭小凌、扬宁一主编《中欧各国》,北京语言文化大学出版社,1998。

郭增麟:《波兰独立之路》,北京图书馆出版社,1998。

黄鸿剑:《波兰简史》,(香港)开明书店,1994。

姜士林等主编《世界宪法全书》,青岛出版社,1997。

蒋承俊、张振辉等:《东欧文学简史》,海南出版社,1993。

金挥主编《东欧中亚列国志》,当代世界出版社,1994。

金雁、秦晖:《波兰:四分之一世纪后的回放》,南方周末2014年12月26日。

李金涛:《波兰历史》,北京外国语大学波兰语教研室,2000。

李增伟:《波兰煤炭工业改革初见成效》,人民日报1999年10月14日。

林洪亮:《波兰戏剧简史》,社会科学文献出版社,1995。

刘祖熙:《东欧剧变的根源与教训》,东方出版社,1995。

刘祖熙编著《波兰通史简编》,人民出版社,1988。

邵滨鸿、曲胜辉、赵闯主编《东欧、中亚经济贸易实务》，中国社会出版社，1998。

薛君度、朱晓中主编《转轨中的中东欧》，人民出版社，2002。

易丽君:《波兰文学》，外语教学与研究出版社，1998。

于洪军主编《万国博览·欧洲卷》，新华出版社，1998。

张文武、赵乃斌、孙祖荫主编《东欧概览》，中国社会科学出版社，1991。

张友渔主编《世界议会辞典》，中国广播电视出版社，1987。

张振辉:《20 世纪波兰文学史》，青岛出版社，1998。

赵乃斌、朱晓中主编《东欧经济大转轨》，中国经济出版社，1995。

中国社会科学院苏联东欧研究所编译《东欧问题资料》，东方出版社，1990。

《波兰发展经济融入欧洲》，人民日报 2000 年 3 月 24 日。

《波兰改革中小学教育》，人民日报 1999 年 9 月 6 日。

外文文献

Ariel Cohen, *Russian Imperialism: Development and Crisis*, Greenwood Publishing Group, 1998.

Craig S. Smith, "In Poland, New Wave of Charges Against Clerics," *The New York Times*, 10 January 2007.

Daniel H. Cole, *An Outline History of Environmental Law and Administration in Poland*, Indiana University Maurer School of Law, 1995.

Daniel H. Cole, *Instituting Environmental Protection: From Red to Green in Poland*, Palgrave Macmillan UK, 1998.

Dieter Bingen, *Die Republik Polen*, Aktuell, 1999.

European Charter for Regional or Minority Languages, Council of Europe, 1992.

Francis W. Carter, *Trade and Urban Development in Poland*, Cambridge University Press, 1993.

Jean W Sedlar, *East Central Europe in the Middle Ages*, University of Washington Press, 2011.

Karl Cordell, *Poland and the European Union*, Routledge, 2000.

Konstytucja Polskiej Rzeczypospolitej Ludowej, 1952.

Konstytucja Rzeczypospolitej Polskiej, 1921.

Longina Jakubowska, *Patrons of History: Nobility, Capital and Political Transitions in Poland*, Ashgate Publishing Ltd., 2012.

Lutz Preuss, Michael Gold & Chris Rees, *Corporate Social Responsibility and Trade Unions: Perspectives across Europe*, Routledge, 2015.

Małgorzata Kuźniar-Plota, *Departmental Commission for the Prosecution of Crimes against the Polish Nation: Decision to Commence Investigation into Katyn Massacre*, Warsaw 30.11.2004.

Mały Rocznik Statystyczny Polski 2001, Główny Urząd Statystyczny, 2001.

Mały Rocznik Statystyczny Polski 2003, Główny Urząd Statystyczny, 2003.

Mały Rocznik Statystyczny Polski 2008, Główny Urząd Statystyczny, 2008.

Mały Rocznik Statystyczny Polski 2009, Główny Urząd Statystyczny, 2009.

Mały Rocznik Statystyczny Polski 2012, Główny Urząd Statystyczny, 2012.

Mały Rocznik Statystyczny Polski 2013, Główny Urząd Statystyczny, 2013.

Mały Rocznik Statystyczny Polski 2014, Główny Urząd Statystyczny, 2014.

Marek Derwich & Adam Żurek, *U źródeł Polski (do roku 1038)* [*Foundations of Poland (until year 1038)*], Wydawnictwo Dolnośląskie, 2002.

Robert A. Rothstein, *"Polish" the Slavonic Languages*, Routledge, 1994.

Robert Bideleux & Ian Jeffries, *A History of Eastern Europe: Crisis and Change*, Routledge, 2006.

Roland Sussex & Paul Cubberley, *The Slavic Languages*, Cambridge University Press, 2006.

Sheila Skaff, *The Law of the Looking Glass: Cinema in Poland, 1896-1939*, Ohio University Press, 2008.

Stanisław Arnold i Marian Żychowski, *Zarys Historii Polski: Od początków*

Państwa do czasów najnowszych, Wydawnictwo "Polonia", 1962.

Stanislaw Biernat & Andrzej Wasilewskiy, "Environmental Legislation in Poland," *Fordham Environmental Law Review*, 2011.

Teresa Madeyska, *Hidden Treasures*, Polish Academy of Sciences, 2005.

The National Security Bureau, *White Book of National Security of the Republic of Poland*, 2013.

The United Nations Educational, Scientific and Cultural Organization, *World Data on Education*, 2010.

Wyniki Narodowego Spisu Powszechnego Ludności i Mieszkań 2011, Główny Urząd Statystyczny, 2012.

主要网站

波兰共和国驻中国大使馆：pekin.msz.gov.pl

波兰共和国驻上海总领事馆：www.shanghai.mfa.gov.pl

波兰总统办公室：www.prezydent.pl

波兰总理办公室：www.premier.gov.pl

波兰参议院办公室：www.senat.gov.pl

波兰众议院办公室：sejm.gov.pl

波兰财政部：www.mf.gov.pl

波兰国防部：mon.gov.pl

波兰环境部：www.mos.gov.pl

波兰经济部：www.mg.gov.pl

波兰科学与高等教育部：www.nauka.gov.pl

波兰劳动与社会政策部：www.mpips.gov.pl

波兰内务部：msw.gov.pl

波兰农业与农村发展部：www.minrol.gov.pl

波兰司法部：ms.gov.pl

波兰外交部：www.msz.gov.pl

波兰卫生部：www.mz.gov.pl

波兰文化与国家遗产部：www.mkidn.gov.pl

波兰中央统计局：stat.gov.pl

波兰国家专利局：www.uprp.pl

波兰旅游局：www.pot.gov.pl

波兰国家银行：www.nbp.pl

波兰海关：www.mf.gov.pl/sluzba-celna

波兰科学院：www.pan.pl

联合国教科文组织：en.unesco.org

中华人民共和国商务部：pl.moftec.gov.cn

中华人民共和国外交部：www.fmprc.gov.cn

中华人民共和国驻波兰大使馆经济商务参赞处：pl.mofcom.gov.cn

索　引

A

安娜·雅盖隆卡　52

安茹家族　48

奥古斯特二世　55

奥古斯特三世　55，56

奥古斯特一世　57

B

巴尔联盟战争　56

贝鲁特　70，84，85，109，111，114，
　123，263，353

毕苏茨基　63，64，83，84，98，110，
　248

波奥战争　54

波茨坦会议　2，68

《波德互不侵犯条约》　64，65

波兰爱国者联盟　67

波兰第二共和国　2，6，10，11，63，83，
　98，106，110，111，120，122，332，
　352

波兰第三共和国　73，88，126

波兰家乡军　67，68

波兰-立陶宛联邦　10，23，52，247

波兰统一工人党　15，69，70~73，84~88，
　91，92，99，100~102，106~108，
　110，111，114，116，120~125，129，
　138，139，148~150，243，266，290，
　291

波列斯瓦夫二世　45

波列斯瓦夫三世　46

波列斯瓦夫四世　46

波列斯瓦夫一世　13，43，44，46，242

波兹南事件　70，87，99，121，148，290，
　345

格伦瓦德战役 49，81，319

贵族共和国 2，51~55，63

D

大波兰起义 58

第二次北方战争 54

第二次瓜分波兰 56

第三次北方战争 55

第三次瓜分波兰 57，295

第一次北方战争 53

第一次瓜分波兰 56

东布罗夫斯基 11，12，268

杜达 75，95，96，105，110，140，256，

335，336，357~359

H

哈布斯堡君主国 2，56，57，97，275

亨里克二世 46

华沙起义 23，24，26，66，68，305

华沙犹太区起义 67

黄金时代 1，51，78，192，298，299

E

俄波战争 54

K

卡齐米日三世 27，48，49，51，242，

275

卡齐米日四世 50，51，77，297

卡齐米日一世 45

卡廷惨案 66，94，342，346

康拉德一世 46

G

盖莱克 14，71，72，86，87，99，100，

123，124，149

哥白尼 29，35，78，79，281

哥穆尔卡 14，69，70，71，85，86，99，

111，114，123，148，290

哥萨克暴动 54

格但斯克列宁造船厂 31，72，88，90

柯希丘什科 11，27，57，67，250，260

科莫罗夫斯基 75，89，94，95，110，

136，254，335，346，347，356

科希策特权 49

克拉科夫起义 58

克瓦希涅夫斯基 74，89，91，92，95，

98，102，103，110，125，126，179，

272，333，334，338，340，343~345，

347~352，354，355，364

寇松线　2，63，68，69

L

拉多姆议会　51，77，105，113

莱赫·卡钦斯基　75，92，134~136，
　140，356

《里加和约》　2，63，83，342

六月事件　71，90，100，121

卢布林联盟　2，52，319

路易一世　49

罗兹六月起义　60

M

玛丽·居里　25，82，83，282

梅什科二世　44，45

梅什科一世　1，12~14，29，43，76，247

《梅乌诺和约》　50

米哈乌·科雷布特·维希尼奥维茨基　54

O

欧洲野牛　33，242

P

皮雅斯特王朝　1，247

普热梅斯乌二世　47

Q

齐格蒙特二世　52，182

齐格蒙特三世　24，25，27，53，247，
　318

齐格蒙特一世　52，77，78，208，242

R

人民波兰　68，98，109，111，143

S

三月事件　71

三月宪法　63，68，83，98，106，108，
　114，120

十二月事件　71，90，99，121

十一月起义　58，80，309

世界遗产　31

斯坦尼斯瓦夫二世　56，57，97，222，
　299，301，309

斯坦尼斯瓦夫一世 55

斯特凡·巴托里 52, 53, 182

四年议会 56, 97, 119, 248, 282

四月宪法 64, 68, 84, 98, 106, 108, 114, 122

T

条顿骑士团 29, 34, 35, 46~50, 53, 77, 81, 247, 329

团结工会 15, 31, 72~74, 88~91, 93, 94, 100~102, 111, 121, 124, 125, 130, 131, 137~141, 151, 307, 333, 339, 340, 342, 353

《托伦和约》 49, 50

W

瓦迪斯瓦夫二世 46, 49~51, 242, 317

瓦迪斯瓦夫三世 50

瓦迪斯瓦夫四世 53

瓦迪斯瓦夫一世 45, 47, 48

瓦文萨 66, 72~74, 89~91, 93, 110, 126, 130, 138~140, 340, 343

《维希利查-皮奥特尔库夫法典》 48

五三宪法 56, 57, 97, 98, 105, 119, 282, 300

X

显克微支 81, 82, 302, 308, 323

肖邦 25~27, 79~81, 180, 281, 314~316, 324

小宪法 73, 102, 106, 107, 109

休克疗法 144, 150, 225

Y

雅尔塔会议 2, 68, 111

雅盖隆王朝 49, 51, 52, 247, 298

雅鲁泽尔斯基 72, 73, 87~89, 100, 101, 110, 111, 124, 139, 342

亚历山大一世 51, 52, 57, 77, 105

扬二世 53

扬三世 54

扬一世 51

一月起义 58, 80, 275, 301, 304, 309, 319

约翰·保罗二世 14, 16, 72, 89, 90, 281

新版《列国志》总书目

亚洲

阿富汗

阿拉伯联合酋长国

阿曼

阿塞拜疆

巴基斯坦

巴勒斯坦

巴林

不丹

朝鲜

东帝汶

菲律宾

格鲁吉亚

哈萨克斯坦

韩国

吉尔吉斯斯坦

柬埔寨

卡塔尔

科威特

老挝

黎巴嫩

马尔代夫

马来西亚

蒙古国

孟加拉国

缅甸

尼泊尔

日本

沙特阿拉伯

斯里兰卡

塔吉克斯坦

泰国

土耳其

土库曼斯坦

文莱

乌兹别克斯坦

新加坡

叙利亚

亚美尼亚

也门

伊拉克

伊朗

以色列

印度

印度尼西亚

约旦

越南

非洲

阿尔及利亚

埃及

埃塞俄比亚

安哥拉

贝宁

博茨瓦纳

布基纳法索

布隆迪

赤道几内亚

多哥

厄立特里亚

佛得角

冈比亚

刚果

刚果民主共和国

吉布提

几内亚

几内亚比绍

加纳

加蓬

津巴布韦

喀麦隆

科摩罗

科特迪瓦

肯尼亚

莱索托

利比里亚

利比亚

卢旺达

马达加斯加

马拉维

马里

毛里求斯

毛里塔尼亚

摩洛哥

莫桑比克

纳米比亚

南非

南苏丹

尼日尔

尼日利亚

塞拉利昂

塞内加尔

塞舌尔

圣多美和普林西比

斯威士兰

苏丹

索马里

坦桑尼亚

突尼斯

乌干达

赞比亚

乍得

中非

欧洲

阿尔巴尼亚
爱尔兰
爱沙尼亚
安道尔
奥地利
白俄罗斯
保加利亚
北马其顿
比利时
冰岛
波兰
波斯尼亚和黑塞哥维那
丹麦
德国
俄罗斯
法国
梵蒂冈
芬兰
荷兰
黑山
捷克
克罗地亚
拉脱维亚
立陶宛
列支敦士登
卢森堡
罗马尼亚
马耳他
摩尔多瓦

摩纳哥
挪威
葡萄牙
瑞典
瑞士
塞尔维亚
塞浦路斯
圣马力诺
斯洛伐克
斯洛文尼亚
乌克兰
西班牙
希腊
匈牙利
意大利
英国

美洲

阿根廷
安提瓜和巴布达
巴巴多斯
巴哈马
巴拉圭
巴拿马
巴西
秘鲁
玻利维亚
伯利兹
多米尼加
多米尼克
厄瓜多尔

哥伦比亚

哥斯达黎加

格林纳达

古巴

圭亚那

海地

洪都拉斯

加拿大

美国

墨西哥

尼加拉瓜

萨尔瓦多

圣基茨和尼维斯

圣卢西亚

圣文森特和格林纳丁斯

苏里南

特立尼达和多巴哥

危地马拉

委内瑞拉

乌拉圭

牙买加

智利

大洋洲

澳大利亚

巴布亚新几内亚

斐济

基里巴斯

库克群岛

马绍尔群岛

密克罗尼西亚

瑙鲁

纽埃

帕劳

萨摩亚

所罗门群岛

汤加

图瓦卢

瓦努阿图

新西兰

国别区域与全球治理数据平台

www.crggcn.com

"国别区域与全球治理数据平台"（Countries、Regions and Global Governance，CRGG）是社会科学文献出版社重点打造的学术型数字产品，对接国别区域这一重点新兴学科，围绕国别研究、区域研究、国际组织、全球智库等领域，全方位整合基础信息、一手资料、科研成果，文献量达30余万篇。该产品已建设成为国别区域与全球治理数据资源与研究成果整合发布平台，可提供包括资源获取、科研技术服务、成果发布与传播等在内的多层次、全方位的学术服务。

从国别区域和全球治理研究角度出发，"国别区域与全球治理数据平台"下设国别研究数据库、区域研究数据库、国际组织数据库、全球智库数据库、学术专题数据库和学术资讯数据库6大数据库。在资源类型方面，除专题图书、智库报告和学术论文外，平台还包括数据图表、档案文件和学术资讯。在文献检索方面，平台支持全文检索、高级检索，并可按照相关度和出版时间进行排序。

"国别区域与全球治理数据平台"应用广泛。针对高校及国别区域科研机构，平台可提供专业的知识服务，通过丰富的研究参考资料和学术服务推动国别区域研究的学科建设与发展，提升智库学术科研及政策建言能力；针对政府及外事机构，平台可提供资政参考，为相关国际事务决策提供理论依据与资讯支持，切实服务国家对外战略。

数据库体验卡服务指南

※100元数据库体验卡，可在"国别区域与全球治理数据平台"充值和使用

充值卡使用说明：

第1步 刮开附赠充值卡的涂层；

第2步 登录国别区域与全球治理数据平台（www.crggcn.com），注册账号；

第3步 登录并进入"会员中心"→"在线充值"→"充值卡充值"，充值成功后即可使用。

声明

最终解释权归社会科学文献出版社所有

客服QQ：671079496

客服邮箱：crgg@ssap.cn

欢迎登录社会科学文献出版社官网（www.ssap.com.cn）和国别区域与全球治理数据平台（www.crggcn.com）了解更多信息

图书在版编目(CIP)数据

波兰 / 高德平, 高空编著. -- 2版. -- 北京：社
会科学文献出版社, 2017.11（2022.3重印）
（列国志：新版）
ISBN 978-7-5201-1354-0

Ⅰ.①波…　Ⅱ.①高…②高…　Ⅲ.①波兰－概况
Ⅳ.①K951.3

中国版本图书馆CIP数据核字（2017）第220909号

·列国志（新版）·

波　兰（Poland）

编　　著 / 高德平　高　空

出 版 人 / 王利民
项目统筹 / 张晓莉
责任编辑 / 王浩娉　叶　娟
责任印制 / 王京美

出　　版 / 社会科学文献出版社·国别区域分社（010）59367078
　　　　　　地址：北京市北三环中路甲29号院华龙大厦　邮编：100029
　　　　　　网址：www.ssap.com.cn
发　　行 / 社会科学文献出版社（010）59367028
印　　装 / 唐山玺诚印务有限公司

规　　格 / 开　本：787mm×1092mm 1/16
　　　　　　印　张：26.75　插　页：1　字　数：396千字
版　　次 / 2017年11月第2版　2022年3月第2次印刷
书　　号 / ISBN 978-7-5201-1354-0
定　　价 / 89.00元

读者服务电话：4008918866